Renate Valtin
Irmela Tarelli (Hg.)

Lesekompetenz nachhaltig stärken

Evidenzbasierte Maßnahmen und Programme

Inhalt

Bibliografische Information der Deutschen Nationalibliothek:
Die Deutsche Nationalbibliothek verzeichnet diese Publikation in der Deutschen Nationalbibliografie; detaillierte bibliografische Daten sind im Internet über http://dnb.d-nb.de abrufbar.

Lesekompetenz nachhaltig stärken - Evidenzbasierte Maßnahmen und Programme / Hg. von Renate Valtin u. Irmela Tarelli -
ISBN 978-3-9815930-1-3
Deutsche Gesellschaft für Lesen und Schreiben. Berlin 2014
Internetseite: www.dgls.de
Gesamtausstattung: www.hek-design.de
Printed in Germany

Weitere Exemplare dieses Buches können Sie bestellen über:
Hartmut Lange. E-Mail: Langi2@gmx.de

16

dg
Ls

Beiträge

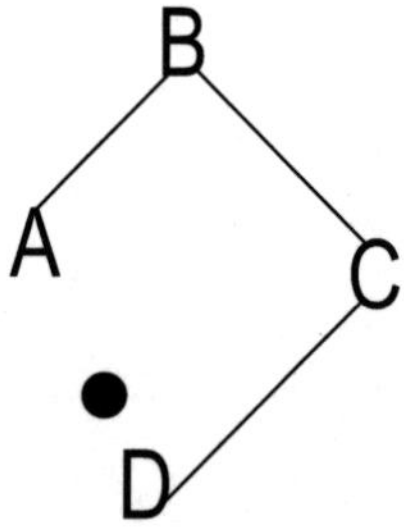

B
A
C
D

Vorwort

Die Ergebnisse von IGLU 2011 weisen darauf hin, dass es nach wie vor Handlungsbedarf zur Steigerung der Lesekompetenzen der Grundschülerinnen und Grundschüler in Deutschland besteht. Zwar konnten sich bei der 3. IGLU-Erhebung 2011 die Viertklässlerinnen und Viertklässler in Deutschland mit ihren Leistungen im oberen Drittel behaupten. Allerdings besteht mit 27 Punkten Unterschied ein großer Abstand zu den Top-Ländern Finnland und Russische Föderation. Außerdem ist gegenüber 2006 ein signifikanter Rückfall von 7 Punkten zu verzeichnen, so dass die Leseleistungen denen von 2001 entsprechen. Während die Gruppe der besonders leistungsschwachen Schülerinnen und Schüler weiterhin relativ groß ausfällt, erreichen vergleichsweise wenige Kinder überdurchschnittlich gute Leistungen. Auch der Zusammenhang zur sozialen Herkunft der Schülerinnen und Schüler ist immer noch stark ausgeprägt. Somit ist die Beantwortung der Frage von Interesse: Wie lässt sich eine nachhaltige Verbesserung der Lesekompetenz - nicht nur in der Grundschule - erreichen?

Am 27. April 2013 veranstalteten das Institut für Schulentwicklungsforschung (IFS) an der TU Dortmund und die Deutsche Gesellschaft für Lesen und Schreiben ein Symposium mit Fachleuten, die Antworten auf diese Frage gaben. Der vorliegende Band versammelt einige dieser Beiträge und enthält weitere Artikel namhafter Fachleute.

Wir danken Frau Cornelia Quennet-Thielen, Staatssekretärin im Bundesministerium für Bildung und Forschung, die ein Grußwort zu dieser Veranstaltung geschrieben hat.

Berlin und Dortmund im September 2013

Renate Valtin
Irmela Tarelli

Grußwort

Die deutschen Grundschülerinnen und Grundschüler liegen im internationalen Vergleich laut IGLU 2011 bei der Lesekompetenz im oberen Drittel. Das ist ein schöner Erfolg für die Lehrerinnen und Lehrer wie für die Bildungspolitik in Deutschland.

Damit sich dieser Erfolg fortsetzt, müssen wir das Lesen von Anfang an fördern, zumal für immer mehr Kinder in Deutschland Deutsch nicht die Muttersprache ist. Gut lesen beginnt mit gut sprechen, und beides muss innerhalb wie außerhalb von Kindergärten und Schulen gefördert werden. Im Rahmen seiner grundgesetzlich bestimmten Möglichkeiten unterstützt das Bundesministerium für Bildung und Forschung diese Förderung auf vielfältige Weise. Das Programm »Lesestart - Drei Meilensteine für das Lesen«, vom BMBF finanziert und von der Stiftung Lesen umgesetzt, möchte Eltern, die nicht oder wenig vorlesen, mit kostenlosen Büchern und mit Informationen in mehreren Sprachen fürs Vorlesen gewinnen. Erste Ergebnisse der wissenschaftlichen Begleitung zeigen, dass das Programm wirkt.

Im September 2013 startet das auf fünf Jahre angelegte Programm »Bildung durch Sprache und Schrift (BISS)«. Die gemeinsame Initiative von Bund und Ländern ist der Durchbruch für mehr Qualität in der Sprach- und Leseförderung: Die unterschiedlichen Instrumente werden wissenschaftlich überprüft und weiterentwickelt, Verbünde von Kindertageseinrichtungen bzw. Schulen werden eng zusammenarbeiten und Konzepte aufeinander abstimmen.

Schließlich fördert das BMBF mit »Kultur macht stark - Bündnisse für Bildung« lokale Zusammenschlüsse für die kulturelle Bildung, vor allem von benachteiligten Kindern. Dies umfasst auch mittel- oder unmittelbar sprach- und lesefördernde Initiativen.

Das gemeinsame Bestreben von Politik und Gesellschaft muss es sein, die Lesekompetenz der Grundschülerinnen und Grundschüler noch zu steigern. Denn auch hier gilt: Was gut ist, kann noch besser werden. Schülerinnen und Schüler in Finnland oder der Russischen Föderation schneiden erheblich besser ab, obwohl nicht unbedingt mehr Geld investiert wird. Um zu verstehen, welche Maßnahmen wirklich sinnvoll sind und welche - zuweilen grundlos - für sinnvoll erachtet werden, brauchen wir die Bildungsforschung. Sie hat in den vergangenen Jahren, ebenfalls mit erheblicher Förderung des BMBF, internationales Renommee erlangt, indem sie zentrale Fragen neu gestellt hat und auf empirischer Grundlage nach Antworten auf Fragen sucht wie: Was können Kinder in einem bestimmten Alter ganz konkret? Wie verhält sich das zu dem, was sie laut Curriculum können sollten? Was macht guten Unterricht und gute Schule aus? Oder eben: »Wie lässt sich eine nachhaltige Verbesserung der Lesekompetenz in der Grundschule erreichen?«

Die empirische Bildungsforschung hat dazu beigetragen, dass die Schule und die Fähigkeiten der Kinder ins Zentrum der wissenschaftlichen wie der gesellschaftlichen Aufmerksamkeit gerückt sind. Wir brauchen diese Forschung heute so dringend wie vor zehn Jahren. Ich danke allen, die beharrlich Antworten auf drängende Fragen suchen, ohne es dabei sich, der Politik und der Gesellschaft zu leicht zu machen.

Berlin, 18. März 2013

Ihre

Cornelia Quennet-Thielen

Grundlagen informationen

IGLU 2011: Wichtige Ergebnisse und »Brennpunkte«

Renate Valtin / Irmela Tarelli / Heike Wendt / Wilfried Bos

1 Wichtige Informationen zu IGLU

Die *Internationale Grundschul-Lese-Untersuchung* (IGLU)/*Progress in International Reading Literacy Study* (PIRLS) ist eine international-vergleichende Schulleistungsuntersuchung, die auf die Erhebung des Leseverständnisses von Schülerinnen und Schüler am Ende der vierten Jahrgangsstufe ausgerichtet ist. Die Studie wird von der *International Association for the Evaluation of Educational Achievement* (IEA) verantwortet, einem unabhängigen, internationalen Zusammenschluss von Wissenschaftlerinnen und Wissenschaftlern, Forschungseinrichtungen und Regierungsstellen. IGLU gehört seit 2001 zu den Kernstudien der IEA und wird im Abstand von fünf Jahren durchgeführt. Ein zentrales Anliegen der Studie ist es, langfristige Entwicklungen in den teilnehmenden Bildungssystemen zu dokumentieren. Deutschland beteiligt sich seit 2001 regelmäßig an IGLU.

Mit der dritten Erhebungsrunde im Jahr 2011 wurde es erstmals möglich, für die Grundschule in Deutschland belastbare Aussagen zu Veränderungen über den Zeitraum von zehn Jahren zu treffen. Am internationalen Vergleich 2011 beteiligten sich weltweit insgesamt 56 Bildungssysteme, davon 45 Staaten und Regionen als reguläre Teilnehmer mit der vierten Jahrgangsstufe und weitere neun Regionen mit gesonderten Teilnahmebedingungen als sogenannte *Benchmark*-Teilnehmer. Zudem nutzten weitere vier Staaten die Möglichkeit, sich auch oder ausschließlich mit Schülerinnen und Schülern der sechsten Jahrgangsstufe auf der IGLU-Skala international zu verorten. In diesem Kapitel werden die Ergebnisse von zentralen Vergleichsstaaten berichtet (vgl. vertiefend Bos, Tarelli, Bremerich-Vos & Schwippert 2012).

Der Erfassung der Lesekompetenz von Schülerinnen und Schülern in IGLU liegt ein Modell zugrunde, das folgende drei Bereiche umfasst (Mullis, Martin, Kennedy, Trong & Sainsbury 2009; Bremerich-Vos, Tarelli & Valtin 2012):

- die Leseintention, mit der ein Text gelesen wird,
- das Verständnis der Informationen eines Textes sowie
- Aspekte des Leseverhaltens und Einstellungen zum Lesen.

Während das Leseverhalten und die Einstellungen zum Lesen mit Hilfe eines Schülerfragebogens erhoben werden, umfasst der in IGLU 2011 eingesetzte Lesetest die beiden erstgenannten Bereiche. Die Leseintentionen werden differenziert in das Lesen von literarischen Texten und von informierenden (bzw. Sach-)Texten. Entsprechend werden für den Lesetest diese beiden Textsorten eingesetzt. Um das Leseverständnis zu erfassen, werden vier Verstehensprozesse unterschieden:

(1) explizit angegebene Informationen lokalisieren,
(2) einfache Schlussfolgerungen ziehen,
(3) komplexe Schlussfolgerungen ziehen, interpretieren und kombinieren sowie
(4) Inhalt und Sprachgebrauch prüfen und bewerten.

Die Verstehensprozesse werden anhand von Verständnisfragen zu den eingesetzten Lesetexten erfasst und für die Auswertung zu *textimmanenten* und den *wissensbasierten Verstehensleistungen* zusammengefasst.

Um die Leistungen von Grundschülerinnen und Grundschülern am Ende der vierten Jahrgangsstufe nicht isoliert zu betrachten, werden die institutionellen und gesellschaftlichen Rahmenbedingungen, die die Bereitstellung und Nutzung schulischer Lerngelegenheiten beeinflussen, durch die standardisierte schriftliche Befragung der teilnehmenden Schülerinnen und Schüler, ihrer Eltern, der unterrichtenden Lehrkräfte sowie der Schulleitungen erhoben.

2 Zentrale Ergebnisse aus IGLU 2011

Mit dem Anliegen, aktuelle Brennpunkte hervorzuheben, werden im Folgenden überblicksartig einige zentrale Ergebnisse von IGLU 2011 vorgestellt. Im zweiten Teil dieses Beitrags werden Überlegungen zu bildungspolitischen und didaktischen Folgerungen angestellt, die sich aus den berichteten Ergebnissen ergeben.

2.1 Lehr- und Lernbedingungen

Bildungspolitische Merkmale und äußere schulische Rahmenbedingungen

Betrachtet man zunächst die Bildungsausgaben, die für den Bereich der primären Bildung eingesetzt werden, zeigt sich im europäischen Vergleich, dass diese in Deutschland erheblich geringer ausfallen als in den meisten anderen Teilnehmerstaaten.

Die durchschnittliche Klassenstärke von vierten Jahrgangsstufen liegt in Deutschland bei 21.6 Kindern pro Klasse; dieser Wert ist mit dem Mittelwert der Teilnehmerstaaten an IGLU, die Mitglieder der EU sind (Vergleichsgruppe EU) vergleichbar (21.9 Kinder). Anders als in anderen Teilnehmerstaaten ist es in Deutschland weniger verbreitet, dass für den Leseunterricht zusätzliche Fachspezialisten oder Hilfslehrkräfte eingesetzt werden. Für 74.8 Prozent der Schülerinnen und Schüler stehen keine Fachspezialisten und für 65.4 Prozent keine Hilfslehrkräfte im Leseunterricht zur Verfügung. Diese Werte liegen deutlich über denen der EU-Vergleichsgruppe (33.1% bzw. 53.8%). Besonders günstige Werte erzielen Länder wie Finnland (0.6% bzw. 26.7%), Irland (1.2% bzw. 49.9%) und Dänemark (2.3% bzw. 52.7%) - Staaten, die bei IGLU 2011 besser abschneiden als Deutschland.

In Bezug auf die für den Unterricht zur Verfügung stehende Zeit zeigen die IGLU-Ergebnisse, dass seit 2001 in Deutschland durchschnittlich mehr Stunden angeboten werden.

Schulinterne Merkmale und Maßnahmen zum Leseunterricht

Was die Ausstattung mit Bibliotheken betrifft, so ergibt sich, dass ein Großteil der Viertklässlerinnen und Viertklässler in Deutschland eine Schule besucht, in der Schulbibliotheken und Klassenbibliotheken vorhanden sind, wobei die Ausstattung im europäischen Vergleich in einigen Teilnehmerstaaten günstiger ausfällt.

Zur Nutzung von Bibliotheken für den Leseunterricht lässt sich festhalten, dass Deutschland im internationalen Vergleich bei der allgemeinen Nutzung von Bibliotheken unterhalb und bei dem Gebrauch von Klassenbibliotheken oberhalb des Durchschnittswertes der EU-Teilnehmerstaaten liegt, was vermutlich mit unterschiedlichen Konzepten und Ansätzen zusammenhängt.

International zählen Computer und Internet seit mehreren Jahren zum Ausstattungsstandard von Schulen. Für den Einsatz digitaler Medien im Unterricht zeigt sich, dass ein Großteil der Viertklässlerinnen und Viertklässler in Deutschland im Rahmen des Leseunterrichts Zugang zu einem Computer und in vielen Fällen auch zum Internet hat. Deutschland hebt sich sowohl bei der Ausstattung als auch bei der Nutzung vom Durchschnittswert der Vergleichsgruppe EU ab, wobei es Staaten gibt, die in diesem Bereich noch besser ausgestattet sind oder höhere Werte bei der Nutzung aufweisen.

Hinsichtlich der Förderbedarfe von Grundschülerinnen und Grundschülern ergeben die Analysen aus IGLU Folgendes: Nach Angaben ihrer Lehrkräfte hätten 23.1 Prozent der Schülerinnen und Schüler Bedarf an Förderunterricht im Lesen, jedoch erhalten nur 10.7 Prozent einen solchen. Mit den Einschätzungen der Lehrkräfte zum Bedarf liegt Deutschland über dem Durchschnittswert der Vergleichsgruppe EU (17.0%).

Auf Ebene des Unterrichts zeigt sich - wie bereits bei IGLU 2006 - dass die mündliche Arbeit an Texten den Leseunterricht in allen Teilnehmerstaaten entscheidend prägt. In einer Reihe von Staaten, darunter auch Deutschland, werden für den Leseunterricht verschiedene Organisationsformen ähnlich häufig eingesetzt, wobei sich hier keine Veränderung im Vergleich zu IGLU 2006 zeigt.

Was Fortbildungen von Lehrkräften betrifft, so wird rund ein Viertel der Viertklässlerinnen und Viertklässler in Deutschland von Lehrkräften unterrichtet, die in den letzten zwei Jahren keine Fortbildungsveranstaltungen besucht haben, die thematisch auf den Leseunterricht ausgerichtet waren. Im Vergleich zu 2006 ergibt sich 2011 keine veränderte Teilnahmequote, nachdem 2006 in diesem Bereich im Vergleich zu 2001 ein Zuwachs zu verzeichnen war.

2.2 Lesekompetenzen im internationalen Vergleich

Die Viertklässlerinnen und Viertklässler in Deutschland erreichen mit einem Mittelwert im Leseverständnis von 541 Punkten ein Kompetenzniveau, das sich im internationalen Vergleich im oberen Drittel der Rangreihe befindet. Der Mittelwert liegt signifikant über dem Mittelwert für die Vergleichsgruppe EU (534 Punkte) und auch signifikant über dem internationalen Mittelwert (512 Punkte). Deutschland erreicht damit ein Leistungsniveau, das vergleichbar ist mit dem Durchschnittswert der Vergleichsgruppe der teilnehmenden OECD-Staaten (538 Punkte). Das Leistungsniveau liegt gleichauf mit mehreren europäischen Staaten, allerdings erreicht Deutschland nicht die Gruppe der Staaten an der Spitze der Leistungsskala, die deutlich höhere mittlere Leistungen erzielen (so Finnland mit 568 und die Russische Föderation mit 567 Punkten).

Betrachtet man die Ergebnisse für die drei Erhebungen IGLU 2001, 2006 und 2011, so ergibt sich für Deutschland, dass die Verbesserungen, die sich 2006 im Vergleich zu 2001 gezeigt hatten, nicht gehalten werden konnten. Die Leistungen von 2011 entsprechen in etwa dem Leistungsniveau von 2001.

Die Streubreite der Leistungen

Als ein Kriterium für gute Qualität von Bildungssystemen gilt, wenn ein hohes Niveau bei gleichzeitig geringer Streuung der Leistungen erreicht werden kann und damit die Schere zwischen Personen mit guter und schwacher Leistung vergleichsweise gering ist. Für Deutschland erweist sich die Leistungsstreuung im europäischen Vergleich als verhältnismäßig gering: Die Standardabweichung beträgt 66 Punkte und die Differenz der Leistungswerte zwischen dem 5. und dem 95. Perzentil 221 Punkte. Jedoch erreichen einige Teilnehmerstaaten eine deutlich geringere Streuung und damit homogenere Leistungen, so zum Beispiel die Niederlande mit einem Leistungsunterschied von 178 Punkten sowie Finnland und Österreich mit jeweils 209 Punkten.

Im Verlauf der letzten zehn Jahre haben sich in Bezug auf die Streuung der Ergebnisse für Deutschland keine signifikanten Veränderungen ergeben. Weder ist der Abstand zwischen den Werten des 5. und des 95. Perzentils geringer geworden, noch hat es Veränderungen bei der Standardabweichung gegeben.

Anteile von Kindern auf verschiedenen Kompetenzstufen

Die Leistungen der Schülerinnen und Schüler auf der Gesamtskala Lesen lassen sich fünf unterschiedlichen Kompetenzstufen zuordnen (vgl. Bremerich-Vos, Tarelli & Valtin 2012). In Deutschland erreichen 9.5 Prozent der Schülerinnen und Schüler ein Leistungsniveau, das der höchsten Kompetenzstufe V entspricht. Dies ist vergleichbar mit den Werten der Vergleichsgruppe der teilnehmenden EU-Staaten (9.4%) und der Vergleichsgruppe OECD (10.3%). In einigen EU-Mitgliederstaaten gelingt es, den Anteil von Schülerinnen und

Schülern auf der Kompetenzstufe V auf über 15 Prozent zu bringen. Dazu zählen Nordirland (18.6%), Finnland (18.4%), England (18.3%) und Irland (15.8%).

Auf den unteren Kompetenzstufen zeigt sich Folgendes für Deutschland: 15.4 Prozent der Kinder erreichen nicht die Kompetenzstufe III, das heißt, sie verfügen am Ende der Grundschulzeit nicht über ausreichende Lesekompetenzen. Für diese Schülerinnen und Schüler ist zu erwarten, dass sie in der Sekundarstufe I mit erheblichen Schwierigkeiten beim Lernen in allen Fächern konfrontiert sein werden, wenn es nicht gelingt, sie dort maßgeblich zu fördern. Im europäischen Vergleich ist der Anteil von Schülerinnen und Schülern in Deutschland, die nicht die Kompetenzstufe III erreichen, mit vielen Staaten vergleichbar. Einen günstigen Wert von weniger als 10 Prozent erzielen innerhalb der Vergleichsgruppe EU nur Finnland (7.9%) und die Niederlande (9.9%).

Im Vergleich von IGLU 2001 und 2011 zeigt sich, dass die Anteile von Schülerinnen und Schülern sowohl auf den unteren Kompetenzstufen (I und II) als auch auf der obersten Kompetenzstufe (V) nahezu unverändert sind, obwohl sich 2006 positive Veränderungen gezeigt hatten.

Leistungen beim Lesen von literarischen Texten und von Sachtexten

Die Schülerinnen und Schüler in Deutschland erreichen beim Lesen von Sachtexten 538 Punkte und damit einen vergleichbaren Mittelwert wie die Vergleichsgruppe OECD. Der Mittelwert liegt signifikant über dem Mittelwert für die Vergleichsgruppe EU sowie über dem internationalen Mittelwert. Etliche EU-Staaten erzielen in diesem Bereich signifikant bessere Ergebnisse als Deutschland. Beim Lesen literarischer Texte erreichen die Schülerinnen und Schüler in Deutschland einen mittleren Wert von 545 Punkten, das heißt, sie zeigen vergleichsweise bessere Leistungen im Lesen dieser Textsorte als bei Sachtexten. Die Differenz der Lesekompetenzen bei unterschiedlichen Textsorten beträgt 7 Punkte und ist damit nicht unerheblich. In einer Reihe von Staaten ist eine vergleichbare Diskrepanz zu beobachten. Deutschland gehört zu der Vielzahl europäischer Staaten, wie unter anderem Polen, Schweden, die Slowakei und Irland, in denen die Viertklässlerinnen und Viertklässler bessere Leistungen bei literarischen Texten als bei informierenden erbringen. Ausgeglichene Leistungen in beiden Textsorten erzielen die

Kinder in der Tschechischen Republik, in Israel, Finnland, Norwegen, Australien und Bulgarien.

Bereits bei IGLU 2006 schnitten die Schülerinnen und Schüler in Deutschland beim Lesen literarischer Texte besser ab. Für beide Textsorten zeigen sich im Vergleich zwischen 2001 und 2011 keine signifikanten Leistungszuwächse, nachdem sich bei IGLU 2006 positive Veränderungen ergeben hatten.

Ergebnisse zu unterschiedlichen Verstehensleistungen

Auf der Subskala *textimmanente Verstehensleistungen* erreichen Schülerinnen und Schüler in Deutschland einen Wert von 548 Punkten und liegen damit signifikant über dem Mittelwert der Vergleichsgruppe EU und dem Mittelwert der Vergleichsgruppe OECD. In der Vergleichsgruppe EU ergeben sich für Finnland (569), Dänemark (556) und Nordirland (555) signifikant bessere Ergebnisse als für Deutschland. Für die Subskala *wissensbasierte Verstehensleistungen* ergibt sich hingegen für die Schülerinnen und Schüler in Deutschland nur eine mittlere Leistung von 536 Punkten. Damit unterscheidet sich Deutschland in diesem Bereich nicht von der Vergleichsgruppe EU und der Vergleichsgruppe OECD, jedoch erzielen etliche Teilnehmerstaaten in diesem Bereich bessere Leistungen.

Betrachtet man die Differenz der Testleistungen in diesen beiden Verstehensaspekten, so zeigt sich, dass sich nur in wenigen Staaten ausgeglichene Leistungsprofile ergeben, während sich in der großen Mehrzahl der Staaten die Ergebnisse auf den beiden Skalen signifikant unterscheiden. Mit einer Differenz von 12 Punkten zugunsten der textimmanenten Verstehensleistungen weist Deutschland in diesem Bereich eine besonders hohe Diskrepanz auf. Nur in Österreich und Frankreich ergeben sich signifikant größere Unterschiede.

In Bezug auf die textimmanenten und wissensbasierten Verstehensleistungen ergeben sich in den Jahren 2001 und 2011 sehr ähnliche Leistungswerte. Nach wie vor ist die Differenz zwischen den beiden Skalen der Verstehensleistungen in Deutschland recht groß, da der Wert für die wissensbasierten Verstehensleistungen vergleichsweise niedrig ausfällt. Bei IGLU 2006 hatte sich im Vergleich zu 2001 für die Verstehensleistungen eine positive Veränderung gezeigt, die sich aber 2011 nicht bestätigt.

Das Leseverhalten und die Leseselbstkonzepte der Schülerinnen und Schüler

Der Anteil derjenigen Schülerinnen und Schüler, die angeben, nie oder fast nie außerhalb der Schule zu ihrem Vergnügen zu lesen, beträgt in Deutschland 11.3 Prozent. Dies entspricht den Werten der Vergleichsgruppen EU und OECD. In der Vergleichsgruppe EU erreichen Litauen (6.9%), die Tschechische Republik (7.1%), Portugal (7.2%), Finnland (8.3%) und Österreich (9.2%) hier günstigere Ergebnisse.

Im Hinblick auf die Veränderungen in den letzten zehn Jahren ist in Bezug auf das außerschulische Lesen eine positive Veränderung zu verzeichnen: Waren es 2001 noch 18.0 Prozent der Schülerinnen und Schüler, die angaben, außerhalb der Schule nie zum Vergnügen zu lesen, sank diese Zahl im Jahr 2006 auf 14.2 Prozent und im Jahr 2011 weiter auf 11.3 Prozent.

Auch in Bezug auf die Lesemotivation zeigen die Schülerinnen und Schüler in Deutschland positive Werte: 68.2 Prozent haben eine hohe und nur 9.8 Prozent eine geringe Lesemotivation. Der Anteil der Schülerinnen und Schüler mit hohen Werten in der Lesemotivation hat sich von 2001 über 2006 bis 2011 kontinuierlich gesteigert: von 59.1 (2001) auf 65.6 (2006) beziehungsweise 68.2 Prozent (2011). Ferner haben die Schülerinnen und Schüler in Deutschland hinsichtlich ihres Fähigkeitsselbstbilds im Lesen 2011 eine sehr positive Meinung von sich: 77.4 Prozent weisen ein hohes Selbstkonzept auf, während nur 5.3 Prozent ein niedriges Leseselbstbild haben.

Leseleistungen im Zusammenhang mit Geschlecht und Migrationshintergrund

In Deutschland erreichen Mädchen (mit 545 Punkten) bessere Ergebnisse als Jungen (mit 537 Punkten) und haben somit einen Vorsprung von acht Punkten auf der Gesamtskala Lesen. Diese Differenz unterscheidet sich nicht bedeutsam von denen in den Vergleichsgruppen EU und OECD (je 12 Punkte). Im Jahr 2001 lag der Leistungsvorsprung der Mädchen gegenüber den Jungen in Deutschland noch bei 13 Punkten, hat sich 2006 auf 7 Punkte signifikant verringert und ist 2011 mit einer Differenz von 8 Punkten unverändert geblieben. Schülerinnen und Schüler aus Familien mit Migrationsgeschichte weisen in nahezu allen an IGLU beteiligten Staaten geringere Kompetenzen im Leseverständnis auf als Kinder ohne Migrationsgeschichte. Dies ist auch in

Deutschland nicht anders, auch wenn sich die Disparitäten im Vergleich der IGLU-Erhebungen von 2001 über 2006 bis 2011 etwas verringert haben. So zeigte sich, dass für Kinder aus Familien mit Migrationshintergrund von 2001 bis 2006 ein Zuwachs im Leseverständnis festzustellen ist, der bis 2011 gehalten werden konnte.

2.3 Soziale Herkunft

In IGLU 2011 zeigen sich - wie auch in IGLU 2001 und 2006 - für alle Teilnehmerstaaten signifikante Unterschiede in der Lesekompetenz zwischen den Schülerinnen und Schülern der oberen und der unteren sozialen Lagen. Die Notwendigkeit, soziale Disparitäten bei der Beschreibung von Bildungssystemen zu berücksichtigen, wird somit auch durch die aktuelle Untersuchung bekräftigt. Allerdings muss auch betont werden, dass sich das Ausmaß der sozialen Disparitäten zwischen den Teilnehmerstaaten zum Teil erheblich unterscheidet. Dies kann entweder bedeuten, dass die Unterschiede zwischen den oberen und den unteren sozialen Lagen in einigen Staaten ausgeprägter sind als in anderen oder dass es einigen Staaten besser gelingt als anderen, die primären Herkunftseffekte der Schülerinnen und Schüler im Laufe der ersten vier Schuljahre zu verringern. Die mit Abstand geringsten sozialen Disparitäten ergeben sich für Hongkong, gefolgt von Kanada, Norwegen, Spanien, Finnland und den Niederlanden. Die größten Unterschiede zwischen den sozialen Lagen weisen die osteuropäischen Staaten Ungarn, Bulgarien und Rumänien auf, aber auch in Israel und der Französischen Gemeinschaft in Belgien sind die Differenzen sehr ausgeprägt. Deutschland liegt diesbezüglich im Mittelfeld mit leicht überdurchschnittlichen Werten. Insgesamt zeigt sich für Deutschland, dass sich die relativ enge Kopplung von Lesekompetenz und sozialer Lage der Elternhäuser in den letzten zehn Jahren nicht verändert hat. Die Leistungsunterschiede zwischen Kindern, deren Eltern den oberen Berufsklassen angehören, und Kindern, deren Eltern der Gruppe der Arbeiter angehören, entsprechen in etwa einem Lernjahr. Dasselbe gilt, wenn Viertklässlerinnen und Viertklässler aus armutsgefährdeten Elternhäusern mit Mitschülerinnen und Mitschülern verglichen werden, die nicht armutsgefährdet sind.

2.4 »Brennpunkte«

Die Ergebnisse der differenzierten Erfassung der Lesekompetenzen in IGLU verweisen für Deutschland auf folgende Schwachstellen:

- Der Anteil der Kinder auf der höchsten Kompetenzstufe ist sicherlich noch steigerungsfähig.
- Der Anteil der Schülerinnen und Schüler, die vermutlich in der Sekundarstufe I noch basalen Leseunterricht benötigen (unter Kompetenzstufe III), ist als zu hoch einzuschätzen. Eine entsprechende Förderung setzt allerdings voraus, dass diese im Curriculum der weiterführenden Schulen verankert ist und in der Aus- und Fortbildung der Lehrkräfte der Sekundarstufe I einen festen Platz einnimmt. Hierauf wurde bereits in IGLU 2001 hingewiesen.
- Es gibt den über die Zeit stabilen Befund, dass Schülerinnen und Schüler beim Lesen von Sachtexten schlechter abschneiden als beim Lesen literarischer Texte.
- Bei den unterschiedlichen Verstehensleistungen gehört Deutschland zu den Staaten mit der größten Differenz zwischen (recht guten) Werten in der »textimmanenten Informationsverarbeitung«, also dem genauen, gründlichen und sorgfältigen Lesen, und den vergleichsweise schwächeren wissensbasierten Verstehensleistungen.
- Die relativ enge Kopplung von Lesekompetenz und sozialer Lage der Elternhäuser hat sich in den letzten zehn Jahren nicht verändert hat.
- Schülerinnen und Schüler aus Familien mit Migrationsgeschichte weisen geringere Kompetenzen im Leseverständnis auf als Kinder ohne Migrationsgeschichte.
- Zu einem »Brennpunkt« gehört auch die Übergangsempfehlung zum Gymnasium (vgl. Abschnitt 2.5).

2.5 Übergang zum Gymnasium

Die Trendanalysen für IGLU 2001, 2006 und 2011 zum Übergang von der Grundschule in die Sekundarstufe (Stubbe, Bos & Euen 2012) zeigen ein insgesamt sehr konstantes Bild: Größere Veränderungen hat es 2011 im Vergleich zu den vorangegangenen Erhebungen nicht gegeben. Die bereits vor zehn Jahren berichtete Schieflage hat sich nicht im Sinne einer zunehmenden Gerechtigkeit korrigiert - tendenziell hat sich die Chance auf die Gymnasialpräferenz für Kinder aus oberen Schichten eher vergrößert.

Bei den Lehrkräften setzt sich der Trend fort, dass Hauptschulpräferenzen immer seltener und Gymnasialpräferenzen immer häufiger werden. Bei den Elternpräferenzen zeigt sich diese Entwicklung nicht so deutlich, da hier die Schulen mit mehreren Bildungsgängen berücksichtigt werden, auf denen zum Teil ebenfalls das Abitur erreicht werden kann.

Hinsichtlich der Übereinstimmung von Lehrer- und Elternpräferenz lassen sich über die drei Erhebungszeitpunkte keine relevanten Veränderungen in eine bestimmte Richtung feststellen. Eindeutig zeigt sich jeweils, dass wenn die Eltern von der Präferenz der Lehrkräfte abweichen, überwiegend eine höhere Schulform gewählt wird.

Wie schon in IGLU 2001 und 2006 zeigt sich auch in der vorliegenden Studie ein relativ geringer Zusammenhang zwischen den Ergebnissen der Kompetenztests und den Schulnoten (s. Abb. 1).

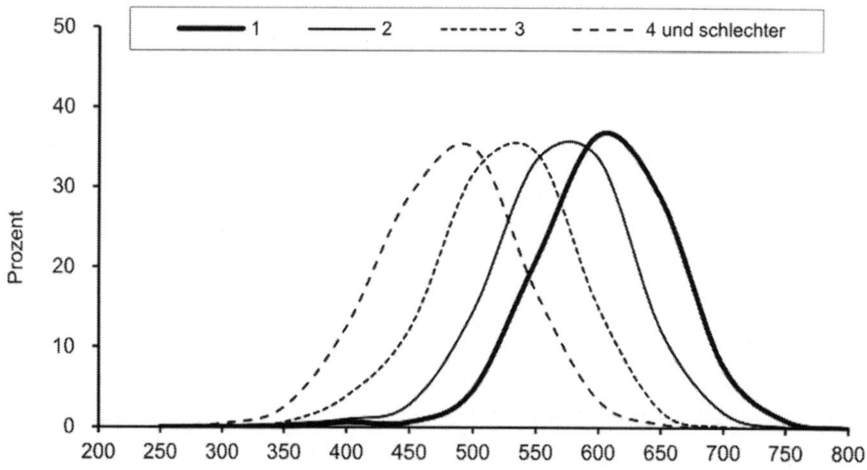

Abb. 1: Testleistungen differenziert nach Deutschnoten in Deutschland - Gesamtskala Lesen IEA: Progress in International Reading Literacy Study (PIRLS). © IGLU 2011

Aus der zugleich engen Kopplung von Noten und Schullaufbahnpräferenzen der Lehrkräfte ergibt sich ein ebenfalls relativ geringer Zusammenhang zwischen den Ergebnissen der Kompetenztests und den von den Lehrkräften angegebenen Präferenzen. Diese Varianz der Lehrerpräferenzen lässt sich zum Teil durch leistungsrelevante Schülermerkmale (kognitive Fähigkeiten, Anstrengungsbereitschaft, Prüfungsangst) und auch durch familiäre Hintergrundmerkmale (Migrationshintergrund und soziale Herkunft) erklären. Entsprechend gilt für die Elternpräferenz, dass unter Berücksichtigung der Noten und der Lehrerpräferenz ebenfalls sowohl leistungsrelevante als auch soziale Merkmale einen Zusammenhang mit der Schullaufbahnpräferenz aufweisen. Die Korrektur dieser seit Jahren wiederholt dokumentierten Schieflage »in Sachen Bildungsgerechtigkeit« (Berkemeyer, Bos & Manitius 2012) steht weiterhin aus.

Zusammenfassend lässt sich mit den Ergebnissen von IGLU 2011 konstatieren, dass die Grundschule in Deutschland nach wie vor ein gutes Zeugnis verdient, jedoch gibt es kaum Veränderungen für den Zeitraum der letzten zehn Jahre. Auch 2011 erreicht Deutschland ein Leistungsniveau im oberen Drittel der internationalen Rangreihe und eine international gesehen relativ geringe Streuung der Leistungen von besonders guten und besonders schwachen Leserinnen und Lesern. Hervorzuheben ist auch, dass Kinder sehr positive Einstellungen zum Lesen zeigen und das außerschulische Leseverhalten signifikant zugenommen hat.

3 Bildungspolitische und didaktische Folgerungen

Betrachtet man die Ergebnisse von IGLU 2001, 2006 und 2011 in der Gesamtschau, so ergeben sich stabile Befunde, nach denen über die folgenden Maßnahmen und Forderungen nachgedacht werden sollte:

- *Sicherung einer qualitativ hochwertigen Bildung und Erziehung im Elementarbereich*

In allen drei IGLU-Erhebungen zeigte sich sowohl international als auch in Deutschland, dass Kinder, die drei Jahre oder länger einen Kindergarten besuchten, bessere Leseleistungen im vierten Schuljahr aufweisen (für 2011 vgl. Mullis, Martin, Foy & Drucker 2012). Bedenklich ist der folgende Befund: Während in Deutschland 78 Prozent der Kinder aus Familien ohne Migrationsgeschichte drei Jahre oder länger einen Kindergarten besuchen, sind es bei Kindern, deren Vater oder Mutter beziehungsweise deren Eltern im Ausland geboren sind, nur 67 beziehungsweise 68 Prozent (Schwippert, Wendt & Tarelli 2012). Da bei vielen dieser Kinder Deutsch nicht die Familiensprache ist, besteht bei ihnen ein besonderer Bedarf an sprachlicher Förderung schon im Elementarbereich.

▶ *Gezielte Unterstützung für Schülerinnen und Schüler auf den unteren Kompetenzstufen*

Der Anteil von 15.4 Prozent der Kinder in Deutschland, die als sehr schwache Leserinnen und Leser einzustufen sind, verweist auf die dringende Notwendigkeit, basale Lesekompetenzen zu fördern. Für Schülerinnen und Schüler, welche schwache Leseleistungen zeigen, muss es verlässliche Unterstützungssysteme geben. Für den Förderbedarf von Schülerinnen und Schülern zeigten die IGLU-Ergebnisse jedoch, dass die Einschätzung der Lehrkräfte zum Bedarf an Förderunterricht im Lesen doppelt so hoch ausfällt wie der Anteil derjenigen Schülerinnen und Schüler, die nach Aussage ihrer Lehrkräfte tatsächlich Förderunterricht erhalten. Voraussetzung für eine zielgerichtete Förderung ist allerdings, dass Lehrkräfte alle Kinder mit Leseproblemen überhaupt erkennen. Vertiefende Analysen im Rahmen von IGLU 2006 (Valtin, Hornberg, Buddeberg, Kowoll & Potthoff 2010) haben gezeigt, dass den Lehrkräften die Diagnose von leseschwachen Schülerinnen und Schülern in vielen Fällen nicht sicher gelingt, mit der Folge, dass nur ein Drittel der sehr leseschwachen Kinder laut Aussagen der Lehrkräfte eine besondere Förderung im Lesen erhielt. Die Ergebnisse des IQB-Ländervergleichs 2011 zur Prüfung der Bildungsstandards zeigen ebenfalls, dass nur eine Minderheit der Schülerinnen und Schüler, die die Mindeststandards verfehlen, tatsächlich eine besondere schulische Förderung erhält (Stanat, Weirich & Radmann 2012).

Notwendig sind also Maßnahmen zur Stärkung von Diagnosekompetenzen der Lehrkräfte. Aber auch das Angebot von Fördermaßnahmen für alle Schülerinnen und Schüler, die Leseschwierigkeiten haben, muss erweitert werden. Sinnvoll ist es ferner, die Schulen mit zusätzlichem pädagogischem Personal auszustatten, damit die individuelle Förderung von Schülerinnen und Schülern verbessert werden kann, was auch im Hinblick auf die angestrebte Inklusion von Bedeutung ist. Deutschland gehört hier zu den Staaten mit sehr ungünstigen Verhältnissen: Anders als in anderen Teilnehmerstaaten ist es in Deutschland weniger verbreitet, dass für den Leseunterricht zusätzliche Fachspezialisten oder Hilfslehrkräfte eingesetzt werden. Hingegen erzielen beispielsweise Finnland, Irland und Dänemark - Staaten, die bei IGLU 2011 besser abschneiden als Deutschland - hier besonders günstige Werte.

▶ *Verstärkung des kognitiven Anregungspotentials des Leseunterrichts*

In Deutschland zeigt sich eine besonders hohe Differenz zwischen den mit dem IGLU-Lesetest gemessenen Verstehensleistungen. Die mittlere Leistung bei den wissensbasierten Verstehensleistungen fällt sehr viel niedriger aus als die textimmanente Verstehensleistung. Diese Differenz von 12 Punkten kann als bedeutsam für die Curriculum-Planung angesehen werden und verweist darauf, dass Aufgaben, die dem tieferen Verständnis eines Textes dienen und bei denen ein Bezug zum eigenen Weltwissen hergestellt werden muss, stärker betont werden sollten. Betrachtet man die Einschätzungen der Lehrkräfte dazu, wie oft sie ihren Schülerinnen und Schülern gezielt Gelegenheit geben, an der Entwicklung von Lesestrategien zu arbeiten (z.B. das Gelesene mit ihren eigenen Erfahrungen vergleichen), sowie die Angaben der Lehrkräfte dazu, wie oft sie gezielt verständnisrelevantes Wissen oder Lesestrategien vermitteln (z.B. den Schülerinnen und Schüler verschiedene Lesestrategien erklären oder vormachen), zeigen sich im europäischen Vergleich für Deutschland eher ungünstige Werte. Entsprechende Kompetenzen, die benötigt werden, um Schülerinnen und Schüler beim Lesen und Erarbeiten von Texten stärker kognitiv zu aktivieren, sollten verstärkt in der Lehreraus- und -fortbildung vermittelt werden.

▶ *Reformierung der Lehrerbildung und des Leseunterrichts in der Sekundarstufe I*

In der Sekundarstufe I braucht eine Reihe von Schülerinnen und Schülern weiterhin gezielte Unterstützung zur Verbesserung ihrer Leseleistungen. Dies gilt vor allem für jene, deren Kompetenzen maximal der Kompetenzstufe III entsprechen. Diesen Schülerinnen und Schülern gelingt es zwar, explizit angegebene Einzelinformationen zu identifizieren und benachbarte oder auch über den Text verstreute Informationen miteinander zu verknüpfen, jedoch fehlen ihnen wichtige Fähigkeiten, die den Kompetenzstufen IV und V entsprechen: für die Herstellung von Kohärenz auf der Ebene des Textes relevante Aspekte erfassen und komplexe Schlüsse ziehen (IV) sowie auf Textpassagen beziehungsweise den Text als ganzen bezogene Aussagen selbstständig interpretierend und kombinierend begründen (V). Erst diese Kompetenzen ermöglichen den Schülerinnen und Schülern eine sichere und selbstständige Erarbeitung neuer Lerngegenstände in allen Fächern. Als Konsequenz für die Sekundarstufe I, und zwar sowohl für die Curriculum-Entwicklung als auch für die Lehreraus- und -fortbildung, ist zu fordern, dass eine konsequente Leseförderung als durchgängiges Prinzip in allen Fächern und Schulstufen umgesetzt wird.

▶ *Verbesserung der Lehreraus- und -fortbildung*

Die IGLU-Ergebnisse weisen darauf hin, dass der Schulalltag durch starke Heterogenität in den Lernvoraussetzungen und Leistungen der Schülerinnen und Schüler gekennzeichnet ist. Um den Anforderungen eines anspruchsvollen Leseunterrichts zu genügen, benötigen Lehrkräfte neben förderdiagnostischen Kompetenzen die Expertise, sich auf diese Heterogenität einzustellen. Insofern ist es wichtig, diese Thematik gezielt bei der Qualifizierung und Fortbildung der Lehrkräfte zu fokussieren. Zielgerichtet kann eine Weiterqualifizierung zum Beispiel im Rahmen schulinterner Fortbildungen erfolgen. In diesem Zusammenhang ist es bedenklich, dass es keine einheitlichen Länderregelungen zu Fortbildungsverpflichtungen oder Inhalten gibt und auch in Ländern der Bundesrepublik Deutschland mit einer Verpflichtung zur Fortbildung »ein substanzieller Anteil der Lehrkräfte« in den letzten beiden Schuljahren nicht an Fortbildungsveranstaltungen teilgenommen hat, wie die Ergebnisse des IQB-Ländervergleichs 2011 zeigen (Richter, Kuhl, Reimers & Pant 2012). Aus den Angaben der Lehrkräfte ist jedoch zu entnehmen, dass ein besonderer Bedarf an Fortbildungen zur Förderung lernschwacher Schülerinnen und Schüler sowie zur Integration von Schülerinnen und Schülern mit sonderpädagogischem Förderbedarf besteht.

▶ *Förderung von Schülerinnen und Schülern mit Migrationshintergrund*

Für die Lesekompetenzen von Kindern mit Migrationshintergrund in Deutschland ergeben sich im Vergleich zu 2001 positive Veränderungen, die sich bereits 2006 angedeutet hatten und gehalten werden konnten. Nach wie vor besteht jedoch Förderbedarf, vor allem für diejenigen Kinder, die aus ungünstigen sozioökonomischen und soziokulturellen Lebensverhältnissen stammen.

▶ *Verstärkung des Angebots an Ganztagsgrundschulen*

Wie die JAKO-O-Elternbefragung (Valtin 2012) zeigt, wünschen sich 70 Prozent der Eltern eine Ganztagsschule und nur 28 Prozent eine Halbtagsschule für ihr Kind. Zwar haben in den letzten Jahren, wenn auch sehr unterschiedlich in den einzelnen Ländern der Bundesrepublik Deutschland, die Angebote im Bereich der offenen Ganztagsschulen zugenommen (von 2006 mit 54.5% zu 2011 mit 67.5%), jedoch hat der Anteil der teilweise gebundenen Ganztagsschulen (2006: 32.4%) im Jahr 2011 abgenommen (19.5%) (Tarelli, Lankes, Drossel & Gegenfurtner 2012). Man kann vermuten, dass sich in teilweise gebundenen Ganztagsschulen mit einer gewissen Verpflichtung zur Teilnahme eine höhere Angebotsqualität erreichen lässt.

Literatur

Berkemeyer, N., Bos, W., Manitius, V. (2012) (Hg.). Chancenspiegel. Zur Leistungsfähigkeit und Chancengerechtigkeit der deutschen Schulsysteme. Gütersloh: Verlag Bertelsmann Stiftung.

Bos, W., Tarelli, I., Bremerich-Vos, A. & Schwippert, K. (Hg.) (2012). IGLU 2011. Lesekompetenzen von Grundschulkindern in Deutschland im internationalen Vergleich. Münster: Waxmann. http://www.waxmann.com/?eID=texte&pdf=2828Volltext.pdf&typ=zusatztext

Bremerich-Vos, A., Tarelli, I. & Valtin, R. (2012). Das Konzept von Lesekompetenz in IGLU 2011. In W. Bos, I. Tarelli, A. Bremerich-Vos & K. Schwippert (Hg.). IGLU 2011. Lesekompetenzen von Grundschulkindern in Deutschland im internationalen Vergleich. Münster: Waxmann.

Mullis, I.V.S., Martin, M.O., Foy, P. & Drucker, K.T. (2012). PIRLS 2011 international results in reading. Chestnut Hill, MA: TIMSS & PIRLS International Study Center, Boston College.

Mullis, I.V.S., Martin, M.O., Kennedy, A., Trong, K. & Sainsbury, M. (2009). PIRLS 2011 assessment framework. Chestnut Hill, MA: TIMSS & PIRLS International Study Center, Boston College.

Richter, D., Kuhl, P., Reimers, H. & Pant, H.A. (2012). Aspekte der Aus- und Fortbildung von Lehrkräften in der Primarstufe. In P. Stanat, H.A. Pant, K. Böhme & D. Richter (Hg.). Kompetenzen von Schülerinnen und Schülern am Ende der vierten Jahrgangsstufe in den Fächern Deutsch und Mathematik. Ergebnisse des IQB-Ländervergleichs 2011. Münster: Waxmann, 237-250.

Rosebrock, C., Rieckmann, C., Nix, D. & Gold, A. (2010). Förderung der Leseflüssigkeit bei leseschwachen Zwölfjährigen. Didaktik Deutsch (28), 33-58.

Schwippert, K., Wendt, H. & Tarelli, I. (2012). Lesekompetenzen von Schülerinnen und Schüler mit Migrationshintergrund. In W. Bos, I. Tarelli, A. Bremerich-Vos & K. Schwippert (Hg.). IGLU 2011. Lesekompetenzen von Grundschulkindern in Deutschland im internationalen Vergleich. Münster: Waxmann.

Stanat, P., Weirich, S. & Radmann, S. (2012). Sprach- und Leseförderung. In P. Stanat, H.A. Pant, K. Böhme & D. Richter (Hg.). Kompetenzen von Schülerinnen und Schülern am Ende der vierten Jahrgangsstufe in den Fächern Deutsch und Mathematik. Ergebnisse des IQB-Ländervergleichs 2011. Münster: Waxmann, 251-276.

Stubbe, T.C., Bos, W. & Euen, E. (2012). Der Übergang von der Primar- in die Sekundarstufe. In W. Bos, I. Tarelli, A. Bremerich-Vos & K. Schwippert (Hg.). IGLU 2011. Lesekompetenzen von Grundschulkindern in Deutschland im internationalen Vergleich. Münster: Waxmann.

Tarelli, I., Lankes, E.-M., Drossel, K. & Gegenfurtner, A. (2012). Lehr- und Lernbedingungen an Grundschulen im internationalen Vergleich. In W. Bos, I. Tarelli, A. Bremerich-Vos & K. Schwippert (Hg.). IGLU 2011. Lesekompetenzen von Grundschulkindern in Deutschland im internationalen Vergleich. Münster: Waxmann.

Valtin, R. (2012). Auf dem Weg zu einer besseren Schule - bildungspolitische Folgerungen aus der 2. JAKO-O-Bildungsstudie. In D. Killus & K.-J. Tillmann (Hg.), Eltern ziehen Bilanz. Ein Trendbericht zu Schule und Bildungspolitik in Deutschland. Die 2. JAKO-O Bildungsstudie. Münster: Waxmann, 169-184.

Valtin, R., Hornberg, S., Buddeberg, M., Voss, A., Kowoll, M.E. & Potthoff, B. (2010). Schülerinnen und Schüler mit Leseproblemen - eine ökosystemische Betrachtungsweise. In W. Bos, S. Hornberg, K.-H. Arnold, G. Faust, L. Fried, E.-M. Lankes, K. Schwippert, I. Tarelli & R. Valtin (Hg.). IGLU 2006 - die Grundschule auf dem Prüfstand. Vertiefende Analysen zu Rahmenbedingungen schulischen Lernens. Münster: Waxmann, 43-90.

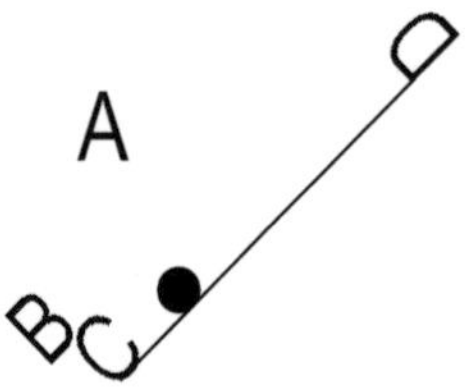

»Lese- (und Schreib)kompetenz für alle« - Lösungsvorschläge der Sachverständigengruppe der EU

(High Level Group of Experts on Literacy)

Renate Valtin

Mangelnde Lesekompetenz der Heranwachsenden und der Erwachsenen ist in Deutschland ein großes Problem: Es gibt 7,5 Millionen funktionaler Analphabeten, wie die leo-Studie zeigt (Grotlüschen & Riekmann 2012) und jeder fünfte Jugendliche erreicht laut PISA nur ein niedriges Leseniveau. Auch in vielen europäischen Staaten ist das Lesekompetenzniveau nicht zufrieden stellend. Vor zwei Jahren hat deshalb die EU-Kommission eine Sachverständigengruppe berufen, die Vorschläge ausarbeiten sollte, um die alarmierende Anzahl von Analphabeten und Jugendlichen mit geringer Lesekompetenz in den nächsten Jahren zu senken. Zu den zehn Mitgliedern dieser Gruppe gehört auch die Autorin dieses Beitrags.

Der Bericht der *High Level Group of Experts on Literacy* liegt nun vor, und zwar in einer englischen Langfassung und in einer Zusammenfassung, die in allen europäischen Sprachen erhältlich ist. Beides ist im Internet abrufbar. Im Folgenden werden einige wichtige, für Deutschland relevante Maßnahmen beschrieben.

Zu Aufbau und Struktur des Berichts

Der Bericht ist sehr handlungsbezogen und enthält neben dem Aufzeigen der Problemlagen und der empirischen Befunde Handlungsempfehlungen und eine Vielzahl von positiven Beispielen. Erfreulicherweise wird Deutschland bei diesen positiven Beispielen sehr häufig genannt - allerdings handelt es sich zumeist um Projekte aus nur einzelnen Bundesländern, und es fehlt an einer bundesweiten Implementation.

Die Sachverständigengruppe betrachtet den Erwerb von Schriftsprachkompetenz nicht nur als Angelegenheit des Bildungssystems, sondern als gesamtgesellschaftliche Aufgabe, an der viele Instanzen und Institutionen mitwirken müssen. Sie schlagen zahlreiche Maßnahmen im Bereich der Familien-, Sozial-, Bildungs- und Schulpolitik vor. Im Bericht werden drei große Maßnahmenbereiche herausgestellt, die nach jeweils altersspezifischen Maßnahmen unterteilt werden, wobei unterschieden wird nach früher Kindheit, Grundschulalter, Jugendlichen und Erwachsenen:

1. *Gestaltung einer schriftreichen Umgebung.* Dazu gehören die Anregung und Unterstützung des Lesen(lernen)s in der Familie, die Bereitstellung von Lese-Materialien sowie kostenlose Büchereien mit breitem Leseangebot.

2. *Erhöhung der Qualität des Lehrens und Lernens* und der Unterstützung schwacher Leser und Leserinnen. Hier geht es um eine bessere Qualifizierung der Erzieherinnen (auch bessere Gehälter) und Lehrerkräfte, die Entwicklung eines Curriculums zur durchgängigen Sprachförderung und die Schaffung von Stützsystemen für schwache Leser.

3. *Gewährleistung von Partizipation und Inklusion.* Verwiesen wird darauf, dass in den europäischen Staaten jeweils eine Kluft besteht in der Lesekompetenz von vier Gruppen: soziale Kluft, Migrantenkluft, Geschlechterkluft und digitale Kluft. IGLU 2011 liefert dafür einige aktuelle Zahlen, die hier für Deutschland und Finnland, dem europäischen IGLU-Siegerland, zusammengestellt sind (s. Bos et al. 2012).

Größe des Leistungsunterschieds in der Lesekompetenz:

- Obere und untere Sozialschicht: Deutschland 61 (Finnland 36).
- Familien mit mehr als 100 und weniger als 100 Büchern: Deutschland 40 (Finnland 27).
- Gebrauch der Testsprache in der Familie (manchmal, nie vs. immer oder fast immer) Deutschland 32 (Finnland 28).
- Mit und ohne Migrationshintergrund: Deutschland 42 (nicht berechnet)
- Mädchen und Jungen: Deutschland 8 (Finnland 21).

Während in Deutschland die sozialen Unterschiede relativ groß ausfallen, sind in Finnland, das bei IGLU an der Spitze liegt, die Geschlechterunterschiede größer.

Als Maßnahmen zur Gewährleistung von Partizipation und Inklusion werden im Bericht der *High Level Group* vorgeschlagen: kostenfreier Zugang zu vorschulischen Einrichtungen (mögl. 100% der Vierjähr.); besondere Maßnahmen für benachteiligte Gruppen (auch für Migranten); obligatorische Sprachstandserhebungen und ggf. Förderung; Sprachkurse für eingewanderte Eltern und Realisierung des Förderanspruchs schwacher Leser. Hierzu gehört auch der Ausbau der Ganztagsschulen, eine Forderung, die im Bericht nur deshalb nicht erhoben wird, weil alle Schulsysteme in Europa bereits Ganztagsschulen sind.

Was kann Deutschland lernen?

Im Bereich der frühkindlichen Bildung wird eine Verstärkung familienpolitischer Maßnahmen, der *»Family Literacy«,* vorgeschlagen, wie sie beispielsweise in Hamburg (FLY) realisiert sind, sowie eine stärkere Beteiligung der Väter als Lesemodell (das Projekt »Mein Papa liest vor« erhält ein Lob). Die Sachverständigengruppe empfiehlt, dass möglichst alle Kinder im Vorschulalter eine kostenlose vorschulische Einrichtung besuchen sollen. Obligatorisch sollen Sprachstandserhebungen werden, mit anschließender Förderung, sofern ein Bedarf besteht, so wie dies unter anderem in Baden-Württemberg praktiziert wird. Gleichzeitig wird eine Erhöhung der Qualifikation der Erzieherinnen und Erzieher gefordert, mit besserer Bezahlung, damit dieser Beruf auch für Männer interessant werden kann.

Für den Kindergarten werden ganzheitliche Programme vorgeschlagen, die eine intensive Förderung von Sprache und Kommunikation beinhalten und durch Schaffung einer schriftreichen Umgebung Kinder zum Lesen und Schreibenlernen in der Schule motivieren sollen (s. dazu d. Beitrag von Lenel i.d.B.). Dies ist eine klare Absage an isolierte Trainingsprogramme, wie sie derzeit in einigen Bundesländern verbreitet sind (zur Kritik an vorschulischen Trainings zur phonologischen Bewusstheit s. Valtin 2012a; 2012b).

Für Migranten sind sowohl für Eltern als auch für deren Kinder Sprachförderprogramme in der jeweiligen Sprache der Schule vorgesehen, damit Kinder zu Schulbeginn über ausreichende Sprachkenntnisse verfügen, um dem Unterricht folgen zu können, und damit sie beim Lesenlernen nicht durch mangelnde Sprachkompetenz behindert sind (s. dazu den Beitrag von Marx et al. i.d.B.).

Für den schulischen Bereich sind die für Deutschland folgenreichsten Forderungen die nach der Entwicklung und Einführung von Mindeststandards für möglichst jede Klassenstufe. Bei Nichterfüllung dieser Mindeststandards sollen Kinder ein Recht haben auf zusätzliche Förderung und Schulen einen Anspruch auf mehr Ressourcen. (Diese Forderung wird auch erhoben in der Expertise von Ehlich, Valtin & Lütke 2012). Wie notwendig eine derartige Forderung ist, zeigen Ergebnisse aus IGLU 2006 (Valtin, Hornberg et al. 2010): Nicht einmal ein Drittel der Schüler und Schülerinnen, die auf der untersten Lesekompetenzstufe von IGLU lesen, erhielt eine besondere schulische Förderung.

Im Bericht der *High Level Group* wird auf das Hamburger Sprachförderkonzept verwiesen (s. den Beitrag von May i.d.B.), das allerdings bislang standardisierte Tests einsetzt und noch keine Mindeststandards verwendet.

Einig waren sich die Sachverständigen auch dahingehend, dass der Leseunterricht und die Lehrerausbildung zu verbessern sind. Ein Blick auf die aktuelle Lehrerbefragung von IGLU 2011 verweist darauf, dass in der bisherigen Lehrerausbildung in Deutschland wichtige Bereiche zu kurz kommen, aber auch, dass die Fortbildungsfreudigkeit nicht sehr hoch ausgebildet ist.

Ergebnisse aus IGLU 2011:

Auf die Frage, ob die folgenden Bereiche wichtige Bestandteile in ihrer Lehrerausbildung gewesen seien, antworteten in Deutschland mit Ja
Sprache: 56%. Lesenlehren: 39%. Lesetheorie: 18%.

Bei der Frage nach der aufgewendete Zeit für Fortbildung in den letzten beiden Jahren zeigt sich dieses Ergebnis:
Mehr als 18 Stunden: 4%. Gar keine Zeit: 25%.

(Mullis, Martin, Foy & Ducker 2012, S. 190 und 196)

In Bezug auf die Legasthenie, die von vielen Medizinern und Verbänden sowie in Bayern als »Krankheit« interpretiert wird, vertritt die Sachverständigengruppe die Auffassung, dass es sich um ein pädagogisches Problem handelt, dem mit pädagogischen Maßnahmen zu begegnen ist. Eine Etikettierung als »Legastheniker« wird abgelehnt, da dies mit vielen negativen Folgeerscheinungen für das Selbstbild der Betroffenen und evtl. ungünstigen therapeutischen Maßnahmen verbunden ist.

Eine Absage wird nicht nur dem medizinischen Konstrukt von Legasthenie erteilt, sondern auch dem vielgliedrigem deutschen Schulsystem.
Eine frühe Aufteilung der Schülerschaft in unterschiedliche Schularten sowie Sitzenbleiben führen nicht zu einer Erhöhung des Leistungsniveaus, sondern

zu einer Zunahme der sozialen Disparitäten. Es werden zahlreiche Vorschläge vorgelegt, wie sich die Lesekompetenz von Kindern aus sozial benachteiligtem Milieu und Kindern mit Migrationshintergrund verbessern ließe - zwei der hervorgehobenen Projekte stammen aus Berlin: die Stadtteilmütter und die Lesepaten. Inzwischen gibt es in Berlin über 2000 Ehrenamtliche, die in Schulen mit besonders hohem Migrationsanteil Kinder beim Lesenlernen unterstützen.

Die Forderungen der *High Level Group of Experts on Literacy* entsprechen weitestgehend den 10 Rechten der Kinder auf Lesen und Schreiben, welche die Deutsche Gesellschaft für Lesen und Schreiben vor 10 Jahren propagiert hat - und die noch längst nicht realisiert sind.

Literatur

Bos, W., Tarelli, I., Bremerich-Vos, A., Schwippert, K. (2012) (Hg.). IGLU 2011. Lesekompetenzen von Grundschulkindern in Deutschland im internationalen Vergleich. Waxmann: Münster/New York/München/Berlin. Zum Herunterladen: http://www.waxmann.com/?eID=texte&pdf=2828Volltext.pdf&typ=zusatztext

Ehlich, K., Valtin, R. & Lütke, B. (2012). Expertise »Erfolgreiche Sprachförderung unter Berücksichtigung der besonderen Situation Berlins«, verfügbar unter: http://www.berlin.de/sen/bildung/schulqualitaet/index.html

Grotlüschen, A. & Riekmann, W. (Hg.) (2012). Funktionaler Analphabetismus in Deutschland. Ergebnisse der erste leo. - Level-One Studie. Münster u.a.: Waxmann.

»Mein Papa liest vor… und meine Mama auch!«. http://www.stiftunglesen.de/pressemitteilung/518.

Mullis, I.V.S., Martin, M.O., Foy, P. & Ducker, K.T. (2012). PIRLS 2011. International Results in Reading. Chestnut Hill.

Report der High Level Group of Experts on Literacy, verfügbar unter: http://ec.europa.eu/education/literacy/index_en.htm http://ec.europa.eu/education/literacy/what-eu/high-level-group/documents/literacy-final-report_en.pdf. Deutsche Zusammenfassung verfügbar unter: http://ec.europa.eu/education/literacy/resources/final-report/index_en.htm

Valtin, R. (2012a). Increasing awareness of phonological awareness - helpful or misleading? In S. Suggate & E. Reese (Eds.). Contemporary debates in child development and education. London/New York: Routlegde, 227-237.

Valtin, R. (2012b). Phonologische Bewusstheit: Ein kritischer Blick auf ein modisches Konstrukt. Frühe Bildung, 1. Jahrgang/Heft 4, 223-225.

Valtin, R., Hornberg, S., Buddeberg, M., Voss, A., Kowoll, M.E. & Potthoff, B. (2010). Schülerinnen und Schüler mit Leseproblemen - eine ökosystemische Betrachtungsweise. In W. Bos, S. Hornberg, K.-H. Arnold, G. Faust, L. Fried, E.-M. Lankes, K. Schwippert, I., Tarelli & R. Valtin (2010) (Hg.). IGLU 2006 - die Grundschule auf dem Prüfstand. Münster: Waxmann, 43-90. (Unter folgendem Link kann das Kapitel elektronisch erworben werden: http://www.ciando.com/ebook/bid-46422/intRefererID/241664).

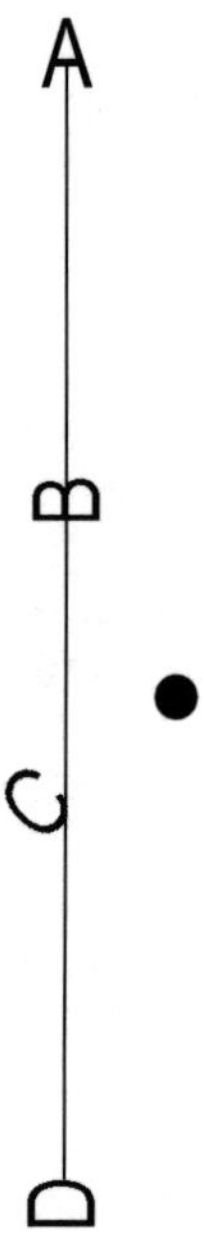
A
B
C
D

Lesen in Deutschland - politische und programmatische Empfehlungen für bessere Bildung

Jörg F. Maas

Lesekompetenz ist eine zentrale, wenn nicht *die* Schlüsselqualifikation und wichtigste Bildungsvoraussetzung in Deutschland:

- Lesen und Lesekompetenz sind Basis erfolgreicher Schul- und Berufslaufbahnen
- Lesen ist Basis für Meinungsbildung, soziale Verantwortung und gesellschaftliche Teilhabe
- Leseförderung ist eine der effektivsten und effizientesten Bildungsinvestitionen

Die Stiftung Lesen hat sich deshalb zum Ziel gesetzt, *Lesefreude zu wecken und Lesekompetenz in ganz Deutschland zu stärken* - unabhängig von den materiellen, kulturellen oder sozialen Voraussetzungen jedes Einzelnen.

1 Warum Leseförderung in Deutschland unerlässlich ist:

- Bundesweit sind 7,5 Millionen Erwachsene im Alter von 18 bis 64 Jahren nicht in der Lage, Texte richtig zu verstehen und richtig zu schreiben. Der Anteil dieser sogenannten funktionalen Analphabeten entspricht 14.5 Prozent der Deutsch sprechenden Bevölkerung im erwerbsfähigen Alter (leo. - Level-One Studie 2011).[1]

- 17.5 Prozent der 16- bis 65-Jährigen in Deutschland sind maximal in der Lage kurze Texte mit einfachem Vokabular zu lesen und ihnen in stark begrenztem Maße Informationen zu entnehmen (PIAAC-Studie 2013).[2]

- Mangelnde Lesefähigkeiten bilden ein nachwachsendes Problem: 2009 hatten 18.5 Prozent der 15-Jährigen in Deutschland Schwierigkeiten beim Lesen und Schreiben (PISA-Studie 2009).[3] 15.4 Prozent der Schülerinnen und Schüler der vierten Grundschulklassen hatten 2011 kein ausreichendes Leistungsniveau im Lesen erreicht (IGLU-Studie 2011).[4] 12 Prozent der Grundschüler insgesamt hatten 2011 nicht die Mindeststandards im Lesen erfüllt, 33 Prozent nicht die Regelstandards (IQB-Ländervergleich 2011).[5]

- Unter den Kindern und Jugendlichen wachsen somit kontinuierlich neue Generationen potenzieller funktionaler Analphabeten heran. Aufgrund mangelnder Lesefähigkeiten fehlt ihnen eine zentrale Voraussetzung für Bildung und Zugang zum Arbeitsmarkt. Es ist zu erwarten, dass sich das Problem in künftigen Generationen fortsetzen wird, wenn die heutigen Kinder und Jugendlichen wiederum selbst Kinder haben und als Eltern nicht die notwendige Förderung anbieten.

2 Folgen und Folgekosten mangelnder Lesekompetenz:

- 11.9 Prozent der Schulabgänger in Deutschland haben 2011 die Schule ohne Abschluss verlassen (Eurostat 2012).[6] Wenn Jugendliche nicht über die geforderten Qualifikationen verfügen, finden sie trotz einer sich positiv entwickelnden Angebotssituation häufig keinen Ausbildungsplatz (Bertelsmann Stiftung 2012).[7]

- 2011 standen 30.000 unbesetzten Ausbildungsplätzen 294.294 Jugendliche gegenüber, die keinen Ausbildungsplatz bekommen haben und sich in einer Übergangsphase befanden. Davon sind 63.000 Jugendliche in berufsvorbereitenden Bildungsmaßnahmen (21.5%), 38.369 in einem Berufsvorbereitungsjahr (13.2%), 28.150 im Berufsgrundbildungsjahr (9.6%) und 16.151 in der Einstiegsqualifizierung (5.5%) (Bundesinstitut für Berufsbildung 2011).[8] 12 Prozent der 15- bis 29-Jährigen in Deutschland sind weder in Ausbildungs-, noch in Berufs- oder Weiterbildungsaktivitäten integriert. Im OECD-Durchschnitt sind es 15.8 Prozent (OECD 2012).[9]

■ Jährlich entstehen im Übergangssystem von berufsvorbereitenden Bildungsmaßnahmen und Einstiegsqualifizierung in Deutschland Kosten in Höhe von 4,3 Milliarden Euro (Bildungsbericht 2010).[10]

■ 150.000 Jugendliche starten jährlich in Deutschland ohne Ausbildungsabschluss in ihr Erwerbsleben. Pro Altersjahrgang entstehen dem öffentlichen Haushalt dadurch jährlich Folgekosten in Höhe von 1,5 Milliarden Euro. Aktuell trägt der öffentliche Haushalt insgesamt Folgekosten für 7 Millionen Menschen, die ohne Ausbildungsabschluss geblieben sind (Bertelsmann-Stiftung 2012).[11]

■ Hochgerechnet ist in den kommenden 10 Jahren mit 15 Milliarden Euro Folgekosten zu rechnen, wenn es nicht gelingt, niedrig qualifizierten Menschen Bildungschancen und Perspektiven zur Teilhabe am sozialen und beruflichen Leben zu ermöglichen bzw. zu erhalten (Bertelsmann Stiftung 2012).[12]

3 Warum Lesen und Vorlesen in allen gesellschaftlichen Gruppen wichtig ist:

■ Ursachen für die Defizite in den Lesefähigkeiten von Kindern, Jugendlichen und Erwachsenen liegen in beträchtlichem Maße in der (früh-) kindlichen Lesesozialisation, die den formalen Bildungsinstitutionen notwendig vorgelagert ist: Nur 48 Prozent der Eltern von Kindern unter 12 Jahren halten Lesefreude für ein wichtiges Erziehungsziel. 39 Prozent nehmen Einfluss darauf, was ihre Kinder lesen, 30 Prozent darauf, wie viel sie lesen (Stiftung Lesen 2010).[13]

■ In 30 Prozent der Familien mit Kindern im Vorlesealter lesen Eltern selten oder nie vor. Die zentrale Vorleseperson ist für Kinder deutlich häufiger die Mutter als der Vater. 68 Prozent der Mütter lesen ihren Kindern täglich oder mehrmals in der Woche vor, jedoch nur 45 Prozent der Väter. Die geringe Präsenz von Vätern als Lesevorbilder und Vorleseakteure bedeutet eine mangelnde Unterstützung der Lesesozialisation vor allem von Jungen (Stiftung Lesen 2013).[14]

■ Eltern besitzen immer noch ambivalente Einstellungen zum Lesen: Zwar stimmen 84 Prozent der Erwachsenen der Aussage zu, dass Lesen wichtig für die Entwicklung von Kindern ist. 62 Prozent der Eltern von Kindern unter 12 Jahren meinen, es bringe Kinder besonders voran, wenn sie gut lesen können und wenn sie viele Bücher lesen (58%). Jedoch glauben nur 52 Prozent daran, dass es überhaupt möglich ist, Kindern Lesefreude zu vermitteln (Stiftung Lesen 2010).[15]

■ Eltern ist nicht ausreichend bewusst, dass Lesen Kinder ganzheitlich fördert: Zwar sieht eine Mehrheit durch Lesen Wissen (93%), Sprachkompetenz (96%) und verschiedene kognitive Fähigkeiten gefördert, nur eine Minderheit dagegen bringt Lesen mit der emotionalen Entwicklung von Kindern und ihren sozialen Kompetenzen in Verbindung: 30 Prozent sehen z.B. die Kontaktfreude von Kindern durch Lesen eher gehemmt. Demgegenüber stehen gerade emotionale und soziale Fähigkeiten an der Spitze der Erziehungsziele von Eltern (Stiftung Lesen 2010).[16]

■ Die genannten Einstellungen sind vor allem in solchen Bevölkerungsgruppen weit verbreitet, die aufgrund von ungünstigen Ausgangsbedingungen benachteiligt sind. Deshalb gehören Familien mit niedrigem Bildungsniveau - vielfach zugleich mit Migrationshintergrund - zu den wichtigsten Zielgruppen der Leseförderung (PISA 2000 und 2010).[17]

4 Wirtschaftlicher Nutzen von Investitionen in die Leseförderung:

■ Eine Analyse des *Social Return on Investment* zum britischen *Bookstart*-Projekt (dem Modell für das deutsche Lesestart-Programm) zeigt: Pro investiertem Britischen Pfund entsteht hochgerechnet ein volkswirtschaftlicher Nutzen in Höhe von 25 £, weil Folgekosten, die durch Defizite in den Lesefähigkeiten der Kinder ohne *Bookstart* entstanden wären, entfallen (Booktrust 2010).[18]

■ Berechnungen zu Bildungsinvestitionen in der Europäischen Union zeigen: Wenn es gelänge, das individuelle Bildungsniveau der Jugendlichen um 25 PISA-Punkte anzuheben, wären innerhalb der kommenden 80 Jahre europaweit Renditeeinnahmen in Höhe von 32 Billionen Euro zu erwarten (Hanushek & Wößmann 2010).[19]

- Hochrechnungen aus dem Jahr 2009 für Deutschland zeigen: Wenn innerhalb von 10 Jahren der Anteil der Jugendlichen, die nach den PISA-Kriterien als Risikoschüler/innen gelten, um 90 Prozent verringert würde, blieben dem deutschen Staat in den nächsten 80 Jahren volkswirtschaftliche Kosten in Höhe von rund 2,8 Billionen Euro erspart (Hanushek & Piopiunik 2009).[20]

- Aufgrund der demografischen Entwicklung können in den kommenden Jahren in Deutschland potenziell Ausgaben für den Bildungssektor in Höhe von 8 bis 10 Mrd. Euro eingespart werden. Durch eine Reinvestition dieser Gelder in die qualitative Verbesserung frühkindlicher Bildung errechnen Experten eine Rendite von 8 Prozent sowie eine volkswirtschaftliche Rendite von 13 Prozent (Anger, Plünneke & Tröger 2007).[21]

5 Handlungsempfehlungen zur Verbesserung der Leseförderung in Deutschland:

Mit Blick auf die Defizite in der Leseförderung und Lesesozialisation in den Familien, den Bildungsinstitutionen und in der Gesellschaft sind folgende Maßnahmen notwendig:

▶ <u>Investitionen in Maßnahmen zur Bewusstseinsbildung:</u>
Sensibilisierung von Eltern und Erwachsenen, ihre Verantwortung für eine möglichst frühe und intensive Förderung der Sprachentwicklung und des Lesens ihrer Kinder wahrzunehmen. Besonders vordringlich und effektiv ist dies im Bereich des Vorlesens: Kinder, denen in der Familie vorgelesen wird, entwickeln häufiger Lesefreude, Lesemotivation und Lesekompetenz als Kinder, denen nicht vorgelesen wird (AID:A-Studie 2009; OECD 2012).[22] Sie verfügen über vielfältige Interessen und Kompetenzen, die sich fächerübergreifend in besseren schulischen Leistungen niederschlagen - unabhängig vom Bildungshintergrund der Familien (Stiftung Lesen 2011).[23]

▶ Fortsetzung und Intensivierung der begonnenen frühkindlichen Leseförderprogramme - *Lesestart:*

Die Stiftung Lesen nimmt sich mit bundesweiten Programmen der Bewusstseinsbildung, Sensibilisierung und Versorgung mit »Lese- und Vorlesestoff« für Familien, Eltern und Kinder an: *Lesestart - Drei Meilensteine für das Lesen* (eine Initiative des Bundesministeriums für Bildung und Forschung, durchgeführt von der Stiftung Lesen, mit Unterstützung einiger Länder) und *Mein Papa liest vor* (unter der Schirmherrschaft der meisten Ministerpräsidenten der Länder) erreichen Familien mit Kindern im Vorlesealter. Das bundesweite Programm *Lesestart,* das sich in der ersten Phase an Familien mit einjährigen Kindern mit einem Lesestart-Set über die Kinderärzte in Deutschland richtet, muss verstetigt werden mit finanzieller Unterstützung des Bundes und aller Bundesländer.

▶ Breites öffentliches Engagement für Lesen und Vorlesen in Deutschland:

Der *Bundesweite Vorlesetag* mit über 50.000 vorlesenden Politikern, Prominenten und Entscheidern wirkt mit Vorleseaktionen zahlreicher Politiker und Prominenter in eine breite Öffentlichkeit hinein. Der Bundesweite Vorlesetag wird mit umfassender gesellschaftlicher Unterstützung zu einem Tag *Deutschland liest!* etabliert. Der *Vorleseclub* der Stiftung Lesen motiviert und aktiviert hierzu begleitend Ehrenamtliche in allen Ländern und Kommunen in Deutschland, Kindern vorzulesen. *Deutschland liest!* muss eine nationale Kampagne werden.

▶ Verbindung von schulischen und außerschulischen Programmen:

Investitionen in Maßnahmen zur schulbegleitenden non-formalen und informellen Leseförderung von Kindern und Jugendlichen gelingen nachweislich durch Angebote, die Kindern und Jugendlichen Lesen im Kontext anderer Medien erfahrbar machen und ihnen durch freizeitorientierte, kreative und spielerische Impulse Freude am Lesen vermitteln (Stiftung Lesen 2011).[24] Die Stiftung Lesen setzt dies durch die Einrichtung von *Leseclubs* (mit Unterstützung des Bundes und privater Einrichtungen) und den Einsatz von *Lesescouts* um, die in allen Schulen und außerschulischen Lernorten etabliert werden.

▶ <u>Höhere Bildungsinvestitionen:</u>

Von den Gesamtausgaben von Bund, Ländern und Kommunen für Bildung, Forschung und Wissenschaft entfielen 2010 172,3 Mrd. Euro auf das Bildungsbudget (Bundesministerium für Bildung und Forschung 2013).[25] Die privaten und öffentlichen Bildungsausgaben betrugen 2009 5,3 Prozent des Bruttoinlandsprodukts (6.2% im Durchschnitt der OECD Länder; OECD 2012).[26] Von diesen Bildungsausgaben wurden 133,1 Mrd. Euro für Bildungseinrichtungen wie Kindergärten, Schulen und Hochschulen ausgegeben (Bundesministerium für Bildung und Forschung 2013).[27] Offenbar zu wenig: Die privaten Haushalte mussten gleichzeitig 5,5 Mrd. Euro für Nachhilfeunterricht und Lernmittel aufbringen (Statistisches Bundesamt 2012).[28] Die Stiftung Lesen setzt sich für eine signifikante Erhöhung der Mittel aus Bund, Ländern und Kommunen im Bereich der Leseförderung für Familien, Kinder, Jugendliche und Erwachsene ein.

Quellen

1 Grotlüschen, A. & Riekmann, W. (2011). Presseheft: leo. - Level-One Studie. Literalität von Erwachsenen auf den unteren Kompetenzniveaus. Hamburg 2011. Download unter http://www.alphabetisierung.de/fileadmin/files/Dateien/Downloads_Texte/leo-Presseheft-web.pdf (2.3.2013); Grotlüschen, A. & Riekmann, W. (Hg.) (2012). Funktionaler Analphabetismus in Deutschland Ergebnisse der erste leo. - Level-One Studie. Münster u.a.

2 OECD (2013): Für das Leben gerüstet? Wichtigste Ergebnisse von PIAAC. Download unter: http://skills.oecd.org/SkillsOutlook_2013_KeyFindings_GER.pdf

3 Klieme, E. u.a. (2010). PISA 2009. Bilanz nach einem Jahrzehnt. Münster u.a.

4 Bos, W., Tarelli, I., Bremerich-Vos, A. & Schwippert, K. (Hg.) (2012). IGLU 2011. Lesekompetenzen von Grundschulkindern in Deutschland im internationalen Vergleich. Münster u.a.; eine Übersicht über die Befunde im Kontext der TIMSS-Studie findet sich unter http: //www.ifs-dortmund.de/assets/files/presse/IGLU_TIMSS_2011_Pressekonferenz.pdf (2.3.2013).

5 Stanat, P., Pant, H.A., Böhme, K. & Richter, D. (Hg.). (2012). Kompetenzen von Schülerinnen und Schülern am Ende der vierten Jahrgangsstufe in den Fächern Deutsch und Mathematik. Ergebnisse des IQB-Ländervergleichs 2011. Münster.

6 Europe in figures. Eurostat Yearbook 2012. Luxembourg: Publications Office of the European Union, 205. Download unter http://epp.eurostat.ec.europa.eu/cache/ITY_OFFPUB/KS-CD-12-001/EN/KS-CD-12-001-EN.PDF (25.5.2013).

7 Hohbein, A., Thies, L. & Wieland, C. (2012). Perspektive schaffen durch Ausbildung. In Bertelsmann Stiftung (Hg). Warum Sparen teuer ist. Folgekosten unzureichender Bildung für die Gesellschaft. Gütersloh, 258-267.

8 Berechnung des Bundesinstituts für Berufsbildung auf Basis der Daten der statistischen Bundes- und Landesämter 2011.

9 OECD (2012). Education at a Glance: OECD Indicators 2012. Download unter www.uis.unesco.org/Education/Documents/oecd-eag-2012-en.pdf (7.6.2013); für Deutschland unter: http://www.oecd.org/education/EAG2012%20-%20Country%20note%20-%20Germany.pdf (13.6.2013).

10 Bildung in Deutschland 2010. Ein indikatorengestützter Bericht mit einer Analyse zu Perspektiven des Bildungswesens im demografischen Wandel. Hg.: Autorengruppe Bildungsberichterstattung im Auftrag der Ständigen Konferenz der Kultusminister der Länder in der Bundesrepublik Deutschland und des Bundesministeriums für Bildung und Forschung. Bielefeld 2010, 317.

11 Allmendinger, J., Giesecke, J. & Oberschachtsiek, D. (2012). Folgekosten unzureichender Bildung für die öffentlichen Haushalte. In Bertelsmann Stiftung (Hg.). Warum Sparen teuer ist. Folgekosten unzureichender Bildung für die Gesellschaft. Gütersloh, 39 -72.

12 Ebd.

13 Kreibich, H. & Ehmig, S.C. (Hg.) (2010). Lesefreude trotz Risikofaktoren. Eine Studie zur Lesesozialisation in der Familie. Mainz, 22f.

14 Stiftung Lesen (2013). Neuvermessung der Vorleselandschaft. Eine Studie der Stiftung Lesen, der Deutschen Bahn und der ZEIT. Download unter http://www.stiftunglesen.de/institut-fuer-lese-und-medienforschung/forschungsprojekte/vorlesestudie (28.10.2013).

15 Kreibich, H. & Ehmig, S.C. (Hg.) (2010). Lesefreude trotz Risikofaktoren. Eine Studie zur Lesesozialisation in der Familie. Mainz, 18, 20, 29.

16 Kreibich, H. & Ehmig, S.C. (Hg.) (2010). Lesefreude trotz Risikofaktoren. Eine Studie zur Lesesozialisation in der Familie. Mainz, 21.

17 Deutsches PISA-Konsortium (Hg.) (2010). PISA 2000, Basiskompetenzen von Schülerinnen und Schülern im internationalen Vergleich, Opladen, 399 ff. und Klieme, E. u.a. (Hg.) (2010). PISA 2009. Bilanz nach einem Jahrzehnt. Münster, 231-255.

18 Booktrust (2010). Bookstart 2009/10: A Social Return on Investment (SROI) Analysis. London.

19 Hanushek, E.A., Wößmann, L. (2010). The Cost of Low Educational Achievement in the European Union. Analytical Report for the European Commission prepared by the European Expert Network an Economics of Education (EENEE).

20 Wößmann, L., Piopiunik, M. (2009). Was unzureichende Bildung kostet. Eine Berechnung der Folgekosten durch entgangenes Wirtschaftswachstum. Im Auftrag der Bertelsmann Stiftung. Gütersloh, 26 und 40.

21 Anger, C., Plünnecke, A. & Tröger, M. (2007). Renditen der Bildung - Investitionen in den frühkindlichen Bereich, Köln: Institut der deutschen Wirtschaft Köln.

22 Bildung in Deutschland 2012. Ein indikatorengestützter Bericht mit einer Analyse zur kulturellen Bildung im Lebensverlauf. Hg.: Autorengruppe Bildungsberichterstattung im Auftrag der Ständigen Konferenz der Kultusminister der Länder in der Bundesrepublik Deutschland und des Bundesministeriums für Bildung und Forschung. Bielefeld 2012, 318; OECD (2012). Let's read them a story! The parent factor in education. 2. Read your children a story. Download unter http://www.oecd.org/pisa/pisaproducts/pisa2009/50297246.pdf (23.10.2012), 18.

23 Stiftung Lesen (2011). Die Bedeutung des Vorlesens für die Entwicklung von Kindern. Repräsentative Befragung von 10- bis 19-Jährigen. Eine Studie der Stiftung Lesen, der Deutschen Bahn und der ZEIT. Mainz. Download unter http://www.stiftunglesen.de/vorlesestudie-2011 (13.6.2013).

24 Stiftung Lesen (2011): Implementation and evaluation of reading and media-clubs in Israel and Germany. A method of promoting reading and media skills and social integration. Comparative study Israel - Germany 2008-2010. Mainz; Ehmig, S.C., Reuter, T. & Menke M. (2011). Das Potenzial von E-Readern in der Leseförderung. Mainz. Download unter http://www.stiftunglesen.de/ereaderstudie (13.6.2013).

25 Bundesministerium für Bildung und Forschung (2013). Bildung und Forschung in Zahlen 2013. Ausgewählte Fakten aus dem Daten-Portal des BMBF. Berlin, 28.

26 OECD (2012). Education at a Glance: OECD Indicators 2012. Key Findings. Download unter http://www.oecd.org/education/EAG2012%20-%20Country%20note%20-%20Canada.pdf (7.6.2013).

27 Bundesministerium für Bildung und Forschung (2013). Bildung und Forschung in Zahlen 2013. Ausgewählte Fakten aus dem Daten-Portal des BMBF. Berlin, 28.

28 Statistisches Bundesamt (Hg.) (2012). Bildungsfinanzbericht 2012. Wiesbaden 2012.

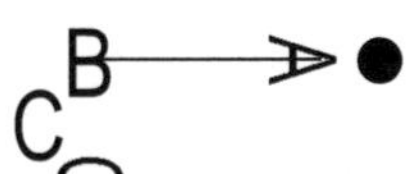

Familie und Elementarbereich

Fokus Familienförderung: Wie wirksam sind *Family Literacy*-Programme?

Sven Nickel

Vorbemerkung: Für den englischen Begriff *family literacy* gibt es bislang keine deutsche Bezeichnung. Er umfasst die Unterstützung und Förderung schriftsprachlicher Aktivitäten und auch die Wertschätzung von Lesen und Schreiben in der Familie. Da der Ausdruck *family-literacy* auch in Deutschland gebräuchlich ist, wird hier auf eine Übersetzung verzichtet. Je nach Kontext ist *literacy* zu übersetzen mit Schriftkultur, Schriftsprachgebrauch, Lese- oder Schriftkompetenz.

Der große Einfluss der Familie auf die schriftsprachliche Entwicklung von Kindern ist allgemein bekannt und durch die Lesesozialisationsforschung (z.B. Hurrelmann, Hammer & Nieß 1993) gut belegt. Zwar verdeutlichen einige Studien, dass es der Grundschule durch einen geeigneten Unterricht durchaus gelingen kann, Unterschiede in den Vorkenntnissen und Vorerfahrungen von Kindern auszugleichen (z.B. Brügelmann 2005). Dennoch wurde der enorme Einfluss sozialer und kultureller Faktoren - zu denen auch die häusliche Schriftkultur zählt - auf den schulischen Bildungserfolg in Deutschland wiederholt in Bildungsstudien beschrieben. Entsprechend mehren sich die Forderungen, die schulische Leseförderung durch Maßnahmen zur Stärkung einer häuslichen Schriftkultur zu flankieren. Der Adressierung von Familien wird mithin ein großes Förderpotential zugeschrieben (vgl. u.a. Valtin et al. 2010).

Unklar jedoch ist bis dato, ob ein solcher *Family Literacy*-Ansatz wirksam ist. In jüngster Zeit erschienen einige Überblicks- und Meta-Studien, die eine erste vorsichtige Einschätzung ermöglichen und der Gestaltung entsprechender Programme in Deutschland wertvolle Hinweise geben können.

Lesesozialisation und die Ausbildung der Lesekompetenz

Kinder erfahren Schriftsprachgebrauch als eine soziale Praxis bereits im frühen Kindesalter. Ihre literale Aktivitäten sind in der Regel im familiären Kontext situiert und von einer großen Vielfalt geprägt (vgl. u.a. Purcell-Gates 1996). Diese familiale Lesesozialisation steht in einer engen Beziehung zu schriftsprachbezogenen Leistungen. Viele Studien belegen deutliche Effekte der häuslichen literalen Praxis auf ausgewählte Aspekte der Sprach- und der Lesekompetenz (De Jong & Lesemann 2001; van Steensel 2006; Bracken & Fischel 2008; McElvany, Becker & Lüdtke 2009).

Auch IGLU sieht diesen Zusammenhang. Das Ausmaß der häuslichen Lesekompetenz ist mit der Lesekompetenz am Ende der Grundschulzeit gekoppelt (vgl. auch Abb. 1). Der Zusammenhang ist besonders bei mehrsprachigen Kindern beachtlich. Wie IGLU 2006 zeigt, liegt in Deutschland die Ausprägung leseförderlicher Aktivitäten im Elternhaus sowohl vor als auch während der Grundschulzeit signifikant unter dem internationalen Mittelwert (Stubbe et al. 2007; S. 307 und 308).

	Starke Förderung vor der Grundschulzeit		Kaum Förderung vor der Grundschulzeit	
	M	(SE)	M	(SE)
Starke Förderung während der Grundschulzeit				
Deutsch	597	(4,7)	568	(3,8)
Mehrsprachig	587	(13,6)	536	(7,0)
Kaum Förderung während der Grundschulzeit				
Deutsch	562	(5,1)	540	(5,9)
Mehrsprachig	530	(7,6)	504	(9,1)

Abb. 1: Häusliche Förderung und Lesekompetenz (nach: Walzeburg, Buddeberg & Dohe 2011, S. 79)

Generell steht die familiale Lesesozialisation in einer engen Beziehung zum sozialen und kulturellen Kapital, das in dem IGLU zugrunde liegenden Rahmenmodell als Bedingungsfaktor schulischer Leistungen expliziert wurde (vgl. Tarelli et al. 2012). Bedeutsam wird dies, wenn man sich die in Deutschland (noch immer) enorm hoch ausgeprägte Abhängigkeit schulischer Leistungen von der sozialen Herkunft in Erinnerung ruft (vgl. Wendt, Stubbe & Schwippert 2012).

Die familialen *Literacy*-Praktiken unterscheiden sich milieu- und kulturspezifisch sowohl quantitativ als auch qualitativ erheblich (vgl. u.a. Wieler 1997). *Literacy*-Praktiken in der Familie, dies kann mittlerweile als belegt gelten, vermitteln als Mediatoren zwischen sozialer Herkunft und Lesekompetenz (vgl. u.a. Buddeberg, Stubbe & Potthoff 2008; Niklas & Schneider 2010). Daraus folgt: Der Zusammenhang zwischen den sozialen Ausgangsbedingungen und den schulischen Leistungen der Kinder ließe sich durch eine Stärkung der häuslichen *Literacy*-Praxis, wie es das Ziel von Family *Literacy*-Programmen ist, moderieren.

***Family Literacy*-Programme und ihre internationale Verbreitung**

Die große Bedeutung frühkindlicher schriftsprachlicher Erfahrungen in der Familie diente im anglistischen Sprachraum als Begründungsfigur für die Gestaltung generationenübergreifender Bildungsprogramme. Derartige *Family Literacy*-Programme sind heute stark verbreitet. So finden sich zahlreiche Programme in Kanada und Südafrika sowie in Europa: in Großbritannien und auf Malta, ferner in Irland. Als besonders erfolgreich werden u.a. folgende Programme diskutiert:

USA:	Evenstart (St. Pierre et al. 1995);
Großbritannien:	Basic Skills Agency Family Program (Brooks et al. 1996; Poulson et al. 1997);
Kanada:	PALS Parents as Teachers (Anderson et al. 2011);
	Learning Together (Phillips, Hayden & Norris 2006).
	Literacy for Life (Anderson et al. 2010).

In Deutschland nutzt bisher ausschließlich das FLY-Projekt (Elfert & Rabkin 2007; Salem & Rabkin 2010) den Begriff *Family Literacy,* jedoch existieren eine Reihe von interessanten Projekten, die *Literacy*-Förderung und Elternbeteiligung miteinander koppeln. Beispielhaft genannt werden sollen an dieser Stelle das Kieler Projekt (vgl. Apeltauer 2007) und das in FörMig integrierte Vorhaben »Mama liest uns vor« (vgl. FörMig o.J.).

Im Wesentlichen fokussieren die internationalen Programme drei Ziele: (1) den Ausbau von Häufigkeit und Vielfalt schriftsprachbezogener Aktivitäten im häuslichen Umfeld; (2) die Verbesserung der kindlichen Sprach- und Schriftsprachkompetenzen und (3) die Erweiterung der elterlichen Unterstützungskompetenz. Eine wenige Programme nehmen zusätzlich (4) die Verbesserung der Schriftsprachkompetenzen der Eltern in den Blick.

Zumeist werden *Family Literacy*-Programme zudem als Instrument zur Erweiterung der gesellschaftlichen Partizipation gesehen. In Industriestaaten sind sie daher meistens in sozioökonomisch benachteiligten Gebieten angesiedelt. In Afrika und anderen Teilen der Welt (vgl. Desmond & Elfert 2008) werden *Family Literacy*-Programme zur Unterstützung der allgemeinen Bildungsteilhabe genutzt, eine evidenzbasierte Forschung ist dort kaum existent.

Inhaltlich unterscheiden sich die internationalen Programme beträchtlich voneinander und weisen eine weite Spanne möglicher Aktivitäten auf. Diese inhaltliche Breite spiegelt sich in einer strukturell-organisatorischen Diversität. So mischen sich Eltern-Kind-Programme mit Konzepten, die nur die Eltern adressieren und in denen Kinder indirekt erreicht werden. Je nach Ort der Maßnahme lassen sich *home-based*-Programme von *center-based*-Programmen unterscheiden, wobei auch Mischformen möglich sind. Einsprachige oder mehrsprachige Programme werden ergänzt durch Angebote mit einer kulturellen Prägung (z.B. für kanadische Aborigines). Und schließlich lassen sich strukturierte Trainings oder spezifische Ansätze wie das dialogisches Lesen unterscheiden von Programmen, die sich von der häuslichen *Literacy*-Praxis (Anderson et al. 2010 sprechen in diesem Zusammenhang von einer *authentic literacy*) leiten lassen.

Wirksamkeitsstudien im Bereich *Family Literacy*

In der Literatur ist die Anzahl der Einzelstudien kaum zu überblicken. Vielfach wird die strukturelle Wirkung von Eltern-Kind-Programmen hervorgehoben und eine theoretische überzeugende Argumentationskette vorgebracht. Die empirische Belastbarkeit dieser *Family-Literacy*-Programme kann jedoch wegen fehlender oder methodisch wenig anspruchsvoller Evaluationen als lückenhaft beschrieben werden. Für die Wirksamkeit dieser Programme gab es über viele Jahre keine ausreichende Evidenz.

In den letzten Jahren jedoch wurden in verschiedenen Meta-Analysen die vielfältigen Programmansätze im Hinblick auf ihre Wirksamkeit untersucht. Die Ergebnisse dieser neueren Analysen sollen im Folgenden beschrieben und diskutiert werden. Die systematische Suche[1] ergab (unter Ausschluss von Studien, die sich ausschließlich dem Dialogischen Lesen und damit eher der Form der Förderung und weniger dem organisatorischen Merkmal der familienorientierten Bildung widmeten; so z.B. Mol et al. 2010), drei relevante Metaanalysen (vgl. Tab. 1). Ergänzt wurde diese Basis durch drei weitere Überblicksstudien (reviews).

		Anzahl der Interventions-studien	Anzahl der einbezogenen Kinder (N)	Generalisierter Effekt
1	Sénéchal & Young (2008)	16	N = 1340	Cohen's *d* = .65***
2	Manz et al. (2010)	14	N = k.A.	Cohen's *d* = .33***
3	van Steensel et al. (2011)	30	N = 4326	Cohen's *d* = .18***
			Art der Studie	
4	Brooks et al. (2008)		Review (16 Interventionsstudien)	
5	Carpentieri et al. (2011)		Review (6 Metastudien)	
6	van Steensel et al. (2012)		Review (8 Metastudien)	

Tab. 1: Überblick über die Ergebnisse der einbezogenen Metastudien

Sénéchal und Young (2008) fassten die Ergebnisse von 16 (quasi-)experimentellen *Family Literacy*-Interventionen zusammen. Ihr Fokus lag auf der Leseentwicklung von Kindern in Kindergarten und Grundschule (bis Klasse 3); der durchschnittliche gewichtete Effekt betrug *d* = .65. Sénéchal und Young versuchten, einen genaueren Blick auf die Art der schriftsprachbezogenen Aktivitäten und damit auf die differentielle Wirksamkeit spezifischer Interventionen zu werfen. Sie teilten die 16 involvierten Einzelstudien in drei Kategorien ein. Die erste Kategorie umfasste Studien, in denen Eltern ihren Kindern vorlasen

1 Die Literaturbasis für diesen deskriptiven Überblick wurde durch die systematische Suche in fachlich einschlägigen Datenbanken und Suchmaschinen (ERIC, PsycInfo und FISBildung) gewonnen. Für ERIC wurden die Begriffe Family Literacy, Programme und Intervention gekreuzt mit Begriffen, die auf eine Metaanalyse hinweisen. Es wurde folgender Algorithmus genutzt: family literacy AND program* AND intervention AND (effect* OR results) AND Meta*. Für die weiteren Quellen wurde ähnlich verfahren.

(*read to child,* drei Studien). Eine zweite Kategorie umfasste Studien, in denen Eltern gebeten wurden, sich von ihren Kinder vorlesen zu lassen (*listen to child read books,* sechs Studien). In dieser Kategorie wurden auch die Studien zum *Paired Reading* aufgenommen: Bei diesem am *Scaffolding* (Lernunterstützung anbieten) angelehnten Verfahren lesen Erwachsene und Kinder simultan in einem Buch. Bei vorhandener Sicherheit schleicht sich der/die Erwachsene sukzessiv aus, bei auftretenden Schwierigkeiten werden Hilfen gegeben.

Schließlich umfasste eine dritte Kategorie Interventionen, in denen Eltern geschult wurden, ihre Kinder in einzelnen Teilfähigkeiten, die für das Lesenlernen nötig sind, zu unterstützen (*parent-child-activities,* sieben Studien). Etwas überraschend erwies sich die letzte Kategorie als effektivste Form. Die gemittelte Effektgröße geben die Autorinnen mit d = 1.15 an. Für die zweite Kategorie, bei denen die Eltern die Kinder beim Lesen unterstützten, konnte ein mittlerer Effekt von d = .52 ermittelt werden; der Unterschied zwischen diesen beiden Kategorien erwies sich als statistisch signifikant. Im Kontrast dazu konnte für das Vorlesen durch Eltern (erste Kategorie) in dieser Studie nur ein geringer Effekt von d = .18 festgestellt werden. Sénéchal und Young ziehen hieraus den Schluss, dass allein die Verfügbarkeit vorlesender Eltern die frühen Lesefertigkeiten nicht verbessern kann.

Sénéchal und Young untersuchten zudem, ob bestimmte Interventionsvariablen weitere Variabilität aufklären konnten. Zunächst wurde die Variable ›Anzahl der Trainingsstunden‹ in den Blick genommen. In einem Set von insgesamt 16 Studien wiesen die Interventionen mit einer geringen Stundenzahl (2 Stunden und weniger) größere Effekte auf als Interventionen mit einer höheren Stundenzahl (3,0 bis 13,5 Stunden). Eine genauere Analyse relativierte dieses überraschende Ergebnis jedoch, da es sich bei den Studien mit einem sehr kurzen Stundenumfang vor allem um Studien handelte, in denen Eltern in spezifischen Unterstützungstechniken geschult wurden, während die längeren Interventionen wesentlich breiter angelegt waren. Eine generelle Empfehlung zu der Programmintensität erscheint daher aus diesem Befund heraus nicht ohne weiteres möglich. Für zwei weitere Programmcharakteristiken (das Geben unterstützender Rückmeldung und die Länge der Intervention) konnten keine signifikanten Unterschiede gefunden werden.

Auch Manz et al. (2010) untersuchten bestimmte Variablen. Generalisiert ermittelten sie in einer Analyse von 14 experimentellen und quasi-experimentellen Interventionsstudien einen geringen, statistischen signifikanten Effekt von *d* = .33 (*p*<.001). Dabei erwiesen sich familienorientierte Interventionen (*d* = .47, *p*<.001) deutlich überlegen gegenüber den Vorhaben, die entweder an einer Institution angesiedelt waren oder eine Mischform dieser beiden Typen anstrebten (insgesamt: *d* = .13, *p*<.005). Besonders galt dies für die *Outcome*-Größe Schriftkonzept.

Lediglich die Hälfte der Studien enthielt sozioökonomische Angaben zu den beteiligten Familien. Auf dieser Basis ließ sich für Familien mit mittlerem bis hohem sozioökonomischem Hintergrund ein geringer bis mittlerer Effekt von *d* = .39 (*p*<.001) ermitteln. Im Kontrast dazu betrug die Effektgröße für einkommensschwache Familien lediglich *d* = .14 (*p*<.005). Neun der 14 Studien enthielten Angaben zu der ethnischen Zugehörigkeit und wurden für eine diesbezügliche Analyse herangezogen. Ein mittlerer bis hoher Effekt von .64 (*p*<.001) wurde für Studien ermittelt, in denen die teilnehmenden Familien überwiegend (zu mindestens 60%) »Weiße« waren. Für Studien, in denen die Mehrheit einer ethnischen Minderheit angehörten, wurde lediglich ein geringer Effekt von *d* = .16 (*p*<.001) ermittelt. Allerdings erlauben die vorliegenden Daten kaum differenziertere Betrachtungsweisen.

Im Gegensatz zu den bisher erwähnten Metaanalysen stehen die Ergebnisse von van Steensel et al. (2011). Die Autor/innen dieser Studie ermittelten nur schwache Effekte. Der durch eine Mittelwertbildung errechnete Effekt betrug lediglich *d* = .18, war jedoch statistisch signifikant. Untersucht wurden 30 Studien mit 152 Stichproben, insgesamt nahmen 1.866 Kinder bzw. Familien an den familienorientierten Programmen teil (weitere 2.460 wurden als Kontrollgruppe einbezogen). Sie ist damit nicht nur die jüngste, sondern auch die umgangsreichste der vorliegenden Meta-Analysen zu *Family Literacy*-Programmen.

Anders als die Autoren anderer Metastudien bemühten sich van Steensel et al. um eine konzeptionelle Unterteilung der Zielvariablen. Beeinflusst durch theoretische Modelle zur *Emergent Literacy* (u.a. Whitehurst & Lonigan 1998) und durch Prozessmodelle des Lesens unterschieden van Steensel et al. sogenannte kodebezogene Maße (Merkmale wie phonologische Bewusstheit, Buchstabenkenntnis und Dekodierfähigkeit) von verständnisbezogenen Maßen (Kenntnis von Konzepten, Leseverständnis). Das Ziel dieser Unterteilung war es, neben den globalen Effekten die differenzielle

Wirksamkeit der Programme zu untersuchen. Für die verständnisbezogenen Maße ergab sich eine Effektstärke von *d* = .22, für die kodebezogenen Maße von *d* = .17. In der Interpretation ihrer Ergebnisse kommen die Autor/innen zu dem Schluss, dass die untersuchten Programme einen kleinen, aber statistisch signifikanten Effekt auf schriftsprachliche Fähigkeiten haben (vgl. McElvany et al. 2010). Die nur geringen Unterschiede zwischen verständnis- und kodebezogenen Effekten könnten Ausdruck dessen sein, dass die bisherigen Studien keine differenzierte Zielsetzung aufweisen.

Zusätzlich führten van Steensel et al. (2011) Moderatoranalysen durch, um den Einfluss bestimmter Programmmerkmale zu erfassen. Untersucht wurden der inhaltliche Aufbau der Programmkonzeption, der Qualifikationsstatus der Programmmitarbeiter/innen sowie das Angebot von Gruppenaustausch für die Eltern. Studienmerkmale wie Stichprobenauswahl oder die Wahl der Messzeitpunkte wurden ebenfalls auf ihre Moderatorfunktion hin untersucht. Allerdings konnte keinerlei statistisch signifikanten Effekte gefunden werden. Van Steensel et al. (2011) verweisen u.a. auf einen möglichen Einfluss der Implementationsqualität, die als Moderatorvariable bisher nicht untersucht wurde.

Diskussion der vorliegenden Studien

Ein erster Blick auf die ausgewiesenen Effekte der Metaanalysen zeigt, dass die Werte stets positiv und überwiegend signifikant sind. Generell lässt sich daher konstatieren, dass *Family Literacy*-Programme die Entwicklung der kindlichen Schriftsprachkompetenz unterstützen. Dies gilt sowohl für die Erweiterung der kindlichen Sprach- und Schriftsprachkompetenzen als auch für den Ausbau der elterlichen Unterstützungskompetenz. Die Ergebnisse verdeutlichen, dass *Family Literacy*-Programme eine größere Wirksamkeit aufweisen als die meisten anderen Interventionen im Bildungsbereich. Deutlich erkennbar sind jedoch auch die großen Unterschiede zwischen den einzelnen Studien, die von einer generalisierten Effektgröße *d* = .18 bis zu *d* = .65 reichen. Die Effektstärke ist ein numerisches Maß, mit dem die Wirksamkeit einer Intervention ausgedrückt wird. Eine Effektstärke von 1.0 entspricht einer Standardabweichung. Allgemein wird Cohen gefolgt, nach dem eine Effektstärke von .20 als niedrig gilt, .50 als mittel und .80 als hoch angesehen wird. Carpentieri et al. (2011) verweisen jedoch darauf, dass Effektgrößen in Bildungsstudien einen Mittelwert von .40 aufweisen. Die Mehrheit der Studien in diesem Bereich habe einen geringeren Wirkfaktor, der häufigste Wert für Effektgrößen in Bildungsstudien läge bei .30. Weiterhin argumentieren Carpentieri et al. (2011), dass die Evidenz der Studien im Vergleich mit anderen Bildungsprogramm höher eingeschätzt werden sollte, da *Family Literacy*-Programme vergleichsweise geringe Kosten verursachen. Häufig wird die noch immer bescheidene Datenlage betont. Brooks et al. (2008) heben in ihrer Meta-Analyse (die aufgrund fehlender Angaben zum methodischen Vorgehen hier als *Review* behandelt wird) heraus, dass lediglich drei Studien randomisiert waren. Nur in der Hälfte der Studien wurden Kontrollgruppenvergleiche durchgeführt, keine einzige der Studien führte eine vergleichende Evaluation durch, bei der eine zweite Experimentalgruppe involviert war. Nur fünf Studien führten einen *follow-up* durch. Die stark überwiegende Zahl der Studien stammt aus englischsprachigen Kontexten: Die Stichprobe beinhaltete lediglich zwei bilinguale Projekte und drei Studien aus nicht-englischsprachigen Kontexten (aus Malta, der Türkei und aus einer Zulu sprechenden Region in Südafrika). Van Steensel et al. (2011) verweisen darauf, dass lediglich 12 Prozent der von ihnen einbezogenen Studien Effektgrößen nach Cohen ausweisen. Angaben zum Bildungshintergrund der Eltern fehlen häufig gänzlich.

Insgesamt gesehen ist weitere Wirkungsforschung daher dringend geboten. Gleichzeitig muss diese Wirkungsforschung differenzierter als bisher daherkommen. Eine zukünftige Betrachtung muss in Fortführung der Studien von Manz et al. (2010) und van Steensel et al. (2011) Merkmale wie das Alter der involvierten Kinder, die Art der schriftsprachbezogenen Aktivitäten oder ihre Bezogenheit auf Zielvariablen sowie die Verknüpfung der einzelnen Variablen noch stärker berücksichtigen. So ist es theoretisch schlüssig, dass verschiedene Aktivitäten unterschiedliche Effekte haben. Dialogisches Vorlesen mit jungen Kindern zielt auf andere Effekte als das Üben von Phonem-Graphem-Korrespondenzen oder ein Training der phonologischen Bewusstheit unter Beteiligung der Eltern. Diese Aktivitäten mit jungen Kindern wiederum unterscheiden sich in ihrer Zielsetzung beispielsweise vom gemeinsamen Lesen *(paired reading/shared storybook reading)* mit Schulkindern. Und schließlich sind die Aktivitäten vor dem Hintergrund der abhängigen Variablen zu betrachten. So erzielt das Dialogische Lesen in der Metastudie von Manz et al. (2010) bezogen auf die späteren Leseleistungen von Kindern lediglich einen geringen Effekt. In Bezug auf Aspekte der Sprachförderung (z.B. produktiver Wortschatz) hingegen scheint das Dialogische Lesen hoch effektiv, so zumindest legt es eine hier nicht involvierte Metaanalyse von Mol et al. (2010) nahe.

Weitere Forschung hat zudem bisher bestehende Widersprüche aufzugreifen. Der Analyse von Sénéchal und Young (2008) zufolge haben familienorientierte Interventionen unabhängig vom sozioökonomischen Status der Familien vergleichbare Auswirkungen. In der Metastudie von Manz et al. (2011) jedoch werden für Kinder in benachteiligten Lebenslagen geringere Effekte ausgewiesen. Hingegen profitierten im REAL-Programm (ein Hausbesuchsprogramm in Sheffield, vgl. Nutbrown, Hannon & Morgen 2005) vor allem die Familien mit Müttern ohne formalen Bildungsabschluss. Derartige widersprüchliche Ergebnisse gilt es zukünftig genauer zu erforschen und auf ihre Parameter hin zu untersuchen.

Im Wesentlichen liegt der Fokus der gesamten Diskussion um Wirksamkeit von *Family Literacy*-Programmen auf quantifizierbaren Größen. Damit geht jedoch eine gewisse Begrenztheit des Verständnisses generationenübergreifender Programme einher. Langfristige Ziele und bedeutsame Nebeneffekte wie eine Erweiterung des sozialen und kulturellen Kapitals, des Selbstvertrauens oder die Ausbildung eines Lesehabitus werden in den bisher herangezogenen Metaanalysen per definitionem ebenso wenig erfasst wie die subjektiven Perspektiven der Teilnehmenden. In einigen qualitativen Studien (z.B. Phillips, Hayden & Norris 2006; Hannon, Morgen & Nutbrown 2005) wird diese subjektive Sicht der Eltern herausgehoben. Demnach haben Eltern häufig das Gefühl, dass ihre Kinder von dem Programm profitieren und dass es Auswirkungen auf den Gebrauch von Schriftsprache im familialen Rahmen hat.

Inwieweit die Programme Familien in benachteiligten Lebenslagen und/oder Eltern mit einer geringen Schriftsprachkompetenz erreichen, ist aus der bisher vorliegenden Datenlage nicht eindeutig zu klären. Unter 31 Studien in der Analyse von Manz et al. (2010) ließen sich lediglich fünf Studien (16%) finden, die überhaupt Angaben zur Ausprägung der Schriftsprachkompetenz der Eltern machten - wobei drei dieser fünf von Schwierigkeiten der Erwachsenen mit dem Lesen und Schreiben berichteten. Die Inklusion von Erwachsenen mit geringen schriftsprachlichen Fähigkeiten in familienorientierte Programme scheint somit erst wenig verwirklicht. Dies ist sicherlich auch ein Problem der Adressierung. Häufig wird in den Programmberichten die

Schwierigkeit hervorgehoben, Eltern mit geringen schriftsprachlichen Fähigkeiten zu erreichen. Diese zeichnen sich meist durch keine positive Einstellung zu Schule und Schriftlichkeit aus. Sie werden nicht dafür zu gewinnen sein, an Programmen teilzunehmen, in denen ihre Lesekompetenz getestet und bestimmt wird. Grundsätzlich ist eine Ansprache mit Begriffen wie »Lesen« oder »Bildung« daher zu vermeiden. Informelle Angebote wie Elterncafés, eine persönliche mündliche Einladung und gemeinsame Aktivitäten für Eltern und Kinder hingegen sind erfolgsversprechend. Manchmal hilft es auch, Angebote an unkonventionellen Orten (wie Spielplätzen oder Einkaufscentern) zu platzieren. Für bestimmte Eltern können *home-based*-Programme ein geeigneter Zugang sein. Forschungen zur Umsetzungsqualität deuten zudem an, dass es für Familien in benachteiligten Lebenslagen schwieriger ist, das Programm wie geplant umzusetzen. Nach Carpentieri et al. (2011) weisen Erfahrungen aus der Praxis darauf hin, dass sozial benachteiligte Familien von hoch strukturierten Modellen zu profitieren scheinen, da die vorgegebenen Strukturen den Eltern klare Richtlinien bezüglich der Aufgaben und Techniken an die Hand geben. Auf diese Weise können die Eltern Sicherheit gewinnen und verstehen, was das Programm von ihnen erwartet. Auf der anderen Seite könnte dies jedoch auch Ausdruck eines Mangels an inklusiven Konzepten sein, die in der Lage sind, stark heterogenen Ausgangsbedingungen didaktisch zu begegnen. Nach dem Prinzip *»one size does not fit all«* werden Programme immer flexibel an die jeweiligen Rahmenbedingungen angepasst werden müssen. Grundsätzlich zeigt sich an diesem Beispiel die Notwendigkeit der Erforschung der Prozessqualität, also der konkreten Programmumsetzung (vgl. van Steensel et al. 2012; McElvany & van Steensel 2009).

Das Schlüsselergebnis dieser Übersicht vorliegender Analysen ist, dass *Family Literacy*-Programme effektiv sind. Zukünftig ist daher weniger zu fragen, ob diese Programme wirken, sondern was in diesen Programmen unter welchen Bedingungen wie wirkt. Dazu sind die didaktischen Konzeptionen der Programme differenzierter in den Blick nehmen und ihre Umsetzung zu untersuchen. Für den deutschsprachigen Bereich stellt sich vor allem die Aufgabe, entsprechende Programme zu konzeptualisieren und zu erproben. Diese Konzepte sollten möglichst inklusiv sein, d.h. sie sollten Familien in benachteiligten Lebenslagen erreichen und didaktisch mit der Vielfalt der Familienkulturen umgehen können.

Literatur

Apeltauer, E. (2007). Das Kieler Modell: Sprachliche Frühförderung von Kindern mit Migrationshintergrund. In Ahrenholz, B. (Hg.). Deutsch als Zweitsprache - Voraussetzungen und Konzepte für die Förderung von Kindern und Jugendlichen mit Migrationshintergrund. Freiburg: Fillibach, 91-115.

Anderson, J., Friedrich, N. & Kim, J.E. (2011). Implementing a Bilingual Family Literacy Program with Immigrant and Refugee Families: The Case of Parents As Literacy Supporters (PALS). Vancouver, BC: Decoda Literacy Solutions.

Anderson, J., Purcell-Gates, V., Jang, K. & Gagné, M. (2010): Implementing an Intergenerational Literacy Program with Authentic Literacy Instruction: Challenges, Responses, and Results. Canadian Council on Learning. [URL am 1.11.2013: http://www.ccl-cca.ca/pdfs/FundedResearch/201009AndersonPurcell-GatesFullReport.pdf]

Bracken, S. & Fischel, J.E. (2008): Family reading behavior and early literacy skills in preschool children from low-income backgrounds. In Early Education and Development, 19. Jg., Nr. 1, 45-67.

Brooks, G., Gorman, T., Harman, J., Hutchison, D. & Wilkin, A. (1996). Family Literacy Works. The NFER Evaluation of the Basic Skills Agency's Demonstration Programmes. London: Basic Skills Agency.

Brooks, G., Pahl, K., Pollard, A. & Rees, F. (2008). Effective and inclusive practices in family literacy, language and numeracy: a review of programmes and practice in the UK and internationally. Research Paper. CfBT Education Trust. London.

Brügelmann, H. (2005). Das Prognoserisiko von Risikoprognosen - eine Chance für »Risikokinder«? In B. Hofmann & A. Sasse (Hg.) (2005). Übergänge. Kinder und Schrift zwischen Kindergarten und Schule. Berlin: Deutsche Gesellschaft für Lesen und Schreiben, 146-172.

Buddeberg, I., Stubbe, T.C. & Potthoff, B. (2008). Lesesozialisation in den Ländern der Bundesrepublik Deutschland. In W. Bos et al. (Hg.). IGLU-E 2006. Die Länder der Bundesrepublik Deutschland im internationalen Vergleich. Münster: Waxmann, 127-141.

Carpentieri, J., Fairfax-Cholmeley, K., Litster, J. & Vorhaus, J. (2011). Family literacy in Europe: using parental support initiatives to enhance early literacy development. London: NRDC, Institute of Education.

De Jong, P.F. & Lesemann, P.P.M. (2001). Lasting effects of home literacy on reading achievement in school. In Journal of School Psychology, Vol. 35, Heft 5, 389-414.

Desmond, S. & Elfert, M. (Hg.) (2008). Family Literacy. Experiences from Africa and around the world: UNESCO Institute for Lifelong Learning: Hamburg.

Elfert, M. & Rabkin, G. (2007). Gemeinsam in der Sprache baden: Family Literacy. Stuttgart: Klett.

FörMig (o.J.). Brücken zur Lesekultur zwischen Unterricht, Freizeit und Familie. Ein Praxisbaustein zur familienorientierten Schriftsprachförderung (Family-Literacy). Materialien zur Durchgängigen Sprachbildung, Berlin. (URL am 1.11.2013: http://www.foermig-berlin.de/materialien/Bruecke.pdf)

Hurrelmann, B., Hammer, M. & Nieß, F. (1993). Leseklima in der Familie. Lesesozialisation 1. Eine Studie der Bertelsmann-Stiftung. Gütersloh: Bertelsmann-Stiftung. Beltz, 8., vollst. überarb. Aufl.

Manz, P.H., Hughes, C., Barnabas, E., Bracaliello, C. & Ginsburg-Block, M. (2010). A descriptive review and meta-analysis of family-based emergent literacy interventions: To what extent is the research applicable to low-income, ethnic-minority or linguistically-diverse young children? Early Childhood Research Quarterly, 25. Jg, Nr. 4, 409-431.

McElvany, N., Becker, M. & Lüdtke, O. (2009). Die Bedeutung familiärer Merkmale für Lesekompetenz, Wortschatz, Lesemotivation und Leseverhalten. Zeitschrift für Entwicklungspsychologie und Pädagogische Psychologie, 41, 121-131.

McElvany, N. & van Steensel, R. (2009). Potentials and Challenges of Family Literacy Interventions: the question of implementation quality. European Educational Research Journal, 8. Jg. Nr. 3, 418-433.

McElvany, N., Herppich, S., Van Steensel, C. & Kurvers, J. (2010). Zur Wirksamkeit familiärer Frühförderungsprogramme im Bereich Literacy - Ergebnisse einer Meta-Analyse. Zeitschrift für Pädagogik, 2, 178-192.

Mol, S.E., Bus, A.G., de Jong, M.T. & Smeets, D.J.H. (2008). Added value of dialogic parent-child book readings. A meta-analysis. Early Education and Development (19), 7-26.

Niklas, F. & Schneider, W. (2010). Der Zusammenhang von familiärer Lernumwelt mit schulrelevanten Kompetenzen im Vorschulalter. ZSE Zeitschrift für Soziologie der Erziehung und Sozialisation, 30. Jg., Nr. 2, 149-165.

Nutbrown, C., Hannon, P. & Morgan, A. (2005). Early Literacy Work with Families. Policy, Practice and Research. London: Sage.

Phillips, L.M., Hayden, R. & Norris, S.P. (2006). Family Literacy Matters. A Longitudinal Parent-Child Literacy Intervention Study. Calgary: Detseling.

Purcell-Gates, V. (1996). Stories, coupons, and the TV Guide: Relationships between home literacy experiences and emergent literacy knowledge. In Reading Research Quarterly, 31. Jg., Nr. 4, 406-428.

Salem, T. & Rabkin, G. (2010). Kooperation von Eltern, Kindern, Elementarbereich und Schule im Hamburger FÖRMIG-Projekt »Family Literacy«. Diskurs Kindheits- und Jugendforschung, 5. Jg., Nr. 4, 385-396.

Sénéchal, M. & Young, L. (2008). The Effect of Family Literacy Interventions on Children's Acquisition of Reading from Kindergarten to Grade 3: A Meta-Analytic Review. Review of Educational Research, 78, 880-907.

St.Pierre, R.G., Schwartz, J.P., Murray, S. & Deck, D. (1996). Improving Family Literacy: Findings from the National Even Start. Abt. Associates Inc., Cambridge, Massachusetts.

Stubbe, T.C., Buddeberg, I., Hornberg, S. & McElvany, N. (2007). Lesesozialisation im internationalen Vergleich. In W. Bos et al. (Hg.). IGLU 2006. Lesekompetenzen in Deutschland im internationalen Vergleich. Münster: Waxmann, 299-327.

Tarelli, I., Valtin, R., Bos, W., Bremerich-Vos, A. & Schwippert, K. (2012). IGLU 2011. Wichtige Ergebnisse im Überblick. In W. Bos et al. (Hg.). IGLU 2011. Lesekompetenzen von Grundschulkindern in Deutschland im internationalen Vergleich. Münster: Waxmann, 11-25.

Valtin, R. et al. (2010). Schülerinnen und Schüler mit Leseproblemen - eine ökosystemische Betrachtungsweise. In W. Bos et al. (Hg.). IGLU 2006 - die Grundschule auf dem Prüfstand. Vertiefende Analysen zu Rahmenbedingungen schulischen Lernens. Münster: Waxmann, 43-90.

van Steensel, R. (2006). Relations between socio-cultural factors, the home literacy environment and children's literacy development in the first years of primary education. In Journal of Research in Reading, 29. Jg., Nr. 4, 367-382.
van Steensel, R., Herppich, S., McElvany, N. & Kurvers, J. (2012). How Effective Are Family Literacy Programs for Children's Literacy Skills? A Review of the Meta-Analytic Evidence. In B. Wasik (Ed.). Handbook of Family Literacy. Second Edition. New York: Routledge, 135-148.
Walzebug, A., Buddeberg, M. & Dohe, C. (2011). Mehrsprachigkeit und Lesekompetenz: Häusliche Förderung von Grundschulkindern. Befunde aus IGLU 2006. In S. Hornberg & R. Valtin. (Hg.). Mehrsprachigkeit - Chance oder Hürde beim Schriftspracherwerb? Berlin: Deutsche Gesellschaft Lesen und Schreiben, 71-88.
Wendt, H., Stubbe, T.C. & Schwippert, K. (2012). Soziale Herkunft und Lesekompetenzen von Schülerinnen und Schülern. In W. Bos et al. (Hg.). IGLU 2011. Lesekompetenzen von Grundschulkindern in Deutschland im internationalen Vergleich. Münster: Waxmann, 175-190.

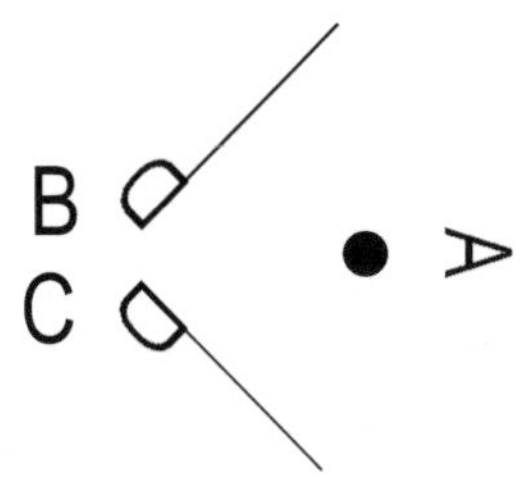

Schrift sehen lernen - Wahrnehmung der Schrift durch literale Praxis im Kindergarten

Aline Lenel

1 Einleitung

Lesen ist wunderbar. Wer liest, kann nicht verhindern, dass die Wörter ihm in die Augen und in den Kopf springen. Das Lesen transportiert uns fort aus den alltäglichen Ärgernissen in andere Welten. Gerne wollen wir allen Kindern zum Glück des Lesens verhelfen - nur wie? Und vor allem: wann?

Aktuell wird in den deutschsprachigen Ländern eine lebhafte Diskussion um die frühkindliche Bildung geführt. Während die einen mehr Förder- und Trainingsprogramme fordern, weil sie die ungerechte Verteilung der Bildungserfolge für ein Resultat der ungleichen Verteilung von frühkindlichen Bildungsangeboten halten, fürchten die anderen eine Überforderung der Kinder oder gar eine »Akademisierung der Kindheit« (Ansari 2012). Waren 1837 für Fröbel Bildung und Spiel noch eins im Gegensatz zum Stumpfsinn der Bewahranstalten seiner Zeit, stehen heute Vertreter der frühkindlichen Bildung und Verteidiger des Spiels auf entgegen gesetzten Standpunkten (vgl. Fthenakis 2007; Textor 2013). Das Entweder-oder, das fast immer mit moralischen Werturteilen einhergeht, schränkt die Handlungsmöglichkeiten von Eltern, Pädagogen und Kindern ein. Empirisch ist längst deutlich geworden, dass Spielen und Lernen zusammengehören. Das Spiel im Kindergarten findet in einer Umgebung mit ausgewählten Angeboten statt und im Beisein von Pädagogen, die mitdenken und den Kindern den Blick auf die nächste Stufe des Denkens öffnen (vgl. Siraj-Blatchford & Moriarty 2004).

Fatale Folgen hat die Kontrastierung vom Lernen und Spielen für den Schrifterwerb. Schließlich wird auf diese Weise alles, das mit Schrift zu tun hat, dem bedrohlichen Bereich der Verschulung zugeordnet. Schrift ist jedoch eine kulturelle Praxis, in die Kinder hineinwachsen. Sie ist ein Geschenk, das von Generation zu Generation weitergegeben wird. Der seit Jahrtausenden andauernde Prozess der Schriftentwicklung, »in dessen Verlauf sich die Übermittlung sprachlicher Information vom Ohr auf das Auge verlagert« (Raible 1990, S. 39), macht heute Schrift für jedes Kind erlernbar. Allerdings erfordert das eine Umgebung, in der Schreiben und Lesen als bedeutsame Kommunikationsformen wahrgenommen werden können.

Die Schrift kommt durch die Augen zum Verstand. Die Augen und die dazugehörige Verarbeitung sind jedoch nicht auf das Erkennen von Schrift eingestellt. Schließlich wurde Schrift erst vor etwa 5000 Jahren erfunden. Daher gibt es für sie bei der Geburt im Gehirn keinen vorgeprägten Bereich. Um Schrift verarbeiten zu können, muss das Gehirn erst »neuronal recycelt« werden, wie der Kognitionspsychologe Dehaene (2012, S. 16) das nennt. Bei diesem Vorgang, der beim Erlernen der Schrift automatisch vonstatten geht, wird bei allen Menschen das gleiche kleine visuelle Gehirnareal zu einem »Briefkasten« umgebaut (Dehaene 2009, S. 15[1]). Dieser entwickelt sich zu einem Spezialisten für geschriebene Wörter. Von hier aus werden die Signale von einem Faserbündel in die Sprachverarbeitungsareale weitergeleitet. Auch diese Verbindungen, die in beide Richtungen durchlässig sind, bilden sich erst durch Schriftpraxis aus. Ungefähr acht Jahre aktiver Schriftpraxis bedarf es, bis die visuelle Aktivität beim Lesen sich ganz auf die dafür optimale linke Schläfenregion im Hinterhaupt verlagert und dort mit Hilfe der Magnetresonanztomografie sichtbar gemacht werden kann (Dehaene 2012, S. 236).

Der Gehirn-Briefkasten wird nur beim Anblick von potentiellen Wörtern aktiv. Das aber bedeutet, dass dieses visuelle Areal mit metasprachlichen oder schriftlichen Konzepten arbeitet: Es unterscheidet Buchstabenkombinationen, die Wörter sein könnten von unzulässigen Buchstabenfolgen und unschriftlichen Zeichen. Diese ausschließliche Spezialisierung des Briefkastens und seiner Verbindungsfasern auf das geschriebene Wort kann nur durch Lernprozesse erklärt werden. Dehaene, der aus Frankreich stammt, nimmt an, dass die Anpassung des Gehirns an die Schrift nach der Einschulung einsetzt, wenn Buchstaben und Phoneme in einem sich gegenseitig anregenden Prozess gelehrt und gelernt werden (2012, S. 230).

1 Leider lässt sich die Doppelsinnigkeit des englischen Begriffs »letterbox«, den Dehaene in seiner englischen Ausgabe verwendet, im Deutschen nicht wiedergeben. Ich verwende im weiteren Text den Ausdruck »Briefkasten« für die betreffende Gehirnregion.

In Frankreich werden die Kinder schon mit vier Jahren eingeschult. Was lernen Kinder in Deutschland, die mit über sechs Jahren in die Schule kommen, in diesen Jahren über die Schrift? Obwohl die Aufmerksamkeit auf die Entwicklung der »*Literacy*-Kompetenz« im Kindergarten in den letzten Jahren viel größer geworden ist, zeigt sich das nicht im Schriftwissen der Kinder: In einer brandenburgischen Studie schrieben 90 Prozent der Kinder bei Schulbeginn - mit etwa sechseinhalb Jahren - nach der logografemischen Strategie; sie haben sich ihren Namen wie ein Bild eingeprägt (Liebers 2010, S.22). In einer bayrischen Studie verfolgten noch 70 Prozent der Kinder am Ende der Kindergartenzeit die logografemische Strategie (Martschinke et al. 2002). In einer Schweizer Studie konnte immerhin die Hälfte der Kinder am Beginn der ersten Klasse einige Wörter nach der alphabetischen Strategie schreiben und erlesen sowie Phoneme segmentieren. Die andere Hälfte fing jedoch ohne irgendwelche Literalitätskenntnisse an (Wannack et al. 2006, S.45). In den 20 Jahren seit der Veröffentlichung einer ersten Pilotstudie zu diesem Thema (Valtin 1986) hat sich noch wenig verändert.

Im Folgenden möchte ich darlegen, dass die ausbleibende Wirkung der Literalitätserziehung der alphabetisierten Perspektive der Pädagogen auf die Schrift geschuldet sein könnte. Konkrete Vorschläge, wie Schrifterwerb vor der Schule aussehen könnte, beschränken sich entweder auf die gesprochene Sprache oder die gedruckte Schrift: Vorlesen, Erzählen, Ratespiele (vgl. Liebers 2010, S. 35; Fthenakis et al. 2012, S. 67-68). Das aktive Schreiben bleibt außen vor. Das überrascht, schließlich zielen die Studien auf das Schriftwissen von Schulanfängern ab. Wie aber sollen Kindergartenkinder Schrift begreifen, ohne sie zu praktizieren? Kinder begreifen in diesem Alter mit den Händen: Sie können das Abstrakte nicht denken, bevor sie es nicht selbst erfahren haben. Der Thüringer Bildungsplan (Sasse et al. 2011, S. 52-60) gibt dafür viele Handreichungen: In Thüringen können Kindergartenkinder über Schreibmaterialien verfügen und sie bei vielen Gelegenheiten benutzen.

Für erwachsene Leser sind Schrift und Buchstaben immer Bedeutungsträger. Sie werden als Sprache gelesen. Am Anfang des Schrifterwerbs sind Schrift und Sprache aber noch zwei getrennte Dinge. Kinder sehen Schrift und ahmen die Bewegungen von Schreibern nach. Dass sie damit Sprache darstellen, begreifen sie erst Schritt für Schritt durch das produktive Nachahmen. »Lesen zu lernen besteht also darin, die Sehareale mit den Spracharealen zu verknüpfen« (Dehaene 2012, Abb. 2.2).

Dieser Prozess der schrittweisen Verknüpfung ist bisher kaum erforscht. In einer Längsschnittstudie, die ich vor einigen Jahren durchgeführt habe, ließ sich beobachten, dass Kindergartenkinder, die in einer Büroecke schreiben konnten, phonemanalytische Fähigkeiten entwickelten, ohne dass sie eine zusätzliche sprachliche oder phonologische Förderung erhielten (Lenel 2005, S. 153). Das lässt vermuten, dass der Erkenntnisweg von der visuellen Wahrnehmung der Schriftelemente zur Untergliederung der Sprache in einzelne metalinguistische Einheiten führt.

Die Entdeckung, dass alle Menschen ihre verschiedenen Schriften mit demselben Schaltkreis lesen, verdeutlicht, dass unser Gehirn nicht beliebig nutzbar ist. Das kleine visuelle Areal am linken unteren Schläfenlappen der Hirnrinde ist der Briefkastenschlitz, durch den alle geschriebenen Wörter hindurch müssen (Dehaene 2012, S. 126). Die Erforschung der Legasthenie, vor über 100 Jahren durchaus zutreffend »Wortblindheit« genannt, hat sich fruchtlos viele Jahrzehnte mit den Sehproblemen und Augenbewegungen der schwachen Leser herumgeschlagen (Hinshelwood 1895). Es geht aber weder um Sehprobleme noch Augenbewegungen, sondern um die Fähigkeit von Augen und Gehirn, Wörter von Bildern und sinnlosen Buchstabenfolgen zu unterscheiden. Diese Anpassung des Sehens und Denkens an die zweidimensionale Darstellung der Sprache in der Schrift ist das, was Kinder in den ersten sechs Lebensjahren vollbringen müssen. Dies kann gelingen, wenn sie schreiben dürfen, so wie sie es in diesem Alter verstehen. Sie brauchen dafür Papier, Kugelschreiber, schreibende Vorbilder und Pädagogen, die sich in die Perspektive von Menschen hineinversetzen können, die nicht wissen, was Schrift ist.

Die Kognitionspsychologin Karmiloff-Smith (1992, S. 139) hat festgestellt, dass sich Kinder anfangs mit der Schrift als Notierungssystem auseinandersetzen, bevor sie die kommunikative Funktion der Schrift beachten. Ihre Aufmerksamkeit richtet sich dabei auf dieselben visuell-metalinguistischen Kriterien, die später die Aktivität des Briefkastens bestimmen: Sie entdecken das Wort in der Schrift und untersuchen, wie viele Buchstaben in welcher Zusammenstellung ein Wort bilden (Tolchinsky Landsmann & Karmiloff-Smith 1992).

Unter Schrifterwerb stellen sich die meisten Schriftkundigen den ABC-Unterricht vor. Das, was wir vorher gelernt haben, als wir Eltern und Geschwister nachgeahmt haben, ist in unserem Unbewussten versunken. Aber wer kleine Kinder beobachtet, die ihre Namen nachmalen, Briefe schreiben und Anwesenheitslisten führen, versteht, dass dies bereits der Anfang des Schrifterwerbs ist. In dieser Zeit entwickeln Kinder technisches Schriftwissen, das sie für die nächsten Stufen des Schrifterwerbs benötigen. Der vorliegende Text beschreibt diese erste Entwicklung von Literalität und ihre Förderung: Im zweiten Kapitel werden bestehende Entwicklungsmodelle referiert und synoptisch auf einer Zeitschiene angeordnet.

Im dritten Kapitel wird erläutert, welches Schriftwissen Kindergartenkinder in dieser Zeit in einer schriftlich aktiven Umgebung entwickeln können und wie es beobachtet wird. Das vierte Kapitel stellt Aktivitäten dar, mit denen Pädagogen sich auf die Schriftwahrnehmung von Kindern einlassen können, für die Schrift noch nicht Sprache ist. Im abschließenden fünften Kapitel werden erste Ergebnisse einer aktuellen Interventionsstudie dargestellt, die die Wirkung dieser frühen Schrifterfahrung auf die Entwicklung phonemanalytischer Fähigkeiten untersucht, die bestimmend für die weitere Entwicklung der Schrift sind.

2 Entwicklungsmodelle des Schrifterwerbs

Die im Folgenden dargestellten Entwicklungsmodelle beschreiben den Schrifterwerb aus unterschiedlichen Perspektiven: Manche benennen angenommene kognitive Ergebnisse; andere beschreiben Wissensbereiche, in denen sich die Entwicklung bewegt; andere bestimmen die Verarbeitungsmodalitäten, mit denen Schrift in den verschiedenen Phasen erlernt wird; wiederum andere sprechen von konkreten Fähigkeiten, die sich beobachten lassen. Hartmut Günther fasst die verschiedenen Ebenen in ein schönes Bild: »Lesen und Schreiben ist ein kognitiver Konstruktionsprozess. Es wird das Haus der Sprache neu und großzügig eingerichtet. Das wichtigste dabei ist das Schreiben selbst, das elementare Hantieren mit den Bauteilen« (Günther 1993, S. 91). Dieses Handeln mit den Bauteilen der Schrift und der Sprache können wir beobachten. Der Schrifthandwerker baut schreibend an seinem Haus der Sprache, bewegt sich darin und entdeckt neue Räume, denen er Namen gibt:

Die ganze Villa ist das jeweils aktuelle Ergebnis des kognitiven Konstruktionsprozesses; die Räume sind die Wissens- und Wahrnehmungsbereiche, die Namen die Begriffsbildungen, die Bewegung darin entspricht der Verarbeitungsweise; Schreiben und Wahrnehmung sind die Werkzeuge; die bedeutungstragenden Unterscheidungen, sind die Bausteine, die der Handwerker zurichtet. Das elementare Hantieren mit den Bauteilen verändert die Räume und das Haus, also Denken, Wissen und Gehirn. Die Modelle werden in der Reihenfolge dargestellt, wie ein von außen kommender Besucher des Hauses sie wahrnehmen würde: vom ganzen Haus zum Werkzeug und den Bausteinen, die der Handwerker in einer Ecke liegen gelassen hat.

Die Theorie der kognitiven Klarheit von Renate Valtin (2000, S. 49) beschreibt zwei Ergebnisse des Rekonstruktionsprozesses, den Kinder beim Schreibenlernen vollziehen müssen:

- die Erkenntnis der kommunikativen Funktion von Schrift und die Kenntnis der dafür notwendigen schrifttechnischen Begriffe: Unterscheidung der schriftlichen Aktivitäten Schreiben und Lesen von Malen und Zeichnen, Unterscheidung von Buchstaben, Zahlen und anderen Zeichen, Erkenntnis der Funktion der Linie
- die Erkenntnis bestimmter sprachlicher Einheiten, die in unserem Schriftsystem repräsentiert sind, wie Laute, Wörter und Sätze.

Ada Sasse (2005, S. 198) präzisiert den zeitlichen Verlauf dieses Prozesses: »Kognitive Klarheit und Schriftspracherwerb sind nicht nacheinander oder nebeneinander verlaufende, sondern ineinander greifende Lernprozesse.« Füssenich (2008, S. 15) erkennt im anfänglichen Schrifterwerb aufeinander folgende Lernprozesse in drei *Bereichen,* denen sie Beobachtungsaufgaben zuordnet:

- Wahrnehmung von Schrift
- Kenntnis von Begriffen
- Einsicht in den Aufbau der Schrift.

Ingrid Schmid-Barkow (2009, S. 205) bezieht in ihr *zweidimensionales Modell der Literalitätsentwicklun*g sowohl die Modalitäten des Begreifens wie die verschiedenen Aspekte der Schrift ein. Ihr geht es um die Produktionsseite der Literalität. Sie spricht von drei Denkdimensionen:

- Dimension der Mimese
- Dimension des Erschließens und Verstehens
- Dimension des kompetenten Agierens und der Teilhabe.

Als Bereiche, die das Kind je nach Schreibaufgabe berücksichtigt, nennt sie: Repräsentation, Räumlichkeit, Bewegung, Text, Kommunikation, Formen, Lautbezug, Mnemotechnik. Die unterschiedlichen Bereiche können zur gleichen Zeit in unterschiedlichen Dimensionen bearbeitet werden.

Das *Stufenmodell* von Uta Frith (1985) beschreibt Schrifterwerb erst dort, wo Buchstabenformen erkennbar sind und sie schon Sprache repräsentieren. Es nennt die unterschiedlichen Methoden, mit denen der Handwerker Buchstaben zusammenfügt:

- logografemisch: Namen werden wie Bilder reproduziert
- alphabetisch: Laute werden in Grapheme umgewandelt
- orthografisch: Die Rechtschreibung wird übergreifenden Regeln angepasst.

Mechthild Dehn (1996) stützt ihr Modell auf Ulric Neissers (1979) Begriff des *kognitiven Schemas.* Das Schema ist jener Teil der Wahrnehmung, der sie leitet, der aber auch durch Erfahrung veränderbar ist. Schemata sind Formate, die spezifizieren, von welcher Art »die Information sein muß, wenn sie kohärent interpretiert werden soll« (Neisser 1979, S. 50). »Weil wir nur wahrnehmen können, wonach wir zu suchen vermögen, bestimmen diese Schemata, ... was wahrgenommen wird« (Neisser 1979, S. 26). Dehn betont, dass ein Kind Schrift nur verstehen kann, wenn es sie mit den ihm zur Verfügung stehenden Schemata wahrnehmen kann. Wird ihm die Funktion der Schrift auf einer Ebene präsentiert, für die es noch keine Schemata entwickelt hat, ist es vom Verständnis ausgeschlossen. Das Kind »kann keine Verbindung herstellen zwischen ›der Funktion, der das Verstehen dient‹ und seiner inneren und äußeren Situation« (Dehn 1996, S. 20).

Emilia Ferreiro (1997, S. 18) untersucht, in welcher Reihenfolge das Kind Schriftstrukturen wahrnimmt und *Unterscheidungen* trifft, die es als bedeutsam erkennt. Ferreiro nennt drei übergreifende Perioden der Entwicklung:

- Unterscheidung zwischen bildlicher und nicht-bildlicher Darstellung
- Konstruktion von grafischen Unterscheidungsmerkmalen
- Phonetisierung der Schrift.

Die folgende Tabelle 1 stellt die erwähnten Modelle in ein gemeinsames Raster. Der zeitliche Verlauf bewegt sich in jeder Spalte von oben nach unten.

Valtin (1986; 2000)	Füssenich (2008)	Schmid-Barkow (2009)	Frith (1985)	Dehn (1996)	Ferreiro (1997)
Kenntnis schrift-technischer Begriffe	Wahr-nehmung von Schrift	Dimension der Mimese	Logo-grafische Phase	Wahrnehmung der Schrift ausgehend von vorhandenen Schemata	Unterscheidung zwischen bildlicher und nicht-bildlicher Darstellung
Erkenntnis der kommuni-kativen Funktion der Schrift Erkenntnis von Wörtern	Kenntnis von Begriffen: Wort Buchstabe Zahl Schrift	Dimension des Erschließens und Verstehens		Fortlaufende Anpassung der Schemata und dadurch spezifischere Wahrnehmung von Wort- und Buchstaben-formen	Konstruktion von grafischen Unter-scheidungs-merkmalen
Erkenntnis von Phonemen	Einsicht in den Aufbau von Schrift	Dimension des kompetenten Agierens und der Teilhabe	Alphabetische und Ortho-grafische Phase	Erkennen von Lauten in der Schrift	Phoneti-sierung der Schrift

Tab. 1: Synopsis unterschiedlicher Modelle des frühen Schrifterwerbs

In der folgenden Zusammenfassung der Modelle und auch in den späteren Kapiteln werden die von Feirreiro beschriebenen Unterscheidungsfähigkeiten als Leitbegriff jeder Phase verwendet. Sie beschreiben beobachtbare Wahrnehmungsentwicklungen. Unter diesem Dach lassen sich die unterschiedlichen Perspektiven der anderen Modelle vereinen.

- In der *ersten Phase* entwickelt das Kind die Unterscheidung zwischen bildlicher und nicht-bildlicher Darstellung. Es nimmt Schrift als eine eigene Darstellungsweise wahr. Schrift wird visuell, ausgehend von vorhandenen visuellen Schemata, wahrgenommen und mimetisch nachvollziehend angeeignet. Namen werden logografisch geschrieben.
- In der *zweiten Phase* konstruiert das Kind schriftspezifische grafische Unterscheidungsmerkmale, die Anzahl und Abfolge der Buchstaben in einem Wort betreffend. Es kennt den Begriff *Wort* und unterscheidet zwischen Zah-

len, Buchstaben, Emblemen. Es konstruiert auch Unterscheidungsmerkmale zwischen den Buchstabenformen. Der Schrifterwerb vollzieht sich nach Schmid-Barkow und Ferreiro durch Beobachtung und Schlussfolgern, nach Dehn durch Handeln, Kommunikation und Beobachtung.

- In der *dritten Phase* werden die grafisch-visuell definierten Unterschiede mit phonetischer Bedeutung belegt. Das Kind gewinnt Einsicht in den Aufbau von Schrift und kann Sprache auf der lautlichen Ebene betrachten. Es kann Anlaute erkennen. Es ordnet Lauten Buchstaben zu. Die kommunikative Funktion von Schrift wird erkannt. Schreiben ist jetzt kompetentes Agieren und Teilhabe an der schriftlichen Kommunikation.

Während die erste Phase in allen Modellen als visuelle Wahrnehmungsentwicklung beschrieben wird und die dritte Phase als Entwicklung der phonetischen Wahrnehmung, bleibt die zweite Phase unanschaulich mit den Annahmen von Begriffsbildung durch Erschließen und Einsicht. Auch Ferreiro bezieht die Konstruktion grafischer Unterscheidungsmerkmale nur auf die Anzahl und Abfolge der Buchstaben im Wort, das Wortkonzept setzt sie voraus. Der Verbindungsaufbau zwischen den beiden getrennten Wahrnehmungsbereichen Sehen und Hören ist aber die Aufgabe, vor die Kindergartenkinder gestellt sind.

3 Anpassung der visuellen Wahrnehmung und des Denkens an die Schrift

Für die Beschreibung der unterschiedlichen »Facetten der produktiven literalen Praxis im frühen Kindesalter« stellt die zweidimensionale Modellskizze von Schmid-Barkow (2009) eine Struktur zur Verfügung, in der sowohl die jeweiligen Denkdimensionen wie die Schriftelemente, die Kinder erforschen, dargestellt werden können. Anstatt der Dimension des Erschließens schlage ich den Begriff *Konstruktion* vor, anstatt der Dimension der Teilhabe den Begriff *Kommunikation.* Die Denkdimensionen werden in Tabelle 2 ergänzt mit den von Ferreiro genannten Unterscheidungsfähigkeiten. Die Schriftbereiche werden auf die sichtbaren Elemente der Schrift reduziert: Text, Wort, Buchstabe. In die Zellen des Rasters in Tabelle 2 kommen die Facetten der kindlichen Schriftproduktion. Der Schrifterwerb kann simultan in unterschiedlichen Zellen des Rasters stattfinden.

Schriftelemente \ Denkdimension	mimetisch Unterscheidung zwischen Bild und Schrift	konstruierend Konstruktion von grafischen Unterscheidungsmerkmalen	kommunizierend Phonetisierung der Schrift
Text	Räumlichkeit Linien	Unterschiedliche Layouts Listen	Mnemotechnik Kommunikation
Wort	Abstände zwischen Wörtern Logografisches Schreiben	Wortlänge Anzahl der Buchstaben Abfolge der Buchstaben	Anlauthypothese Silbenhypothese Phonemhypothese
Buchstabe	Formvariation	Grafische Unterschiedsmerkmale von Buchstaben	Phonem-Graphem-Bezug

Tab. 2: Zweidimensionales Raster zur Erfassung der produktiven literalen Praxis im frühen Kindesalter

Diesem Raster liegt der folgenden Beschreibung der schriftbezogenen Wahrnehmungsentwicklung zugrunde. Das Besondere der Schrift ist ihre Zweidimensionalität. Der dadurch ermöglichte simultane Zugriff auf Informationen erweitert und verändert das Gedächtnis. Die kindliche Wahrnehmungsentwicklung führt von der Beachtung übergreifender Textstrukturen zur Aufmerksamkeit auf einzelne Einheiten. Zuerst wird die Ausrichtung des Textes auf dem Papier wahrgenommen, später die Linien, auf denen die Schrift verläuft. Dann fallen die Abstände zwischen den Wörtern, schließlich die Abstände zwischen den Buchstaben auf. Die Bedeutung der Buchstaben hängt von ihrer Position im Verhältnis zu den Rändern des Papiers ab. Kinder erforschen die Merkmale, in denen sich Buchstaben unterscheiden. Die visuelle Wahrnehmung von Buchstaben und Schrift wird effizienter. Die Fähigkeit, Unterschiede zu erkennen und zu nutzen, impliziert metasprachliche Konzepte.

3.1 Text

Schrift ist für kleine Kinder, die nicht wissen, dass Sprache gesehen werden kann, ein optisches Muster. Sie wissen nicht, dass es etwas bedeutet. Sie untersuchen Schrift daher mit den Mitteln, die ihnen zur Verfügung stehen: ihren Augen. Was fällt ihnen auf? Das erste, was kleine Kinder sehen, sind die regelmäßigen Linien, die das Papier bedecken. Schon ein Zweijähriges, das man bittet, ein Eis zu malen und *Eis* aufzuschreiben, unterscheidet zwischen einem kompakten Bild und Schrift in Linien, wie Abbildung 1 zeigt (vgl. Karmiloff-Smith 1992, S. 144).

Abb. 1: Ein Eis, gemalt und geschrieben von der 27 Monate alten Louisa

Die Abbildung 2 unten zeigt drei Texte, die drei unterschiedliche Schriftwahrnehmungen wiedergeben: links einfache Linien, die entstehen, wenn ein Kind die Bewegung des Schreibers nachahmt. In der Mitte zeigt Emilio mit seiner Unterschrift, dass er schon das Layout einer Postkarte kennt. Rechts erstellt die vierjährige Devran eine Liste ihrer Lieblingsessen und nutzt so bereits die mnemotechnische Funktion der Schrift. Listen bedeuten eine große kognitive Entwicklung: anstatt mündlich linear, d.h. nacheinander aufzuzählen, ist jetzt ein schneller, vertikaler Zugriff auf die gesuchten Begriffe möglich.

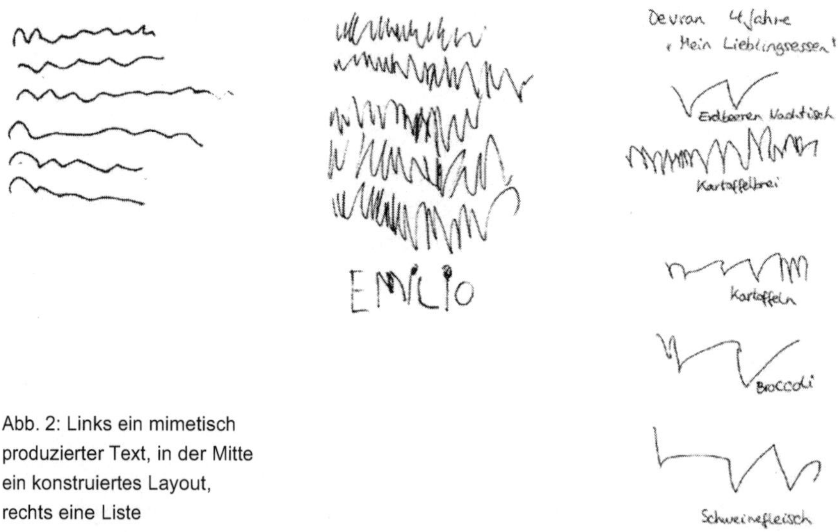

Abb. 2: Links ein mimetisch produzierter Text, in der Mitte ein konstruiertes Layout, rechts eine Liste

Die rezeptive Unterscheidung zwischen bildlicher und schriftlicher Darstellung hat die Wahrnehmungspsychologin Linda Lavine (1977; vgl. Tolchinsky Landsmann & Karmiloff-Smith 1992) untersucht. Sie stellte 45 Drei- bis Fünfjährigen die Aufgabe, Karten zu sortieren, auf denen Bilder, fremde Schriften und vertraute Schriften abgebildet waren. Jene Karten, die Schrift darstellten, sollten die Kinder in einen Briefkasten werfen. 90 Prozent der Dreijährigen und 100 Prozent der Fünfjährigen unterschieden zwischen Bildern und vertrauter Schrift. Da auch der Briefkasten im Gehirn nur vertraute Schriften verarbeitet (Dehaene 2012, S. 108), kann man davon ausgehen, dass der Schrifterwerb mit dieser ersten Unterscheidung beginnt.

Renate Valtin (1986) hat 45 Schulanfängern die schwierigere Aufgabe aus dem LARR-Test gestellt, unter verschiedenen Zeichen einen Buchstaben zu identifizieren und Gekritzeltes von Schrift zu unterscheiden. Das konnten etwa 80 Prozent von ihnen. Auch das Layout-Wissen der Schulanfänger wurde erhoben: 84 Prozent der Schulanfänger konnten die erste und letzte Zeile eines kurzen Textes zeigen. Aber nur etwa 50 Prozent der Sechsjährigen antworteten auf die Frage nach der Funktion des Lesens mit Hinweisen auf die kommunikative und mnemotechnische Funktion. Zusammen bestätigen diese Studien, dass es in Bezug auf Texte eine Entwicklung gibt, bei der zuerst die Unterscheidung zwischen Schrift und Bild, dann die Wahrnehmung der Anordnung des Textes auf dem zweidimensionalen Blatt und schließlich das Wissen von seiner Funktion ausgebildet werden.

3.2 Wort

Als nächstes interessieren sich Kinder für die Regelmäßigkeiten, die sie in der geschriebenen Schrift erkennen können. Das besondere Kennzeichen der Schrift sind die Abstände; die gesprochene Sprache verfügt weder über Abstände zwischen Wörtern noch über Abstände zwischen Phonemen. Zuerst ahmen Kinder kritzelnd die unterbrochene Bewegung der Schreiber nach und produzieren dadurch Abstände zwischen den Kritzelelementen, wie Lauras Postkarte links in Abbildung 3 zeigt. Manche können das Geschriebene vorlesen und sagen sogar, »Hier habe ich ein Wort vergessen«, wo wir nur Zickzacklinien sehen. Vielleicht regen diese mimetisch produzierten Abstände sie an, über das, was sich zwischen zwei Abständen befindet, nachzudenken: das Wort. Zunächst entwickeln Kinder eine Hypothese über die Länge von geschriebenen Wörtern. Devran hat in ihrer Liste der Lieblingsessen in Abbildung 2 rechts das Wort *Kartoffelbrei* länger geschrieben als das Wort *Kartoffel.*

Schreiben Kinder schon Buchstaben, denken sie darüber nach, wie viele Buchstaben ein Wort bilden können. Mindestens drei Buchstaben sollten es sein, aber nicht unendlich viele (Valtin 1986; Ferreiro 1997). Die Liste der Lieblingsessen der fünfjährigen Lisa in Abbildung 3 Mitte zeigt, dass sie schon eine Vorstellung hat, wie Buchstaben in Wörtern zusammengesetzt werden. Sie verbindet diese Konstruktion noch nicht mit dem Klang oder der Länge der gesprochenen Wörter. Aber Anzahl und Abfolge der Buchstaben könnten Wörter darstellen. Wieder stimmt diese Entwicklung mit den Unterscheidungsprinzipien des Gehirn-Briefkastens überein. Der visuelle Filter lässt nur Wörter passieren, bei denen die Konsonanten-Vokal-Folge ein Wort ergeben könnte. Erst im zweiten Schritt werden sinnlose Wörter vom semantischen Filter aussortiert (Dehaene 2012, S. 127). In Abbildung 3 rechts schreibt der vierjährige Moritz das Wort Auto schon sinnvoll in phonetisierter Spiegelschrift.

Abb. 3: Links mimetisch geschriebene Wörter, in der Mitte schließend konstruierte Wörter (Pizza, Hähnchen, Tomatensauce, Fischstäbchen), rechts phonetisiert.

Die Entwicklung der Wortwahrnehmung wurde von den Psychologinnen Tolchinsky Landsmann und Karmiloff-Smith (1992) beobachtet. Sie baten Vier-, Fünf- und Sechsjährige ein Wort zu schreiben, das es nicht geben kann. Die Kinder malten je nach Alter und Schriftkenntnis entweder ein Bild oder eine Abfolge des immer gleichen Buchstabens oder eine nicht lesbare Buchstabenfolge. Sie missachteten also entweder den Unterschied zwischen Bild und Schrift oder die grafischen Unterscheidungsmerkmale in Bezug auf Anzahl und Abfolge der Buchstaben im Wort oder die Phonetisierung des Wortes. Tabelle 3 gibt Beispiele der drei Niveaus von Regelverletzung wieder, die Kinder in meiner Replikation der Studie nutzten, um ein Nicht-Wort zu produzieren. Durch diese Regelverletzung zeigen sie an, wieweit sie die Regeln der schriftlichen Darstellung des Wortes durchdrungen haben.

Niveau der Regelverletzung	Wort	kein Wort
Missachtung des Unterschieds zwischen Bild und Schrift		
Missachtung der grafischen Merkmale und der Abfolge der Buchstaben	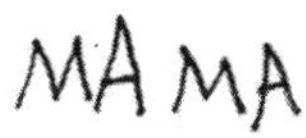	
Missachtung der Phonetisierung		

Tab. 3: Wort - kein Wort

Den Nicht-Wort-Test habe ich mit 37 Kindern aus drei Kindergärten repliziert. Tabelle 4 zeigt den Prozentsatz der Kinder an, die in den drei Altersgruppen zur jeweiligen Regelverletzung fähig waren. In Klammern steht der entsprechende Wert der Kinder der spanisch-katalanischen Stichprobe der Originaluntersuchung, die schon eine Schule besuchten.

Altersgruppe	n	Keine Missachtung		Missachtung Schrift-Bild-Unterschied		Missachtung von Anzahl und Abfolge der Buchstaben		Missachtung der Phonetisierung	
4 Jahre	5 (20)	40%	(30%)	20%	(25%)	20%	(45%)	20%	(0%)
5 Jahre	18 (20)	33%	(10%)	28%	(15%)	22%	(45%)	17%	(30%)
6 Jahre	14 (16)	21%	(0%)	36%	(0%)	7%	(13%)	36%	(87%)
	37 (56)								

Tab. 4: Produktion von Nicht-Wörtern als Funktion von Alter und Unterscheidungskategorie (in Klammern die Ergebnisse der Originalstudie)

Die Ergebnisse spiegeln deutlich die von Ferreiro formulierten Phasen der Wahrnehmungsentwicklung auch in Bezug auf das Wort. Ein gutes Drittel der Sechsjährigen beschäftigt sich schon mit der Phonetisierung der Schrift. Ein weiteres Drittel hat den Unterschied zwischen Bild und Schrift erkannt. Ein Fünftel der Sechsjährigen hat diesen Unterschied noch nicht erkannt. Ihr Schrifterwerb hat noch nicht begonnen.

3.3 Buchstaben

Wie kann man erklären, dass alle Schriften von den Lesern dieser Welt im gleichen visuellen Hirnareal verarbeitet werden? Der später zum Briefkasten recycelte Bereich dient ursprünglich dem Erkennen von Objekten. In diesem Sehareal werden die nichtzufälligen Winkel aus Linien kodiert, die auf das ganze Objekt schließen lassen: Der obere Rand und die Seitenwand einer Tasse bilden eine F-Form, die obere Ecke eines Zimmers ein Y. Zwei Objekte treffen in einem T aufeinander, ein Objekt mit einem Loch bildet ein O auf der Netzhaut ab. Der begrenzte Fundus dieser möglichen invarianten Verbindungen hilft, strukturierte Objekte schnell zu erkennen. Auch wenn das Objekt teilweise verdeckt oder gekippt ist, genügt die Wahrnehmung der invarianten Teils, um das ganze Objekt zu rekonstruieren. Genau diese Linienverbindungen verwenden auch alle Schriften. Die Schriftformen haben sich dem linken unteren Schläfenbereich der Hirnrinde in ihrer langen Entwicklung optimal angepasst, so Dehaenes Hypothese (2012, S. 198): »Alle Schriften präsentieren der Fovea innerhalb der Retina in hoher Dichte kontrastreiche Striche (…). Alle Schriften verwenden ein kleines Repertoire aus Grundformen, deren hierarchische Kombination Laute, Silben und Wörter hervorbringt«.

In manchen Kritzelschriften gelingt es Kindern, die handschriftlichen Buchstabenformen mimetisch nachzubilden, wie im Beispiel links in Abbildung 4. Die Konstruktion der Großbuchstaben fällt dagegen kleinen Kindern nicht leicht. Mühsam setzen sie die Linien zusammen und plagen sich mit der schier unendlichen Zahl von Querstrichen, wie Bahar im Beispiel in der Mitte. Die unterschiedlichen Kombinationen von Längs- und Querstrichen, diagonalen Linien, Rundungen und Öffnungen sind die bedeutungstragenden Merkmale der Buchstaben. Der Briefkasten ist eine Schaltstelle, die diese Linienkombinationen mit der auditiven und der semantischen Verarbeitung verbindet. Im Beispiel rechts bekommen die Buchstaben einen Klang, man kann sie lesen.

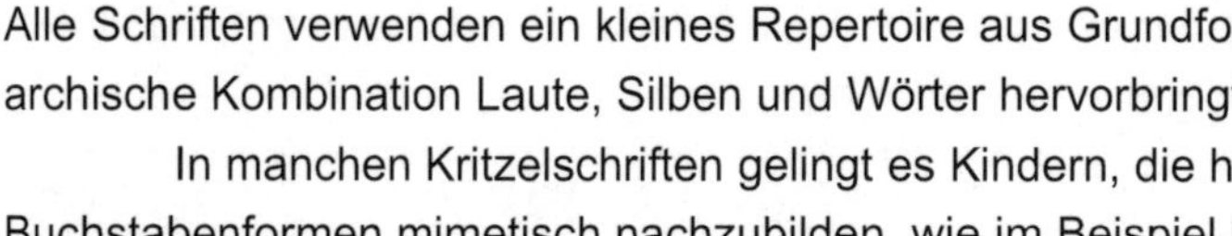

Abb. 4: Links mimetisch geschriebene Buchstaben, in der Mitte konstruierte, rechts phonetisierte

Tolchinsky Landsmann und Karmiloff-Smith haben die katalanischen Kinder auch gebeten, einen Buchstaben zu schreiben, den es nicht gibt. Tab. 5 zeigt die möglichen Regelverletzungen, die Kindern einfallen. Die dritte Stufe, die Regel der phonetischen Zuordnung des Buchstabens, lässt sich kaum darstellen, man müsste einen neuen Buchstaben und einen neuen Laut dazu erfinden.

	Buchstabe	kein Buchstabe
Missachtung des Unterschieds Bild - Schrift		
Missachtung der grafischen Merkmals der Abstände zwischen den Buchstaben. (Hier: ein Buchstabe und eine Zahl wurden verschmolzen)		

Tab. 5: Buchstabe - kein Buchstabe

Auch die 37 Frankfurter Kinder haben Buchstaben produziert die keine sind. Tabelle 6 gibt die Häufigkeiten der Regelverletzungen in den 3 Altersstufen an.

Altersgruppe	n	Keine Missachtung	Missachtung Schrift-Bild-Unterschied	Missachtung der grafischen Unterschiedsmerkmale
4 Jahre	5 (20)	20% (30%)	60% (35%)	20% (35%)
5 Jahre	18 (20)	22% (25%)	61% (25%)	17% (50%)
6 Jahre	14 (16)	21% (13%)	36% (14%)	43% (73%)
	37 (56)			

Tab. 6: Produktion von Nicht-Buchstaben als Funktion von Alter und Unterscheidungskategorie (in Klammern die Ergebnisse der Originalstudie)

Wieder können 20 Prozent der Sechsjährigen noch keinen Unterschied darstellen. Die letzte Spalte des Rasters, die hier fehlt, die Phonetisierung der Buchstaben, habe ich in einer aktuellen Interventionsstudie zehn Monate vor Schulbeginn erhoben. Die 93 Kinder dieser Studie waren im Mittel 70 Monate alt, 60 Prozent von ihnen sind Jungen und 76 Prozent wachsen bilingual auf. Drei der sechs teilnehmenden Kindergärten befinden sich in sozialen Brennpunkten, zwei weitere liegen in vorwiegend von Arbeitern bewohnten Vierteln.

Die Probanden hatten die Aufgabe, die Anlaute von Wörtern zu sprechen und sie als Buchstaben aufzuschreiben. 60 Prozent der Sechsjährigen konnten keinen einzigen Anlaut schreiben, nur 20 Prozent schrieben mehr als die Hälfte der zehn Anlaute.

Die Studien bestätigen die neun Zellen des Rasters und einen zeitlichen Entwicklungsverlauf in jeder Zeile von links nach rechts. Die Entwicklung beginnt in der linken Spalte oben: 80 Prozent der Sechsjährigen können rezeptiv Schrift und Bild unterscheiden. In der Spalte ganz rechts, in der es um die Phonetisierung der Schrift und um kompetente Kommunikation geht, können nur jeweils etwa 40 Prozent der Sechsjährigen die Aufgaben lösen, in der letzten Zelle rechts unten sind es nur 20 Prozent. Tabelle 7 stellt alle erwähnten empirischen Beobachtungen des Entwicklungsverlaufes an deutschen Sechsjährigen, die in ihrer Schrifterfahrung auf das Elternhaus angewiesen waren, in dem zuvor entwickelten Raster dar.

	mimetisch Unterscheidung zwischen Bild und Schrift	erschließend Konstruktion von grafischen Unterscheidungs-merkmalen	kommunizierend Phonetisierung der Schrift
Text LARR-Test (Valtin 1986)	Unterschied Gekritzel - Schrift: 80%	Erste und letzte Zeile zeigen: 84%	Funktion des Lesens (Wissen, Information): 50%
Wort Nicht-Worttest	Mindestens Schrift-Bild-Unterscheidung: 80%	Mindestens Verletzung von Anzahl und Abfolge: 43%	Verletzung der Lesbarkeit: 36%
Buchstabe Nicht-Buchstabe-test Anlaute schreiben	Mindestens Schrift-Bild-Unterscheidung: 80%	Verletzung der Abstände zwischen Buchstaben: 43%	Phonem-Graphem-Bezug: 20%

Tab. 7: Prozentsätze der Sechsjährigen, die in den einzelnen Zellen des Entwicklungsrasters die Aufgaben lösen können

4 Schriftlich anregende Umgebungen

Diesen Ergebnissen zufolge unterscheiden zwanzig Prozent der Sechsjährigen noch nicht zwischen Schrift und Bild. In der Schule werden sie unmittelbar mit der phonetischen Funktion der Schrift konfrontiert, für die sie noch keine Schemata (Dehn 1996) entwickelt haben. Eine Überschneidung zwischen den kindlichen kognitiven Schemata und der Schrift gibt es am Beginn des Schrifterwerbs nur auf der visuellen und motorischen Ebene. Das erfordert von Pädagogen, sich in die Wahrnehmung von Menschen einzufühlen, die gar nicht wissen, dass Sprache auch gesehen werden kann.

Die Aktivitäten, die ich in diesem Kapitel vorstelle, sind geeignet, Erwachsenen Einblick in die Schriftanschauung von Kindern zu ermöglichen, die bisher keine Gelegenheit zur Auseinandersetzung mit diesem Kommunikationsmedium hatten. Erzieherinnen und Erzieher der Kindertagesstätten der Stadt Frankfurt haben sie im Rahmen meiner Fortbildungen entwickelt. Sie sind ausführlich in einer Broschüre (Lenel 2011) nachzulesen. In der Reihenfolge des Entwicklungsrasters stelle ich Aktionen vor, die bei Kindern die Wahrnehmung von Texten, Wörtern und Buchstaben anregen können und Erwachsenen Einblick in die Anfänge des Schrifterwerbs geben.

4.1 Texte

Am deutlichsten wird der Unterschied zwischen Bild und Schrift am Werkzeug. Kinder beobachten, dass man nicht mit Buntstiften unterschreibt. Mobile Schreibkisten heben die Besonderheit des Materials hervor: Kugelschreiber, Bleistifte, Radiergummi, Kleber, Briefumschläge, alte Briefmarken, eine Zickzackschere, damit die Kinder Briefmarken aus ihren Lieblingscomics ausschneiden können, Postkarten, ein Schreibblock, Lineal, Tacker, Locher, Heftstreifen und Stempel.

Im Kindergarten gibt es unendlich viele Schreibanlässe. Eindeutig am beliebtesten bei den Kindern sind Listen. Anwesenheitslisten, Menüpläne und Wochenpläne lassen erkennen, ob das Kind das zweidimensionale Layout beherrscht, ob es den Inhalt formalschriftlich oder schon phonetisiert wiedergibt.

Um das Briefschreiben anzuregen, genügen oft schon Briefumschläge. Besonders eindrücklich war ein Projekt, in dem die Kinder Grußkarten an ein Mädchen aus der Gruppe schrieben, das im Krankenhaus lag. Sie brachten die Karten in einem frankierten Umschlag zum Briefkasten. Als sie das Mädchen später besuchten, sahen sie, dass ihre Briefe tatsächlich angekommen waren und welche Freude sie damit gemacht hatten.

4.2 Wörter

Für Kinder sind Wörter Namen von Dingen und Personen, denen sie anhaften. Bevor sie schreiben und lesen lernen, sollten Kindergartenkinder begreifen, dass Wörter selbst Dinge sind, willkürliche Lautgebilde, die man auch unabhängig von ihrer Bedeutung betrachten kann, schreibt Hartmut Günther (1995). Einsicht in dieses Wortkonzept fördert eine Idee, die Frankfurter Kinder hatten, als sie ihrer Erzieherin die Erlebnisse des Waldtages diktieren wollten: Ihnen fiel beim Diktieren auf, dass sie einzelne Wörter auch selber in den Text einfügen konnten, indem sie diese zeichneten oder eine Zahl oder ihren eigenen Namen schrieben.

Als sie diese Idee ausführten, wurde der Erzieherin der Unterschied zwischen dem kindlichen Wortbegriff und ihrem eigenen deutlich: »Wir sind mit der *Bahn* in den *Wald* gefahren. Als wir im *Wald* ankamen …«, diktierten die Kinder. Ein Kind malte die Bahn, ein anderes den Wald. Als das dritte wieder den Wald zeichnen sollte, sagte es: »Aber da ist doch schon der Wald gemalt!«

4.3 Buchstabenformen

Zwei Pädagogen entwickelten ein beeindruckendes Beispiel, wie Kinder sich ausschließlich mit den Formen von Buchstaben beschäftigen können. Die beiden Erzieher machten sich Sorgen, weil sie fanden, dass die Kinder ihrer Kita feinmotorisch nicht sehr geschickt waren. Außerdem sollte eine weiße Wand weihnachtlich geschmückt werden und schließlich konnten die Erwachsenen nie den Text des beliebtesten Weihnachtsliedes auswendig. Also schrieb die Erzieherin die erste Strophe von »In der Weihnachtsbäckerei« in Blockbuchstaben auf Tonpapier. Ihr Kollege teilte die Papiere in Rechtecke, aus denen die Kinder nach und nach alle Buchstaben ausschnitten. Erkannten sie einen Buchstaben aus ihrem Namen, freuten sie sich. Wenn sie einem Buchstaben ein Stück zu viel abschnitten, mussten sie die Erzieherin bitten, ihn neu zu schreiben. Das erforderte die Darstellung oder Benennung des Buchstabens.

Die ausgeschnittenen Buchstaben befestigten die Kinder nach der Textvorlage in der richtigen Reihenfolge an der Wand. Traten Kollegen ins Zimmer, sangen diese spontan den noch unvollendeten Text vor. Die Kinder saßen gemütlich in Gruppen, schnitten und sprachen über ihre Weihnachtswünsche. Viel Arbeit wurde den Kindern zugemutet - aber sie hatten Spaß dabei und waren zufrieden. Ohne didaktische Absicht konnten sie Buchstabenformen, lineare Darstellung der Sprache, Abstände zwischen Wörtern und Buchstaben wahrnehmen. Und, dass Sprache sich schriftlich darstellen und erinnern lässt.

Eine andere Erzieherin ging mit einer Gruppe von Kindern mit Karteikarten und Bleistiften ausgerüstet hinaus, um Buchstaben zu suchen. Trotz der Nummernschilder auf dem Parkplatz, der Läden und aller sichtbaren Schrift konnten die Kinder 20 Minuten lang keinen einzigen Buchstaben entdecken. Die Erzieherin wunderte sich und wartete ab. Dann ging ein Mann mit einer Einkaufstüte vorbei. Ein Junge zeigte auf die Tüte und schrie: »Da sind Buchstaben!«. Vielleicht müssen die Buchstaben sich bewegen, damit sie wahrgenommen werden.

4.4 Buchstaben und ihre Laute

Die Namen der Kinder sind der wichtigste Zugang zur Schrift. Zwei Pädagoginnen, die eine alterserweiterte Gruppe mit Kindern ab einem Jahr betreuen, entwickelten die Idee, die Namen der Kinder auf Eigentumsfächern und Zahnbechern in Großbuchstaben und groß zu schreiben, damit auch die Kleinsten ihren Namen erkennen können. Auch die älteren Kinder beachteten danach zum ersten Mal die Schrift. Sie kopierten die Namen, schrieben sich Briefe, setzten die Namen in Listen ein.

Der Vergleich der Namen, ihrer unterschiedlichen oder gleichen Anfangsbuchstaben, ihrer Länge, führte schnell dazu, dass alle Kinder der Gruppe nicht nur ihren eigenen Namen, sondern auch die der anderen Kinder lesen konnten. In dieser Kita übernahmen bald alle Gruppen die Großschreibung der Namen. Zufrieden beobachteten die Erzieherinnen, dass die Kinder aus ihrer Kita nun schon vor der Schule begannen, alphabetisch zu schreiben und einfache Wörter zu entziffern.

Auch in der Gruppe einer anderen Teilnehmerin lösten die Namen, die die Kinder schreiben lernen sollten, eine Kita-übergreifende Veränderung aus: Zuerst bestürmten die Kinder die Erzieherin mit Fragen zu den Buchstaben: Was für Buchstaben es noch gibt, worin sie sich unterscheiden und was sie bedeuten. Gemeinsam beschlossen Kinder und Erzieherin, Buchstabensammelbücher herzustellen.

Zuerst liefen die Kinder durch das Haus, um Fotos von jenen Orten zu machen, an denen es Buchstaben gibt: von Bücherregalen und Pinnwänden sowie der Wand mit den Eigentumsschubladen. Nun stempelten und schrieben sie einzelne Buchstaben in ihre Bücher und malten kleine Anlautbilder dazu. Aus buntem Papier schnitten die Kinder Buchstaben aus. War die Buchstabenmannschaft vollzählig, sammelten sie in ihren Büchern Namen und Wörter, die sie irgendwo abschrieben. Die Sammelleidenschaft verbreitete sich wie ein Feuer in allen Gruppen. Aus dieser spontanen Aktion ist inzwischen ein Markenzeichen der Kita geworden: Schrift ist überall.

4.5 Wörter schreiben

Für den Bericht vom Waldtag (s. 4.2) malten die Kinder die Wörter. Das geschriebene Wort hat aber keinerlei Ähnlichkeit mit dem Ding, das es benennt. Auf halbem Weg zwischen dem Bild von der Sache und dem geschriebenen Wort bauen chinesische Zeichen eine Brücke. In der chinesischen Schrift steht für manche alten Wörter nur ein einziges Zeichen. Manchmal kann man in dem Zeichen sogar noch die Form der bezeichneten Sache erkennen (Louis 2008). Und doch sind es abstrakte Zeichen, die ein Wort darstellen.

Auch die Hieroglyphen waren einmal eine Bilderschrift, bevor sie zu Anlautbildern wurden. Manchmal passen auch deutsche Wörter zu den koptischen Anlauten. Hieroglyphenstempel machen die Zuordnung von Zeichen und Lauten zu einem Vergnügen (Roehrig & Jacoby 2009). Es gibt auch deutsche Anlautstempel (Betzold). Mit Anlautstempeln können Kinder ihre Eltern mit einer Botschaft in Geheimschrift auf die Probe stellen.

5 Literalität im Kindergartenalltag und schulischer Schrifterwerb

Die beiden vorhergehenden Kapitel haben beschrieben, welches Schriftwissen kleine Kinder im Alter zwischen zwei und sechs Jahren entwickeln können und was ihre Umgebung zu dieser Entwicklung beitragen kann. Für das Erlernen der Lese- und Schreibtechnik benötigen Kinder auch Einsicht in die Phonem-Graphem-Zuordnung. Die Fähigkeit, einzelne Phoneme im Sprachfluss zu analysieren, gilt als Prädiktor zukünftigen Schrifterwerbs (vgl. Rayner et al. 2001). Da die englischsprachigen Studien aber immer mit Kindern durchgeführt werden, die in der Schule schon Schrift lernen, beruhen ihre phonem-analytischen Fähigkeiten möglicherweise auf ihren Buchstabenkenntnissen (Castles & Coltheart 2004). Dass dies auch für schwedische Kinder gilt, konnte Valtin (1984) in einer Reanalyse der Studie von Lundberg zeigen.

Können Kinder auch auf dem nachahmenden, spielerischen Weg zur Phonetisierung der Schrift finden? Können Kinder im Kindergarten ihre Schemata so weit entwickeln, dass sie die Funktion der Schrift im Schulunterricht verstehen können? Wir müssen uns fragen, ob das hier vorgestellte Raster funktioniert.

Den ersten Hinweis auf eine solche Wirkung spielerischer Schrifterfahrung (Knopf & Lenel 2005) habe ich in einer noch unveröffentlichten Interventionsstudie mit 93 Sechsjährigen aus sechs Frankfurter Kindergärten überprüft. Sie erhielten in drei Gruppen unterschiedliche Förderungen: eine schriftliche mit der im dritten Kapitel beschriebenen spielerischen Schrifterfahrung, eine mündliche, in der sie eine Kamishibai-Papiertheater-Geschichte entwickelten und auswendig vortrugen, und eine mathematische Kontrollförderung. Die Kinder hatten die Aufgabe, die Anlaute von Wörtern zu sprechen, die ihnen als Bild präsentiert wurden. Als richtige Lösungen galten Buchstabenlaute und Buchstabennamen ohne den im Wort nachfolgenden Vokal. Maximal zehn richtige Lösungen waren möglich.

Die Varianzanalyse mit Messwiederholung der zehn und vier Monate vor der Einschulung gestellten Aufgabe ergab einen bedeutsamen Vorteil der schriftlich geförderten Gruppe in Bezug auf den Zuwachs der phonemanalytischen Leistung (p = .004) bei mittlerem bis starkem Effekt der Intervention (η^2 = .12) gegenüber den mündlich und mathematisch geförderten Gruppen, wie Abbildung 5 zeigt.

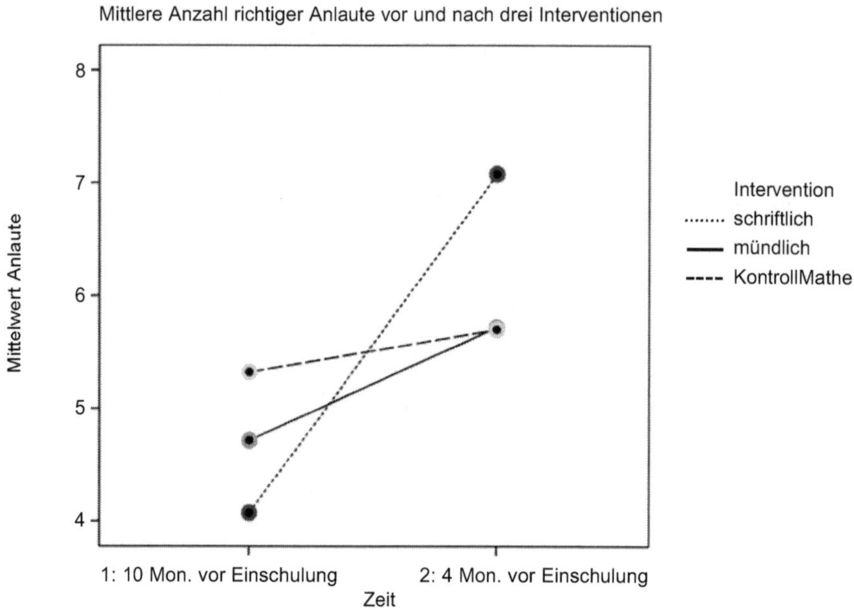

Abb. 5: Veränderung der phonemanalytischen Leistungen im Lauf von sechs Monaten in den drei Interventionsgruppen

Vielleicht konnten auch diejenigen Kinder, die in den deutschen und schweizerischen Studien schon über beachtliches Schriftwissen verfügten, in einer schriftlichen Umgebung dieses Wissen spielend entwickeln. Das sollte kein Privileg bleiben. Würden wir Kindern dadurch die Kindheit rauben? Kinder bereiten sich in ihren Spielen auf ihre Zukunft vor. Sie verwenden dabei alles, was sie in ihrer Umgebung als bedeutsam erfahren. Wenn wir in unseren Kindergärten den Kindern verheimlichen, dass Schrift das bedeutsamste Kommunikationsmedium in unserer Gesellschaft ist und die mündliche Sprache zunehmend ersetzt, rauben wir ihnen die Chance, sich auf ihre Zukunft vorzubereiten.

Das Gehirn des Lesers unterscheidet sich strukturell und quantitativ von dem des Nichtlesers (Dehaene 2012, S. 237). Das eine ist nicht moralisch besser als das andere, sondern funktionell verschieden. In unserer Gesellschaft braucht jeder, der dazugehören will, ein Lesergehirn. Kinder wollen dazugehören.

Literatur

Ansari, S. (2012). http://www.eh-darmstadt.de/hochschule/aktuell/fruehe-bildung/. Zugriff: 30.7.2013.

Castles, A. & Coltheart, M. (2004). Is there a causal link from phonological awareness to success in learning to read? Cognition 91(1), 77-111.

Dehaene, S. (2009). Reading in the Brain. London: Penguin Books. Dehaene, S. (2012). Lesen. München: btb Verlag.

Dehn, M. (1996). Schwierige Lernentwicklung und Unterrichtskonzept. In M. Dehn, P. Hüttis-Graff & N. Kruse (Hg.). Elementare Schriftkultur. Weinheim: Beltz, 16-30.

Ferreiro, E. (1997). Alfabetizacion: Teoria y Practica. Mexico: siglo veintiuno.

Frith, U. (1985). Beneath the surface of developmental dyslexia. In K. Patterson, M. Coltheart & J. Marshall (Eds.). Surface dyslexia: Cognitive and neurological studies of phonological reading. London: Erlbaum, 301-330.

Fthenakis, W.E., Berwanger, D. & Reichert-Garschhammer, E. (2012). Bildung von Anfang an - Bildungs- und Erziehungsplan für Kinder von 0 - 10 Jahren in Hessen. Wiesbaden: Hessisches Kultusministerium. http://www.bep.hessen.de/irj/BEP_Internet. Zugriff: 6.8.2013.

Fthenakis, W.E. (2007). Auf den Anfang kommt es an (Interview). Betrifft Kinder, 8/9, 6-17.

Füssenich, I. Löffler, C. (2008). Schriftspracherwerb - Einschulung, erstes und zweites Schuljahr. München: Ernst Reinhardt Verlag.

Günther, H. (1995). Die Schrift als Modell der Lautsprache. OBST, 51, 15-32.

Günther, H. (1993). Erziehung zur Schriftlichkeit. In P. Eisenberg & P. Klotz (Hg.). Sprache gebrauchen - Sprachwissen erwerben. Stuttgart: Klett, 85-96.

Hinshelwood, J. (1895). Word-blindness and visual memory. Lancet 2, 1564-1570.

Karmiloff-Smith, A. (1992). Beyond modularity. A developmental perspective on cognitive science. Cambridge: MIT Press.

Knopf, M. & Lenel, A. (2005). Schriftspracherwerb und dessen mögliche Frühförderung. In T. Guldimann & B. Hauser (Hg.). Bildung 4-8jähriger Kinder. Münster: Waxmann, 41-57.

Lavine, L.O. (1977). Differentiation of letterlike forms in prereading children. Developmental Psychology, 13, 89-94.

Lenel, A. (2011). Sprechen, Schreiben, Lesen - Kinder auf dem Weg zur Schrift. Frankfurt am Main: Kita Frankfurt. http://www.kitafrankfurt.de/publikationen/broschueren/121023_KFM_Sprechen_Schreiben_Lesen_barrierefrei_20.10.11_bf_abA7.pdf. Zugriff: 6.8.2013.

Lenel, A. (2005). Schrifterwerb im Vorschulalter - eine entwicklungspsychologische Längsschnittstudie. Weinheim: Beltz.

Liebers, K. (2010). Schriftsprachspezifische Voraussetzungen von Schulanfängerinnen und Schulanfängern. Berlin-Brandenburg: LISUM. http://wcms.uzi.uni-halle.de/download.php?down=22761&elem=2542433. Zugriff am 6.8.2013

Louis, C., Shi Bo & Hausherr, C. (2008). Mein kleines chinesisches Wörterbuch. Zürich: Nord-Süd-Verlag.

Martschinke, S., Kammermeyer, G., Frank, A. & Mahrhofer, C. (2002). Heterogenität im Anfangsunterricht - Welche Voraussetzungen bringen Schulanfänger mit und wie gehen Lehrerinnen damit um? Erlangen: Berichte aus dem Institut für Grundschulforschung, 101.

Neisser, U. (1979). Kognition und Wirklichkeit. Stuttgart: Klett-Cotta.

Raible, W. (1990). Die Semiotik der Textgestalt: Erscheinungsformen und Folgen eines kulturellen Evolutionsprozesses. Heidelberg: Carl Winter.

Rayner, K., Foorman, B.R., Perfetti, C.A., Pesetsky, D. & Seidenberg, M.S. (2001). How psychological science informs the teaching of reading. Psychological Science, 2, 31-74.

Sasse, A., Dimke, A., Merten, R., Möller, R., Steffen-Wittek, M., Börner, S. & Buchholz, T. (2011). Thüringer Bildungsplan für Kinder bis 10 Jahre. Berlin: verlag das netz.

Sasse, A. (2005). Aufwachsen mit Schrift: Zugänge zur Schriftkultur in den Bildungsprogrammen der Bundesländer für den Elementarbereich. In B. Hofmann & A. Sasse (Hg.). Übergänge: Kinder und Schrift zwischen Kindergarten und Schule. Berlin: DGLS, 192-222.

Schmid-Barkow, I. (2009). Schuleingangsdiagnostik des Schreibens und Perspektiven auf das Schreiben »vor der Schrift«. In S. Jeuk & I. Schmid-Barkow (Hg.). Differenzen diagnostizieren und Kompetenzen fördern im Deutschunterricht. Freiburg: Welke Fillibach, 193-212.

Siraj-Blatchford, I. & Moriarty, V. (2004). Pädagogische Wirksamkeit in der Früherziehung. In Fthenakis, W.E. & Oberhuemer, P. (Eds.). Frühpädagogik international, 87-104. Wiesbaden: Verlag für Sozialwissenschaften.

Textor, M.R. (2013). Die Normierung, Pathologisierung, Kasernierung und Programmierung des Kindes. Online-Handbuch Kindergartenpädagogik. http://www.kindergartenpaedagogik.de/1682.html. Zugriff am 9.8.2013.

Tolchinsky Landsmann, L. & Karmiloff-Smith, A. (1992). Children's understanding of notations as domains of knowledge versus referential-communicative tools. Cognitive Development, 7, 287-300.

Valtin, R. (1984). The Development of Metalinguistic Abilities in Children learning to Read and Write. In J. Downing & R. Valtin (Eds.). Language Awareness and Learning to Read, New York: Springer.

Valtin, R. (2000). Schwierigkeiten beim Schriftspracherwerb. Hinweise und Hilfen für die Förderdiagnostik. In I. Naegele & R. Valtin (Hg.). LRS in den Klassen 1-10, Band 2, Schulische Förderung und außerschulische Therapien. Weinheim: Beltz, 48-69.

Valtin, R., Bemmerer, A. & Nehrung, G. (1986). Kinder lernen schreiben und über Sprache nachzudenken: Eine empirische Untersuchung zur Entwicklung schriftsprachlicher Fähigkeiten. In R. Valtin & I. Naegele (Hg.). Schreiben ist wichtig! Grundlagen und Beispiele für kommunikatives Schreibenlernen. Frankfurt: Arbeitskreis Grundschule, 23-53. https://www2.hu-berlin.de/gsw/images/Downloads/pilotstudie.pdf. Zugriff am 1.9.2013.

Wannack, E., Sörensen Criblez, B. & Gilliéron Giroud, P. (2006). Frühere Einschulung in der Schweiz - Ausgangslage und Konsequenzen. Bern: EDK. http://edudoc.ch/record/17369/files/StuB26A.pdf. Zugriff am 6.8.2013.

Material

Anlautstempel - Mit Bildern lesen. Schaffhausen: Betzold-Verlag.

Roehrig, C. & Jacoby E. (2009). Spaß mit Hieroglyphen. Berlin: Jacoby & Stuart.

Abbildungen

Alle Abbildungen von der Autorin gesammelt.

Ich danke Sabine Voigt für die Listen der Lieblingsessen.

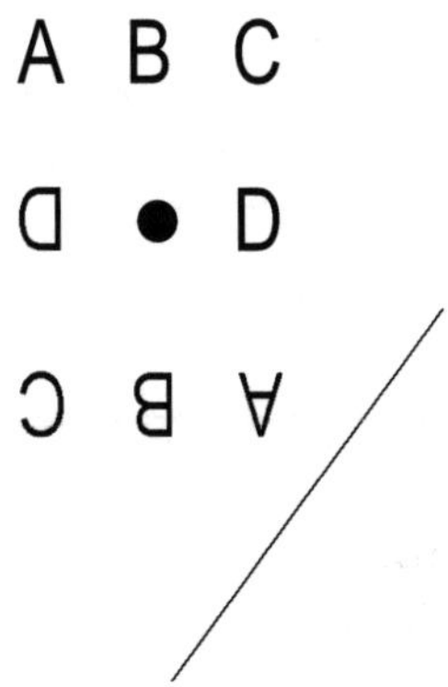
A B C
D

Lesefreude wecken - nachhaltig Kompetenzen stärken

Simone C. Ehmig

Warum nachhaltige Sprach- und Leseförderung notwendig ist

Die 2011 veröffentlichte leo. - *Level-One*-Studie zur Alphabetisierung Erwachsener identifiziert bundesweit 7,5 Millionen Erwachsene im Alter von 18 bis 64 Jahren, die Texte nicht richtig verstehen und nicht richtig schreiben können. Der Anteil dieser sogenannten funktionalen Analphabeten entspricht 14.5 Prozent der Deutsch sprechenden Bevölkerung im erwerbsfähigen Alter (Grotlüschen & Riekmann 2012). Rechnet man über 64-Jährige und Menschen mit Migrationshintergrund ein, die nicht Deutsch sprechen, wird man eine noch viel höhere Zahl Betroffener annehmen müssen (Ehmig 2013).

Mangelnde Lesefähigkeiten sind nur zum Teil darauf zurückzuführen, dass Menschen nach ihrer Schul- und Ausbildungszeit das Lesen und Schreiben verlernen, weil sie es nicht mehr praktizieren. Viele Erwachsene haben es nie richtig gelernt (Döbert & Nickel 2000). Dabei handelt es sich keineswegs nur um ältere Generationen. Nach den Ergebnissen der jüngsten PISA-Studie hatten in Deutschland im Jahr 2009 18.5 Prozent der 15-Jährigen Schwierigkeiten beim Lesen und Schreiben (Klieme 2010). Die Internationale Grundschul-Lese-Untersuchung (IGLU) zeigte 2011, dass 15.4 Prozent der Schülerinnen und Schüler der vierten Grundschulklassen kein ausreichendes Leistungsniveau im Lesen erreichen (Bos, Tarelli, Bremerich-Vos & Schwippert 2012). Nach dem Ländervergleich 2011 des Instituts für Qualitätsentwicklung im Bildungswesen (IQB) erfüllten 12 Prozent der Grundschüler nicht die Mindeststandards im Lesen, 33 Prozent nicht die Regelstandards (Stanat, Pant, Böhme & Richter 2012). Die Befunde belegen, dass unter den Kindern und Jugendlichen neue Generationen möglicher funktionaler Analphabeten heranwachsen, denen aufgrund mangelnder Lesefähigkeiten eine zentrale Voraussetzung für Bildung, Berufszugang und gesellschaftliche Teilhabe fehlt.

Die Defizite in der Lesekompetenz von Erwachsenen und Heranwachsenden verursachen aktuell und perspektivisch erhebliche Probleme mit großer gesellschaftlicher und volkswirtschaftlicher Reichweite.[1] 11.9 Prozent der Schulabgänger in Deutschland haben 2011 die Schule ohne Abschluss verlassen (Europe in figures 2012). Wenn Jugendliche nicht über die geforderten Qualifikationen verfügen, finden sie trotz einer sich positiv entwickelnden Angebotssituation häufig keinen Ausbildungsplatz (Hohbein, Thies & Wieland 2012). 2011 standen 30.000 unbesetzten Ausbildungsplätzen 294.294 Jugendliche gegenüber, die keinen Ausbildungsplatz bekommen haben und sich in einer Übergangsphase befanden. Davon sind 63.000 Jugendliche in berufsvorbereitenden Maßnahmen (21.5%), 38.369 in einem Berufsvorbereitungsjahr (13.2%), 28.150 im Berufsgrundbildungsjahr (9.6%) und 16.151 in der Einstiegsqualifizierung (5.5%) (Bundesinstitut für Berufsbildung 2011). 12 Prozent der 15- bis 29-Jährigen in Deutschland sind weder in Ausbildungs-, Berufs- oder Weiterbildungsaktivitäten integriert (OECD 2012a).

Jährlich entstehen im Übergangssystem von berufsvorbereitenden Maßnahmen und Einstiegsqualifizierung in Deutschland Kosten in Höhe von 4,3 Milliarden Euro (Autorengruppe Bildungsberichterstattung 2010, S. 317). 150.000 Jugendliche starten jährlich in Deutschland ohne Ausbildungsabschluss in ihr Erwerbsleben. Pro Altersjahrgang entstehen dem öffentlichen Haushalt dadurch jährlich Folgekosten in Höhe von 1,5 Milliarden Euro. Aktuell trägt der öffentliche Haushalt insgesamt Folgekosten für 7 Millionen Menschen, die ohne Ausbildungsabschluss geblieben sind (Allmendinger, Giesecke & Oberschachtsiek 2012). Hochgerechnet ist in den kommenden 10 Jahren mit 15 Milliarden Euro Folgekosten zu rechnen, wenn es nicht gelingt, niedrig qualifizierten Menschen Bildungschancen und Perspektiven zur Teilhabe am sozialen und beruflichen Leben zu ermöglichen bzw. zu erhalten (Allmendinger,Giesecke & Oberschachtsiek 2012).

1 Die Argumentation folgt den Empfehlungen der Stiftung Lesen an die Politik: Lesen in Deutschland - politische und programmatische Empfehlungen für bessere Bildung. Download unter: http://www.stiftunglesen.de/empfehlungen-an-politik.html (Datum des Zugriffs: 21.7.2013).

Die skizzierten Probleme illustrieren eindrücklich die Notwendigkeit von Programmen und Maßnahmen zur Sprach- und Leseförderung als zentrale Voraussetzung zur Gewährleistung von Ausbildungs- und Erwerbsfähigkeit. Um den bereits im Grundschulalter deutlich erkennbaren Defiziten entgegen zuwirken, muss die Vermittlung guter Sprach- und Lesekompetenzen erstens sehr viel früher einsetzen als mit dem ersten Schuljahr. Sie muss zweitens die Entwicklung von Kindern und Jugendlichen kontinuierlich begleiten, um kritische Phasen, insbesondere die »Lesekrise« im Übergang von Kindheit zur Pubertät (Schön 1989; Graf 1995; Garbe, Holle & Jesch 2005) mit motivierenden und kompetenzfördernden bzw. -erhaltenden Maßnahmen zu überbrücken. Sie sollte drittens sowohl präventive Maßnahmen im Kindes- und Jugendalter als auch kurative Ansätze einschließen, die lesefernen und -schwachen Erwachsenen einen möglichst niedrigschwelligen Zugang zum Lesen und Schreiben ermöglichen. Idealer Weise wirken alle Programme und Ansätze zur Sprach- und Leseförderung viertens nachhaltig in dem Sinne, dass sie Kindern, Jugendliche und Erwachsene Zugänge verschaffen und Kompetenzen vermitteln, die ihr weiteres Leben, ihre persönliche, fachliche und berufliche Entwicklung langfristig positiv beeinflussen und prägen.

Wie Nachhaltigkeit gemessen werden kann

Die Überprüfung der Wirksamkeit von Maßnahmen zur Sprach- und Leseförderung nimmt in der Regel unmittelbare Effekte in den Blick, beispielsweise die Verbesserung der Leseleistungen von Schülern und Schülerinnen, die sich mit gängigen Testverfahren oder über Schulnoten abbilden lassen. Der Nachweis längerfristiger Wirkungen, die sich im Sinne einer Nachhaltigkeit von Sprach- und Leseförderung interpretieren lassen, erfordert im strengen Sinne Langzeitstudien, die die Lebens- und Bildungsverläufe von Kindern und Jugendlichen möglichst von Geburt an und bis weit in das Erwachsenenalter hinein begleiten. Solche Untersuchungen lassen sich aus Kosten- und Zeitgründen nur schwer realisieren. Sie sind darüber hinaus nur sinnvoll interpretierbar, wenn eine sehr große Zahl von Personen einbezogen werden kann, um möglichst viele Bedingungen und Einflussfaktoren auf Lesekompetenz und Leseverhalten auf verlässlicher, d.h. empirisch breiter Basis in ihrer Wirksamkeit prüfen zu können.

Aufgrund der genannten Einschränkungen ist ein empirisch fundierter Nachweis, dass und wie einzelne Programme und Maßnahmen zur Sprach- und Leseförderung nachhaltig wirken, sehr schwer zu realisieren. Alternativ werden häufig auf Grundlage lesebiografischer Verfahren anhand von Fallbeschreibungen Schlussfolgerungen gezogen, welche Einflussfaktoren und prägenden Impulse für die spätere Leseaffinität, das Leseverhalten und ggf. die Kompetenz im Umgang mit Lesemedien bei Einzelnen ausschlaggebend waren. Lesebiografische Daten beruhen auf Selbstaussagen. Diese können durch Erinnerungsfehler verzerrt sein, auch werden Erfahrungen in der Vergangenheit im Lichte aktueller Einstellungen und Vorlieben zum Befragungszeitpunkt wahrgenommen, so dass die Richtung der Ursache-Wirkungsbeziehung oft nicht eindeutig ist. Dennoch bieten retrospektive Studien häufig die einzige Möglichkeit, Aufschluss über die langfristige Wirksamkeit von Interventionen zu erhalten. Im Folgenden wird anhand einer solchen Erhebung exemplarisch die nachhaltige Bedeutung des Vorlesens in der Kindheit für die spätere Entwicklung von Kindern und Jugendlichen herausgearbeitet.

Bedeutung des Vorlesens für die frühkindliche Sprach- und Lesesozialisation

Für die Sprachentwicklung von Kindern wird dem Vorlesen und gemeinsamen Betrachten von Bilderbüchern ein großer Einfluss zugesprochen. Denn »in keiner anderen alltäglichen Kommunikationssituation mit dem Kind ist [...] die Dichte der Benennungen von Gegenständen so hoch wie beim Betrachten von Bilderbüchern« (Groeben & Hurrelmann 2004, S. 174). Mit dem Betrachten, Erzählen und Vorlesen erwerben Kinder neben Wortschatz und Kenntnissen sprachlicher Strukturen auch Wissen darüber, welche Gegenstände mit Wörtern und Sprache benannt werden. Sie lernen Welten kennen, die außerhalb ihres unmittelbaren Erfahrungshorizontes existieren oder vorstellbar sind (Singer 1995). Dabei begreifen Kinder noch vor dem zweiten Lebensjahr die Unterscheidung von Gegenstand und Abbildung des Gegenstands. Sie machen so einen entscheidenden Schritt zum Begreifen des Symbolcharakters von Bildern und vor allem der Sprache (Groeben & Hurrelmann 2004, S. 174).

Entscheidend für die Wirksamkeit von Vorlesen und Erzählen sind Nähe und Austausch mit einer Vertrauensperson (Böhme-Dürr 1990). Aus neurowissenschaftlicher Sicht lernt ein Kind »sobald es auf dem Schoß einer Bezugsperson sitzen kann, den Akt des Lesens mit dem Gefühl, geliebt zu werden, zu assoziieren« (Wolf 2009, S. 98). Dabei ist die Begleit- und Anschlusskommunikation mit der Vertrauensperson wichtig, weil so die Bedeutung des Gelesenen immer wieder aufgegriffen, in Erinnerung gerufen und seine Bedeutung ausgehandelt wird, um so das Gelernte zu festigen (Groeben & Hurrelmann 2004, S. 177).

Neben Sprachentwicklung, Symbolverständnis und Weltwissen werden durch Vorlesen, Erzählen und Betrachten von Bilderbüchern weitere Fähigkeiten gefördert. Kinder erlernen Empathie, sich in andere Personen hineinzuversetzen und sich emotional an Vorgängen außerhalb ihrer selbst zu beteiligen. Sie reflektieren das (Vor-) Gelesene und Erzählte, ordnen Situationen und Verhaltensweisen in ihren Alltag ein und bewerten sie (Groeben & Hurrelmann 2004, S. 177). Auch für die Fantasieentwicklung in der Kindheit kommt dem Vorlesen eine bedeutsame Rolle zu, da Kinder durch das Vorlesen und Erzählen von Geschichten zum Entwurf weiterer möglicher Welten und Geschehnisse inspiriert werden (Singer 1995, S. 98f.).

Studie zur Nachhaltigkeit des Vorlesens

Die skizzierten Befunde verdeutlichen die zentrale Bedeutsamkeit des Vorlesens im Elternhaus und seine *unmittelbaren* positiven Auswirkungen auf die frühkindliche Entwicklung von Kindern. Untersuchungen zu den *längerfristigen* Effekten von Vorlesen auf spätere sprachliche Fähigkeiten oder schulische Leistungen wurden bisher kaum vorgenommen oder liegen bereits länger zurück (Böhme-Dürr 1990, S. 159). Hurrelmann, Hammer und Nieß machen in einer Untersuchung 1993 unterschiedliche Faktoren der Lesesozialisation in Familien aus, die für die Erklärung der Lesefreude und des Leseverhaltens von 9- bis 11-jährigen Kindern herangezogen werden können. Die Autoren bleiben mit der Altersgruppe zeitlich sehr nah an den Prozessen der familialen Lesesozialisation (Hurrelmann, Hammer & Nieß 1993, S. 228 ff.). In jüngster Zeit zeigt eine Sonderanalyse der Daten von PISA 2009 den Zusammenhang zwischen Vorlesen in der frühen Kindheit und Lesekompetenz mit 15 Jahren. Die Lesekompetenz von 15-Jährigen, denen in der Kindheit vorgelesen wurde, ist, unabhängig vom sozio-ökonomischen Status der Eltern, besser als bei Gleichaltrigen, denen nicht vorgelesen wurde. Neben Neuseeland sind in Deutschland unter allen an der Untersuchung teilnehmenden Ländern die größten Unterschiede zu finden. Auch für das Erzählen von Geschichten ist dieser Unterschied zu beobachten, in Deutschland allerdings geringer ausgeprägt (OECD 2012b, S. 18). Bis dato lagen keine Erkenntnisse darüber vor, welche Bedeutung das Vorlesen in der Kindheit über die Lesekompetenz hinaus für die ganzheitliche Entwicklung von Kindern und Jugendlichen *längerfristig* besitzt.

Diese Frage greift die Vorlesestudie 2011 der Stiftung Lesen, der Wochenzeitung Die Zeit und der Deutschen Bahn auf (Stiftung Lesen 2011, Ehmig & Reuter 2013). Die Untersuchung fragt nach der Bedeutung des Vorlesens durch die Eltern in der Kindheit auf das spätere Lese-, Medien- und Freizeitverhalten, auf Themeninteressen und allgemeinen Schulerfolg älterer Kinder und Jugendlicher. Im Mittelpunkt der Studie steht eine retrospektive Erhebung, die Eigenschaften, Vorlieben und Verhaltensweisen von älteren Kindern und Jugendlichen in Zusammenhang mit ihrer Erinnerung daran bringt, ob und wie intensiv ihnen in ihrer frühen Kindheit im Elternhaus vorgelesen worden ist. Wenn es richtig ist, dass das Vorlesen Kinder in ihrer Entwicklung nicht nur unmittelbar, sondern auch längerfristig begünstigt, müssten sich Kinder und Jugendliche, denen früher häufig vorgelesen worden ist, systematisch von Kindern und Jugendlichen unterscheiden, denen früher wenig oder gar nicht vorgelesen worden ist. Unterschiede sind u.a. zu erwarten für die Medienvorlieben und Mediennutzungsgewohnheiten, das Lese-Image, die Lesemotivation, Lesehäufigkeit und -intensität, möglicherweise auch für Freizeitaktivitäten und schulischen Erfolg.

Der Nachweis von »Wirkungen« des Vorlesens im engeren Sinne ist mit dem verwendeten retrospektiven Design nicht möglich, da die Richtung des Zusammenhangs streng genommen nicht eindeutig ist. Ein Zusammenhang zwischen Vorlesen in der frühen Kindheit und Lesevorlieben im späteren Jugendalter lässt sich im Sinne eines positiven Einflusses von Vorlesen und Erzählen auf die Leseaffinität der Kinder deuten, aber auch im Sinne einer besseren Erinnerungsleistung gerade derjenigen, die später gern und oft lesen. Lassen sich systematisch Unterschiede zwischen Kindern und Jugendlichen, denen viel vorgelesen worden ist, und Kindern und Jugendlichen, denen wenig oder gar nicht vorgelesen worden ist, zeigen, kann man aber mit einem hohen Maß an Plausibilität darauf schließen, dass das Vorlesen für die Entwicklung der Kinder bedeutsam ist. Diesen Schluss wird man vor allem dann ziehen können, wenn die Zusammenhänge zwischen Vorlese-Erfahrungen und späteren Lesevorlieben, Verhaltensweisen und Eigenschaften unabhängig vom Bildungsniveau im Elternhaus und anderen Einflussfaktoren bestehen.

Die (Vorlese-) Erfahrungen, heutigen Verhaltensweisen und Eigenschaften wurden in mündlich-persönlichen Interviews mit 10- bis 19-jährigen Kindern und Jugendlichen in deren Haushalten erhoben. Die für die Grundgesamtheit der 10- bis 19-jährigen Kinder und Jugendlichen in Deutschland repräsentative Stichprobe umfasste 505 Personen. Das durchführende Feldinstitut war Icon Kids & Youth, München. Die Feldzeit erstreckte sich vom 11. bis zum 29. Juli 2011. Zur Validierung der Aussagen darüber, ob den Kindern und Jugendlichen vorgelesen worden ist, beantworteten Mütter zusätzlich unabhängig von den Kindern einen kurzen schriftlichen Fragebogen. Die Übereinstimmung zwischen den Angaben von Müttern und Kindern betrug nahezu 100 Prozent.

Bedeutung des Vorlesens für die Einstellungen zum Lesen und das Leseverhalten

Kinder und Jugendliche, denen in der Kindheit von den Eltern vorgelesen wurde, haben häufiger eine positive Einstellung zum Bücherlesen als Gleichaltrige, denen nicht vorgelesen wurde. Am deutlichsten zeigen sich Unterschiede bei Aussagen über den emotionalen Bezug zum Lesen: 54 Prozent derjenigen, denen vorgelesen wurde, meinen, »Bücherlesen macht Spaß«, aber nur 38 Prozent der Kinder und Jugendlichen ohne Vorlese-Erfahrung im Elternhaus. Kinder und Jugendliche, denen vorgelesen wurde, sagen auch deutlich häufiger als die Vergleichsgruppe, dass sie »beim Bücherlesen in eine andere Welt eintauchen« können (59% vs. 46%), es sie »auf neue Gedanken bringt« (55% vs. 44%) und dass ihnen »ohne Bücherlesen etwas fehlen« würde (45% vs. 31%). Dementsprechend ist Lesen für Heranwachsende mit Vorlese-Erfahrung seltener »anstrengend« als für Kindern und Jugendliche, denen in der Kindheit nicht vorgelesen worden ist (20% vs. 31%).

Die Bedeutsamkeit des Vorlesens zeigt sich in ähnlicher Weise für das Leseverhalten: Unter den Kindern und Jugendlichen, denen in der Kindheit vorgelesen wurde, lesen drei von vier (73%) mindestens einmal in der

Woche in ihrer Freizeit in einem Buch, wobei Schulbücher explizit ausgeklammert wurden. Bei Kindern und Jugendlichen, denen nicht vorgelesen wurde, sind es nur zwei von drei (63%). Unterschiede zeigen sich auch in der Lesedauer: Kinder und Jugendliche, denen vorgelesen wurde, lesen an einem Wochentag (Montag bis Freitag) durchschnittlich 46 Minuten, Gleichaltrige ohne Vorlese-Erfahrung 34 Minuten.

Studien der lesebiographischen Forschung zeigen kritische Phasen in der Leseentwicklung von Kindern und Jugendlichen, insbesondere die »Lesekrise« im Übergang von Kindheit zur Pubertät (Schön 1989, Graf 1995). Christine Garbe und Maik Philipp sprechen von zwei »Lese-Knicks«: Der erste betrifft Kinder im Alter zwischen 8 und 10 Jahren, der zweite und bedeutsamere Kinder zwischen 11 und 13 Jahren (Garbe, Holle & Jesch 2009, S. 202). In diesem Alter gehen Lesemotivation und -häufigkeit bei vielen Heranwachsenden erkennbar zurück. Die Daten der Vorlesestudie 2011 deuten darauf hin, dass dieser »Lese-Knick« bei Kindern, denen vorgelesen wurde, geringer ausfällt als bei Kindern, denen nicht vorgelesen wurde. 58 Prozent der 10- bis 13-Jährigen, denen vorgelesen wurde, stimmen der Aussage »Bücherlesen macht Spaß« zu. Bei Gleichaltrigen ohne Vorlese-Erfahrung sind es nur 45 Prozent. Je älter die Kinder und Jugendlichen sind, denen in der Familie *nicht* vorgelesen wurde, desto seltener geben sie an, dass sie Spaß am Bücherlesen haben: Von den 14- bis 16-jährigen dieser Gruppe sind es 37 Prozent, von den 17- bis 19-jährigen 34 Prozent. Die Befunde bestätigen den klassischen »Lese-Knick« im Laufe der pubertären Entwicklung - hier anhand eines Vergleichs der Altersgruppen. Vergleicht man nach derselben Logik Kinder und Jugendliche, denen von den Eltern vorgelesen worden ist, zeigt sich eine andere Entwicklung: Von den 14- bis 16-Jährigen hat nach eigener Aussage immer noch jede/r Zweite (51% vs. 37% der Vergleichsgruppe) Spaß am Bücherlesen, unter den 17- bis 19-Jährigen ebenso viele (vs. 34% der Vergleichsgruppe).

Analog empfinden Kinder und Jugendliche, denen nicht vorgelesen worden ist, Lesen mit zunehmendem Alter immer häufiger als anstrengend: unter den 10- bis 13-Jährigen 29 Prozent, unter den 17- bis 19-Jährigen 43 Prozent. Heranwachsende ohne Erfahrung des Vorlesens in der Kindheit distanzieren sich offenbar kontinuierlich von dem, was sie zwar in der Schulzeit erlernt und praktiziert haben, aber vergleichsweise selten mit einer positiven Grundhaltung verbinden. Anders Kinder und Jugendliche, denen vorgelesen wurde. Sie stimmen der Aussage, Bücherlesen sei anstrengend, in jeder Altersgruppe nur selten zu: Von den 10- bis 13-Jährigen empfinden 24 Prozent das Lesen als anstrengend, von den 17- bis 19-Jährigen sogar nur 19 Prozent.

Anteil Kinder und Jugendliche, die der Aussage »Bücherlesen macht Spaß« zustimmen. In %.

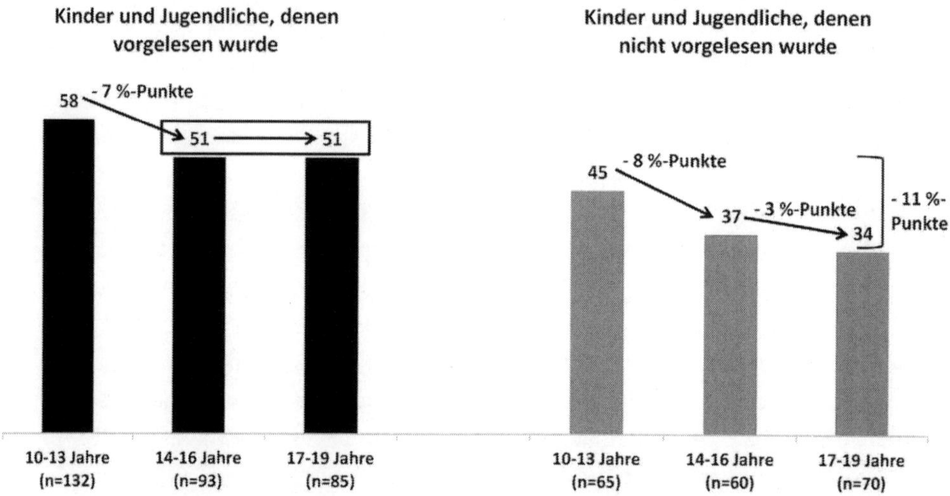

Frage: »Was denkst Du über die Aussagen?« Ausgewiesen sind die zwei ersten Skalenpunkte (Top-2) einer 5-stufigen Skala mit den Extrempunkten »stimme völlig zu« und »stimme überhaupt nicht zu«. Basis: Alle befragten Kinder und Jugendliche (n=505).
Quelle: Vorlesestudie 2011: Repräsentative persönlich-mündliche Befragung von 505 Kindern und Jugendlichen im Alter von 10 bis 19 Jahren; Juli 2011.
Abb. 1: »Lese-Knick« bei Kindern und Jugendlichen, denen in der Kindheit von den Eltern vorgelesen bzw. nicht vorgelesen wurde

Bedeutung des Vorlesens für die ganzheitliche Entwicklung

Unterschiede zwischen Kindern und Jugendlichen, denen in der Kindheit vorgelesen und nicht vorgelesen wurde, zeigen sich auch für andere Freizeitaktivitäten. Zwei Drittel der Kinder und Jugendlichen, denen vorgelesen wurde, treiben mindestens einmal in der Woche Sport (66%), von den Gleichaltrigen, denen nicht vorgelesen wurde, 55 Prozent. Auch ein Musikinstrument spielen mehr Kinder und Jugendliche mit als ohne Vorlese-Erfahrung (27% vs. 21%). Die Befunde bestätigen Hinweise und Ergebnisse der Forschung zur Lesesozialisation und legen einen günstigen nachhaltigen Einfluss des Vorlesens auf die ganzheitliche Entwicklung von Kindern und Jugendlichen nahe.

Das intensivere Lesen, die häufigeren sportlichen und musischen Aktivitäten von Kindern und Jugendlichen, deren Eltern ihnen vorgelesen haben, gehen offensichtlich nicht zu Lasten sozialer Kontakte und einer unbeschwerten Kindheit, wie ein beträchtlicher Teil der Bevölkerung latent vermutet: 30 Prozent der Erwachsenen vertraten 2009 in einer repräsentativen Bevölkerungsbefragung die Ansicht, die Beschäftigung mit Büchern hemme bei Kindern die Kontaktfreude (Kreibich & Ehmig 2010, S. 18f.). Nur 22 Prozent brachten Lesen mit guter Menschenkenntnis in Verbindung. Die Befunde der Vorlesestudie 2011 widerlegen die Bedenken sehr deutlich: Unabhängig davon, welche Rolle das Vorlesen in ihrer frühen Kindheit spielte, treffen fast alle Kinder und Jugendlichen mindestens einmal in der Woche Freunde (94% bzw. 93%). Die Häufigkeit und Qualität ihrer sozialen Kontakte unterscheidet Kinder, denen vorgelesen wurde, also in keiner Weise von jenen der Gleichaltrigen ohne Vorlese-Erfahrung. Das Vorlesen scheint vielmehr die positiven Entwicklungen von Kindern und Jugendlichen insgesamt zu befördern. Zu diesen Entwicklungen gehört u.a. die bereits oben erwähnte höhere Affinität zu musisch-kreativen und sportlichen Aktivitäten.

Dies bedeutet natürlich nicht, dass Vorlesen sportlich oder musikalisch machen würde. Es legt jedoch nahe, dass Vorlesen einen zentralen Baustein im Rahmen einer ganzheitlichen Erziehung darstellt, die die Fähigkeiten und Talente von Kindern umfassend befördert. Einen Beleg hierfür liefern Befunde zum Schulerfolg von Kindern und Jugendlichen mit und ohne Vorlese-Erfahrung: Bei jenen, denen die Eltern in der Kindheit vorgelesen haben, sind die Schulnoten - gemessen mit einer Frage nach Fachnoten im letzten Zeugnis - durchschnittlich besser als die Noten der Gleichaltrigen, denen die Eltern nicht vorgelesen haben. Die Unterschiede sind zwar nur graduell (zwischen einer Achtel- und einer Viertel-Note), aber systematisch und bis auf die erste Fremdsprache (meist Englisch), Religion/Ethik sowie Geschichte statistisch signifikant. Die Ergebnisse bestätigen Befunde einer Auswertung der jüngsten PISA-Daten. Sie belegen einen engen positiven Zusammenhang zwischen dem Vorlesen und Geschichtenerzählen in der frühen Kindheit einerseits und den späteren schulischen Leistungen, v.a. im Bereich der Lese- und Sprachkompetenz (OECD 2012b).

Verstärkender Einfluss der Vorlesehäufigkeit

Die bisherigen Befunde basieren auf systematischen Vergleichen von Kindern und Jugendlichen, die sich darin unterscheiden, *ob* ihnen ihre Eltern vorgelesen oder nicht vorgelesen haben. Die Forschung zur frühkindlichen Sprach- und Lesesozialisation weist darauf hin, dass die Wirksamkeit des Vorlesens, Geschichtenerzählens und der begleitenden Kommunikation umso größer ist, je häufiger und regelmäßiger sich Eltern ihren Kindern in dieser Weise zuwenden.[2] Der für die frühe Kindheit gut belegte Zusammenhang wurde mit den vorliegenden Daten auch für die Nachhaltigkeit im späteren Kindes- und Jugendalter überprüft. Dazu wurde berücksichtigt, wie intensiv die Vorlese-Erfahrung der 10- bis 19-Jährigen in der Familie war. Die Analysen zeigen einen klaren verstärkenden Einfluss der Häufigkeit des Vorlesens: Je häufiger die Eltern vorgelesen haben, desto deutlicher treten die Zusammenhänge hervor, die einen entwicklungsfördernden Einfluss des Vorlesens und Geschichtenerzählens nahe legen. Sie gelten für die Einstellungen der älteren Kinder und Jugendlichen zum Bücherlesen, für ihre Leseintensität, ihr Freizeitverhalten und ihren Schulerfolg gleichermaßen (Wieler 1997, OECD 2012b).

Je häufiger früher zu Hause vorgelesen wurde, desto besser fallen die späteren Schulnoten der Kinder und Jugendlichen aus. Die Differenzen zwischen den Durchschnittsnoten im letzten Zeugnis sind auch hier graduell, sie zeigen sich aber systematisch und sind linear. Überdies sind die Unterschiede zwischen Kindern und Jugendlichen, denen täglich vorgelesen wurde, und Gleichaltrigen, denen nicht täglich oder gar nicht vorgelesen wurde, vielfach statistisch signifikant. Dies lässt darauf schließen, dass tägliches Vorlesen und Geschichtenerzählen nicht nur kurzfristig im frühkindlichen Bereich wirkungsvoll, sondern auch längerfristig und nachhaltig für die Entwicklung im Jugendalter bedeutsam ist.

2 Indikator für die Vorlesehäufigkeit ist - ebenso wie beim Vorlesen und Erzählen selbst - wiederum die Erinnerung der befragten Kinder und Jugendlichen im Alter von 10 bis 19 Jahren. Sicherlich ist die Genauigkeit der Erinnerung an mehr oder weniger regelmäßiges Vorlesen für Erinnerungsfehler und Konsistenzeffekte anfälliger als die Genauigkeit der Erinnerung daran, ob die Eltern vorgelesen haben oder nicht. Deshalb wurden auch hier die Aussagen der Mütter, die parallel zu den Jugendlichen mit einem kurzen Fragenkatalog schriftlich befragt worden waren, zur Validierung der Antworten herangezogen.

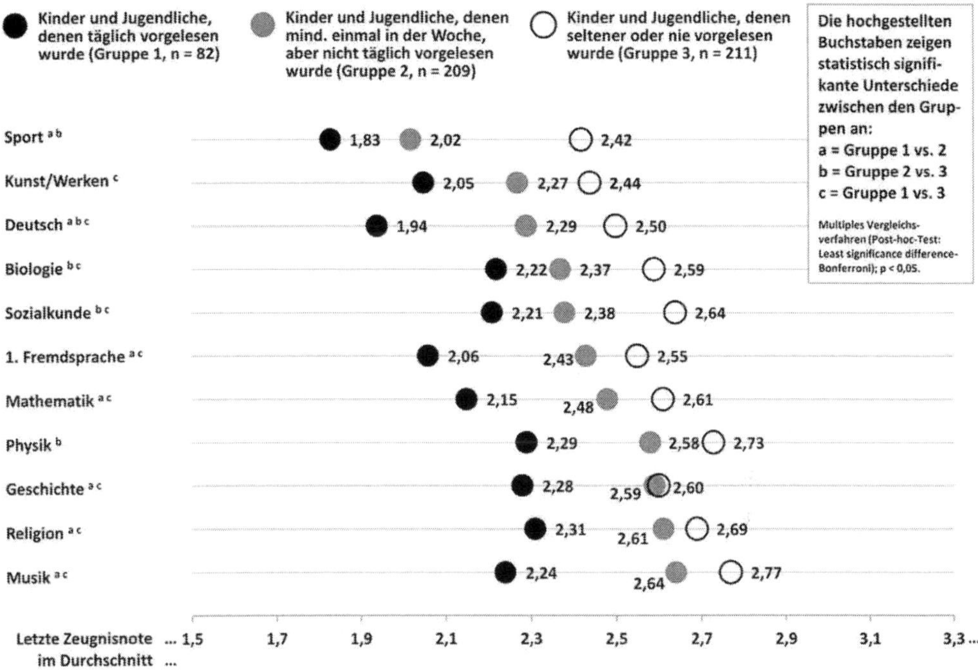

Quelle: Vorlesestudie 2011: Repräsentative persönlich-mündliche Befragung von 505 (deutsch-sprachigen) Kindern und Jugendlichen im Alter von 10 bis 19 Jahren und ihren Müttern; Juli 2011

Abb. 2: Schulnoten von Kindern und Jugendlichen, denen von den Eltern unterschiedlich häufig vorgelesen wurde

Rolle des Bildungshintergrundes im Elternhaus für die Nachhaltigkeit

Studien der empirischen Bildungsforschung belegen übereinstimmend einen engen Zusammenhang zwischen dem sozio-ökonomischen Status und dem formalen Bildungsniveau im Elternhaus einerseits sowie dem Leseverhalten der Kinder und ihrem Schulerfolg andererseits (u.a. Autorengruppe Bildungsberichterstattung 2012, Stanat, Pant, Böhme & Richter 2012). In Deutschland hängt der Schulerfolg stark von der familiären Herkunft ab: Kinder aus Elternhäusern mit niedriger Bildung sind in ihren Bildungschancen gegenüber Kindern aus Familien mit höherer Bildung benachteiligt. Vor diesem Hintergrund stellt sich die Frage, ob die Zusammenhänge zwischen dem Vorlesen in der Kindheit und den späteren Einstellungen zum Lesen, dem Lese- und Freizeitverhalten sowie den Schulnoten unabhängig von der formalen Bildung der Eltern nachweisbar sind, oder ob es sich dabei um Bildungseffekte handelt. In diesem Fall wäre das Vorlesen kein Impuls mit eigenständigem Wirkpotenzial, sondern Ausdruck und Indikator der besonderen Förderung in sozial, finanziell und bildungsprivilegierten Familien. Jüngste Analysen der PISA-Daten weisen darauf hin, dass Vorlesen, Erzählen und intensive sprachliche Kommunikation innerhalb der Familie über soziale Schichten und Bildungsniveaus hinweg einen positiven Einfluss auf die Lesekompetenz der 15-Jährigen besitzen (OECD 2012b; Kreibich & Ehmig 2010, S. 42-49; Heymann, Reuter & Ehmig 2010).

Die Vergleiche von Kindern und Jugendlichen, denen vorgelesen bzw. nicht vorgelesen wurde, wurden getrennt für Familien mit hohem, mittlerem und niedrigem Bildungsniveau durchgeführt. Als Indikator für das Bildungsniveau im Elternhaus wird hier aus forschungspraktischen Gründen die formale Bildung der Mutter herangezogen. Die Mutter ist beim Vorlesen in der Regel die Hauptbezugsperson für die Kinder (Stiftung Lesen 2008). Dieses Kriterium ist allerdings in Haushalten mit sehr heterogenem Bildungshintergrund nicht unbedingt überzeugend. Für jeden Haushalt wurde erfasst, welchen formalen Bildungsabschluss die Mütter und Väter haben. Nur zwei Prozent der Kinder und Jugendlichen lebten 2011 in Haushalten, in denen das Bildungsniveau von Mutter und Vater sich stark unterschieden, d.h. dass beispielsweise ein Elternteil keinen oder einen Hauptschulabschluss, der Partner oder die Partnerin Abitur oder einen Hochschulabschluss hat.

Unabhängig von ihrer Rolle als Vorleseperson repräsentiert das formale Bildungsniveau der Mutter somit meist gut das formale Bildungsniveau der Eltern. Kriterien für eine formal hohe Bildung sind in unserer Studie (Fach-) Abitur und Studium, für eine formal mittlere Bildung Realschulabschluss, für eine formal niedrige Bildung Hauptschulabschluss oder kein Schulabschluss. Unabhängig vom Bildungshintergrund in der Familie haben Kinder und Jugendliche, denen die Eltern vorgelesen haben, heute häufiger Spaß am Bücherlesen als Kinder und Jugendliche, denen nicht oder nur selten vorgelesen wurde. Je häufiger vorgelesen wurde, desto größer ist der Anteil derjenigen, die Spaß am Bücherlesen haben - ebenfalls unabhängig vom Schulabschluss der Mutter. Der Befund belegt, dass jedes Kind vom Vorlesen in der Kindheit profitieren kann, unabhängig davon, welches Bildungsniveau im Haushalt vorzufinden ist.

Kinder und Jugendliche, denen vorgelesen bzw. nicht vorgelesen wurde, unterscheiden sich auch in ihrer Lesefreude unabhängig vom Bildungsniveau des Elternhauses systematisch voneinander. Allerdings ist der Anteil der Kinder und Jugendlichen, die Spaß am Lesen haben, in Familien mit einfachem Bildungsniveau insgesamt niedriger als in Haushalten mit mittlerem und höherem Bildungsniveau. Die Bildung der Eltern - hier gemessen über den Schulabschluss der Mutter - schafft also die Ausgangsbedingungen dafür, ob ein Kind mit größerer oder geringerer Wahrscheinlichkeit Zugang zum Lesen und Spaß daran findet. Je höher die Bildung, desto besser zunächst diese Möglichkeiten - unabhängig vom Vorlesen.

Wenn Eltern aber vorlesen, so profitieren Kinder in allen Bildungsschichten kurz- und längerfristig: Der Anteil der Kinder und Jugendlichen mit Spaß am Lesen steigt, am stärksten dort, wo das Vorlesen zum täglichen Ritual geworden ist. In Familien mit niedrigem Bildungsniveau äußern von den Heranwachsenden, denen täglich vorgelesen worden ist, fast genauso viele, dass sie Freude am Lesen haben, wie Jugendliche in Elternhäusern mit mittlerer und höherer Bildung, denen nicht vorgelesen worden ist. Das Vorlesen kann somit bildungsbedingte Nachteile von Kindern zwar nicht vollständig ausgleichen. Es leistet aber nachweislich einen Beitrag dazu, dass diese Kinder und Jugendliche bessere Zugänge zum Lesen als zentraler Voraussetzung für ihre eigene Bildung gewinnen. Ähnliches zeigt sich für Leseintensität und Freizeitaktivitäten.

Erwartungsgemäß profitieren Kinder und Jugendliche auch unabhängig vom Bildungsniveau im Elternhaus in ihren schulischen Leistungen vom Vorlesen. Dies zeigt sich besonders deutlich in den Deutschnoten von Kindern und Jugendlichen mit einfach gebildeten Müttern. Die (statistisch signifikante) Differenz zwischen den Schüler/innen mit und ohne Vorlese-Erfahrung beträgt in dieser Gruppe fast eine halbe Note. In Haushalten mit hoher formaler Bildung liegt sie bei einer zehntel Note. Dies verdeutlicht einmal mehr: Kinder aus Elternhäusern mit niedriger Bildung profitieren vom Vorlesen - im Fall der Deutschnote erkennbar mehr als Kinder aus höher gebildeten Elternhäusern.

Darin kann ein Hebel liegen, dem häufig nachteiligen Einfluss der Herkunft auf den Schulerfolg entgegen zu wirken. Vorlesen in der Kindheit kann den Einfluss der Bildung im Elternhaus auf das Lese-, Medien- und Freizeitverhalten sowie auf den Schulerfolg der Kinder und Jugendlichen zwar nicht vollständig ausgleichen, ihn aber nachweislich abschwächen.

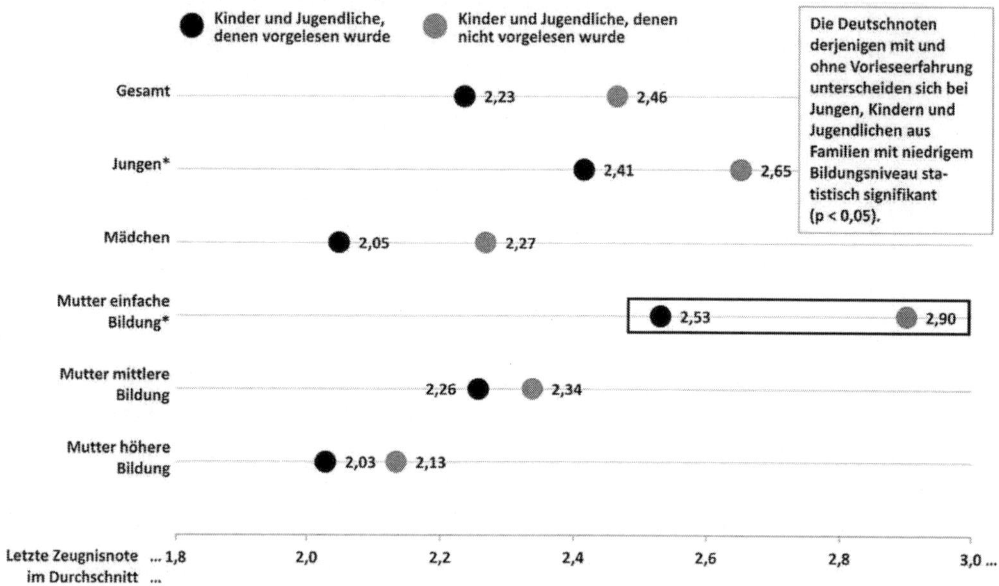

Quelle: Vorlesestudie 2011: Repräsentative persönlich-mündliche Befragung von 505 (deutsch-sprachigen) Kindern und Jugendlichen im Alter von 10 bis 19 Jahren und ihren Müttern; Juli 2011

Abb. 3: Deutschnoten von Kindern und Jugendlichen, denen in der Kindheit vorgelesen bzw. nicht vorgelesen wurde, bei unterschiedlicher Bildung der Mutter

Nachhaltigkeit des Vorlesens bei Mädchen und Jungen

Alle empirischen Studien zur Mediennutzung von Kindern und Jugendlichen zeigen systematisch deutliche Unterschiede in der Lesemotivation und im Leseverhalten von Mädchen und Jungen. Unter den 6- bis 13-Jährigen nennen 14 Prozent der Mädchen, aber nur 4 Prozent der Jungen das Bücherlesen als eine der drei liebsten Freizeitaktivitäten. 58 Prozent der Mädchen, aber nur 39 Prozent der Jungen lesen mindestens einmal in der Woche in einem Buch (Medienpädagogischer Forschungsverbund Südwest 2013, S. 13 und 25). Ähnlich die Befunde zur Leseaffinität von Jugendlichen: Unter den 12- bis 19-Jährigen lesen 49 Prozent der Mädchen mehrmals in der Woche Bücher, aber nur 35 Prozent der Jungen (Medienpädagogischer Forschungsverbund Südwest 2012, S. 19). Die Befunde legen die Frage nahe, ob Vorlesen im Elternhaus dazu beitragen kann, die geschlechtsspezifischen Differenzen zu verringern.

Die Lesefreude von Mädchen und Jungen, denen nicht oder nur selten vorgelesen wurde, unterscheidet sich erwartungsgemäß deutlich: Jedes zweite Mädchen (52%), aber nur jeder vierte Junge (23%) geben an, Spaß am Bücherlesen zu haben. Die geschlechtsspezifischen Unterschiede sind geringer, wenn den Kindern und Jugendlichen vorgelesen wurde: Jungen, die mindestens einmal in der Woche von ihren Eltern Geschichten gehört haben, sagen zu 41 Prozent, dass sie Freude am Lesen haben (vs. 56% der Mädchen), diejenigen, denen täglich vorgelesen wurde, sogar zu 63 Prozent (vs. 83% der Mädchen). Zwar äußern auch unter denen, deren Eltern täglich vorgelesen haben, die Jungen seltener als die Mädchen Freude am Lesen. Bei ihnen sind die geschlechtsspezifischen Unterschiede jedoch deutlich schwächer ausgeprägt als unter Kindern und Jugendlichen, denen selten oder nie vorgelesen wurde. Ähnlich profitieren Jungen auch in Bezug auf ihre spätere Leseintensität, vor allem dann, wenn ihnen die Eltern früher täglich vorgelesen haben. Das Vorlesen wirkt somit offensichtlich dem Lesegefälle zwischen Jungen und Mädchen entgegen.

Fazit: Vorlesen als nachhaltiges Bildungsinvestment

Zusammenfassend kann man festhalten: Vorlesen ist nicht nur unmittelbar und kurzfristig für den Spracherwerb und in der frühkindlichen Phase der Entwicklung von Fantasie und Empathiefähigkeit bedeutsam. Kinder profitieren vielmehr nachhaltig davon. Dies zeigen die vorliegenden Befunde bis ins junge Erwachsenenalter hinein. Reanalysen von Daten aus repräsentativen Befragungen der erwachsenen Bevölkerung legen auch eine entsprechende

Bedeutung des Vorlesens in der Kindheit bis ins spätere Erwachsenalter hinein nahe: Erwachsene aller Altersstufen, denen in der Kindheit vorgelesen wurde, unterscheiden sich in ihrem Zugang zum Lesen und ihrem Leseverhalten systematisch von Erwachsenen, denen nicht vorgelesen wurde. So sagen 70 Prozent der Erwachsenen, denen vorgelesen wurde, dass ihnen Lesen Spaß macht. Unter den Erwachsenen, denen nicht vorgelesen wurde, äußern dies nur 45 Prozent. Sie sagen ebenfalls häufiger, dass sie sich beim Lesen entspannen können (45% vs. 26%), dass Lesen für sie zum Leben dazu gehört (57% vs. 38%) und dass sie immer ein Buch haben, in dem sie gerade lesen (47% vs. 25%). Dies sind Ergebnisse einer repräsentative Befragung der deutschen Bevölkerung ab 16 Jahren (n = 1.960) durch das Institut für Demoskopie Allensbach (IfD-Archiv-Nr. 10.025) im Auftrag der Stiftung Lesen 2008.

Eltern, die vorlesen, fördern nachhaltig kognitive, emotionale und soziale Kompetenzen ihrer Kinder und leisten damit einen zentralen Beitrag zu einer ganzheitlichen Entwicklung. Sie tragen dazu bei, dass Kinder und Jugendliche sich zu vielseitig interessierten, aktiven und offenen Menschen entwickeln. Umso häufiger Eltern vorlesen, desto mehr profitieren Kinder davon. Idealerweise sollte einem Kind im Vorlesealter täglich von mindestens einem Elternteil vorgelesen werden. Das Vorlesen sollte in einer kommunikativen Atmosphäre und einer gemütlichen, angenehmen Umgebung erfolgen. Vorlesen bedeutet Dialog und kontinuierlichen Austausch über die Geschichten. Eine von der OECD veröffentlichte Auswertung der PISA-Daten 2009 zeigt: Wer regelmäßig die Gelegenheit bekommt, Gedanken zu formulieren und über Erlebnisse zu sprechen, lernt, sich auszudrücken und fühlt sich geborgen und respektiert. Kinder, die sich regelmäßig mit ihren Eltern austauschen, entwickeln mehr Freude am Lesen (OECD 2012b; zur Bedeutung des allgemeinen Kommunikations- und Interaktionsklimas in der Familie als lesefördernder Faktor siehe auch Hurrelmann, Hammer & Nieß 1993, S. 228 ff.). Die Vorlesesituation bietet eine ideale Gelegenheit für Anschlusskommunikation und Austausch zwischen Vorlesenden und Kindern.

Hier setzen deshalb systematisch Programme und Maßnahmen an, mit denen (ebenso wie viele anderen Organisationen und Akteure der Leseförderung) die Stiftung Lesen Eltern zum Vorlesen animiert:

- Dazu gehört die bundesweite Initiative »Lesestart - Drei Meilensteine für das Lesen«, die, finanziert vom Bundesministerium für Bildung und Forschung, vor allem sozial und bildungsbenachteiligte Familien mit Kindern im Alter von einem, drei und sechs Jahren erreicht, ihnen (Vor-)Lesebücher, Tipps und Hintergrundinformation zur Verfügung stellt.
- Dazu gehört das Projekt »Mein Papa liest vor (und meine Mama auch)«, mit dem deutschlandweit über das Intranet einiger hundert Unternehmen einmal wöchentlich Vorlesegeschichten zur Verfügung gestellt werden, ergänzt durch Tipps und Anregungen zu Anschlusskommunikation und spielerischer Fortführung der Geschichten.
- Dazu gehören öffentlichkeitswirksame Veranstaltungen und weit verzweigte Netzwerke, die gesellschaftlich relevante Akteure motivieren und das Lesen als Schlüssel zur Bildung und zu selbstbestimmtem Leben sichtbar machen: Mehr als 48.000 Personen engagierten sich 2012 beim Bundesweiten Vorlesetag der Wochenzeitung Die Zeit, der Deutschen Bahn und der Stiftung Lesen für das Vorlesen, darunter 1.000 Politiker und 100 Prominente. Mehr als 750.000 Schülerinnen und Schüler bekamen am Welttag des Buches 2012 ein Buch geschenkt. Mehr als 11.000 Ehrenamtliche engagieren sich im Vorleseclub der Stiftung Lesen und lesen regelmäßig in Kindertagesstätten, Bibliotheken, Seniorenheime etc. vor. Mehr als 32.000 Lehrkräfte nutzen im Netzwerk des Lehrerclubs der Stiftung Lesen die Anregungen und Angebote zur Ergänzung ihres Unterrichts mit lesefördernden Impulsen.

Nachhaltigkeit zahlt sich aus!

Retrospektiv angelegte Untersuchungen sind trotz aller methodisch bedingten Einschränkungen ihrer Aussagekraft ein geeigneter Ansatz zur Überprüfung der Nachhaltigkeit von Programmen und Maßnahmen der Leseförderung. Auch wenn sie nicht geeignet sind, den relativen Einfluss der Interventionen exakt messbar zu bestimmen und Prognosen abzuleiten, können sie doch zumindest einen Beitrag dazu leisten, im Sinne eines Falsifizierungsversuchs auszuschließen, dass Maßnahmen gar nicht wirksam sind. Sie erlauben zudem eine differenzierte Betrachtung von Faktoren, die der Lesekompetenz im engeren Sinne vorgelagert sind bzw. diese komplementär ergänzen. Dies gilt vor allem für die Lesefreude, die Analysen der jüngsten PISA-Daten als zentralen Einflussfaktor auf die Lesekompetenz identifizieren (OECD 2012b). Lesefreude verweist auf die Bedeutung emotionaler Aspekte, die die Untersuchungen zum Vorlesen für die frühkindliche Phase belegen. Über eine positive emotionale Verknüpfung erreichen auch andere Programme und Maßnahmen längerfristig eine engere Bindung an das Lesen. So zeigte beispielsweise eine retrospektive Befragung junger Erwachsener, die an Zeitungsschulprojekten teilgenommen haben, 2010: Diejenigen, die in der Erinnerung positive Erfahrungen mit den Projekten verbinden - z.B. dass es ihnen Spaß gemacht hat, mit den Zeitungen zu arbeiten, dass die Zeitungen eine tolle Abwechslung zum Unterricht darstellten - lesen später mit höherer Wahrscheinlichkeit regelmäßig Zeitung und haben häufiger eine Zeitung abonniert (Stiftung Lesen 2010).

Programme und Maßnahmen zur Sprach- und Leseförderung zahlen nicht nur auf die Kompetenzen der Einzelnen ein, sie wirken sich längerfristig auch bildungspolitisch und volkswirtschaftlich aus. Eine Analyse des *Social Return on Investment* zum britischen *Bookstart*-Projekt (dem Modell für das deutsche Lesestart-Programm) zeigt: Pro investiertem Britischen Pfund entsteht hochgerechnet ein volkswirtschaftlicher Nutzen in Höhe von 25 £, weil Folgekosten, die durch Defizite in den Lesefähigkeiten der Kinder ohne *Bookstart* entstanden wären, entfallen (Booktrust 2010). Berechnungen zu Bildungsinvestitionen in der Europäischen Union legen nahe: Wenn es gelänge, das individuelle Bildungsniveau der Jugendlichen um 25 PISA-Punkte anzuheben, wären europaweit Renditeeinnahmen in Höhe von 32 Billionen Euro zu erwarten (Hanushek & Wößmann 2010).

Hochrechnungen für Deutschland prognostizieren: Wenn innerhalb der nächsten 10 Jahre der Anteil der Jugendlichen, die nach den PISA-Kriterien als Risikoschüler/innen gelten, um 90 Prozent verringert würde, blieben dem deutschen Staat in den nächsten 80 Jahren volkswirtschaftliche Kosten in Höhe von rund 2,8 Billionen Euro erspart (Wößmann & Piopiunik 2009, S. 26 und 40). Aufgrund der demografischen Entwicklung können in den kommenden Jahren in Deutschland potenziell Ausgaben für den Bildungssektor in Höhe von 8 bis 10 Mrd. Euro eingespart werden. Durch eine Reinvestition dieser Gelder in die qualitative Verbesserung frühkindlicher Bildung errechnen Experten eine Rendite von 8 Prozent sowie eine volkswirtschaftliche Rendite von 13 Prozent (Anger, Plünnecke & Tröger 2007).

Literatur

Allmendinger, J., Giesecke, J. & Oberschachtsiek, D. (2012). Folgekosten unzureichender Bildung für die öffentlichen Haushalte. In Bertelsmann Stiftung (Hg.). Warum Sparen in der Bildung teuer ist. Folgekosten unzureichender Bildung für die Gesellschaft. Gütersloh: Verlag Bertelsmann Stiftung, 39-72.

Anger, C., Plünnecke, A. & Tröger, M. (2007). Renditen der Bildung - Investitionen in den frühkindlichen Bereich. Köln: Institut der deutschen Wirtschaft.

Autorengruppe Bildungsberichterstattung (2010). Bildung in Deutschland 2010. Ein indikatorengestützter Bericht mit einer Analyse zu Perspektiven des Bildungswesens im demografischen Wandel. Bielefeld: Bertelsmann Verlag.

Autorengruppe Bildungsberichterstattung (2012). Bildung in Deutschland 2012. Ein indikatorengestützter Bericht mit einer Analyse zur kulturellen Bildung im Lebenslauf. Bielefeld: Bertelsmann Verlag.

Böhme-Dürr, K. (1990). Die Rolle der Massenmedien im Spracherwerb. In K. Neumann & M. Charlton (Hg.). Spracherwerb und Mediengebrauch. Tübingen: Francke, 149-168.

Booktrust (2010). Bookstart 2009/10. A Social Return on Investment (SROI) Analysis. London: Booktrust.

Bos, W., Tarelli, I., Bremerich-Vos, A. & Schwippert, K. (Hg.) (2012). IGLU 2011. Lesekompetenzen von Grundschulkindern in Deutschland im internationalen Vergleich. Münster: Waxmann.

Döbert, M. & Nickel, S. (2000). Ursachenkomplex von Analphabetismus in Elternhaus, Schule und Erwachsenenalter. In M. Döbert & P. Hubertus. Ihr Kreuz ist die Schrift. Analphabetismus und Alphabetisierung in Deutschland. Münster: Bundesverband für Alphabetisierung/ Stuttgart: Klett, 52. Download unter http://www.alphabetisierung.de/fileadmin/files/Dateien/Downloads_Texte/IhrKreuz-gesamt.pdf (Datum des Zugriffs: 2.3.2013).

Ehmig, S.C. (2013). Frühe Sprach- und Leseförderung mit Medien. merz. medien + erziehung 57, 22-29.

Ehmig, S.C. & Reuter, T. (2013). Vorlesen im Kinderalltag. Bedeutung des Vorlesens für die Entwicklung von Kindern und Jugendlichen und Vorlesepraxis in den Familien. Zusammenfassung und Einordnung zentraler Befunde der Vorlesestudien von Stiftung Lesen, Die Zeit und Deutsche Bahn 2007-2012. (Online-) Publikation in Vorbereitung. Mainz: Stiftung Lesen.

Europe in figures. Eurostat Yearbook 2012. Luxembourg: Publications Office of the European Union, 205. Download unter http://epp.eurostat.ec.europa.eu/cache/ITY_OFFPUB/KS-CD-12-001/EN/KS-CD-12-001-EN.PDF (25.5.2013).

Garbe, C., Holle, K. & Jesch, T. (2009). Texte lesen. Textverstehen - Lesedidaktik - Lesesozialisation. Paderborn: Schöningh UTB.

Graf, W. (1995). Fiktionales Lesen und Lebensgeschichte. Lektürebiographien der Fernsehgeneration. In C. Rosebrock (Hg.). Lesen im Medienzeitalter. Biographische und historische Aspekte literarischer Sozialisation. Weinheim: Beltz Juventa, 97-125.

Groeben, N. & Hurrelmann, B. (2004). Lesesozialisation in der Mediengesellschaft. Ein Forschungsüberblick. Weinheim: Beltz Juventa.

Grotlüschen, A. & Riekmann, W. (2011). Presseheft: leo. - Level-One Studie. Literalität von Erwachsenen auf den unteren Kompetenzniveaus. Hamburg: Universität Hamburg. Download unter http://www.alphabetisierung.de/fileadmin/files/Dateien/Downloads_Texte/leo-Presseheft-web.pdf (2.3.2013).

Grotlüschen, A. & Riekmann, W. (Hg.) (2012). Funktionaler Analphabetismus in Deutschland. Ergebnisse der erste leo. - Level-One Studie. Münster: Waxmann.

Hanushek, E.A., Wößmann, L. (2010). The Cost of Low Educational Achievement in the European Union. Analytical Report for the European Commission prepared by the European Expert Network on Economics of Education (EENEE).

Heymann, L., Reuter, T. & Ehmig, S.C. (2010). Die Vermittlung von Lesefreude bei Kindern im Vorschulalter in der Familie. merz. medien + erziehung 54, 39-49.

Hohbein, A., Thies, L. & Wieland, C. (2012). Perspektive schaffen durch Ausbildung. In Bertelsmann Stiftung (Hg.). Warum Sparen in der Bildung teuer ist. Folgekosten unzureichender Bildung für die Gesellschaft. Gütersloh: Verlag Bertelsmann Stiftung, 258-267.

Hurrelmann, B., Hammer, M. & Nieß, F. (Hg.) (1993). Lesesozialisation: Leseklima in der Familie. Eine Studie der Bertelsmann Stiftung. Band 1: Leseklima in der Familie. Gütersloh: Verlag Bertelsmann Stiftung.

Klieme, E. u.a. (2010). PISA 2009. Bilanz nach einem Jahrzehnt. Münster u.a.: Waxmann.

Kreibich, H. & Ehmig, S.C. (Hg.) (2010). Lesefreude trotz Risikofaktoren. Eine Studie zur Lesesozialisation von Kindern in der Familie. Mainz: Stiftung Lesen.

Medienpädagogischer Forschungsverbund Südwest (Hg.) (2012). JIM-Studie 2011. Jugend, Information, (Multi-)Media. Basisuntersuchung zum Medienumgang 12- bis 19-Jähriger in Deutschland. Stuttgart: Medienpädagogischer Forschungsverbund Südwest.

Medienpädagogischer Forschungsverbund Südwest (Hg.) (2013). KIM-Studie 2012. Kinder + Medien. Computer + Internet. Basisuntersuchung zum Medienumgang 6- bis 13-Jähriger in Deutschland. Stuttgart: Medienpädagogischer Forschungsverbund Südwest.

OECD (2012a). Education at a Glance: OECD Indicators 2012. Download unter www.uis.unesco.org/Education/Documents/oecd-eag-2012-en.pdf (Datum des Zugriffs: 7.6.2013); für Deutschland unter: http://www.oecd.org/education/EAG2012%20-%20Country%20note%20-%20Germany.pdf (Datum des Zugriffs: 13.6.2013).

OECD (2012b). Let's read them a story! The parent factor in education. 2. Read your children a story. Download unter http://www.oecd.org/pisa/pisaproducts/pisa2009/50297246.pdf (Datum des Zugriffs: 23.10.2012).

Schön, E. (1989). Leseerfahrung in Kindheit und Jugend. Lehren und Lernen 15:6, 21-44.

Singer, J. (1995). Die Entwicklung der Phantasie: Spielen und Geschichtenerzählen als Vorstufen des Lesens. In B. Franzmann u.a. (Hg.). Auf den Schultern von Gutenberg. Medienökologische Perspektiven der Fernsehgesellschaft. München: Quintessenz, 98-112.

Stanat, P., Pant, H.A., Böhme, K. & Richter, D. (Hg.) (2012). Kompetenzen von Schülerinnen und Schülern am Ende der vierten Jahrgangsstufe in den Fächern Deutsch und Mathematik. Ergebnisse des IQB-Ländervergleichs 2011. Münster: Waxmann.

Stiftung Lesen (2008). Vorlesen im Kinderalltag 2008. Repräsentative Befragung von Kindern im Vor- und Grundschulalter (4 bis 11 Jahre). Eine Studie der Deutschen Bahn, der ZEIT und der Stiftung Lesen. Download unter http://www.stiftunglesen.de/vorlesestudie-2008 (Datum des Zugriffs: 21.7.2013).

Stiftung Lesen (2010). Längerfristige Effekte von Zeitungsschulprojekten. Unveröffentlichte Studie für die Stiftervereinigung der Presse und die Stiftung Pressehaus NRZ. Mainz.

Stiftung Lesen (2011). Die Bedeutung des Vorlesens für die Entwicklung von Kindern. Repräsentative Befragung von 10- bis 19-Jährigen. Eine Studie der Stiftung Lesen, der Deutschen Bahn und der ZEIT. Mainz: Stiftung Lesen. Download unter http://www.stiftunglesen.de/vorlesestudie-2011 (Datum des Zugriffs: 13.6.2013).

Wieler, P. (1997). Vorlesen in der Familie. Fallstudien zur literarisch-kulturellen Sozialisation von Vierjährigen. Weinheim: Juventa.

Wößmann, L. & Piopiunik, M. (2009). Was unzureichende Bildung kostet. Eine Berechnung der Folgekosten durch entgangenes Wirtschaftswachstum. Im Auftrag der Bertelsmann Stiftung. Gütersloh: Bertelsmann Stiftung.

Wolf, M. (2009). Das lesende Gehirn. Wie der Mensch zum Lesen kam - und was es in unseren Köpfen bewirkt. Heidelberg: Springer.

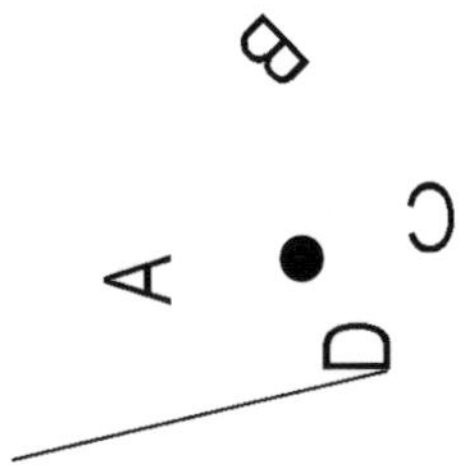

Schule und Unterricht

Individuelle Lernstandsanalyse in der Grundschule (ILeA)[1]

Gerheid Scheerer-Neumann

Seit der Jahrtausendwende haben internationale (z.B. PISA, IGLU) und nationale (z.B. VERA) Schulleistungsstudien unser Wissen über die tatsächlichen (und nicht nur curricular erwarteten) Lesekompetenzen unserer Schülerinnen und Schüler erweitert und vertieft. Obwohl die deutschen Viertklässler beim Leseverständnis im internationalen Vergleich überdurchschnittlich abschneiden (Bos, Tarelli, Bremerich-Vos & Valtin 2012) und auch die Streuung der Leistungen eher gering ist, ist die Förderung der Kinder im unteren Leistungsbereich nach wie vor eine wichtige pädagogische und gesellschaftliche Aufgabe. Die Lesekompetenz ist für die weitere Schullaufbahn und für die spätere Berufsausbildung so zentral, dass ein Verbleib auf unteren Kompetenzstufen möglichst verhindert werden muss. Leseförderung ist vielschichtig und reicht vom Einüben häufiger Wörter bis zur Lesenacht im Klassenzimmer. Der vorliegende Beitrag befasst sich mit der *Lesediagnostik* als Voraussetzung für eine individuelle Förderung, d.h. eine Förderung, die sich eng an den spezifischen Schwierigkeiten eines Kindes orientiert.

Hierarchie in der Förderdiagnostik

Für die Erstellung eines Förderplans sollte die Lesediagnostik immer *hierarchisch* geplant werden (vgl. Abb. 1): An erster Stelle steht die Überprüfung des basalen Lesens und des Leserverständnisse mit einem standardisierten Verfahren, das die Lesekompetenzen eines Kindes norm- oder kriterienorientiert einordnet. Dieser Schritt ist notwendig, um bei der Beurteilung der Lesefähigkeit Bezugsgruppeneffekte, wie sie innerhalb einer Klasse auftreten, aus-

1 Erweitere Fassung des Beitrags: Scheerer-Neumann, G. (2012). Lernstandsanalyse konkret. Individuelle Lernstandsanalyse in der Grundschule (ILeA). Deutsch Differenziert, 7 (4), 13-16.

zuschließen. Wurden Minderleistungen festgestellt, besteht der nächste diagnostische Schritt in der Identifikation der kritischen Komponenten und Teilprozesse, die die Lesekompetenz beeinträchtigen. Auch innerhalb dieses Schritts ist wieder hierarchisch vorzugehen: Wurde z.B. im zweiten Schuljahr eine hohe Fehlerzahl beim Dekodieren festgestellt, ist zu fragen, ob das Kind prinzipiell die Synthese leisten kann, bei welchen linguistischen Strukturen (z.B. Konsonantencluster) sie besonders schwerfällt und ob es ggf. auch noch unbekannte Graphem-Phonem-Korrespondenzen gibt. *Letztlich muss die Förderdiagnose so differenziert sein, dass sie unmittelbar in didaktische Angebote umgesetzt werden kann.* Die Feststellung eines niedrigen Prozentrangs in der Lesegeschwindigkeit und Lesegenauigkeit allein reicht dazu nicht aus. Bei der prozessorientierten Förderdiagnostik kann teilweise auf formelle Verfahren zurückgegriffen werden (z.B. SLRT II von Moll & Landerl 2010), in der Regel müssen diese aber durch informelle Verfahren ergänzt werden, z.B. durch *adaptiv* ausgewählte Aufgaben zu individuellen Fehlerschwerpunkten und durch qualitative Analysen z.B. von Leseversuchen.

Die Individuelle Lernstandsanalyse (ILeA) des Landes Brandenburg

Die oben geschilderte Aufgabe ist eine pädagogisch-psychologische und wird von Psychologen in Schulberatungsstellen wahrgenommen, wenn auch nicht immer mit der erwünschten didaktischen Verknüpfung. Da *Leseförderung* jedoch vorwiegend in der Schule stattfindet, ist es sinnvoll, Lehrenden ein Instrumentarium an die Hand zu geben, mit dem sie diese Aufgabe möglichst ökonomisch selbst übernehmen können. Aus dieser Überlegung ist im Land Brandenburg als gemeinsames Projekt des Landesinstituts für Schule und Medien Berlin-Brandenburg und dem Institut für Grundschulpädagogik der Universität Potsdam in den letzten Jahren die ILeA, die individuelle Lernstandsanalyse, entstanden, die Aufgaben und Beobachtungshinweise für die Klassenstufen 2-6 in den Fächern Deutsch und Mathematik enthält sowie Hinweise zur Beobachtung der psychosozialen Gesamtsituation des Kindes. Zusammen mit meinen Mitarbeiterinnen habe ich die Entwicklung der Aufgaben im Fach Deutsch übernommen. Alle Aufgaben mit Hinweisen zur Auswertung und der Ableitung von Förderplänen sind im Internet zugänglich sowie gegen eine Kostenerstattung auch in Heftform (s. Literaturverzeichnis). Die Aufgaben sind jeweils für den Beginn eines Schuljahres vorgesehen, können gerade bei schwachen Lesern aber auch im Laufe des Schuljahres wiederholt werden.

Die Systematik der ILeA-Aufgaben

Die Lesediagnostik der ILeA umfasst das *Leseverständnis* und das *basales Lesen (Dekodieren).* Im Sinne der weiter oben skizzierten Notwendigkeit einer hierarchischen diagnostischen Strategie gibt es obligatorische Aufgaben, die den Lehrenden einen Überblick über den Lernstand der Klasse und der einzelnen Schülerinnen und Schüler geben, und Aufgaben zur vertiefenden Analyse der individuellen Schwierigkeiten (vgl. Abb. 1). Obligatorischer Bestandteil der ILeA-Lesediagnostik sind Aufgaben zum Textverständnis, die im Schwierigkeitsgrad an die jeweiligen Klassenstufen angepasst wurden, und eine Aufgabe zur Lesegeschwindigkeit auf der Wortebene, die für alle Klassenstufen identisch ist. Für jede Klassenstufe liegen Vergleichswerte vor. Bei auffallend niedrigen Leistungen in den Leseverständnisaufgaben auf der *Textebene* werden zusätzlich Leseverständnisaufgaben auf der *Satzebene* vorgegeben, um das Leseverständnis unabhängig von einem größeren Textzusammenhang zu überprüfen.

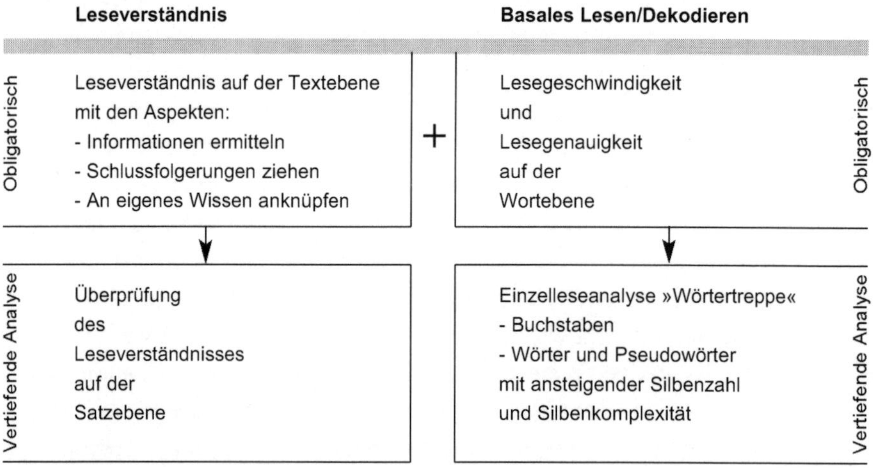

Abb. 1: Systematik der Aufgaben im Teilbereich Lesen der ILeA für die Klassenstufen 2-6 (Zu Beginn des zweiten Schuljahres sind die Aufgaben zum Satzverständnis anstelle von Aufgaben zum Textverständnis obligatorisch.)

Ergeben sich bei *Aufgabe zur Lesegeschwindigkeit und Lesegenauigkeit auf der Wortebene* auffallend niedrige Werte, so ist zur differenzierten Ermittlung der Leseprobleme eines Kindes die *Einzelleseanalyse* indiziert, die weiter unten genauer beschrieben wird. Sie kann auf allen Klassenstufen eingesetzt werden und benötigt, wie der Name schon sagt, eine Einzelsituation mit dem Kind. Alle anderen Aufgaben werden im Gruppenverfahren durchgeführt.

Welchen testtheoretischen Status haben die ILeA-Aufgaben?

In ihrer Konstruktion ähneln die ILeA Aufgaben zum *Leseverständnis auf der Textebene* den Aufgaben aus den großen Studien zum Leseverstehen (z.B. IGLU, PISA, VERA) und Leseverständnistests wie z.B. ELFE 1-6 (Lenhard & Schneider 2006). Es ist ein Text zu lesen, zu dem Fragen in unterschiedlichem Format und in unterschiedlicher Verarbeitungstiefe gestellt werden. Bei den Aufgaben zum Satzverstehen sind ab Klasse 3 in einem Mehrfachwahlformat aus vier Alternativen jeweils die Sätze zu herauszufinden, deren Aussagen mit einem vorgegebenen grammatikalisch und semantisch komplexeren Zielsatz übereinstimmen; für das 2. Schuljahr und für ältere Leseschwache stehen Aufgaben zur Verfügung, in denen ein Wort in einen Satz einzufügen ist (expressives Satzverstehen) oder eine Bild-Satz-Zuordnung vorgenommen werden muss (rezeptives Satzverstehen). Bei der obligatorischen Aufgabe zum *Lesen auf der Wortebene* sind in einer Liste mit unverbundenen Wörtern in einem beschränkten Zeitrahmen Tiernamen anzukreuzen.

Die meisten Aufgaben sind also keine Neuerfindungen und es stellt sich die Frage, welche Vorteile bzw. Nachteile sie gegenüber den auf dem Markt befindlichen Lesetests haben. Positiv zu sehen ist das integrierte Angebot von vertiefenden Aufgaben zur individuellen Feinanalyse und die Einbettung der Aufgaben in einen pädagogischen und didaktischen Kontext in den an Lehrende gerichteten Handreichungen. Ebenso positiv ist aber ein ganz banaler ökonomischer Aspekt: Die Aufgaben und die entsprechenden pädagogischen Handreichungen mit Hinweisen zur Förderung und mit Fallbeispielen sind kostenlos im Internet zugänglich. Auf der negativen Seite ist zu vermerken, dass nicht alle Kriterien erfüllt sind, die an ein Testverfahren zu stellen sind (vgl. Leutner 2001). Die Durchführung der Aufgaben, ihre Auswertung und die Interpretation der Ergebnisse sind zwar durchaus standardisiert und würden den Stempel »formelle Verfahren« zulassen; auf der anderen Seite wurde die Reliabilität nicht für alle Aufgaben ausreichend überprüft und die Normierung ist (noch) relativ grob. Die Frage nach dem Nutzen *formeller* vs. *informeller* Verfahren wird im Zusammenhang mit der Einzelleseanalyse noch einmal aufgegriffen werden. Die folgende Darstellung von ILeA-Leseaufgaben fokussiert das basale Lesen, also das Dekodieren; insbesondere die vertiefenden Einzellanalyse ist ein wichtiges und innovatives Instrument für die Auswahl von Fördermaßnahmen. Dies ist jedoch nicht der einzige Grund, den Schwerpunkt in diesem Beitrag auf das Dekodieren zu legen. Die Leseforschung hat gezeigt, dass basales Lesen und Leseverständnis positiv miteinander korrelieren (z.B. Marx & Jungmann 2000) und Schülerinnen und Schüler mit Schwächen im Leseverständnis in nicht unerheblichem Umfang auch unterdurchschnittliche Leistungen beim Dekodieren auf der Wortebene aufweisen (z.B. Nation 2007). Es wird oft unterschätzt, in welchem Maße fehlerhafte oder auch nur langsame und/oder wenig automatisierte Prozesse beim Worterkennen den gesamten Leseprozess beeinträchtigen.

ILeA Lesegeschwindigkeitsanalyse auf der Wortebene

Die individuelle Lesegeschwindigkeit und Lesegenauigkeit können beim authentischen leisen Lesen aus methodischen Gründen kaum ermittelt werden. Eine ökonomische Alternative sind Aufgaben, die auch beim leisen Lesen sicherstellen, dass tatsächlich alle Wörter zur Kenntnis genommen werden. Für die ILeA wurde für die Analyse der Lesegeschwindigkeit auf der Wortebene das folgende Format gewählt:

Von den folgenden Wörtern bezeichnen manche Tiere. Mache immer einen Strich durch das Kästchen hinter dem Wort, wenn das Wort ein Tier bezeichnet!

Zur Übung:

Wal ☐	Tanne ☐	Bären ☐	Melone ☐	Giraffe ☐	Birne ☐
Falle ☐	Grashüpfer ☐	Kamel ☐	Delfin ☐	Tal ☐	Storch ☐

Abb. 2: Aufgabe zur Lesegeschwindigkeitsanalyse auf der Wortebene der ILeA Lesen 2-6, Übungswörter. (Auszug aus: ILeA Schülerheft Deutsch 2, 3, 4, 5. 6, vgl. Landesinstitut für Schule und Medien, Berlin-Brandenburg, 2010)

Den Schülerinnen und Schülern liegen Bögen mit insgesamt 145 Wörtern (im zweiten Schuljahr nur 75) vor, von denen die Hälfte Tiernamen bezeichnen. Bei diesen muss das Kästchen rechts neben dem jeweiligen Wort angestrichen werden. Die für eine korrekte Entscheidung notwendige semantische Kategorisierung stellt sicher, dass die Wörter auch inhaltlich dekodiert werden. Bei Kindern mit Wortschatzproblemen in der deutschen Sprache ist das Ergebnis in Bezug auf die Lesegeschwindigkeit nicht oder nur wenig aussagekräftig.

Für die Bearbeitung steht den Schülerinnen und Schülern genau eine Minute zur Verfügung. Insgesamt nimmt das Verfahren etwa 10 Minuten in Anspruch. Zur Auswertung, in die neben der Anzahl der Wörter bis zum letzten angestrichenen Kästchen Fehler und Auslassungen eingehen, liegen Schablonen vor, so dass auch diese sehr ökonomisch durchgeführt werden kann. Die individuellen Leistungen, z.B. 25 Rohpunkte im 3. Schuljahr, lassen sich anhand einer klassenstufenbezogenen Tabelle einer von vier Stufen der basalen Lesefähigkeit zuordnen: stark unterdurchschnittlich (Grad I), unterdurchschnittlich (Grad II), durchschnittlich (Grad III) und überdurchschnittlich (Grad III+). Mit Schülerinnen und Schülern, die nur Grad I oder II erreichen, sollte zur Abklärung ihrer Schwierigkeiten das Zusatzverfahren »Einzelleseanalyse« durchgeführt werden.

Die Lesegeschwindigkeitsanalyse kann weitgehend als formelles Verfahren gelten; die Retestreliabilität liegt über Klassenstufen bei $r = .96$. Die Validität wurde mithilfe der Testverfahren Würzburger Leise Leseprobe (WLLP, Küspert & Schneider 1998) und Salzburger Lesescreening (SLS 1-4, Mayringer & Wimmer 2003) bestimmt; es ergaben sich Korrelationskoeffizienten von $r = .92$ und $r = .93$ resp. Es liegt auch eine Parallelform des Verfahrens vor, die bisher aber nur im Rahmen der Forschung genutzt wurde.

Die Einzelleseanalyse »Wörtertreppe«

Die Einzelleseanalyse gibt Hinweise auf die spezifischen Schwierigkeiten eines Kindes beim Wortlesen. Dazu ist das laute Lesen in einer Einzelsituation unabdingbar, wobei das Lesen des Kindes auf Tonträger aufgenommen werden sollte, um Leseversuche auch später noch im Detail analysieren zu können. Die Einzelleseanalyse besteht aus einer *Wörtertreppe,* d.h. aus Wörtern und Pseudowörtern (aussprechbaren, aber nicht sinnvollen Buchstabenfolgen wie <Rulene>) mit ansteigendem Schwierigkeitsgrad (vgl. Abb. 3). Die Schwierigkeit wird durch eine zunehmende Silbenzahl und eine ansteigende Komplexität der Silbenstruktur (offene vs. geschlossene Silben, einfache vs. komplexe Silbenränder) operationalisiert sowie durch ausgewählte orthographische Strukturen. Erfasst wird die Anzahl der sofort bzw. mit Verzögerung und/oder Korrekturen richtig gelesenen Wörter sowie die Lesezeit.

Ein- bis dreisilbige Wörter mit einfacher Silbenstruktur
Hut, Reis, Baum
Kino, Rose, Besen
Melone, Rosine, Banane

Ein bis dreisilbige Wörter mit komplexer Silbenstruktur
Hund, Kreis, Wald
Pinsel, Drachen, Bremse
Schimpanse, Paprika, Matrose

Ein- bis dreisilbige Pseudowörter mit einfacher Silbenstruktur
Sot, Lisch, Feis
Fose, Gesen, Kabe
Gonone, Sorine, Rulene

Wörter und Pseudowörter mit Vokaldauermarkierung
Ball, Treppe, Fliege
Geppe, Kiege, Kall

Abb. 3: Beispielwörter aus dem Einzelverfahren *Wörtertreppe:* Wörter und Pseudowörter mit ansteigender Silbenzahl und unterschiedlicher Silbenstruktur (aus: ILeA Lehrerheft Lesen 2, vgl. Landesinstitut für Schule und Medien, Berlin-Brandenburg, 2010)

Die Wörtertreppe zeigt den Stand der Leseentwicklung auf und weist auf besondere Schwierigkeiten hin:

- Der Vergleich zwischen korrekt gelesenen *Wörtern* und *Pseudowörtern* gibt Hinweise auf den Entwicklungsstand der Lesestrategie beim Worterkennen: Pseudowörter müssen *alphabetisch erlesen* werden, während für Wörter im Laufe des Lesenlernens im inneren Lexikon Gedächtnisrepräsentationen aufgebaut werden, die ein *direktes* - und damit schnelleres - Lesen im Vergleich zu Pseudowörtern ermöglichen.
- Besondere Schwierigkeiten beim Dekodieren (Segmentierung und Synthese) werden durch den Vergleich von Wörtern/Pseudowörtern mit *unterschiedlicher Silbenzahl und unterschiedlich komplexer Silbenstruktur* sichtbar.
- Schließlich zeigt das korrekte Lesen von Pseudowörtern mit eindeutigen Vokaldauermarkierungen (z.B. <Geppe>) die Nutzung orthographischer Strukturen.

Die Wörtertreppe ist trotz der für die Durchführung und die Auswertung gegebenen Objektivität ein *informelles* Verfahren. Sozialnormen liegen nicht vor und würden in Bezug auf die Fehlerzahl auch nicht viel Sinn machen, weil die Mehrzahl der Grundschüler nach der Eingangsphase weitgehend fehlerfrei liest. Insofern sind schon wenige Fehler vor allem bei den einfach strukturierten Wörtern/Pseudowörtern auffällig. Sinnvoll wären Normen in Bezug auf die Lesezeit, die jedoch noch nicht vorliegen. Derzeit lassen sich Hinweise für die Förderung aus der Häufung der Fehler/Verzögerungen bei Wörtern/Pseudowörtern einer bestimmten Struktur entnehmen. Wichtige Informationen ergeben sich oft auch aus einer weiterführenden qualitativen Analyse der Verlesungen oder Leseversuche: Gibt es Auffälligkeiten bei bestimmten Graphem-Phonem-Korrespondenzen oder bei der Silben- oder Morphemsegmentierung? Bemerken die Kinder ihre eigenen Fehler? Korrigieren sie die Fehler spontan? Diese qualitativen Analysen müssen *adaptiv* sein, d.h. sich den Schwierigkeiten der Kinder anpassen. Insbesondere für diese »Mikroanalyse« sind Tonaufnahmen und ggf. Transkriptionen hilfreich (vgl. Scheerer-Neumann 2000).

Schülerbeispiele: Nils, Fritz und Paul

Zu Beginn des dritten Schuljahrs wurde mit Nils, Fritz und Paul die oben beschriebene Aufgabe zur Lesegeschwindigkeit durchgeführt. Nils erreichte den Grad III+, ist also ein überdurchschnittlicher Leser, Fritz lag mit Grad III im Durchschnitt, Paul erreichte lediglich Grad II. Seine Leseentwicklung sollte deshalb mit der Einzelanalyse untersucht und weiter beobachtet werden. Zum besseren Verständnis der Aussagefähigkeit der Aufgaben, werden hier auch die entsprechenden Ergebnisse der beiden anderen Jungen vorgestellt (aus Lorenz 2010).

Der Vergleich der Lesezeiten bei *Wörtern im Vergleich zu Pseudowörtern* deutet auf die erreichten Strategien innerhalb der Leseentwicklung hin: Paul benötigt die gleiche Lesezeit für Wörter wie für Pseudowörter, ein Hinweis darauf, dass er auch die Wörter noch erliest und noch nicht lexikalisch abruft. Nils liest dagegen Wörter doppelt so schnell wie Pseudowörter ohne an Genauigkeit zu verlieren; bei ihm gibt es offenbar schon wortspezifische Gedächtniseintragungen. Auch Fritz liest Wörter schneller als Pseudowörter. Wie gut die alphabetische Strategie schon beherrscht wird, zeigt sich im Vergleich von Wörtern bzw. Pseudowörtern unterschiedlicher Komplexität. Abbildung 4 zeigt die *Lesegenauigkeit* bei Wörtern in Abhängigkeit von der Silbenzahl.

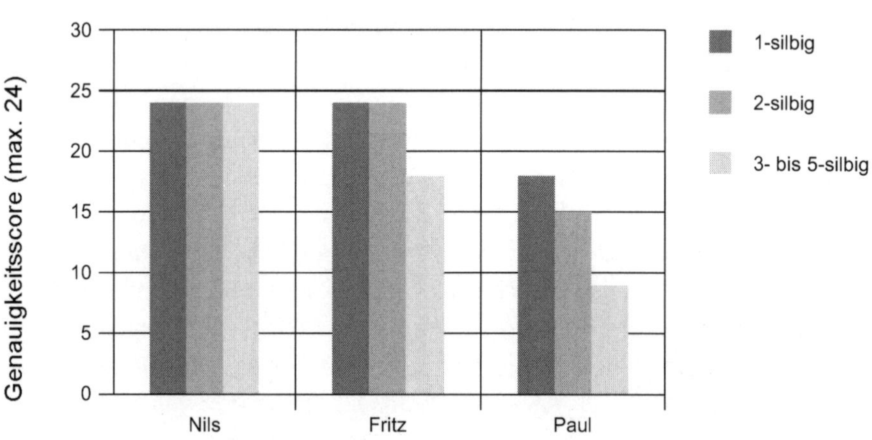

Abb. 4: Lesegenauigkeit bei Wörtern mit unterschiedlicher Silbenzahl zu Beginn des dritten Schuljahres bei Nils, Fritz und Paul. Eigene Darstellung nach Lorenz (2010)

Nils liest alle Wörter vollständig korrekt, Fritz kommt mit drei- oder mehrsilbigen Wörtern nicht sofort zurecht oder macht sogar Lesefehler. Wie eine genauere Analyse seines Leseprotokolls und der Lesezeiten zeigt, hat er Leseprobleme vorwiegend bei Wörtern mit Konsonantenclustern (z.B. bei <Trompete>), während ihm mehrsilbige Wörter ohne Konsonantencluster gut gelingen (z.B. <Rosine>).

Paul hat zu Beginn des dritten Schuljahres beim basalen Lesen offenbar noch große Schwierigkeiten: Selbst ein- und zweisilbige Wörter gelingen nicht immer, auch bei ihm besonders dann, wenn mehrere Konsonanten zu synthetisieren sind. Am Silbenbeginn fügt er den Vokal oft verfrüht zwischen die Konsonanten ein: z.B. <Fliege> gelesen als [fil.ge], <Kranz> als [karts]. Wörtern mit drei und mehr Silben kann Paul kaum bewältigen.

Individuelle Lernpläne für Paul und Fritz

Paul beherrscht die alphabetische Lesestrategie noch nicht ausreichend. Entsprechend muss das Lernangebot für ihn hier ansetzen: Es muss auch im dritten Schuljahr noch elementare Syntheseübungen umfassen, verbunden mit einer nochmaligen Überprüfung seiner Kenntnis der Graphem-Phonem-Korrespondenzen. Besonderes Augenmerk ist auf die Synthese bei Konsonantenclustern zu richten. Weiterhin benötigt er Übungen zur Segmentierung von Wörtern in Silbeneinheiten, am besten ausgehend von der Gliederung der gesprochenen Sprache.

Auch Fritz könnte in seiner Leseentwicklung durch Übungen in der Strukturierung von Wörtern gefördert werden. Ihn könnte man in das Konzept der Schreibsilbe einführen und die Systematik der Zuordnung von Konsonanten zu Vokalen bei der Silbengliederung vermitteln, wie dies im Potsdamer Lesetraining *Potsblitz* vorgeschlagen wird (Ritter & Scheerer-Neumann 2009). Wenn ihm mit dieser Hilfe die Segmentierung von Wörtern in Silben noch besser gelingt, wäre für ihn der Programmteil geeignet, der Übungen zur morphematischen Segmentierung anbietet, die für eine schnelle Sinnentnahme vor allem bei Ableitungen und Komposita zur Ergänzung der Silbengliederung unbedingt beherrscht werden muss.

Akzeptanz der ILeA
und personelle Ressourcen

Der Einsatz der ILeA-Aufgaben ist im Land Brandenburg in den Klassen 1, 3 und 5 obligatorisch; die Resonanz der Lehrenden auf diese zusätzliche Aufgabe ist unterschiedlich: Während ein Teil die differenzierten Informationen über den Lernstand schätzt, sehen andere darin eine weitere Aufgabe, die sie »abarbeiten« müssen. Dies ist dann verständlich, wenn die Lehrkraft auch bisher schon mit - anderen - diagnostischen Verfahren gearbeitet hat. Nach meiner Erfahrung bei Lehrerfortbildungen liegt das Problem aber eher darin, dass die Rahmenbedingungen der Schule es gar nicht zulassen, die in vertiefenden Analysen gewonnenen Erkenntnisse didaktisch angemessen umzusetzen. Eine ehemalige Studierende schrieb mir während ihrer Referendarzeit:

> »Zu Beginn des Schuljahrs habe ich den Kolleginnen bei der Durchführung und Auswertung der ILeA geholfen und ich war einmal mehr erschrocken, wie riesig die Entwicklungsschere ist. Vor allem ist es nahezu unmöglich, bei 24 Kindern und nur einer Lehrkraft auf die unterschiedlichen Lernausgangslagen angemessen zu reagieren und alle Kinder adäquat zu fördern. Ich konzentriere mich eher auf die Schwächeren und habe manchmal das Gefühl, die Leistungsstärkeren zu vernachlässigen ...«

Es ist höchste Zeit zu erkennen, dass die in Rahmenplänen geforderten individualisierenden Maßnahmen im Unterricht (z.B. § 5 der Grundschulverordnung des Landes Brandenburg von 2007) *nur durch zusätzliche personelle Ressourcen* zu realisieren sind. Man kann sich hierzu unterschiedliche Modelle vorstellen: die Ausweisung von Stunden speziell für Förderdiagnostik und Förderunterricht in Kleingruppen innerhalb des Lehrdeputats der Deutschlehrkraft oder die Einbeziehung von speziellen Lehrkräften, wie dies für Inklusionsklassen vorgesehen ist. Für Kinder mit Lernrückständen ist ein *ständiges differenziertes Lernangebot notwendig;* ein wöchentlich einmaliger Förderunterricht reicht nicht aus. Entsprechend ist es nicht verwunderlich, dass Klicpera & Gasteiger-Klicpera (1993) fast keinen Erfolg des schulischen Förderunterrichts konstatieren konnten.

Individuelle Förderung darf kein Schlagwort bleiben; hier muss das Geld investiert werden, das von manchen Politkern sehr global für »mehr Bildung« gefordert wird. Bildungspolitisch erscheint mir derzeit die Hinführung der anfänglich Leistungsschwächeren mit und ohne Migrationshintergrund zu einem guten Hauptschulabschluss bzw. zur Berufsbildungsreife wichtiger als z.B. eine weitere Erhöhung der Abiturientenzahlen.

Literatur

ILeA - Individuelle Lernstandsanalysen. Schülerheft Deutsch 2, Lehrerheft Lesen 2. Scheerer-Neumann, G., Schnitzler, C.D. & Ritter, C. Erhältlich in der Fassung von 2010 im Internet über www.bildungsserver.berlin-brandenburg.de/ilea2.html (analog ilea3, ilea4, ilea5, ilea6 für die Klassen 3-6). Dort findet sich auch der Bezugshinweis für die gedruckten Fassungen der Lehrer- und Schülerhefte.

Klicpera, C. & Gasteiger-Klicpera, B. unter Mitarbeit von Schabmann, A. (1993). Lesen und Schreiben. Entwicklung und Schwierigkeiten. Bern.

Lenhard, W. & Schneider, W. (2006). ELFE 1-6. Ein Leseverständnistest für Erst- bis Sechstklässler. Göttingen.

Leutner, D. (2001). Pädagogisch-psychologische Diagnostik. In D. Rost (Hg.). Handwörterbuch Pädagogische Psychologie. 2. überarbeitete und erweiterte Auflage. Weinheim, 521-530.

Lorenz, C. (2010). Die Entwicklung der basalen Lesekompetenz innerhalb eines Schuljahres anhand des diagnostischen Instruments »Die Wörtertreppe«. Unveröffentlichte Masterarbeit, Universität Potsdam.

Marx, H. & Jungmann, T. (2000). Abhängigkeit der Entwicklung des Leseverstehens von Hörverstehen und grundlegenden Lesefertigkeiten im Grundschulalter: Eine Prüfung des Simple View of Reading-Ansatzes. Zeitschrift für Entwicklungspsychologie und Pädagogische Psychologie, 32, 81-93.

Moll, K. & Landerl, K. (2010). SLRT-II Lese- und Rechtschreibtest. Weiterentwicklung des Salzburger Lese- und Rechtschreibtests (SLRT). Bern.

Nation, K. (2007). Children's Reading Comprehension Difficulties. In M. Snowling & C. Hulme (Ed.). The Science of Reading: A Handbook. Oxford, 248-265.

Ritter, C. & Scheerer-Neumann, G. (2009). Potsblitz - das Potsdamer Lesetraining. Köln.

Scheerer-Neumann, G. (2000). Förderdiagnostik beim Lesenlernen. In I. Naegele & R. Valtin (Hg.). LRS - Legasthenie in den Klassen 1-10. Band 2: Schulische Förderung und außerschulische Therapien. Weinheim, 70-86.

Leseunterricht in der Grundschule - vom Ist-Zustand und vom Soll-Zustand

Was Beobachtungsstudien lehren

Maik Philipp

1 Einstieg

Neben PISA - dem Programme for International Student Assessment - ist die Internationale Grundschul-Lese-Untersuchung (IGLU) eine der bekanntesten zyklischen Schulleistungsstudien, welche seit Beginn des Jahrtausends die Lesefähigkeiten von Heranwachsenden vor Übergängen im Bildungssystemen zu erfassen. Als im Jahr 2012 die Befunde der dritten IGLU-Studie bekannt wurden, war das Gefühl der Ernüchterung groß, denn nachdem es von der ersten Studie (2001 durchgeführt) zur zweiten (2006 durchgeführt) leichte Verbesserungen gab, ähnelten die Leseleistungen der Kinder in der jüngsten IGLU-Studie aus dem Jahr 2011 frappierend jenen aus dem Jahr 2001.

Fast ein Sechstel der Viertklässler erreichte in der IGLU-Studie 2011 nicht das als Basisniveau bezeichnete Leseverständnis und wird daher als Risikogruppe bezeichnet. Aufgaben auf dem Basisniveau - der Kompetenzstufe III - verlangen von den Kindern dezidiert, einfache Schlussfolgerungen zu ziehen. Grundlage dafür sind im Text an verschiedenen Stellen verstreute Informationen, die die Kinder sinnvoll aufeinander beziehen müssen (Bremerich-Vos, Tarelli & Valtin 2012). Welches Kind dies nicht schafft, so die IGLU-Autoren, wird »mit *erheblichen Schwierigkeiten* beim Lernen in allen Fächern in der Sekundarstufe I konfrontiert sein« (Bos et al. 2012, S. 106; Hervorh. MP). Sorgen muss man sich im Grunde aber auch um jene Kinder machen, deren Leistungen nicht über die Stufe III hinausgehen - das waren in den drei IGLU-Zyklen zwischen 35 und 39 Prozent (Bos et al. 2012). Über diese Kinder heißt es in der IGLU-Studie aus dem Jahr 2006: »Ohne eine weitere Förderung der

Lesekompetenz in der Sekundarstufe I werden sie *vermutlich Schwierigkeiten* in der Erarbeitung neuer Lerngegenstände in allen Fächern haben« (Bos et al. 2007, S. 154, Hervorh. MP). Erhebliche oder vermutliche Schwierigkeiten, die in der Sekundarstufe I erwartbar sind, weil das Lesen nicht ausreicht, bilden ein echtes Risiko für diejenigen, die davon betroffen sind. Der Ausdruck »Risikogruppe« ist also gut gewählt.

Für die Bildungspolitik und Leseförderung ist wichtig, dass sich dank Studien wie IGLU klar bemessen lässt, wie groß der Handlungsbedarf in Sachen Leseförderung de facto ist. Wenn man neben der eigentlichen Risikogruppe auch noch jene Kinder mit höchstens basalen Fähigkeiten in den Blick nimmt, dann gibt die Leseleistung von aktuell mehr als der Hälfte aller untersuchten Viertklässler Anlass zur Sorge. Das gilt umso mehr, als man aus Längsschnittstudien weiß, dass sich anfängliche Differenzen im Lesen zwar nicht weiter im Sinne eines Scheren- oder Matthäus-Effekts verschärfen, aber auch nicht minimieren (Philipp 2011b; für eine Ausnahme s. Pfost & Artelt 2013). Ohne Intervention, also ohne gezielte Förderung, ist es demnach extrem unwahrscheinlich, dass leseschwache Kinder in der weiterführenden Schule die diversen fachspezifischen Texte erfolgreich selbstständig bewältigen und als Lernressource effektiv nutzen können. Hier kommen die Lehrpersonen ins Spiel, deren Bedeutung gerade durch die einflussreiche Megaanalyse von John Hattie (2009, 2012) fürs Lernen betont wurde. Insbesondere profunde Wissensbestände der Lehrpersonen gelten als besonders wichtig (Krauss 2011).

Der vorliegende Beitrag nimmt sich gezielt der Lehrpersonen an, genauer der Grundschullehrpersonen, und dem beobachtbaren Leseunterricht. Das Ziel des Beitrags besteht darin, zunächst den Ist-Zustand zum Leseunterricht in deutschen Grundschulen zu skizzieren und die Problembereiche in der internationalen Forschung zu verorten (Abschnitt 2). Danach werden Ergebnisse aus Beobachtungsstudien mit exemplarischen Lehrpersonen und ihrem Lese- und Schreibunterricht systematisiert, um gerade Merkmale guten Unterrichts - als Soll-Zustand - zu extrahieren (Abschnitt 3). Nach dieser Kontrastierung von Ist und Soll geht es darum, wie Lehrpersonen auf dem Weg zu einem besseren Leseunterricht begleitet werden sollten (Abschnitt 4). Das abschließende Fazit bündelt die Befunde und zeigt, dass Leseförderung auf mehr Akteure als die Lehrpersonen allein angewiesen ist (Abschnitt 5).

2 Der Ist-Zustand: Leseunterricht in Deutschlands Grundschulen - ein Problemaufriss

2.1 Ein aktuelles Beispiel aus Deutschland

Eine der wenigen aktuellen deutschen Untersuchungen mit echten Unterrichtsbeobachtungen wurde im Jahr 2006 in Rheinland-Pfalz durchgeführt (Kleinbub 2010). Insgesamt 41 Lehrpersonen und ihre vierten Klassen wurden für jeweils im Durchschnitt eine Stunde gefilmt und die so gewonnenen Daten analysiert. Ehe die (problematischen) Ergebnisse vorgestellt werden, sei noch erwähnt, dass - bis auf eine Lehrperson - alle den gefilmten Unterricht als typisch bezeichneten, und bis auf zwei Lehrpersonen waren alle mit der Stunde zufrieden. Die wichtigsten Ergebnisse im Überblick:

1. *Wahl der Texte*

Das typische Textmaterial bestand aus einer Kopie eines fortlaufenden Textes meist literarischer Provenienz. Sachtexte wurden nur in einem Drittel der Stunden verwendet, diskontinuierliche Texte überhaupt nicht. Die Lehrpersonen bestimmten die Textauswahl, nicht die Kinder.

2. *Vorbereitung der Kinder auf die Lektüre*

Hier überwogen die Vorwissensaktivierung und das Erklären von unbekannten Wörtern. Die Vermittlung von (meta-)kognitiven Lesestrategien und Strategiewissen sowie die Reaktivierung von Textsortenwissen waren praktisch nicht beobachtbar. Entsprechend wendeten auch nur in einem knappen Viertel der Stunden die Kinder sichtbar Strategien an.

3. *Lesebezogene Aufgaben*

Wie schon bei der Vorbereitung auf die Lektüre überwogen Aufgaben, die sich vor allem auf die Textoberfläche bezogen. Deutlich dominant war das Finden von explizit gegebenen Informationen in Texten. Implizite Informationen zu finden, den Text zu gliedern, Argumente oder gar deren Sequenzen zu erkennen - all dies war deutlich seltener sichtbar. Besonders problematisch: Das Bilden von Inferenzen (textbasierten Schlussfolgerungen) als wichtiger Bedingung des umfassenden Textverstehens wurde in fünf Sechsteln aller Stunden nicht beobachtet. Jenseits des eher oberflächlichen Textinhalts reflektieren die Kinder kaum über etwas anderes, zum Beispiel war es unüblich, dass sich Kinder über ihr subjektives Textverstehen oder über Texte und ihre Merkmale, ihre Funktionen und ihr Verhältnis zum eigenen Lesen austauschten.

4. *Umgang mit Heterogenität*

Wenn die Heterogenität der Kinder überhaupt berücksichtigt wurde, dann insofern, als schwächere Lerner weniger oder leichtere Aufgaben erhielten und stärkere Lerner schwierigere oder mehr Aufgaben. Kinder, die nicht Deutsch als Muttersprache sprachen, bekamen in sämtlichen beobachteten Stunden keinerlei adaptierten Aufgaben.

5. *Motivation der Kinder fördern*

Vier Merkmale wurden gesondert betrachtet: Lektüre- und Aufgabenwahl nach Neigung sowie individuelles Lese- und Bearbeitungstempo. In mehr als 90 Prozent aller Stunden ergriffen die Lehrpersonen keine dieser Maßnahmen.

6. *Lesebegleitendes Schreiben*

Die schriftliche Weiterbearbeitung von Texten durch eigenes Schreiben wurde in keiner einzigen Stunde beobachtet.

Das, was Iris Kleinbub (2010) in ihren Unterrichtsbeobachtungen vorgefunden hat, passt sich nahezu nahtlos in das ein, was aus den Befragungen der Lehrpersonen im Rahmen der IGLU-Studien bekannt ist. Über Auskünfte in Lehrerfragebögen zum Unterricht ließen sich in den ersten beiden IGLU-Studien vier (IGLU 2001) bzw. fünf (IGLU 2006) Typen von Lehrpersonen ermitteln (Lankes 2004; Lankes & Carstensen 2007). Zwei Typen stehen in Deutschland besonders häufig vor den Schulkindern vierter Klassen. Rund die Hälfte aller Grundschullehrpersonen führt einen eng geführten, auf die Lehrperson zentrierten und wenig individualisierten Unterricht durch, in dem die Lehrperson die Hoheit über die Texte hat. Ein weiteres Drittel ähnelt dem eben beschriebenen Typ, allerdings ist hier der Leseunterricht noch weniger anregend als beim ohnehin schon wenig aktivierenden ersten Typ. Auch in der jüngsten IGLU-Studie zeichneten sich Probleme insofern ab, als die Lehrpersonen recht selten angaben, Wissen und Strategien gezielt zu vermitteln bzw. die Kinder Lesestrategien anwenden zu lassen (Tarelli, Lankes, Drossel & Gegenfurtner 2012).

Die besondere Brisanz erhalten Ergebnisse wie die eben berichteten dadurch, dass Lehrpersonen nicht immer zutreffende Angaben zu ihrem Unterricht liefern. Das war auch eines der Ergebnisse aus Kleinbubs Studie (2010), in der die untersuchten Lehrpersonen die Frequenz bestimmter Vermittlungsformen und Inhalte überschätzten. Das, was sie laut Fragebögen häufig taten, ließ sich - wenn überhaupt - nur in einem kleinen Teil der videografierten Stunden verifizieren. Nimmt man hinzu, dass das Gros der Lehrpersonen den untersuchten Unterricht als typisch erachtete, lässt sich berechtigt fragen, inwiefern Fragebogen-Daten zur faktischen Unterrichtspraxis zu trauen ist.

2.2 ... und wie es sich in die Forschungsbefunde aus aller Welt einbetten lässt

Warum sind aber nun die oben erwähnten Befunde aus der eben geschilderten Studie mit Grundschullehrpersonen problematisch? Anhand der sechs Hauptbefunde aus Kleinbubs Untersuchung sollen die kritischen Aspekte nochmals verdeutlicht und kontextualisiert werden. Dabei sind nicht alle sechs Aspekte immer völlig trennscharf voneinander, sondern weisen zum Teil Überlappungen und inhaltliche Überschneidungen auf.

2.2.1 Wahl der Texte

Den dominanten Lesestoff in den von Kleinbub untersuchten Lektionen bildeten kontinuierliche, narrative Kurztexte. Zwar belegt die Lesesozialisationsforschung, dass narrative Texte einen wichtigen ersten Zugang zum Erwerb von Lesemotivation und -kompetenz bilden (Philipp 2011a). In jüngeren Theorien wird vermutet, dass gerade narrative Texte recht leicht sind - zum Beispiel ist der Wortschatz in narrativen Büchern nicht so komplex wie in expositorischen (Gardner 2004) - und dadurch stärker intrinsisch motivierend wirken (Guthrie, Taboada & Wigfield 2011). Der Wirkmechanismus könnte sein, dass die geringere Mühe beim Dekodieren und syntaktischen Prozessieren genügend mentale Ressourcen freilassen fürs Imaginieren, für emotionale Beteiligung, für Identifikationsprozesse etc. - sprich: die text- bzw. aktivitätsbezogenen Anreize. Nun ist diese Form des Lesens aber in aller Regel für dasjenige undomestizierte Lesen reserviert, das sich bei Büchern - also erheblich längeren und komplexeren Texten - im Kontext Freizeit vollzieht und dort vermutlich besonders günstig für die Lesesozialisation ist (Anderson, Wilson & Fielding 1988; Naeghel et al. 2012).

Das eigentliche Problem ist gar nicht so sehr, was gelesen wird, sondern was *nicht* gelesen wird: Sachtexte mit verschiedenen Funktionen, die spätestens beim Übergang in die Sekundarstufe zum dominanten und ohne gezielte Vorbereitung überfordernden schulischen Lesestoff avancieren (Fang 2008). Sachtexte fristen in der Primarstufe ein Nischendasein, wie schon eine Studie aus den USA mit Unterrichtsbeobachtungen zeigen konnte. Dort wurden in ersten Klassen umgerechnet nur dreieinhalb Minuten täglicher Auseinandersetzung mit Sachtexten beobachtet (Duke 2000). Das schmale Angebot an Sachtexten ist aus vier Gründen ein Problem. Erstens gibt es Hinweise, dass deutsche Kinder im Verstehen von Sachtexten etwas schlechter abschneiden als bei literarischen Texten (Bos et al. 2012), dort also stärker förderbedürftig sind. Zweitens scheinen Sachtexte zum Teil besser dafür geeignet zu sein, das Textverstehen zu fördern als narrative Texte (Cervetti et al. 2009). Drittens liegen erste Indizien dafür vor, dass Kinder und Jugendliche Sachtexte zum Teil stärker präferieren als fiktionale Texte (Philipp 2011a) - das gilt übrigens auch schon für die erste Klasse (Mohr 2006). Viertens geben Lehrpersonen durchaus selbst positive Einstellungen zu Protokoll und halten die Texte für lernförderlich (Ness 2011b), was die Absenz dieser Lesestoffe umso mysteriöser macht.

Ein weiterer problematischer Aspekt bei der Textauswahl besteht darin, dass die Lehrperson die Texte vorgibt. Es ist in der Lesesozialisationsforschung ein hartnäckiger Befund, dass Freizeit- und Schullektüre stark divergieren und außerschulisch bevorzugte Lesestoffe in der Schule nicht vorkommen (Philipp 2011a). Die Problematik ist dabei gar nicht so sehr, dass die Schule sich anbiedern oder das Freizeitlesen negativ beeinflussen könnte. Das Problem liegt eher darin, dass dadurch die Chance ungenutzt bleibt, Lesen als etwas lebensweltlich Relevantes erlebbar zu machen. Genau das ist aber eines der Probleme von den Kindern und Jugendlichen, um deren Lesen man sich aus pädagogisch-didaktischer Sicht sorgt: Es hat für sie kaum Anreize (Philipp 2013b). Ein weiteres Problem ist zu guter Letzt darin zu sehen, dass die Lehrpersonen allein die Hoheit hat und die Kinder in den seltensten Fällen Wahlmöglichkeiten offeriert bekommen. Das ist deshalb misslich, weil aus der Forschung bekannt ist, dass Lesemotivation und -verstehen davon profitieren, wenn man aus interessanten Texten selbst auswählen darf, klar weiß, warum man liest, und das Lesen sozial eingebunden erfolgt (Guthrie & Humenick, 2004).

2.2.2 Vorbereitung der Kinder auf die Lektüre

In Kleinbubs Studie überwogen als Vorbereitung auf den Text vor allem die Reaktivierung von Vorwissen sowie das Klären unbekannter Wörter. Diese Vorgehensweise entspricht dem, was man in der Forschung als Elaborationsstrategie bezeichnet. Diese Form von Strategien - verstanden als absichtsvoll ausgewählte und steuerbare mentale Aktivität (Afflerbach, Pearson & Paris 2008; siehe auch den Beitrag von Souvignier in diesem Band) - kennzeichnet, dass es darum geht, Textinhalte und eigenes Wissen so zueinander in Bezug zu setzen, dass die Textinhalte möglichst dauerhaft im Gedächtnis des Lesers abgespeichert werden (Friedrich & Mandl 2006). Solche Elaborationsstrategien dominieren auch in anderen Unterrichtsbeobachtungen deutlich das Unterrichtsgeschehen, wenn denn im Unterricht Strategien überhaupt gefordert bzw. vermittelt werden (Anmarkrud & Bråten 2012; Ness 2011a).

Wie schon beim Punkt Textauswahl liegt das Problem im beobachtbaren Unterricht darin, was fehlt. Zunächst ist auffällig, dass Kleinbub danach unterscheidet, ob die Lehrpersonen vorhandene Wissensbestände bei den Kindern reaktivieren (sie also als Ressource nutzen) oder ob sie diese Wissensbestände vermitteln. Insbesondere bei der Vermittlung wird der Mangel offensichtlich. Er betrifft die Strategien und das Strategiewissen genauso wie das Textformatwissen. In beidem haben aber gerade junge und schwache Leser Defizite (van Kraayenoord 2010; Ray & Meyer 2011). Was demnach systematisch fehlt, ist, dass die Kinder ausreichend Handwerkszeug im Sinne von Strategien und Wissensbeständen an die Hand bekommen, um flexibel mit Texten umzugehen.

2.2.3 *Lesebezogene Aufgaben*

Als eher unterkomplex sind die Aufgaben in den Stunden zu beurteilen, die im Leseunterricht beobachtet wurden. In neun von zehn Stunden verbrachten die Kinder wenigstens einen kleinen Teil der Zeit damit, explizit gegebene Informationen in Texten zu lokalisieren. Komplexere lesebezogene Aktivitäten, darunter das textbasierte Erschließen von Bedeutungen, das Interpretieren von Texten und das Transferieren von Inhalten blieben absolut randständig, sofern solche Aktivitäten denn zu eruieren waren. Das Reflektieren über Textmerkmale und inhalte - im Kern eine sehr gute Möglichkeiten, in eine metakognitive Diskussion einzusteigen - erfolgte nur in geringem Maß.

Dass explizit gegebene Textinformationen im Unterricht so stark dominieren, ist auf den ersten Blick begrüßenswert. Explizite Informationen zu finden, ist stark textbasiert, und man kann vergleichsweise gut begründen, warum eine Antwort richtig ist. Auf den zweiten Blick ist die Monokultur des Umgangs mit dezidiert im Text anzufindenden Informationen aber heikel. Schon bei IGLU besteht bekanntlich die normativ gewünschte Mindestfähigkeit darin, Schlussfolgerungen anzustellen, also Informationen aufeinander zu beziehen (s.o. bei der Beschreibung der IGLU-Befunde). Das bedeutet zum einen, dass der Unterricht diese Fähigkeit nur selten erfordert, also im Anspruchsniveau hinter dem bleibt, was aus Sicht der Wissenschaft als Mindestmaß unbedingt erforderlich ist. Zum anderen kann das Auffinden von einzelnen Informationen einem bestimmten Typus Frage Vorschub leisten, der nach dem binären Richtige-Antwort/Falsche-Antwort-Schema funktioniert. Fragen solches Formats dominieren den Leseunterricht (Ness 2011a) und werden häufig zur Kontrolle des (oberflächlichen) Textverstehens genutzt (Durkin 1979). Schon aus den frühen 1990er Jahren ist aus Studien mit Aufgabenanalysen bekannt, dass sieben Achtel der Lese- und sonstigen Aufgaben im Muttersprachenunterricht einfache Aufgaben bildeten und nur ein Achtel der Aufgaben komplexer waren (Hooper 1994).

Was sich aus dem ableitet, ist eine Fokussierung lesebezogener Aufgaben, die im Kern zu leicht und zu oberflächlich sind (auch wenn sie sicher - siehe die Risikopopulation - noch einen Teil der Kinder überfordern dürften). Es gibt anscheinend systematische Zusammenhänge zwischen der Dominanz von bestimmten Strategien bzw. worauf sie sich beziehen und dem Textverstehen. So interessierte sich ein norwegisches Forschungsteam dafür, ob der Grad der Vermittlung im Unterricht (vergleichsweise viel vs. wenig) und die Ebene der Strategie (Textoberfläche vs. tiefere Ebene des Textes/Inhalte) mit dem Textverstehen und dem Strategieeinsatz der untersuchten Neuntklässler korrespondierten. Das Ergebnis: Jugendliche, deren Muttersprachenlehrerin ein tieferes Textverstehen forderten und mit Strategievermittlung eine Basis dafür schufen, verstanden Texte besser und nutzten stärker tiefenorientierte Strategien als Gleichaltrige mit Lehrpersonen, die wenig Strategien vermittelten (Bråten & Anmarkrud 2013). Es ist weniger die (falsche) Dichotomie von »guter« Tiefe und »schlechter« Oberfläche, um die es geht (Dinsmore & Alexander 2012). Vielmehr ist das Problem, wenn nur eine Form dominiert, die aus Sicht der Kompetenzerwerbstheorie für Novizen besonders kennzeichnend ist, aber in späteren Stadien weniger dominieren sollte (Alexander 2005). Das ist deshalb so wichtig, weil schon zu Schulbeginn zu einfache Aufgaben im Vergleich zu komplexeren Aufgaben mit weniger Strategieanwendung, weniger Fokussierung auf den Inhalt und einer geringeren bewussten Wahrnehmung der eigenen Verbesserung einhergehen (Turner 1995).

2.2.4 Umgang mit Heterogenität

Wie schon bei den Texten (2.2.1) ist der Unterricht laut Kleinbubs Studie wenig differenziert, was Leistungen oder auch Neigungen angeht. Damit ähnelt er stark dem Unterricht, den die in Deutschland dominant anzutreffenden Typen von Lehrpersonen laut den ersten beiden IGLU-Studien durchführen: einen stark lehrpersonzentrierten, wenig adaptiven Unterricht. Obwohl die Kinder unterschiedlich sind, ist der Unterricht eher uniform. Dieses Phänomen ist aus Studien bekannt, in denen danach gefragt wird, ob Grundschullehrpersonen ihren Schreibunterricht für schwächere Schreiber anpassen (sie tun es mehrheitlich nicht; Graham et al. 2003) bzw. überhaupt den Lese- und Schreibunterricht verändern (Duffy et al. 2008; Parsons 2012). Als ein Grundproblem schält sich aus der vorliegenden Forschung heraus, dass der Unterricht rigider zu sein scheint, als er es müsste und gerade im IGLU-Vergleich in einigen Ländern auch nicht ist (Lankes 2004; Lankes & Carstensen 2007).

Das Problem bei alldem: Es gibt wenig, was das kompensiert. So ist der Mangel an expliziter Vermittlung von Wissensbeständen und Strategien in diesem Licht ein noch größeres Problem. Denn indem die Kinder weder Hilfsmittel an die Hand bekommen, die sie im Kern handlungsfähiger machen, noch Aufgaben lösen, die sie später fürs Lernen wirklich benötigen, bleibt das Problem der Leistungsdifferenzen bestehen. Wie eingangs schon erwähnt, ändert sich dieser Umstand nicht, da Kinder meist ähnliche Entwicklungsverläufe von unterschiedlichen Startplateaus aufweisen (Philipp 2011b).

2.2.5 Motivation der Kinder fördern

Zwar fragt Kleinbub in ihrer Studie nicht nach den Effekten des Unterrichts auf die Motivation, aber aus der Perspektive der Motivationspsychologie sind einige Befunde als extrem ungünstig einzustufen. Das Potenzial, durch Wahlmöglichkeiten und (aus Sicht der Kinder) interessanter (Sach-)Texte sowohl die Lesemotivation als auch das Textverstehen fördern zu können (Guthrie & Humenick 2004; Guthrie, McRae & Klauda 2007), bleibt weitestgehend ungenutzt. Das ist insofern problematisch, als Grundschulkinder immer weniger Freude am Deutschunterricht haben und immer negativere Einstellungen zum schulischen Lesen äußern, je höher die Klassenstufe ist (Richter & Plath 2005; McKenna, Kear & Ellsworth 1995). Generell zeichnet sich bei verschiedenen lesemotivationalen Maßen ein Rückgang ab, der anscheinend besonders die intrinsische Lesemotivation betrifft (Philipp 2013b), also jene Facette bzw. Dimension der Lesemotivation, die gerade bei jüngeren Kindern als ausgesprochen günstig für das Leseverhalten und das Leseverstehen gilt (Petscher 2010; Schaffner, Schiefele & Ulferts, in press; Schiefele et al. 2012). Deshalb ist erneut wie bei anderen Aspekten der Mangel an erkennbar aktiven Maßnahmen im Unterricht eher das Problem als das beobachtete Verhalten der Lehrpersonen.

Freilich ist noch darauf hinzuweisen, dass es nicht allein reicht, wenn man Kindern einfach nur die Möglichkeit dazu gibt, sich selbst Texte auszuwählen und diese dann im Unterricht still zu lesen. Eine Sekundärauswertung von Studien hat gezeigt, dass sich die positiven Einstellungen zum Lesen (ein der intrinsischen Lesemotivation inhaltlich sehr nahes Konstrukt; Schiefele et al. 2012) dadurch nicht verbessern (Yoon 2002). Nur bei sehr jungen Kindern bis zur zweiten Klasse scheinen sich positive Effekte einzustellen. Autonomie allein reicht eben nicht aus, sondern es bedarf weiterer Elemente, zum Beispiel der Relevanz (Assor, Kaplan & Roth 2002). Das verweist auf die grundsätzlich sehr große Komplexität der Lesemotivation im Allgemeinen (Philipp 2013c) und deren Förderung im Besonderen (Philipp 2013b).

Ein weiterer kritischer Befund bezieht sich auf die Aufgabenschwierigkeit, die sich gemäß Kleinbubs Studie im Gesamt als zu einfach und zu unterkomplex erwiesen hat. Nicht nur fördern solche Aufgaben vermutlich ein rein oberflächliches Textverstehen - sie gehen auch zu Lasten der Motivation. In einer Reihe von Studien ist schon für Grundschulkinder festgestellt worden, dass sie zu einfache Aufgaben eher negativ bewerten und mit einer eher extrinsischen bzw. sogar Arbeitsvermeidungsmotivation darauf reagieren. Umgekehrt erleben Kinder kognitiv anspruchsvollere Aufgaben als herausfordernder und finden diese stärker intrinsisch motivierend (Hooper 1994; Miller & Meece 1999). Bemerkenswert daran ist, dass dies in der Essenz gleichermaßen auf Kinder mit unterschiedlich ausgeprägten Lesefähigkeiten, Jungen und Mädchen, Kindern mit unterschiedlichem sozioökonomischem Hintergrund und verschiedene Altersgruppen zutrifft (Hooper 1994).

2.2.6 Lesebegleitendes Schreiben

Dass das schriftliche Weiterver- bzw. bearbeiten von Texten im Unterricht nicht beobachtet werden konnte, ist aus Sicht der Forschung ebenfalls ein Indiz für ungenutzte Potenziale. Schreiben hilft zum einen dabei, sich im Fachlernen zu verbessern (Bangert-Drowns, Hurley & Wilkinson 2004). Zum anderen verbessert es auch das Textverstehen (Graham & Hebert 2011; Hebert, Simpson & Graham 2013). Beim Schreiben über Gelesenes scheint gerade das ausführliche Schreiben über Gelesenes (sei es zur Analyse, sei es zum Berichten über Texte an andere), das Anfertigen von Notizen und das Zusammenfassen von Texten besonders effektiv zu sein, während das schriftliche Beantworten von Fragen im Vergleich weniger effektiv ist.

Dass Kinder und Jugendliche im Unterricht etwas schreiben (gemeint ist damit nicht das Abschreiben von Tafelinhalten), ist nach den wenigen vorhandenen Befunden relativ selten (Cutler & Graham 2008; Gilbert & Graham 2010; Graham et al. 2003). Meist sind die Texte zudem sehr kurz und in höheren Klassenstufen oftmals nicht viel länger als ein Absatz (Applebee & Langer 2011). Selbst in Primarstufenklassen macht im Muttersprachenunterricht die Förderung des Schreibens nur einen verschwindend geringen Teil aus (Miller 1995; Miller, Adkins & Hooper 1993; Ness 2011a). Insofern reiht sich Kleinbubs Befund in die bisherigen Erkenntnisse zum Schreiben ein.

Die Brisanz besteht darin, dass das schriftliche Weiterbearbeiten von Textinhalten - sei es in Form von schriftlichen Zusammenfassungen, Rezensionen, Analysen oder auch Schaubildern -, eine gute, aber noch zu wenig genutzte Gelegenheit dafür bietet, Lese- und Schreibförderung sinnvoll zu integrieren. Lesen und Schreiben sind zwar nicht dasselbe, aber unter der Perspektive der Strategievermittlung lassen sich prinzipiell sinnvoll Brücken zwischen den beiden Domänen mit dem Schriftsprachbezug schlagen (Philipp 2013a, im Druck).

2.3 Zusammenschau: Leseförderung ist, wenn sie nicht sichtbar stattfindet?

Ehe noch einmal die Problempunkte bei der gegenwärtigen Leseförderung gebündelt und abstrahiert werden, ist es nötig, auf zweierlei hinzuweisen. Erstens gibt es nach wie vor zu wenig Empirie über das, was gegenwärtig de facto im Leseunterricht im deutschsprachigen Raum (und möglicherweise mit verschiedenen Landesspezifika - siehe nur die Befunde von Lankes & Carstensen 2007, zu Österreich und Deutschland) geschieht. Die bisherigen Befunde sind zudem auch häufig nicht verallgemeinerbar, weil sie auf kleinen, nicht-repräsentativen Stichproben basieren, was in der Logik der aufwändigen Forschungsmethodik liegt. Zweitens ist die Fokussierung auf Probleme nicht als wohlfeile Lehrerschelte zu missinterpretieren. Der Blick auf aus Sicht der Forschung problematisch wirkende Aspekte ist vielmehr eine Sensibilisierung für Verbesserungsmöglichkeiten, die angesichts der aktuellen IGLU-Befunde dringend genutzt werden sollten.

Die gemeinsame Klammer bei den Ergebnissen aus Kleinbubs Studie besteht darin, dass der Leseunterricht in vierten Klassen sich durch eine Menge ungenutzter Potenziale auszeichnet. Bei der Wahl der Texte besteht das ungenutzte Potenzial darin, dass eine Textsorte - narrative, kontinuierliche Texte - dominiert und nur die Lehrperson die Texte auswählt. Wegen dieser vorgegebenen Lektürestoffe erscheint es schwierig, dass eine leistungs- bzw.

neigungsbasierte Binnendifferenzierung möglich ist. Und tatsächlich finden sich in den seltensten Fällen Anpassungen bei den Aufgabenstellungen, wobei insbesondere das Ergebnis kritisch ist, dass nicht-deutschsprachige Kinder dieselben Aufgaben lösen müssen wie die deutschsprachigen. Brisant ist das angesichts der breit dokumentierten Leistungsdifferenzen in punkto Migrationshintergrund beim Lesen (Marx & Stanat 2012). Mehr Autonomie und Binnendifferenzierung gelten aus Sicht der Motivationspsychologie zudem als günstig für den motivational und kognitiv engagierten Umgang mit Texten (Guthrie, Wigfield & You 2012).

Doch nicht nur die Textauswahl, die Binnendifferenzierung und die Förderung der Lesemotivation bleiben hinter dem zurück, was möglich und wünschenswert wäre. In ähnlicher Weise sind die Vorbereitung auf Texte, die Arbeit mit ihnen und die Rolle des Schreibens über Gelesenes von der Ausbaufähigkeit betroffen. Das größte Problem scheint zu sein, dass der Umgang mit Texten eher oberflächlich wirkt. Zur Vorbereitung auf Texte stehen im Grunde nur zwei Ressourcen zur Verfügung: das vorhandene Wissen der Kinder und unbekannte Lexik, die die Lehrperson erklärt. Das sind zweifelsohne zwei wichtige Ressourcen, aber es sind zu wenige. Weder das explizite Vermitteln von Wissen (auch dasjenige zu Strategien) noch die genaue Betrachtung von Textmerkmalen sind Usus. Dazu passt, dass sich Aufgaben häufig nur auf dezidiert im Text genannte Informationen beziehen. Es braucht dafür nicht das Wissen über Strategien oder wie man text- und vorwissensbasiert zutreffende Schlussfolgerungen schließt, sondern eher nur den Abgleich der Aufgabenformulierung mit einzelnen Textelementen. Auf diese Weise wird gefördert, was schon in der IGLU-Studie unter den als Mindestfähigkeit deklarierten Fähigkeiten liegt: ein fragmentarisches, oberflächliches Textverstehen. Dass über Texte auch nicht in einem ernst zu nehmenden Ausmaß geschrieben wird, passt sich insofern in den hier skizzierten Problemkomplex ein, als sich durch das Schreiben ein tieferes Textverstehen einstellt, weil das Schreiben das aktive Prozessieren, Umstrukturieren und Verschriftlichen von primärtextbasierten Informationen voraussetzt. Indem solche kognitiven Aktivitäten im Unterricht nicht stattfinden, fehlt es an Chancen, sich tiefer gehend mit Textinhalten auseinanderzusetzen.

Findet Leseförderung demnach dann statt, wenn Forscher den Unterricht gerade nicht aufnehmen und analysieren? Oder müssen muss sich Forschung noch viel stärker darum kümmern, was Lehrpersonen unter »Leseförderung« verstehen, welche Maßnahmen sie für adäquat oder Zeitverschwendung, für motivationsförderlich oder -hinderlich halten, wie sie die Schüler wahrnehmen und aufgrund dieser Überlegungen und Überzeugungen ihren Unterricht veranstalten? Es genügt ja nicht, immer wieder die Finger in die Wunde zu legen und mehr oder weniger offen den Mangel an effektiver Leseförderung zu beklagen. Außerdem - auch das belegt die Lesesozialisations- und Unterrichtsforschung - hängt es nicht vom Lehrer allein ab, wie sich Kompetenzen entwickeln. Ehe Kinder überhaupt in die Grundschule kommen, ist schon jahrelang der Einfluss der Familie erfolgt, der natürlich auch dann nicht abreißt, wenn aus Kindern Schulkinder werden.

Dennoch: Selbst unter widrigen Umständen - bei Kindern mit ungünstigen demografischen Merkmalen wie Elternhaus mit geringem sozioökonomischem Status oder bei schwach lesenden Kindern - kann schulische Leseförderung gelingen. Das sind die guten Nachrichten, die die Unterrichtsforschung bereithält. Dieser wichtigen und optimistisch stimmenden Thematik widmet sich das nachfolgende Kapitel.

3 Der Soll-Zustand: Ergebnisse aus Unterrichtsbeobachtungen

Nachdem im Kapitel zuvor eher problematische Befunde zum Ist-Zustand eine Rolle spielten, geht es nun um günstige Effekte von Unterrichtsmaßnahmen bzw. Merkmale des Unterrichts, der aus Sicht der Forschung positiv bewertet wird. Während sich effektive Maßnahmen erst in quasi-experimentellen Interventionsstudien zeigen (Philipp 2012; 2013a), versucht man in Unterrichtsbeobachtungen - so ähnlich wie in Kleinbubs Studie - zu rekonstruieren, welche Elemente förderlich sind. Für die Zwecke dieses Kapitels stehen nur Beobachtungsstudien im Zentrum der Betrachtung.

3.1 Die Essenz aus fast 30 Beobachtungsstudien zum Lese- und Schreibunterricht

Was ist aus empirischer Sicht guter Leseunterricht? Um diese Frage zu beantworten, wurden mittels einer umfassenden Literaturrecherche in Datenbanken und in einschlägigen Bänden und Zeitschriftenaufsätzen insgesamt 28 internationale Studien aus dem Zeitraum 1995 bis 2011 gefunden. Um für diesen Beitrag ausgewertet zu werden, mussten die Studien zwingend qualitativ gewonnene Aussagen durch Unterrichtsbeobachtungen berichten. Die Studien sind in Tabelle 1 zusammenfassend mit Eckdaten zum Forschungsdesign dargestellt. Die Tabelle folgt einer doppelten Sortierung: In dem ersten Teil mit der Hälfte aller berücksichtigten Studie werden Merkmale des Unterrichts exemplarisch guter Lehrpersonen zusammengestellt (dazu gleich mehr). Teil II steht im Zeichen des Kontrasts zwischen guten und weniger effektiven Lehrpersonen. In den drei Studien aus Teil III wurden vertiefend zu Teil II die motivationshinderlichen und förderlichen Praktiken von Lehrpersonen betrachtet. Innerhalb der Tabelle sind die Studien aufsteigend nach Klassenstufen sortiert. Jahrgangsübergreifende Studien stehen direkt am Anfang.

In den Studien sind die Prädikate »gut« bzw. »effektiv« zugegeben unscharf verwendet worden. Die Lehrpersonen, die in den Untersuchungen für Unterrichtsbeobachtungen ausgewählt wurden, genügten meist einem von zwei Kriterien, zuweilen auch beiden. Sie wurden zumeist entweder von Schulinspektoren oder Schuldirektoren als besonders fähig bzw. engagiert benannt oder aber ihre Klassen fielen (zusätzlich) in landesweiten Vergleichen durch überdurchschnittliche Zuwächse oder Leistungen auf. In einigen Studien wurde zudem häufig analysiert, ob es den Lehrpersonen gelang, die Schülern zur aktiven Mitarbeit zu engagieren. Dabei galt: Je höher der Anteil der mitarbeitenden Klassenmitglieder war, als desto höher galt die Effektivität der Lehrpersonen.

Was bei den Studien zunächst frappierend ins Auge fällt, ist das Schwergewicht auf die Primarstufe und hier die erste Klasse: Knapp ein Fünftel der Studien beschäftigt sich ausschließlich mit Lehrpersonen aus ersten Klassen (nämlich die Studien 6-8, 20, 21 und 26), in zehn weiteren sind sie Teil des Samples (Studien 1-5, 15-19). Wenige Untersuchungen widmeten sich der Sekundarstufe bzw. wenn sie es taten (Studien 9, 10), dann gingen die Lehrpersonen höherer Klassen in einer breiten Stichprobe unter. Nur eine einzige Studie (25) verschrieb sich ausschließlich höheren Klassen jenseits der Primarschule. Ebenfalls sehr markant ist die Dominanz der Studien, die sich sehr stark auf das Lesen konzentrieren. Nur drei Studien (10, 14 und 22) widmeten sich ausschließlich dem Schreiben.

Studie	Sample	Studiendesign
I	**Merkmale des Unterrichts exemplarisch guter Lehrpersonen**	
1. Perry & Vande-Kamp (2000)/ Perry et al. (2002)	5 Lehrpersonen (LP) aus der Vorschule-Kl. 3, die sich weiterqualifizieren wollten	quantitatives und qualitatives Design mit Unterrichtsbeobachtungen, Interviews mit den SuS
2. Wray et al. (2002)	26 LP aus der Vorschule-Kl. 5	quantitatives und qualitatives Design mit 228 effektiven LP und 71 LP als Vergleichsstichprobe (Fragebogendaten, Interviews und Unterrichtsbeobachtungen mit 26 ausgewählten, effektiven LP)
3. Pressley et al. (2007)	LP aus einer Schule mit vorrangig Mittelschicht-SuS, die die besten Schreib und Lese-Resultate im Bundesstaat hatten (Vorschule-Kl. 5)	qualitatives Design: Porträt einer effektiven Schule vor allem mittels Unterrichtsbeobachtungen (270 h), Ansatz: Grounded Theory
4. Pressley et al. (2004)	LP aus einer effektiven Schule (Vorschule-Kl. 12) mit vorrangig afroamerikanischen SuS	qualitatives Design: Porträt einer effektiven Schule vor allem mittels Unterrichtsbeobachtungen (20 ganze Tage), Ansatz: Grounded Theory
5. Pressley et al. (2006)	LP aus einer Schule, in der SuS mit schwierigen Schulkarrieren bzw. Lernschwierigkeiten (im Lesen) unterrichtet werden (Klassenstufe 1-8)	qualitatives Design: Porträt einer effektiven Schule vor allem mittels Unterrichtsbeobachtungen (18 ganze Tage), Ansatz: Grounded Theory
6. Morrow et al. (1999)	6 exemplarisch gute LP der Klassenstufe 1	qualitativ. Design mit Unterrichtsbeobachtungen (ca. 25 h/LP) und Interviews mit LP
7. Topping & Ferguson (2005)	5 besonders effektive LP der Klassenstufe 1	qualitatives und quantitatives Design; qualitativ gewonnene Daten: Interviews und Unterrichtsbeobachtungen (2 h/LP), letztere wurden quantitativ ausgewertet
8. Flynn (2007)	3 besonders effektive LP der Klassenstufe 1	Beobachtungen und Aufnahmen des Unterrichts (3 h/LP), die quantitativ ausgewertet wurden
9. Fisher, Frey & Lapp (2008)	25 exemplarisch gute LP der Klassenstufen 3-8	qualitatives Design mit Unterrichtsbeobachtungen (3 h/LP) sowie Einzel- und Gruppeninterviews mit 6 LP
10. Parr & Limbrick (2010)	6 kompetente LP der Klassenstufen 3-8 in punkto Schreiben, deren Klassen im Landesvergleich überdurchschnittliche Zuwächse im Schreiben erzielten	qualitatives Design mit Unterrichtsbeobachtungen und Interviews mit LP und SuS (je 2 Beobachtungen à 1 h/LP)

Tab. 1: Überblick über 28 Beobachtungsstudien zu effektiven Lehrpersonen und deren Lese- und Schreibunterricht ▶

Studie	Sample	Studiendesign
11. Allington & Johnston (2001)	30 exemplarisch gute LP der Klassenstufe 4	qualitatives Design mit Unterrichts-beobachtungen (mind. 10 volle Tage/LP) sowie zwei Interviews/LP
12. Pressley et al. (1998)	10 exemplarisch gute LP der Klassenstufen 4 bzw. 5	qualitatives Design mit Unterrichts-beobachtungen über ein Jahr mit dem Ziel, fixe und variable Elemente zu bestimmen (ca. 10 Beob./LP), Ansatz: Grounded Theory
13. Croninger & Valli (2009)	160 LP und ihre Klassen der Klassenstufen 4 und 5	qualitatives Design mit Unterrichts-beobachtungen (6-8 Beob./LP) sowie Interviews mit quantitativen Auswertungen
14. Timperley & Parr (2009)	15 LP der Klassenstufen 4-8 und rund 6 SuS pro Klasse	qualitatives Design mit Unterrichts-transkripten von je einer Schreibunter-richtsstunde und Interviews mit SuS, vertiefte Beobachtung von 2 LP
II	**Effektive und weniger effektive Lehrpersonen im Vergleich**	
15. Bohn, Roehrig & Pressley (2004)	6 exemplarische LP aus Vorschule sowie den Klassenstufen 1 und 2	qualitatives Design mit videografiertem Unterricht (3-4 h/LP) jeweils an den ersten drei Tagen des Schuljahres sowie 3-4 ähnlich lange Folgebeobachtungen und Interviews, Ansatz: Grounded Theory
16. Louden et al. (2005)	10 LP der Klassenstufe 1-3	qualitatives und quantitatives Design mit Unterrichtsbeobachtungen (bis zu 4 Tage pro LP), ausgewertet wurden pro LP die 2 repräsentativsten videografierten Stunden
17. Taylor et al. (2000)/Taylor (2002)	70 LP der Klassenstufen 1-3 aus Schulen mit sozial schwach gestellten SuS, vertiefende Betrachtung von vier beson-ders effektiven Lehrpersonen, zusätzlich Leistungsdaten von je 4 SuS pro Klasse	qualitatives und quantitatives Design mit Unterrichtsbeobachtungen (5 einstündige Beob./LP), Interviews, Tagebüchern, Fragebögen und Testungen der SuS, sta-tistische Analyse der LP-Effekte auf Leseverstehen der SuS
18. Taylor et al. (2003)	88 LP der Klassenstufen 1-5 mit sozial schwach gestellten SuS, für Kontrast 25 LP ausgewählt, daneben Leistungsdaten der 792 SuS	qualitatives und quantitatives Design mit Unterrichtsbeobachtungen (3 einstündige Beob./LP) und Tests der SuS, Analyse der LP-Effekte auf Leseverstehen der SuS

Fortsetzung Tab. 1: Überblick über 28 Beobachtungsstudien

Studie	Sample	Studiendesign
19. Knapp (1995)	140 LP und ihre SuS der Klassenstufe 1-6 in Schulen mit vielen sozial schwach gestellten SuS	qualitatives und quantitatives Design mit Unterrichtsbeobachtungen, Interviews, LP-Fragebögen, Tagebücher, Tests der SuS
20. Pressley et al. (2001)	30 LP der Klassenstufe 1	qualitatives Design mit Unterrichts-beobachtungen und Interviews, Vergleich der 5 effektivsten und 5 am wenigsten effektiven LP (15-30 h/LP), Ansatz: Grounded Theory
21. Wharton-McDonald, Pressley & Hampston (1998)	9 exemplarische LP der Klassenstufe 1	wie bei Studie 20 (1-2 h Beobachtungen/ LP, insg. ca. 10 Beobachtungen/LP)
22. Perry (1998)	5 exemplarische LP der Klassenstufen 2 und 3	qualitatives und quantitatives Design mit Unterrichtsbeobachtungen (5 Beob./LP sowie der SuS) sowie SuS- und LP-Fragebögen, Interviews mit den SuS
23. Stronge et al. (2007)	11 LP der Klassenstufe 3, deren Klassen bei Tests zum leistungsstärksten bzw. schwächsten Viertel des Bundesstaates zählten	qualitatives und quantitatives Design mit Unterrichtsbeobachtungen (3 h Beob./LP) und Interviews, die Auswertungen erfolg-ten quantitativ
24. Stronge, Ward & Grant (2011)	32 LP der Klassenstufe 5 (analog zu Studie 24)	qualitatives und quantitatives Design mit Unterrichtsbeobachtungen (3 h Beob./LP), die Auswertungen erfolgten quantitativ
25. Langer (2001)	44 LP aus der Mittel- und Sekundarstufe	quantitatives und qualitatives Design mit 32 besonders effektiven und 12 LP durch-schnittlichen LP (Interviews u. Unterrichts-beobachtungen über 5 Wochen in je 2 Schuljahren), Parallelbefragungen der SuS
III	**Lernförderliche und hinderliche bzw. motivierende und demotivierende Praktiken von Lehrpersonen**	
26. Bogner, Raphael & Pressley (2002)	7 LP der Klassenstufe 1	qualitatives Design mit Unterrichts-beobachtungen und Interviews, Vergleich von 2 (Studie 26) bzw. 3 Gruppen LP (Studien 27 und 28); Unterrichtsbeobach-tungen (27-30 h/LP (Studie 26), 8-30 h/LP (Studie 27) resp. 7-28 h/LP (Studie 28)), Ansatz: Grounded Theory
27. Dolezal et al. (2003)	9 LP der Klassenstufe 3	
28. Raphael, Pressley & Mohan (2008)	9 LP der Klassenstufe 6	

zu effektiven Lehrpersonen und deren Lese- und Schreibunterricht

3.2 Günstig und ungünstig wirkende Merkmale des Unterrichts

Was ist die Essenz aus den Beobachtungsstudien aus Tabelle 1 hinsichtlich günstiger und ungünstiger Merkmale? Diese Frage ist nicht ohne weiteres zu beantworten, denn wie schon Helmke (2009) für seine zehn Elemente guten Unterrichts selbstkritisch anmerkte, bilden die Merkmale der Unterrichtsqualität keinen aus lerntheoretischer Sicht stringent abgeleiteten Kriterienkatalog. Vielmehr handelt es sich um eine in Anzahl und Benennung willkürliche Sammlung übergeordneter Kategorien, die zudem mal mehr und mal minder trennscharf sind. Schon aus theoretischer Sicht ist man sich nicht immer einig darüber, welche Elemente zwingend zu einem guten Unterricht bzw. guten Lehrpersonen gehören, sondern postuliert, dass es mehrere Merkmale sind (Cruickshank & Haefele 2001; Ruddell 2004; Sternberg & Horvath 1995).

Für die Zwecke dieses Beitrags wurden die zahlreichen Einzelbefunde aus den Beobachtungsstudien gebündelt und abstrahiert. Damit geht unweigerlich eine Menge an Informationen verloren, zugleich lässt sich dadurch auch besser ein Muster erkennen. Dieses Muster betrifft vier Hauptbereiche, die nacheinander beschrieben werden: die Gestaltung der Lernumgebung (3.2.1), Struktur, Inhalte und Ziele des Unterrichts (3.2.2) sowie die Art und Form der inhaltsbezogenen Interaktionen der Lehrpersonen mit den Heranwachsenden (3.2.3). Auch der wichtigen Frage der Motivation widmet sich ein eigener Abschnitt (3.2.4), wobei hier anzumerken ist, dass dies im Vergleich mit den ersten drei Hauptbereichen kein exklusiver oder absolut trennscharfer Bereich ist.

3.2.1 Gestaltung der Lernumgebung

Effektive Lehrpersonen nutzen viele anspruchsvolle, qualitativ hochwertige Texte und generell ein vielfältiges Material, das sie zum Teil selbst herstellen. Bei effektiven Lehrpersonen fällt auf, dass die vielen Poster, Bücher, Arbeiten von Kindern und Jugendlichen (also die schriftreiche Umgebung) nicht nur zur Dekoration da sind, sondern in die Instruktion einbezogen werden. Das Klassenzimmer ist zudem eine kooperative und sichere Lernumgebung, in der die Lehrpersonen auch offen Fehler zugeben bzw. über Fehler nicht stigmatisierend gesprochen wird. Dies erreichen die Lehrpersonen, indem sie beispielsweise ein exzellentes Klassenmanagement demonstrieren, in dem prosoziales Verhalten gefördert und Konflikte schnell geklärt werden. Regeln werden eingeführt, und dabei haben die Schüler Mitspracherecht. Der Ton, den die Lehrpersonen anschlagen, ist respektvoll, freundlich und humorvoll, und sie verzichten auf Drohungen. Vielmehr signalisieren sie ein persönliches Interesse an den Kindern und Jugendlichen und ihrer außerschulischen Welt.

3.2.2 Struktur der Instruktion

Auffällig am Unterricht der effektiven Lehrpersonen ist die Konsistenz, die sich in vielen Merkmalen zeigte. So bereiteten die Lehrpersonen ihren Unterricht sorgfältig vor. Sie reflektieren über ihren Unterricht und bilden sich kontinuierlich weiter. Sie haben klar definierte, zum Teil mehrere Ziele für ihren Unterricht. Trotz dieser gewissenhaften Planung nutzen sie adaptiv unvorhergesehene Situationen, um Fähigkeiten zu vermitteln.

Der Unterricht effektiver Lehrpersonen zeigt eine Balance zwischen verschiedenen, aktivierenden Gruppierungsformen (Einzel-, Partner- und Gruppenarbeit, ganze Klasse) einerseits sowie dem Verhältnis von kleinteiligen und übergeordneten, meist komplexeren Aufgaben andererseits. So werden Einzelfertigkeiten nicht isoliert geschult, sondern in andere, meist authentische Lernarrangements integriert. Zum Beispiel wird Rechtschreibung nicht isoliert geübt, sondern während des Schreibens von Texten, oder die Wortschatzarbeit erfolgt direkt beim Lesen. Der Unterricht ist häufig langfristig um verschiedene Themen zentriert, und wo immer es den Lehrpersonen möglich ist, schlagen sie Brücken zu vorherigen Aufgaben, anderen Themen des Unterrichts, aber auch anderen Fächern.

Die Vermittlung ist präzise und verständlich, und auffällig oft demonstrieren die Lehrpersonen (wenn nötig häufiger) die Fähigkeiten, die ihre Schüler erlernen sollen, und begründen sie. Sie offerieren Lerngerüste, d.h. sie unterstützen ihre Schüler mit Fragen und Hinweisen, ohne aber die Aufgabe selbst zu lösen. Das bedeutet, sie geben gerade so viel Unterstützung, wie die Heranwachsenden aktuell in der Situation benötigen. All dies dürfte dafür verantwortlich sein, dass in den Klassen eine dichte Instruktion mit einem hohen, aber nicht zu hohem Lerntempo observierbar ist.

Der Unterricht von effektiven Lehrpersonen steht im Ziel des Verstehens und Lerngewinns, aber auch der Autonomie. Er umfasst diverse Leseaktivitäten sowie diverse anspruchsvolle Schreibhandlungen. Häufig verarbeiten die Schüler Gelesenes schriftlich weiter, indem sie Fragen beantworten oder Leseeindrücke schildern. Beobachtbare Schwerpunkte lagen in der Wortschatzarbeit, dem Vermitteln des Vorwissens und von Strategien. Deutlich erkennbar war die Förderung der Selbstregulation beim Lesen und Schreiben.

3.2.3 Form und Art der inhaltsbezogenen Interaktionen der Lehrpersonen mit Schülern und Schülerinnen

Neben die schon unter Punkt 3.2.1 erwähnten positiven Interaktionen jenseits des Lernens tritt der unmittelbare lernbezogene Austausch. Hier fällt auf, dass die Lehrpersonen eher anspruchsvolle Fragen zum Textverstehen formulieren. Daneben stellen sie Fragen, die sich weniger auf Lösungen als auf Lösungswege oder eigene Meinungen erstrecken. Je mehr Lehrpersonen solche kognitiv anspruchsvollen Fragen stellen, desto größer ist die kognitive Beteiligung der Schüler. Dieser Zusammenhang hängt wiederum von der aufgabenbetonten Strukturierung des Unterrichts ab, die eine tiefere kognitive Auseinandersetzung fördert, während ein stärker auf das Verhalten der Heranwachsenden fokussierendes Klassenmanagement weniger dazu beiträgt, die Lernenden intellektuell zu involvieren. Außerdem neigen die effektiven Lehrpersonen stärker dazu, Beiträge der Schüler in ihre Vermittlung einzubeziehen. Und noch etwas fällt bei den Interaktionen auf: Die Lehrpersonen nutzen viele Gelegenheiten, durch Gespräche, zum Teil auch durch Beobachtungen kontinuierlich den Leistungsfortschritt zu überprüfen. Sie vergewissern sich größtenteils durch ein informelles Vorgehen, aber auch mittels bewältigbarer Tests.

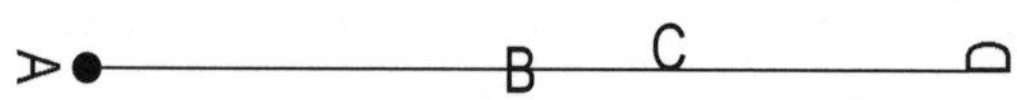

3.2.4 Motivation der Schüler fördern

Markant ist der Befund, dass effektive Lehrpersonen durch eine Vielzahl motivierender Praktiken zur Mitarbeit engagieren. Die Art und Weise, wie sie dies schaffen, ist vielfältig, und entsprechend liegen die Ergebnisse quer zu den drei bisher angeführten Bereichen, vor allem zu den Interaktionen der Lehrpersonen mit den Heranwachsenden. Es handelt sich also um keine trennscharfe Kategorie. Um den Blick aufs große Ganze zu gewinnen, erfolgt in der nachstehenden Tabelle 2 eine Sammlung der motivationsförderlichen und -hinderlichen Elemente des Lehrpersonverhaltens über die 28 Studien aus Tabelle 1 hinweg. Die teilweise entstehende Redundanz mit den Ausführungen aus den Abschnitten 3.2.1 bis 3.2.3 ist dezidiert gewollt, um so zu demonstrieren, dass ein gut strukturierter Unterricht und ein motivierender Unterricht viel gemeinsam haben.

Die Tabelle 2 ist in vier Abschnitte eingeteilt:
Motivationsförderung (I),
Förderung der Kognition (II),
Klassenraum (III)
und allgemeine Verhaltensweisen der Lehrperson (IV).

Gegenübergestellt werden motivations- und lernförderliche Praktiken und solche, die die Freude am Lernen und das Lernen selbst behindern. Wo immer es möglich war, wurden komplementäre Paare wie positive vs. ineffiziente oder negative Rückmeldungen nebeneinander gestellt. Die Sortierung innerhalb der vier Tabellenabschnitte folgt dabei zum einen dem Prinzip der Häufigkeit. Das bedeutet, dass Elemente mit besonders starker empirischer Evidenz als erste genannt werden. Zum anderen werden bei der Reihung die motivationsförderlichen Praktiken zuerst berücksichtigt.

▶ Von Seite 144 bis 146:
Tab. 2: Überblick über lernförderliche
und hinderliche Praktiken
von Lehrpersonen
(basierend auf den Studien
aus Tab. 1)

Motivierende, lernförderliche Praktiken	Demotivierende, lernhinderliche Praktiken
I Motivation und Engagement der Schülerinnen und Schüler (SuS) gezielt fördern	
1. Positive, unmittelbare Rückmeldungen (1, 3-6, 10, 11, 14, 15, 19, 21, 22, 26-28)	a) negative oder ineffiziente Rückmeldungen (19, 21, 26-28), z.B. Frustration ausdrücken (28), öffentl. Bestrafung (26, 27) bzw. Benotung (26)
2. Selbstregulation der SuS fördern (1, 3-5, 9, 14, 15, 20, 22, 25-28)	
3. Unterstützung bei Schwierigkeiten (3-5, 16, 20, 22, 26-28)	b) wenig/keine Unterstützung bei Hindernissen (27)
4. Selbstständigkeit betonen (3, 9, 6, 15, 17, 19, 22, 25-27)	
5. klare, hohe Erwartungen an SuS kommunizieren (4-6, 15, 17, 21, 23, 27, 28)	
6. Betonung von Kooperation/Verminderung von Wettbewerb (1, 11, 19, 20, 25-28)	c) Betonung von Wettbewerb/Verminderung von Zusammenarbeit (21, 26-28)
7. zu Herausforderungen und zur Anstrengung ermutigen (1, 5, 15, 17, 22, 25-28)	
8. freie Wahl bei Aktivitäten zulassen (1, 15, 19, 22, 26-28)	
9. Erfolge der SuS auf deren eigene Anstrengung zurückführen (4, 5, 26, 27, 28)	d) Erfolge auf Intelligenz, Talent, Glück oder Aufgabenschwierigkeit statt auf Anstrengung zurückführen (26-28)
10. angemessen schwierige, aber auch herausfordernde (Haus-)Aufgaben (1, 5, 20, 22, 26, 27)	e) zu leichte/zu schwere Aufgaben (22, 27)
11. extrinsische Anreize schaffen/ Belohnungen (3, 26-28) bzw. weniger bewerten (7)	f) extrinsische Anreize für etwas schaffen, das SuS intrinsisch tun (26), bzw. überbetonen (19, 28)
12. angemessenes Lerntempo (2, 19, 16, 27)	g) zu langsames Lerntempo (27)
13. klare, realistische Ziele und Richtungsvorgaben setzen (14, 26-28)	
14. Verantwortung für Lernerfolg an SuS übertragen (24-28)	h) Aufgabenbearbeitung statt Lernerfolg betonen (27, 28)
15. interessante Aufgaben (17, 22, 26)	i) langweilige Aufgaben (22, 26)
16. konkretes und interessantes Material anbieten (26-28)	
17. Erfolgsaussichten erhöhen (4) und Erfolgserlebnisse ermöglichen (5), z.B. durch transparente Erfolgskriterien (10, 14)	
18. konkrete Aktivitäten durchführen (27, 28)	
19. spielerische Aktivitäten einsetzen (26, 27)	

Tab. 2 ▶

Motivierende, lernförderliche Praktiken	Demotivierende, lernhinderliche Praktiken
20. Zuversicht bzgl. Fähigkeiten der SuS formulieren (26, 28)	j) Fehler und Leistungsunterschiede zwischen SuS betonen (26, 28)
21. Neugier bekräftigen (26)	k) Neugier entmutigen (26, 28)
22. anregende, vielfältige Lerninhalte offerieren (27)	
23. SuS Produkte herstellen lassen, auf die sie stolz sein können (26)	
24. Betonen des Fortschritts durch Übung (26)	

II Kognitionen anregen

25. explizite Strategievermittlung (1, 3, 9, 5, 17-20, 25-28)	
26. Lerngerüst anbieten (4, 5, 16, 17, 20-22, 25, 26, 28)	l) kein Lerngerüst anbieten (28)
27. kognitive Durchdringung durch verstehensförderl. Fragen ermöglichen (2, 4, 7, 11, 27)	
28. kritisches und anspruchsvolles Denken fördern (26, 27), z.B. mit anspruchsvollen Fragen (1, 3, 13, 16-18, 23, 28)	
29. klare Erklärungen geben (5, 8, 16, 28)	
30. interessante Vermittlung (4, 5, 15)	
31. kreatives Denken ermöglichen (26, 27)	
32. Verknüpfungen zum Vorwissen herstellen (25, 28)	
33. Tiefe statt Breite beim Lernen fördern (26)	
34. kognitive Konflikte hervorrufen (26)	
35. abstrakte Inhalte vereinfachen (28)	

III Klassenzimmer: Organisation und Gestaltung der Interaktionen

36. konstruktives, effizientes Klassenmanagement (5, 6, 19-21, 23, 24, 26-28)	m) auf Bestrafung und Einschüchterung basierendes Klassenmanagement (19, 24, 27, 28)
37. positive, auch humorvolle Atmosphäre mit positiven Beziehungen zwischen Lehrpersonen und SuS (4, 15, 21, 23-28)	n) negative Atmosphäre (27)
38. Klassenraumgestaltung mit Postern, Hinweisen und Hilfsmitteln, aber auch eigenen Arbeiten der SuS (1, 2, 5, 10, 19, 21, 27)	o) wenig sichtbare Arbeiten der SuS (27)
39. ausgeklügelte Routinen (17, 19, 23, 24, 27)	p) kaum Routinen (24, 27, 28)

Tab. 2 ▶

Motivierende, lernförderliche Praktiken	Demotivierende, lernhinderliche Praktiken
40. Verbindungen zwischen schulischen und außerschulischen Lerninhalten und Familie/ Interessen der SuS schaffen (25-28)	q) wenig Verbindung zur außerschulischen Welt herstellen (27)
41. Beobachtg. d. Klassenverhaltens (24, 26, 28)	r) mangelnde Beobachtung des Klassenverhaltens (26, 28)
42. prosoziales Verhalten ermutigen (23, 27, 28)	
43. SuS sichtbar wertschätzen (23, 26, 27)	
44. Verbindung zur Bibliothek herstellen (26, 28)	
45. positive Beziehungen zu SuS aufbauen (23, 28)	
46. aufgabenbezogenes Verhalten der SuS sicherstellen (27)	s) wenig Aufgabenbezug der SuS, stattdessen viele Störungen, die ineffizient korrigiert werden (z.B. mit Drohungen oder dem Suchen von Sündenböcken; 26, 27) und dysfunktionales Unterrichten (26, 28)
IV Allgemeine didaktische und pädagogische Aspekte des Verhaltens der Lehrpersonen	
47. Beobachtung des individuellen Fortschritts (1-7, 16, 17, 20, 22, 23, 26, 28)	t) geringe Beobachtung des Fortschritts der SuS (26, 27)
48. Lehrperson dient als Modell (2, 3, 7-9, 15, 16, 19, 20, 26-28)	u) wenig Modellverhalten (10, 27)
49. Verbindungen mit vorherig. Std u. anderen Fächern zeigen (2, 4, 5, 6, 11, 19, 20, 25-28)	v) wenig Verbindungen zu anderen Lerninhalten zeigen (25 27)
50. präzise und reflektierte Planung der Stunden (5, 6, 10, 11, 15, 16, 23, 27)	w) unvollständige, unsichere Planung der Stunden (27, 28)
51. Interesse/Enthusiasmus am Fach demonstrieren (3, 15, 16, 23, 26, 28)	
52. Anpassung der Instruktion an Fähigkeiten und Bedürfnisse der SuS (2, 3, 5, 16, 19, 20)	
53. erneutes Vermitteln/Mini-Lektionen (20, 22, 26, 28)	
54. Wichtigkeit des Lernens betonen (26-28)	
55. Entscheidungen begründen (2, 27, 28)	
56. Verantwortung für das Lernen der SuS seitens der Lehrperson betonen (26, 28)	
57. Sorgfalt bei d. Aufgabenlösung betonen (26,27)	
58. verschiedene Methoden für die Vermittlung eines Inhalts verwenden (27)	
59. Learning by Doing (27)	

Tab. 2 ◄

Was macht einen Unterricht motivierend oder demotivierend? Bei denjenigen Praktiken, für die es negatives und ein positives Pendant gibt, lässt sich folgendes Muster festhalten. Lehrpersonen, die ihre Schüler wenig motivieren, neigen zu negativen Interaktionen, fehlender Unterstützung und Aktivierung der Heranwachsenden sowie weniger Struktur und stärkerer Leistungs- statt Lernemphase. Motivierende Lehrpersonen hingegen nutzen diverse positive Interaktionen, um Zuversicht in die Fähigkeiten der Schüler zu demonstrieren und sie zu selbstständig Lernenden zu machen. Sie schaffen eine positivere Lernumgebung, sind enthusiastischer und adaptiver, unterstützen erheblich mehr und sind sich des Fortschritts ihrer Schüler stärker bewusst. Vor allem modellieren sie beobachtbar, was die Klasse lernen soll. Es ist auffällig, dass besonders im Bereich der kognitiven Förderung die beiden Gruppen von Lehrpersonen differieren: Während erfolgreichen Lehrpersonen eine Bandbreite kognitiv aktivierender Unterrichtspraktiken zur Verfügung steht, fallen wenig motivierende Lehrpersonen vor allem durch den Mangel an angemessener kognitiver Unterstützung in Form von lernersensiblen Lerngerüsten auf.

Rund drei Dutzend Merkmale motivierender Lehrpersonen wurden mindestens in drei Studien gefunden und sollen nun zusammenfassend betrachtet werden. Bei den motivierenden Praktiken sind die positiv verstärkenden Rückmeldungen in Form des Lobs auffällig oft genannt worden. Daneben lassen sich diverse Praktiken ausmachen, die der Selbstständigkeit beim Lernen dienen, indem etwas selbstreguliertes Lernen gefördert wird. Hierunter fallen neben der Strategievermittlung (per Modellieren, Üben und Anwenden) auch anspruchsvolle Aufgaben und Ermutigungen, Herausforderungen zu suchen. Dabei werden die Heranwachsenden aber nicht allein gelassen, sondern unterstützt. Sie erhalten per Lerngerüst gerade genug Hilfe, um aus eigener Kraft die Aufgaben zu bewältigen. Effektive Lehrpersonen verstärken die Zuschreibungen des Erfolgs auf eigene Anstrengung, die eigene Verantwortung für das Lernen sowie das Setzen realistischer Ziele und schaffen Wahlmöglichkeiten. Sie verwickeln die Heranwachsenden kognitiv, indem sie fordernde Fragen stellen und den Stoff auf interessante Weise vermitteln. Sie generieren eine produktive Lernumgebung, indem sie das Unterrichtsgeschehen mit einem guten Klassenmanagement lernförderlich rahmen, die Kooperation betonen und neben einem positiven Klassenklima ebensolche Beziehungen mit den Schülern pflegen. Insgesamt gehen solche

Lehrpersonen auch sehr planvoll vor: Sie bereiten den Unterricht vor, erfassen kontinuierlich den Lernfortschritt aller Schüler und verknüpfen die Inhalte systematisch miteinander.

3.3 Zusammenschau: Merkmale guten Leseunterrichts

Für diesen Abschnitt wurde der Lese- und Schreibunterricht von mehr als 700 Lehrpersonen in fast 30 Beobachtungsstudien analysiert. Auffällig ist, dass sich das Gros der Untersuchungen nahezu ausschließlich mit der Primarstufe und hier insbesondere mit dem Leseunterricht beschäftigt hat. Im Kontext dieses Sammelbandes mit dem Fokus Lesen und Primarstufe ist das ein glücklich zu nennender Umstand. Nichtsdestotrotz ist die Lehrerbildung auf mehr Studien angewiesen, die sich einerseits dem Leseunterricht in der Sekundarstufe und andererseits dem Schreiben widmen.

Was ist also die Essenz der Beobachtungsstudien? Zunächst einmal: Der Unterricht lässt sich auf einer abstrahierten Ebene als musterhaft bezeichnen, auch wenn die jeweilige einzelne Lehrperson und die jeweils konkrete Klasse natürlich höchst individuell sind und der Unterricht sehr viele Elemente umfasst. Das Muster besteht darin, dass der Unterricht für die Kinder maximal anregend ist. Das ist er sowohl in sozialer als auch in kognitiver und motivationaler Hinsicht. Warum das so bedeutsam ist, lässt sich aus theoretischer Sicht gut erklären, etwa mit dem Angebot-Nutzen-Modell von Helmke (2009). Laut diesem Modell wirkt Unterricht bzw. die Lehrperson nicht direkt auf die Schüler ein, sondern nur indirekt. Entscheidend für die Wirkung des Unterrichts (verstanden als Angebot an die Schüler) ist es, wie dieses Angebot von den Schülern faktisch genutzt wird. Indem die exemplarisch guten Lehrpersonen aus den Beobachtungsstudien viel in ihr Angebot investieren, stellen sie sicher, dass das Angebot so gut, ansprechend und hochwertig ist, wie sie es für nötig halten.

Eine weitere wichtige Erkenntnis aus den Beobachtungsstudien besteht darin, dass sich gelungener Unterricht nicht auf die einseitige Betonung rein kognitiver oder rein motivationaler Elemente beschränkt, sondern Elemente aus beiden Bereichen gleichermaßen aufnimmt. Das ist deshalb so wichtig, weil die Lesedidaktik traditionell beides eher trennt, auf verschiedenen Ebenen verortet und mit unterschiedlichen Förderansätzen zu adressieren versucht (Rosebrock & Nix 2011). Für eine analytische Trennung ist das von Vorteil, und für Lehrpersonen gibt ein solches Vorgehen Überblickswissen, zumal die auch immer wieder theoretisch vorfindlichen Elemente Kognition und Motivation (gerahmt von sozialen Kontexten; RAND Reading Study Group 2002) berücksichtigt werden. Allerdings mehren sich in letzter Zeit die Hinweise darauf, dass Lesemotivation und kognitive Elemente wie Leseflüssigkeit, -strategien und -verstehen sowohl theoretisch (Guthrie & Coddington 2009; Guthrie, Taboada & Wigfield 2011) als auch empirisch (Artelt et al. 2012; Harlaar et al. 2011; McElvany, Kortenbruck & Becker 2008; Petscher 2010) auf komplexere Art zusammenhängen, als man bislang annahm. So scheint beispielsweise durchaus das Leseverstehen im Grundschulalter eher die treibende Kraft bei der Entwicklung der intrinsischen Lesemotivation zu sein als umgekehrt (McElvany et al. 2008) bzw. wurde auch schon beobachtet, dass Lesen zum Vergnügen und Textverstehen sich statistisch unabhängig voneinander entwickeln (Aarnoutse & van Leeuwe 1998). Angesichts solcher Befunde, die mehr Fragen aufwerfen als beantworten, erscheint das Vorgehen der beobachteten Lehrpersonen günstig, in der Förderung gewissermaßen auf mehrere Pferde zu setzen und dabei systematisch Meisterschaftserfahrungen zu ermöglichen, die für die Entwicklung von Selbstwirksamkeit und Strategien zentral sind (Bandura 1997; Usher & Pajares 2008).

Ein weiteres Befundmuster ergibt sich - gerade bei den lernförderlich wirkenden Maßnahmen und Elementen - insofern, als die effektiven Lehrpersonen viele Dinge tun, die sich nachweislich als effektiv für das Lernen in Interventionsstudien herausgestellt haben. Die in der Einleitung schon erwähnte Megaanalyse des neuseeländischen Bildungsforschers John Hattie (2009) hat so systematisch und umfassend wie keine andere Arbeit zuvor den Stand der evidenzbasierten Effektivität von schulrelevanten Merkmalen zusammengetragen. Dabei hat Hattie die Daten aus mehr als 800 Metaanalysen einer Sichtung unterzogen und auf diese Weise für fast 140 Einzelfaktoren deren Bedeutsamkeit fürs schulische Lernen quantitativ bestimmt. Hatties Effektstärken (genannt *d*) lassen sich in IGLU-Punkte auf der Skala Lesekompetenz übersetzen, wenn man sie mit 100 multipliziert. Ein Effekt von $d = .50$ bei Hattie entspräche einem Zugewinn von 50 IGLU-Punkten beim Leseverstehen, wenn man an einer Intervention teilgenommen hätte. Eine Auswahl der effektivsten Maßnahmen enthält Tabelle 3.

Maßnahme/Element (Rang bei Hattie)		Effekt-stärke
1	Formatives Feedback (3)	.90
2	Klarheit der Lehrperson und ihres Unterrichts (Struktur, Transparenz, Eindeutigkeit, Verständlichkeit) (8)	.75
3	Reziprokes Lehren (9)	.74
4	Informationsreiches Feedback (10)	.73
5	Positive Beziehungen zwischen Lehrpersonen und Schülern (11)	.72
6	Abgestuftes, regelmäßiges statt geballtem Üben (12)	.71
7	Metakognitive Strategien vermitteln (13)	.69
8	Selbstverbalisierungen/Fragen an sich selbst stellen (18)	.64
9	Strategien vermitteln (23)	.60
10	Kooperatives Lernen vs. individualistisches Lernen (24)	.59
11	Selbstregulation vermitteln (25)	.59
12	Direkte Vermittlung (26)	.59
13	Fokus auf Meisterschaft beim Lernen (29)	.58
14	klar definierte Ziele (34)	.56
15	Peer-Tutoring (36)	.55
16	Kooperatives Lernen vs. kompetitives Lernen (37)	.54

Tab. 3: Effektive Maßnahmen für das Lernen, die vor allem auf die Lehrperson abzielen (Darstellung, basierend auf Hattie, 2009)

Die 16 Maßnahmen aus Tabelle 3 lassen sich unter fünf Gesichtspunkten zusammenfassen:

a. Rückmeldungen anhand klarer Ziele (entspricht den Punkten 1, 4 und 14 in der Tabelle);
b. kognitive Strukturiertheit (Punkte 2 und 12);
c. erfolgreiche Selbstregulation beim Lernen (Punkte 7, 8, 9, 11, 12);
d. ausreichendes Üben (Punkte 6 und 13);
e. kooperatives Lernen und Lehrperson-Schüler-Beziehungen (Punkte 3, 5, 10, 15, 16).

Zu den effektivsten Maßnahmen zählt es, wenn *anhand konkret definierter Sollzustände (Ziele) Lehrpersonen nützliches, prozessbegleitendes Feedback geben,* das Kindern mitteilt, wo sie derzeit stehen und was die nächsten Schritte sind, um das Ziel zu erreichen. Dies ist in Beobachtungsstudien ebenfalls eines der markantesten Merkmale. Dazu zählt auch, dass die beobachteten Lehrpersonen ihre Schüler genau beobachteten, denn nur dadurch lässt sich die Hauptfunktion von Feedback - zwischen aktuellem und angestrebtem Zustand Diskrepanzen erkennen und diese zu überwinden helfen - erfüllen.

Ein weiteres Merkmal des Unterrichts bildet die *kognitive Strukturiertheit,* zu der zählt, dass Lehrpersonen ihre Lernziele, den Verlauf der Lektion, nötige Schritte etc. explizieren. Dieses Muster liegt auch der direkten Vermittlung zugrunde. Eng damit verknüpft ist der Fokus auf die Vermittlung von zumeist kognitiven und metakognitiven Lernstrategien, welche auf eine klare kognitive Strukturiertheit angewiesen ist. Dadurch gelingt es nach derzeitigem Kenntnisstand besonders gut, erfolgreich *selbstreguliert zu lernen.* Um so etwas Komplexes wie Strategien erfolgreich anzuwenden und ins eigene Verhaltensrepertoire zu übernehmen, bedarf es der ausreichenden Übung, die klar dazu dienen soll, *Meisterschaft* zu erlangen. Dafür ist es nicht sinnvoll, modularisiert eine fix vorgegebene Anzahl von Durchgängen zu absolvieren, sondern (hierin besteht eine auffällige inhaltliche Überschneidung zu Zielen und Rückmeldungen) so lange verteilt zu üben, bis ein Kind das Soll - die Meisterschaft - erreicht hat. All die Punkte, die eben angerissen wurden, lassen sich ebenfalls in den Beobachtungsstudien ausmachen, in denen es in den positiven Fällen vor allem darum ging, Kinder und Jugendliche zur Selbstständigkeit beim Lernen im Umgang mit Schriftsprache zu befähigen, indem die Lehrpersonen diverse Maßnahmen zur Strukturierung und Portionierung des Lernstoffs ergriffen.

Lernen hat natürlich mit dem sozialen Kontext zu tun, in welchem Kinder lernen. Deshalb sind auch zwei Aspekte des sozialen Miteinanders bedeutsam für das Lernen. Zum einen zählen dazu *positive Beziehungen zwischen Lehrpersonen und Schülern.* Zum anderen ist auch das kooperative Lernen mit Peers hochwirksam. Kooperatives Lernen meint, dass mindestens zwei Schüler zusammenarbeiten, um gemeinsam ein Ziel zu erreichen, und dabei Beiträge von allen Beteiligten notwendig sind. Solche Lernarrangements sind jenen überlegen, in denen Kinder entweder miteinander konkurrieren (kompetitives

Lernen) oder nicht interagieren (individualistisches Lernen). In den Beobachtungsstudien sind positive Beziehungen zwischen Erwachsenen und Kindern ebenso beobachtbar gewesen wie echte Zusammenarbeit unter den Kindern.

4 Vom Ist zum Soll - eine schwierige, aber sich lohnende Reise

In den Abschnitten 2 und 3 wurde das Spannungsverhältnis zwischen beobachtbarem Ist und beobachtbarem Soll bei der schulischen Leseförderung deutlich. Es gibt einerseits problematisch erscheinende Aspekte wie die mangelnde explizite Vermittlung von Wissensbeständen und Lesestrategien nebst einer starken Gleichförmigkeit und wenig kognitiver Anregung. Andererseits sind anderen Beobachtungen zufolge Lehrpersonen durchaus dazu in der Lage, einen anregenden Unterricht zu inszenieren, der vieles mit dem teilt, was man auf einer breiten empirischen Basis aus Interventionsstudien getrost als nachweislich lernförderlich bezeichnen darf.

Die entscheidende Frage ist demnach: Wie lässt sich die Kluft zwischen Ist und Soll produktiv überwinden? Es genügt nicht, zu beklagen, dass eine Dekade nach der ersten IGLU- und PISA-Studie (und im Grunde genommen schon aus den späten 1970er Jahren; Durkin 1979) bekannt ist, dass der reguläre Leseunterricht anscheinend nicht anregungsreich genug ist, damit alle Kinder in dem Maße auf die schriftsprachlichen Anforderungen vorbereitet sind, die der (schulische) Alltag mit sich bringt. Und es ist auch unzulässig, die Verantwortung auf die Lehrpersonen allein abzuwälzen. Eine der wichtigsten Erkenntnisse aus der Lesesozialisationsforschung besteht darin, dass die Lesekompetenz stark vom familialen Umfeld abhängt (Bhattacharya 2010; Hurrelmann 2004; Philipp 2011a). Auch die IGLU-Studien haben den straffen Zusammenhang zwischen geringem sozioökonomischen Status einerseits und Migrationsstatus andererseits immer wieder vorgefunden (zuletzt: Schwippert, Wendt & Tarelli 2012; Wendt, Stubbe & Schwippert 2012). Die fehlenden lesesozialisatorischen Erfahrungen, die Kinder vor dem Schuleintritt im familialen Alltag machen, akkumulieren sich zu einem regelrechten Risikofaktor für die gelingende Lesesozialisation, den Lehrpersonen nicht allein beseitigen können. Diese herkulische Aufgabe erfolgreich zu bewältigen, erfordert wesentlich mehr Beteiligte und konzertierte Vorgehensweisen, wie es die jüngst veröffentlichte Expertise »Bildung durch Sprache und Schrift« betont hat, insbesondere im Elementar- und Primarbereich (Schneider et al. 2012). Doch wie kann das gelingen? Hierfür liefert die Professionalisierungsforschung wichtige Hinweise. Diese werden nun konsultiert.

4.1 Hindernisse bei der Implementierung von als effektiv geltenden Förderansätzen - eher die Regel als die Ausnahme

Die Professionalisierungsforschung beschäftigt sich damit, wie Lehrpersonen theoretisch überzeugende bzw. empirisch erprobte Fördermaßnahmen in ihren Unterricht integrieren bzw. ihren Unterricht dauerhaft verändern. Diese Materie ist äußerst komplex, weil es diverse Variablen gibt, die Veränderungen bei Lehrpersonen beeinflussen (für Überblicke s. Anders, Hoffman & Duffy 2000; Dillon et al. 2011; Gersten, Chard & Baker 2000; Lipowsky 2011; National Institute of Child Health and Human Development 2000; Risko et al. 2008).

Ein relevanter Faktor bei der Implementierung von den so effektiven Strategien ist die Frage, welche Hindernisse sich ergeben. In der Forschung ist schon seit Jahrzehnten über die Hindernisse und Herausforderungen bekannt. Hindernisse sind etwa:

1. die fehlende Ausbildung hinsichtlich der Strategievermittlung;
2. die große Verantwortung, die Lehrpersonen bei der Strategievermittlung zukommt;
3. die große Beanspruchung bei der adaptiven Vermittlung von Strategien;
4. die Vielzahl an einzelnen textsorten- und zielspezifischen Strategien;
5. der nötige Transfer und die Anwendung von Strategien ist nicht mit einer einmaligen Vermittlung erreichbar, sondern erfordert Üben und anspruchsvolle Aufgaben;
6. die Heterogenität der Schüler hinsichtlich kognitiver Voraussetzungen, Verhaltensweisen und Präferenzen bei Problemlösungen;
7. die lehrerseitige Vermittlung und die schülerseitige Nutzung ineffektiver Strategien;
8. die mangelnde Überwachung der Strategieanwendung und ihrer Ergebnisse;
9. die mangelnden Informationen zur Effektivität von Maßnahmen (»didaktische Folklore« und Verkaufsargumente statt empirischer Evidenz);
10. der limitierte Zugang zu verständlichen Informationen über Strategien (Pressley et al. 1989).

Diese zehn Hindernisse (neben anderen) sind auch in Studien zur Implementierung von expliziter Strategievermittlung (in kooperativen Lernarrangements) in der Forschung immer wieder dokumentiert worden (Anderson 1992; Andreassen & Bråten 2011; Brown & Coy-Ogan 1993; Coley et al. 1993; Duffy 1993a, 1993b; El-Dinary & Schuder 1993; Hilden & Pressley 2007; Klingner, Boardman & McMaster 2013; Lau 2006, 2011, 2012, 2013; Marks et al. 1993; Pressley et al. 1992; Seymour & Osana 2003). Hindernisse bei der Implementierung scheinen demnach eher die Regel als die Ausnahme zu sein. Das ist keine triviale Erkenntnis, entbindet sie einerseits Lehrpersonen von der Verantwortung, gleich alles richtig machen zu müssen, und der Illusion, Strategievermittlung funktioniere ohne Schwierigkeiten. Andererseits bergen solche Hindernisse immer auch die Gefahr, dass es zum Abbruch kommt. Souvignier (2009, S. 202) hat dies treffend auf den Punkt gebracht: »Die Implementation von Programmen [...] stellt quasi eine ›Sollbruchstelle‹ im Hinblick auf die Effektivität theoretisch wohlbegründeter Förderkonzepte dar.«

4.2 Wie Lehrpersonen zu Vermittlern von selbstreguliertem Lesen werden - die Langfrist- und Aneignungsperspektive

Aus theoretischer Sicht ist ein (vergleichsweise simples) Modell der Weiterentwicklung interessant, das von Thomas Guskey (1986) vorgelegt wurde und in Abbildung 1 dargestellt ist. Das Modell geht davon aus, dass eine Professionalisierungsmaßnahme im Lesen (z.B. ein Workshop zu Lesestrategien) nicht direkt zu Veränderungen in den Einstellungen und Überzeugungen bei Lehrpersonen führt bzw. führen kann. Solche Veränderungen sind erst erwartbar, wenn durch Veränderungen der Unterrichtspraxis Veränderungen bei den Schülern für Lehrpersonen erkennbar werden. Anders gesagt: Ein Weiterbildung, die dazu führt, dass Lehrpersonen ihren Unterricht modifizieren und dies mit einer Verbesserung bei den Schülern einhergeht, hat am ehesten Chancen zu langfristigeren Veränderungen bei Lehrpersonen. Die alles andere als triviale Erkenntnis besteht darin, dass die Maxime nicht lautet: »Ändere dich selbst, dann ändert sich dein Unterricht und deine Schüler werden besser«, sondern eher: »Modifizier deinen Unterricht, dann ändern sich deine Schüler, und dann änderst du dich.« Damit geht einher, dass der Wandel bei Lehrpersonen ein längerfristiger Prozess ist, der auf ihren eigenen unmittelbaren Erfahrungen im Unterricht basiert, Fortschrittsdiagnostik bei den Entwicklungen der Schüler sowie längerfristige Begleitung erfordert (Guskey 1986). Darauf verweisen auch Studien mit Lehrpersonen (z.B. Anderson 1992; Hilden & Pressley 2007).

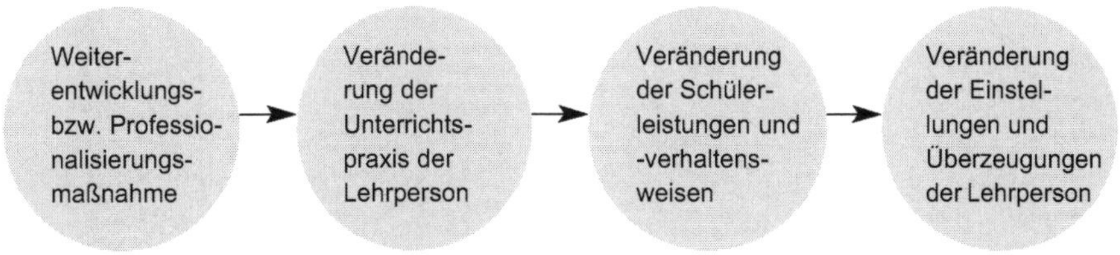

Abb. 1: Modell zur Erklärung von Veränderungen bei Lehrpersonen (Quelle: Darstellung aufbauend auf Guskey, 1986, S. 7)

Ein besonders eindrucksvolles Beispiel für den Zugewinn an Professionalität und verbesserter Leseförderung bildet die Studie von Gerald Duffy (1993b). Er hat in einer ein Jahr umfassenden Professionalisierungsmaßnahme Lehrpersonen aus der höheren Primarstufe begleitet und beforscht. Die Begleitung erfolgte dergestalt, dass die Lehrpersonen monatlich mit Erkenntnissen der Leseforschung zur Vermittlung von Lesestrategien versorgt wurden. Ziel dabei war es, dass die Lehrpersonen ihre eigene Vermittlungsform entwickeln sollten. Diese Vermittlung sollte auf die fünf leseschwächsten Kinder aus der Klasse abzielen, hatte also ein sehr konkretes Ziel. Duffy und sein Forschungsteam besuchten die Lehrpersonen alle zwei Wochen vor Ort im Unterricht und beobachteten sie sowie die leseschwächsten Kinder. Außerdem gaben Duffy und sein Team den Lehrpersonen Rückmeldungen zum Unterricht und besprachen ihn ausführlich. In Leistungstests am Schuljahresanfang und -ende wurde ferner der Fortschritt der Kinder erfasst, der beachtlich war. Der Weg dorthin war freilich nicht ganz einfach, gerade für die Lehrpersonen, die eine Vielzahl von Phasen durchschritten, ehe sie wirklich effektiv wurden und die Kinder lernten, was es heißt, strategisch vorzugehen. Einen Überblick über die Phasen gibt Abbildung 2.

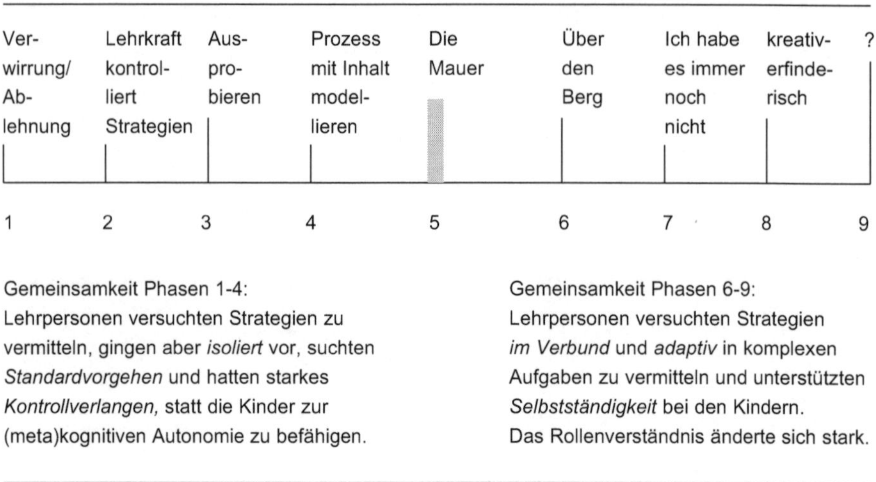

Abb. 2: Neun Phasen bei der Vermittlung von Lesestrategien (Quelle: Darstellung gemäß Duffy, 1993b, S. 113, S. 113, leicht ergänzt)

Die *erste Phase* bestand aus Verwirrung und Ablehnung der Lehrpersonen. Sie waren enttäuscht und überfordert, weil sie nicht wie sonst vorgefertigte Materialien bekamen. *Phase zwei* zeichnete sich dadurch aus, dass zwar die Lehrpersonen Strategien anwendeten, aber noch nicht ihre Schüler. Was fehlte, waren Erklärungen darüber, welche mentalen Aktivitäten sie konkret durchführen. Entsprechend waren die Kinder vergleichsweise passiv. In der *dritten Phase* des Ausprobierens waren sich Lehrpersonen sehr viel stärker bewusst, dass schwach lesende Kinder Strategien aktiv lernen müssen. Die Pädagogen verlangten von den Forschern Listen empfohlener Strategien und bemühten sich, einzelne Strategien explizit zu vermitteln. Allerdings mangelte es zu diesem Zeitpunkt immer noch daran, die Strategie in Verbindung mit anderen zu setzen, sie innerhalb eines gesamten strategischen Ansatzes zu verorten oder sie in authentischen Lernaufgaben anzuwenden. In *Phase vier* war den Lehrpersonen schon stärker bewusst, dass die Schüler eine metakognitive Haltung beim Verstehensprozess einnehmen sollten. Das bedeutet, ihnen war klar, dass Kinder den Strategieeinsatz bewusst planen, überwachen und bei Bedarf modifizieren. Die Lehrpersonen begannen nun, Strategien unmittelbar vor einzelnen Leseaktivitäten zu vermitteln, und demonstrierten dieses Verhalten (zum Teil mit lautem Denken) am konkreten Inhalt. Trotz dieses Fortschritts waren die Leseaufgaben aber immer noch isoliert. Den Kindern fehlte immer noch das Verständnis, warum sie die Strategie lernen und wie sie diese außerhalb der einzelnen Leseaktivität im Unterricht gewinnbringend einsetzen können.

Das Problem, welches trotz der Fortschritte von Phase eins zu Phase vier bestand, lag in der Kontrolle, die die Lehrpersonen nicht an ihre Schüler übertragen konnten. Sie lenkten gleichsam von außen in kleinteiligen Aktionen die Schüler, statt sie erfolgreich dazu zu befähigen, Strategien selbstreguliert zu nutzen. Es war die Schemahaftigkeit, die den Lehrpersonen im Weg stand. Entsprechend schmerzhaft war die Erkenntnis in *Phase fünf* - treffend als »die Mauer« bezeichnet -, dass es den Lehrpersonen trotz ihres engagierten Einsatzes noch nicht gelungen war, einen Transfer von der Übungssituation auf reale Situationen herzustellen. Die Kinder funktionierten eher wie eine Exekutive ihrer Lehrpersonen, statt sich autonom in Leseaktivitäten zu verstricken. Die Pädagogen befanden sich in einem ambivalenten Zustand, denn sie erkannten, dass ihre Suche nach weiteren Strategien und kommerziellen Programmen ihr eigentliches Problem nicht lösen würde.

Einige, aber nicht alle Lehrpersonen nahmen die Hürde erfolgreich und gelangten in die *sechste Phase,* sie waren über den Berg. Ursächlich dafür war, dass sie endlich akzeptierten, dass es nicht darum ging, einzelne Strategien zu vermitteln. Der Unterricht änderte sich nun massiv. Die Ziele und Interessen der Kinder waren der Ausgangspunkt, und die Strategien dienten dazu, dass die Kinder diese Ziele erreichten. Es ging den Lehrpersonen nicht mehr um einzelne Strategien, sondern um eine strategische Haltung, die allein dem Textverstehen diente. Damit trugen sie einer der wichtigsten Eigenschaften von Strategien - dass sie als Lernwerkzeuge dienen und keinen Selbstzweck bilden (Philipp 2013a) - Rechenschaft. Dennoch gab es immer noch Unsicherheiten. Immer noch hatten die Lehrpersonen - etwa in *Phase sieben* - den Eindruck, es gebe nur einen richtigen Weg der Strategieanwendung und -vermittlung. Wenn dies jedoch nicht funktionierte, waren sie verunsichert, ob sie die Strategien abändern durften.

Diese Verunsicherung war in der *achten Phase* verschwunden. In unerwarteten Situationen veränderten Lehrpersonen adaptiv die Strategien, überprüften sie oder nutzten andere. Und noch etwas war passiert: Sie über trugen den Kindern Kontrolle und Verantwortung, sie fürchteten sich nicht mehr davor, etwas falsch zu machen, und sie hielten Unsicherheiten wesentlich besser aus als in den Phasen zuvor. Diese Entwicklung war noch nicht abgeschlossen, allerdings war bei der *neunten und gezielt unbenannten Phase* nicht eindeutig, wie es weitergeht. Die Schüler verstanden den Sinn der Lesestrategien übrigens erst, als ihre Lehrer die größten Veränderungen bereits durchlaufen hatten. Erst als die Lehrpersonen die Mauer (Phase fünf) erfolgreich als Hindernis überwunden hatten, stellte sich der Erfolg bei den leseschwachen Kindern ein.

Obwohl Duffys Studie nicht auf Guskeys Modell basiert, zeigen sich auffällige Parallelen. So sind Einstellungsveränderungen bei den Lehrpersonen zu beobachten gewesen, die mit dem veränderten Unterrichtshandeln und den (zunächst mangelnden) Veränderungen bei den Schülern zu tun haben. Für die Lehrpersonen war es frustrierend, dass sie zu Beginn so große Schwierigkeiten hatten, Strategien erfolgreich zu vermitteln. Erst als sie - ganz dem Wesen von Strategien entsprechend - sehr flexibler waren, konnten die Kinder den Nutzen klar erkennen. Und indem die Lehrpersonen ambiguitätstoleranter wurden und die Kontrolle über die Strategieanwendung erfolgreich an die Kinder übertragen konnten, veränderten sich auch ihre Einstellungen sukzessive. Wie groß diese Veränderungen waren, lässt sich am deutlichsten im direkten Vergleich der ersten und achten Phase sehen, die gleichsam Tag und Nacht bilden.

4.3 Zusammenschau: Hindernisse bei der Verbesserung des Unterrichts und die Aneignungsperspektive

Lehrpersonen, die ihren Unterricht in punkto Leseförderung verändern wollen, stehen vor diversen Hindernissen, die die dauerhafte Implementierung gefährden. Diese Hindernisse sind erstens vielgestaltig und zweitens substanziell. Dass sich in deutschen Klassenzimmern (und in vielen anderen weltweit) trotz erheblicher Forschungs- und weiterer Bemühungen, dies zu ändern, immer noch kaum effektive Lesefördermaßnahmen beobachten lassen, dürfte erheblich mit den vielen Hindernissen zu tun haben. Es ist ja nicht so, dass es Lehrpersonen egal wäre, dass sie nicht die aus Sicht der Forschung für die Schüler effektivsten Förderansätze ergreifen. Guskeys Modell (1986) geht im Gegenteil davon aus, dass aus Sicht von Lehrpersonen die Effektivität von gezielt vorgenommenen Veränderungen am eigenen Unterrichts darüber entscheidet, ob diese Maßnahmen a) dauerhaft integriert werden und b) zu Veränderungen in den Einstellungen und Überzeugungen bei den Lehrpersonen führen.

Dabei brauchen Lehrpersonen vielfältige Unterstützungsformen, die sich mit der zurzeit noch überwiegenden Fortbildungspraxis (punktuelle und kurze Weiterbildungen) nicht vereinen lassen. Guskey (1986) formuliert drei Implikationen, die sich aus seinem Modell für die professionelle Weiterentwicklung von Lehrpersonen ergeben:

1. Man muss anerkennen, dass *Veränderungen sich graduell vollziehen* und *für Lehrpersonen mitunter ein schwieriger Prozess* sind.
2. Man muss sicherstellen, dass *Lehrpersonen während des Veränderungsprozess ausreichend formative Rückmeldungen zu den Veränderungen der Schüler* erhalten.
3. Man muss *fortlaufende Unterstützung nach den ersten Weiterbildungen/Trainings* gewährleisten.

Mit »man« sind in der Aufzählung jene Personen und Institutionen gemeint, die Lehrpersonen dabei unterstützen wollen, ihren Leseunterricht zu verbessern. Gerade der zweite und der dritte Punkt in der Aufzählung unterstreichen, dass es einer systematischen Überforderung gleichkommt, wenn man Lehrpersonen dabei allein lässt, ihren Unterricht zu modifizieren. Für den nachhaltigen Erfolg bedarf es der externen Unterstützung durch formative Evaluationen und durch Reflexionsveranstaltungen, in denen Lehrpersonen von Schwierigkeiten berichten und als gleichberechtigte Partner anerkannt werden. Das ist ein zugegebenermaßen aufwändiges Unterfangen, aber wenn sowohl Forscher als auch Aus- und Weiterbilder Konsequenzen aus den IGLU-Befunden ziehen wollen, dann wird es ohne größere Umbauten am System wohl nicht gehen.

Wie ermutigend die Entwicklungen von Lehrpersonen sein können, hat die Studie von Duffy (1993b) gezeigt. Er hat die drei von Guskey formulierten Anforderungen in der Studie praktisch eins zu eins umgesetzt. Insbesondere die fortlaufende Unterstützung, die formativen Rückmeldungen bei den Unterrichtsbesuchen und das erkennbare Zusammenarbeiten bei der Lösung eines konkreten und für die Lehrpersonen relevanten Problems dürften zum

Erfolg beigetragen haben, den zumindest ein Teil der Lehrpersonen hatte. Natürlich ist aufgrund der Anlage der Studie, in der die Forscher eine Doppelrolle als Beobachter und Förderer hatten, nicht zweifelsfrei zu sagen, was die konkreten Elemente waren, die für den Erfolg allein zuständig waren. Dennoch verdeutlicht die Untersuchung, dass es gelingen kann, vom verbesserungswürdigen Ist-Zustand (s. Abschnitt 2) zum gewünschten Soll-Zustand (s. Abschnitt 3) zu gelangen. Voraussetzung dafür ist eine relativ große Investition.

In Duffys Studie gaben die beteiligten Lehrpersonen übrigens auch selbst noch zu Protokoll, was sie für ursächlich für den Erfolg hielten. Ihre Antworten stehen in relativ großem Einklang zu Guskeys Modell. Die fünf Faktoren, die sich rekonstruieren ließen, lauten:

- Unterstützung vor Ort;
- ausreichend langfristige Unterstützung;
- Parallelität des Lernens (Strategien mit Inhalt zu vermitteln ist sowohl etwas, was Lehrpersonen vermitteln sollen, auf das sie aber auch während der Ausbildung angewiesen sind);
- Strukturiertheit des Wissens (Lehrpersonen benötigen einen Orientierungsrahmen, in dem sie sich und ihre Vorgehensweisen verorten können);
- Unterstützung in punkto Motivation und Begeisterung.

Die Auflistung der fünf Faktoren liest sich gleichsam wie eine Checkliste für gelingende Professionalisierungsmaßnahmen.

5 Ausstieg

Dieser Beitrag hat einen breiten Bogen geschlagen, indem er sich primär auf der empirischen Basis von Beobachtungsstudien mit dem Thema Leseunterricht befasst hat. Den Ausgangspunkt bildete eine Studie zum Leseunterricht von deutschen Viertklässlern. Gemäß der Studie ist der Unterricht insofern optimierbar, als er einseitiger und kognitiv und motivational weniger anregend ist, als er es sein könnte. Dies wird dann deutlich, wenn man sich in einem zweiten Schritt Beobachtungsstudien zuwendet, die sich prototypisch gutem Unterricht bzw. als effektiv geltenden Lehrpersonen verschrieben haben. Dabei, so die wichtigste Erkenntnis, lässt sich deren Unterricht nicht auf nur ein einziges Merkmal reduzieren, sondern ist eine Mixtur sorgfältig aufeinander abgestimmter Elemente, dabei adaptiv und anspruchsvoll zugleich und fördert sowohl Kognition und Motivation. Wichtig bei dem Soll-Ist-Vergleich ist, dass beide Zustände auf der gleichen Datenbasis beruhen: Unterrichtsbeobachtungen. Das bedeutet, der Soll-Zustand ist keine überhöhte, aus dem wissenschaftlichen Elfenbeinturm heraus postulierte, realitätsferne Forderung, sondern er ist nachweislich und mehrfach bei unterschiedlichen Lehrpersonen vorgekommen - und damit erreichbar. Zusätzlich enthält dieser Unterricht vieles von dem, was aus der Interventionsforschung als effektiv gilt, darunter die explizite Vermittlung von Strategien und Wissen sowie kooperatives Lernen.

Wenn Leseunterricht ganz unterschiedlich aussehen kann und mal verbesserungswürdig und mal optimaler erscheint, stellt sich zwangsläufig die Frage, wie man vom optimierbaren Ist-Zustand zu einem überlegenen Soll-Zustand gelangen kann. Dies bildete den dritten Schritt im vorliegenden Beitrag. In diesem dritten Schritt sind die Hindernisse prominent in den Blick geraten, die anscheinend systematisch auf dem Weg zum erfolgreichen strategieorientierten Unterricht auftauchen und zu bewältigen sind. Hindernisse bilden Sollbruchstellen, weil jedes Hindernis mit dem Risiko einhergeht, dass es zu einer Stagnation bzw. einem Abbruch kommt. Anhand einer Beispielstudie mit Primarlehrpersonen konnte gezeigt werden, dass die anstrengende, aber sich lohnende Reise gelingen kann, wenn es genügend flankierende Unterstützung gibt.

Diese Erkenntnis ist nicht banal, sondern im Gegenteil sogar zentral. Sie nimmt nämlich auf, was aus der Theorie zum Erwerb von Strategien bekannt ist. Demnach vollzieht sich der Erwerb von Strategien in sozialen Interaktionen, in denen kompetente andere das Vorgehen ausreichend explizit demonstrieren und kommentieren, dabei von Lernenden aktiv beobachtet werden und die Lernenden zunächst imitieren, angeleitet üben und erst allmählich selbstständig werden (Paris, Lipson & Wixson 1983; Duke et al. 2011). Diesem idealtypischen Erwerbsschema liegt zusätzlich eine längerfristige Perspektive zugrunde. In dem Maße, in dem Schüler soziale Unterstützung und eine längere Zeit beim Erwerb von so etwas Komplexen wie Strategien benötigen, benötigen auch Lehrpersonen Unterstützung und Zeit dabei, so etwas Komplexes wie Strategien in so etwas Komplexem wie Unterricht erfolgreich zu vermitteln. Und dies führt zu einer Doppelperspektive auf Lehrpersonen - als Lehrende bzw. Vermittler und Lernende bzw. Aneignende zugleich.

Wenn man dies konsequent weiterdenkt, dann stellt sich die Frage, wer denn die Lehrpersonen auf ihrem Weg begleitet, der hindernisreich ist. Noch weiter gedacht führt das zur Frage, wie Lehrpersonen lernen und wie man diesen Lernprozess effektiv fördert, und zwar in allen Phasen der Lehreraus- und -weiterbildung. Dazu werden erhebliche Investitionen und Veränderungen in der Lehrerbildung nötig sein; insbesondere schält sich heraus, dass es keine einfachen Lösungen geben wird und dass man sich bei solchen bildungspolitischen Entscheidungen von der Logik von Legislaturperioden lösen sollte, wenn es einem mit der Leseförderung wirklich ernst ist.

Mehr noch: Wenn aktuell praktisch jedes zweite Kind am Ende der Grundschule allenfalls basale Lesefähigkeiten aufweist, dann verliert die Frage nach Veränderungen und Investitionen ihren rhetorischen Charakter, sondern wird regelrecht existentiell. Darauf macht ein Zitat des österreichischen Kommunikationswissenschaftlers Wolfgang Langenbucher (2002, S. 98) aufmerksam, der schreibt, moderne Gesellschaften seien »gnadenlos literale Gesellschaften«. Wenn Gesellschaften nachweislich so schriftbasiert sind wie unsere momentane Gesellschaft (Cohen, White & Cohen 2011; White, Chen & Forsyth 2010), dann kann der Wert einer effektiven Lese- und Schreibförderung gerade in der Primarstufe und natürlich auch darüber hinaus gar nicht hoch genug veranschlagt werden.

Literatur[1]

Allington, R. & Johnston, P. (2001). What Do We Know About Effective Fourth-Grade Teachers and Their Classrooms? In C.M. Roller (Ed.). Learning To Teach Reading: Setting the Research Agenda. Newark: International Reading Association, 150-165.

Bogner, K., Raphael, L. & Pressley, M. (2002). How Grade 1 Teachers Motivate Literate Activity by Their Students. Scientific Studies of Reading, 6 (2), 135-165.

Bohn, C.M., Roehrig, A.D. & Pressley, M. (2004). The First Days of School in the Classrooms of Two More Effective and Four Less Effective Primary-Grades Teachers. Elementary School Journal, 104 (4), 269.

Bos, W., Bremerich-Vos, A., Tarelli, I. & Valtin, R. (2012). Lesekompetenzen im internationalen Vergleich. In W. Bos, I. Tarelli, A. Bremerich-Vos & K. Schwippert (Hg.). IGLU 2011. Lesekompetenzen von Grundschulkindern in Deutschland im internationalen Vergleich. Münster: Waxmann, 91-135.

1 Ein vollständiges Literaturverzeichnis kann aus Platzgründen hier nicht abgedruckt werden. Es ist nachzulesen auf der DGLS-Netzseite: www.dgls.de

Bos, W., Valtin, R., Hornberg, S., Buddeberg, I., Goy, M. & Voss, A. (2007). Internationaler Vergleich 2006: Lesekompetenzen von Schülerinnen und Schülern am Ende der vierten Jahrgangsstufe. In W. Bos, S. Hornberg, K.-H. Arnold, G. Faust, L. Fried, E.-M. Lankes, K. Schwippert & R. Valtin (Hg.). IGLU 2006. Lesekompetenzen von Grundschulkindern in Deutschland im internationalen Vergleich (S. 109-160). Münster: Waxmann.

Bråten, I. & Anmarkrud, Ø. (2013). Does Naturally Occurring Comprehension Strategies Instruction Make a Difference When Students Read Expository Text? Journal of Research in Reading, 36 (1), 42-57.

Croninger, R.G. & Valli, L. (2009). »Where Is the Action?« Challenges to Studying the Teaching of Reading in Elementary Classrooms. Educational Researcher, 38 (2), 100-108.

Dolezal, S.E., Welsh, L. Mohan, Pressley, M. & Vincent, M.M. (2003). How Nine Third-Grade Teachers Motivate Student Academic Engagement. Elementary School Journal, 103 (3), 239-267.

Duffy, G.G. (1993a). Rethinking Strategy Instruction: Four Teachers' Development and Their Low Achievers' Understandings. The Elementary School Journal, 93 (3), 231-247.

Duffy, G.G. (1993b). Teachers' Progress toward Becoming Expert Strategy Teachers. The Elementary School Journal, 94 (2), 109-120.

Durkin, D. (1979). What Classroom Observations Reveal about Reading Comprehension Instruction. Reading Research Quarterly, 14 (4), 481-533.

El-Dinary, P.B. & Schuder, T. (1993). Seven Teachers' Acceptance of Transactional Strategies Instruction during Their First Year Using It. Elementary School Journal, 94 (2), 207-219.

Fisher, D., Frey, N. & Lapp, D. (2008). Shared Readings: Modeling Comprehension, Vocabulary, Text Structures, and Text Features for Older Readers. Reading Teacher, 61 (7), 548-556.

Flynn, N. (2007). What Do Effective Teachers of Literacy Do? Subject Knowledge and Pedagogical Choices for Literacy. Literacy, 41 (3), 137-146.

Guskey, T.R. (1986). Staff Development and the Process of Teacher Change. Educational Researcher, 15 (5), 5-12.

Guthrie, J.T., Wigfield, A. & You, W. (2012). Instructional Contexts for Engagement and Achievement in Reading. In S. Christenson, A. L. Reschly & C. Wylie (Eds.), Handbook of Research on Student Engagement. New York: Springer, 601-634.

Hattie, J. (2009). Visible Learning: A Synthesis of over 800 Meta-Analyses Relating to Achievement. London: Routledge.

Hilden, K.R. & Pressley, M. (2007). Self-Regulation through Transactional Strategies Instruction. Reading & Writing Quarterly, 23 (1), 51-75.

Kleinbub, I.D. (2010). Unterrichtsqualität im Leseunterricht: Eine videobasierte Analyse in vierten Klassen. Trier: Wissenschaftlicher Verlag Trier.

Knapp, M.S. (Ed.) (1995). Teaching for Meaning in High-Poverty Classrooms. New York: Teachers College Press.

Krauss, S. (2011). Das Experten-Paradigma in der Forschung zum Lehrerberuf. In E. Terhart, H. Bennewitz & M. Rothland (Hg.). Handbuch der Forschung zum Lehrerberuf. Münster: Waxmann, 171-191.

Langer, J.A. (2001). Beating the Odds: Teaching Middle and High School Students to Read and Write Well. American Educational Research Journal, 38 (4), 837-880.

Lankes, E.-M. (2004). Leseunterricht in der Grundschule: Unterschiede zwischen Lehrkräften im internationalen Vergleich. Zeitschrift für Erziehungswissenschaft, 7 (4), 551-568.

Lankes, E.-M. & Carstensen, C.H. (2007). Der Leseunterricht aus der Sicht der Lehrkräfte. In W. Bos, S. Hornberg, K.-H. Arnold, G. Faust, L. Fried, E.-M. Lankes, K. Schwippert & R. Valtin (Hg.). IGLU 2006. Lesekompetenzen von Grundschulkindern in Deutschland im internationalen Vergleich. Münster: Waxmann, 161-193.

Louden, W., Rohl, M., Barratt-Pugh, C., Brown, T. C., Cairney, T., Elderfield, J., House, H., Meiers, M., Rivalland, J. & Rowe, K. (2005). In Teachers' Hands: Effective Literacy Teaching Practices in the Early Years of Schooling. Australian Journal of Language and Literacy, 28 (3), 181-253.

Morrow, L.M., Tracey, D.H., Woo, D.G. & Pressley, M. (1999). Characteristics of Exemplary First-Grade Literacy Instruction. The Reading Teacher, 52 (5), 462-476.

Ness, M.K. (2011a). Explicit Reading Comprehension Instruction in Elementary Classrooms: Teacher Use of Reading Comprehension Strategies. Journal of Research in Childhood Education, 25 (1), 98-117.

Ness, M.K. (2011b). Teachers' Use of and Attitudes toward Informational Text in K-5 Classrooms. Reading Psychology, 32 (1), 28-53.

Paris, S.G., Lipson, M.Y. & Wixson, K.K. (1983). Becoming a Strategic Reader. Contemporary Educational Psychology, 8 (3), 293-316.

Parr, J.M. & Limbrick, L. (2010). Contextualising Practice: Hallmarks of Effective Teachers of Writing. Teaching and Teacher Education, 26 (3), 583-590.

Perry, N.E. (1998). Young Children's Self-Regulated Learning and Contexts That Support It. Journal of Educational Psychology, 90 (4), 715-729.

Perry, N. E. & VandeKamp, K. O. (2000). Creating Classroom Contexts That Support Young Children's Development of Self-Regulated Learning. International Journal of Educational Research, 33 (7), 821-843.

Perry, N.E., VandeKamp, K.O., Mercer, L.K. & Nordby, C.J. (2002). Investigating Teacher-Student Interactions That Foster Self-Regulated Learning: Educational Psychologist. Educational Psychologist, 37 (1), 5-15.

Philipp, M. (2013a). Lese- und Schreibunterricht: Konzepte, Grundlagen und effektive Ansätze. Tübingen: Francke.

Philipp, M. (2013b). Motiviert lesen und schreiben: Dimensionen, Bedeutung, Förderung. Seelze-Velber: Klett/Kallmeyer.

Pressley, M., Gaskins, I., Solic, K. & Collins, S. (2006). A Portrait of Benchmark School: How a School Produces High Achievement in Students Who Previously Failed. Journal of Educational Psychology, 98 (2), 282-306.

Pressley, M., Goodchild, F., Fleet, J., Zajchowski, R. & Evans, E.D. (1989). The Challenges of Classroom Strategy Instruction. The Elementary School Journal, 89 (3), 301-342.

Pressley, M., Mohan, L., Raphael, L.M. & Fingeret, L. (2007). How Does Bennett Woods Elementary School Produce Such High Reading and Writing Achievement? Journal of Educational Psychology, 99 (2), 221-240.

Pressley, M., Raphael, L., Gallagher, J.D. & DiBella, J. (2004). Providence-St. Mel School: How a School That Works for African American Students Works. Journal of Educational Psychology, 96 (2), 216-235.

Pressley, M., Schuder, T., Teachers in the SAIL Program, Bergman, J.L. & El Dinary, P.B. (1992). A Researcher-Educator Collaborative Interview Study of Transactional Comprehension Strategies Instruction. Journal of Educational Psychology, 84 (2), 231-246.

Pressley, M., Wharton-McDonald, R., Allington, R., Block, C.C., Morrow, L.M., Tracey, D., Baker, K., Brooks, G., Cronin, J., Nelson, E. & Woo, D. (2001). Strategy Instruction for Elementary Students Searching Informational Text. Scientific Studies of Reading, 5 (1), 35-58.

Pressley, M., Wharton-McDonald, R., Mistretta-Hampston, J. & Echevarria, M. (1998). Literacy Instruction in 10 Fourth- and Fifth-Grade Classrooms in Upstate New York. Scientific Studies of Reading, 2 (2), 159-194.

Raphael, L.M., Pressley, M. & Mohan, L. (2008). Engaging Instruction in Middle School Classrooms: An Observational Study of Nine Teachers. The Elementary School Journal, 109 (1), 61-81.

Seymour, J.R. & Osana, H.P. (2003). Reciprocal Teaching Procedures and Principles: Two Teachers' Developing Understanding. Teaching and Teacher Education, 19 (3), 325-344.

Souvignier, E. (2009). Effektivität von Interventionen zur Verbesserung des Leseverständnisses. In W. Lenhard & W. Schneider (Hg.). Diagnostik und Förderung des Leseverständnisses. Göttingen: Hogrefe, 185-206.

Stronge, J.H., Ward, T.J. & Grant, L.W. (2011). What Makes Good Teachers Good? A Cross-Case Analysis of the Connection Between Teacher Effectiveness and Student Achievement. Journal of Teacher Education, 62 (4), 339-355.

Stronge, J., Ward, T., Tucker, P. & Hindman, J. (2007). What Is the Relationship Between Teacher Quality and Student Achievement? An Exploratory Study. Journal of Personnel Evaluation in Education, 20 (3), 165-184.

Taylor, B.M. (2002). Highly Accomplished Primary Grade Teachers in Effective Schools. In B.M.
Taylor & P.D. Pearson (Eds.). Teaching Reading. Effective Schools, Accomplished Teachers. New York: Routledge, 279-288.

Taylor, B.M., Pearson, P.D., Clark, K. & Walpole, S. (2000). Effective Schools and Accomplished Teachers: Lessons about Primary-Grade Reading Instruction in Low-Income Schools. Elementary School Journal, 101 (2), 121-165.

Taylor, B.M., Pearson, P.D., Peterson, D.S. & Rodriguez, M.C. (2003). Reading Growth in High-Poverty Classrooms: The Influence of Teacher Practices that Encourage Cognitive Engagement in Literacy Learning. Elementary School Journal, 104 (1), 3-28.

Timperley, H.S. & Parr, J.M. (2009). What Is This Lesson about? Instructional Processes and Student Understandings in Writing Classrooms. Curriculum Journal, 20 (1), 43-60.

Topping, K. & Ferguson, N. (2005). Effective Literacy Teaching Behaviours. Journal of Research in Reading, 28 (2), 125-143.

Wharton-McDonald, R., Pressley, M. & Hampston, J.M. (1998). Literacy Instruction in Nine First-Grade Classrooms: Teacher Characteristics and Student Achievement. Elementary School Journal, 99 (2), 101-128.

Wray, D., Medwell, J., Poulson, L. & Fox, R. (2002). Teaching Literacy Effectively in the Primary School. London: Routledge.

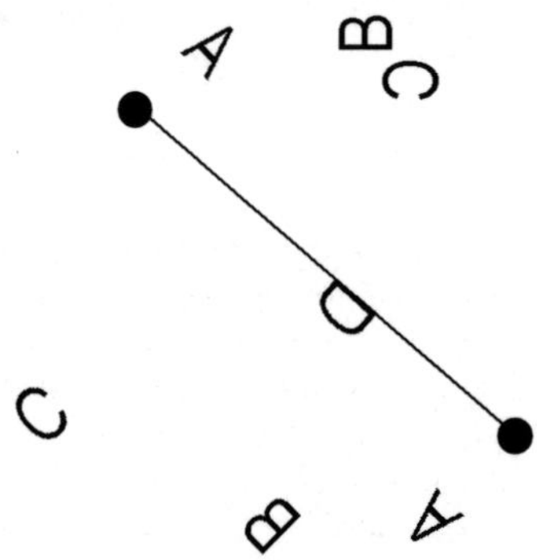
A
B
C
D
C
B
A

Lesestrategien zur Förderung des Leseverständnisses und der Ansatz einer diagnosebasierten, individualisierten Leseförderung

Elmar Souvignier

1 Leseförderung durch Vermittlung von Lesestrategien

Stellt man die Frage nach Ansätzen einer wirksamen Leseförderung mit empirisch nachgewiesenen Effekten, so landet man geradezu automatisch bei dem Schlagwort »Lesestrategien«. Betrachtet man die Zusammenschau von Metaanalysen zu wirksamen Unterrichtsmaßnahmen von Hattie (2009), so lassen sich drei Ansätze zur Leseförderung identifizieren: Zur Förderung des Wortschatzes *(vocabulary programs)* wurden zehn Metaanalysen mit 442 Einzelstudien vorgelegt, die in einer mittleren Effektstärke von d = .67 resultieren. Wiederholtes Lesen *(repeated reading)* wurde in zwei Metaanalysen mit 54 Einzelstudien auf seine Wirksamkeit hin untersucht, die ebenfalls eine mittlere Effektstärke von d = .67 ergaben. Zur Förderung von Lesestrategien *(comprehension programs)* liegen 20 Metaanalysen auf der Basis von 721 Einzelstudien vor - mithin die deutlich breiteste Befundlage - und die Wirksamkeit liegt mit einer mittleren Effektstärke von d = .60 auf einem vergleichbaren Niveau wie bei den beiden anderen Ansätzen. Das vergleichbare Niveau erzielter Effekte weist dabei keineswegs darauf hin, dass diese drei Förderansätze beliebig austauschbar wären. Während eine Vermittlung von Lesestrategien darauf abzielt, den Prozess des Lesens selbst zu modifizieren - beispielsweise indem schwierige Passagen langsamer oder wiederholt gelesen werden - setzen die beiden anderen Ansätze an grundlegenderen Voraussetzungen an: Um über einen Text hinweg Bedeutung konstruieren zu können, stellt das Verstehen einzelner Wörter eine notwendige Grundlage dar. Insofern setzt eine Förderung des Wortschatzes auf der Ebene des Wortverstehens und damit auf der »Einstiegsebene« für verstehendes Lesen an. Leseflüssigkeit, wie sie durch Ansätze des wiederholten Lesens gefördert wird, stellt dagegen eine Voraussetzung dafür dar, kognitive Ressourcen frei zu haben, um sich mit dem Sinn eines Textes auseinandersetzen zu können. Um Verknüpfungen zwischen im Text gegebenen Informationen herzustellen, zwischen den Zeilen lesen zu können, Widersprüche zu erkennen oder objektive Informationen von Meinungen des Autors zu trennen, müssen Leser freie kognitive Kapazitäten haben. Diese sind eher dann gegeben, wenn das Erlesen von Wörtern und Sätzen flüssig erfolgt. In diesem Sinne setzen Förderungen des Wortschatzes und Wiederholtes Lesen an Voraussetzungen sinnverstehenden Lesens an, während die Förderung von Lesestrategien darauf abzielt, den Prozess des Verstehens selbst zu unterstützen.

Nach dieser ersten Verortung der Förderung von Lesestrategien als einem Ansatz zur Leseförderung soll an einem Beispiel illustriert werden, wie Lesestrategien den Leseprozess unterstützen, bevor eine kurze Systematisierung vorgenommen wird, welche Arten von Lesestrategien es überhaupt gibt. Lesestrategien können beim Lesen jeden Textes zur Anwendung kommen. Als ein (sehr kurzer) Beispieltext können zwei Sätze auf der Homepage der Deutschen Gesellschaft für Lesen und Schreiben herangezogen werden: »Die Deutsche Gesellschaft für Lesen und Schreiben (DGLS) ist eine Sektion der *International Reading Association* (IRA), die sich für die Förderung der Schrift- und Sprachkultur einsetzt. Der Erwerb der Schriftsprache, insbesondere unter erschwerten Bedingungen, ihr Gebrauch und ihre Funktion sind zentrale Arbeitsthemen.« (http://www.dgls.de/die-dgls.html). Die meisten Leser werden diese Sätze lesen und den Eindruck haben, sie unmittelbar zu verstehen. Bereits drei einfache Fragen (weitere wären natürlich möglich) können verdeutlichen, dass eine tiefere Auseinandersetzung mit dem Beispieltext reizvoll ist: 1. Was genau ist eine Sektion? 2. Was ist mit erschwerten Bedingungen gemeint? 3. Warum werden als Ziele »Schrift- und Sprachkultur benannt, aber an keiner Stelle das Lesen selbst? Dieses - sehr kurze - Beispiel soll illustrieren, dass jeder Text Herausforderungen unterschiedlicher Art birgt, denen durch einen bewussten Einsatz von »Lesehandwerkszeug« begegnet werden kann. Die Frage nach dem Begriff der Sektion zielt auf die Anwendung der Strategie »unbekannte Wörter klären«, die Auseinandersetzung mit erschwerten Bedingungen - z.B. mangelnde Verfügbarkeit von Lesestoff,

Leseunterricht von geringer Qualität, keine häusliche Anregung zum Lesen - wäre mit »Vorwissen aktivieren« und so mit einer Einbettung gegebener Informationen in das eigene Wissen verbunden und auch die dritte Frage zielt darauf ab, das Gelesene zu kontextualisieren, zu hinterfragen und einzubetten. Nicht thematisiert wird in dieser kurzen Illustration beispielsweise die Lesestrategie des Zusammenfassens. Angesichts der Kürze des Textes wäre es allerdings auch wenig sinnvoll, eine so komprimierte Aussage noch einmal verkürzen zu wollen. Diese kurzen Überlegungen stellen ein Beispiel dafür dar, dass der Prozess des Verstehens durch den Einsatz von Lesestrategien - oftmals angestoßen durch Fragen an den Text - unterstützt werden kann. Zudem ist es, je nach Text und Leseziel, sinnvoll, Lesestrategien gezielt auszuwählen. Kompetente Leser zeichnen sich mithin dadurch aus, dass sie situationsadäquat auf bestimmte Strategien zurückgreifen und andere Strategien eben gerade nicht anwenden.

Ein Blick in die Literatur zeigt, dass folgende Definition von Lesestrategien als konsensfähig gelten kann: Lesestrategien sind absichtliche, zielgerichtete Bemühungen, Dekodieren, Wortverständnis und Sinnkonstruktion zu kontrollieren und zu modifizieren (Afflerbach, Pearson & Paris 2008). Auch eine solche Definition eignet sich hervorragend, um Lesestrategien darauf anzuwenden. Hervorgehoben sei an dieser Stelle zum einen, dass die Formulierung »zielgerichtete Bemühungen« sich darauf bezieht, Lesestrategien als Handwerkszeug gezielt zur Unterstützung des Verständnisses einzusetzen, beispielsweise zur Begriffsklärung, um Leerstellen im Text zu füllen oder um Einzelaussagen mit der Gesamtthematik eines Textes zu verknüpfen. Zum anderen hebt die »absichtliche Kontrolle und Modifikation der Sinnkonstruktion« darauf ab, dass geprüft wird, ob die einzelnen in einem Text gegebenen Informationen zu einer kohärenten Repräsentation des Textes führen. Diese Formulierung unterstreicht zudem, dass Leser durch den Einsatz von Lesestrategien über die Möglichkeit verfügen, die Sinnkonstruktion zu beeinflussen und dass ihnen dies bewusst sein sollte. In einer aktuellen Taxonomie von Lesestrategien unterscheidet Philipp (2012) zunächst die drei großen Kategorien

a) der kognitiven Lesestrategien,

b) der metakognitiven Lesestrategien und

c) der Stützstrategien.

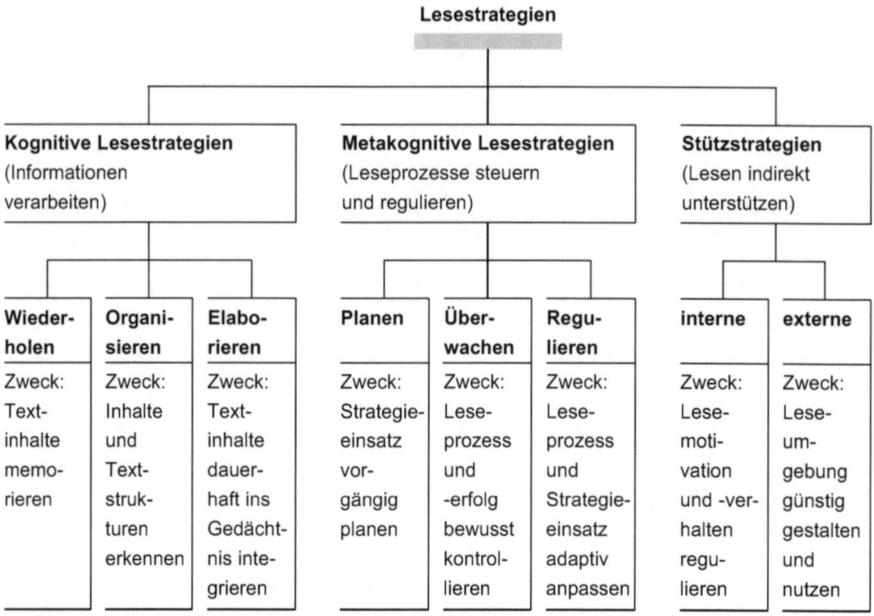

Abb. 1: Taxonomie von Lesestrategien nach Philipp (2012)

Die erste Kategorie kognitiver Lesestrategien dient dem Ziel, Informationen zu verarbeiten. Hierunter fallen beispielsweise die oben genannten Strategien des Klärens von Wortbedeutungen, die Aktivierung eigenen Vorwissens, das Zusammenfassen, aber auch einfaches Wiederholen wie beim mehrmaligen Lesen eines schwierigen oder wichtigen Abschnitts. Die zweite Kategorie von Lesestrategien - die metakognitiven Strategien - ist darauf ausgerichtet, den Leseprozess zu steuern und zu regulieren. Damit sind Aktivitäten wie die Auswahl passender Lesestrategien, die Kontrolle, ob man den Text noch aufmerksam verfolgt oder die kritische Nachfrage an einen selbst, ob man auch alles verstanden hat, gemeint. Stützstrategien beziehen sich schließlich auf eine indirekte Unterstützung des Leseprozesses, beispielsweise indem man sich selbst ein Leseziel setzt (dieses Kapitel zu Ende lesen und dann belohne ich mich mit einer Tasse Kaffee), indem man sich zum Lernen mit anderen über einen Text austauscht oder indem man gezielt ruhige Orte zum Lesen auswählt. In Abbildung 1 ist diese Taxonomie möglicher Lesestrategien mit den jeweiligen Zielsetzungen noch einmal zusammengefasst.

2 Wirksamkeit von Lesestrategien

Die Wirksamkeit einer Vermittlung von Lesestrategien wurde bislang nur sehr global anhand der metaanalytischen Befunde im Sinne einer mittleren Effektivität angesprochen. Generell lassen sich zwei Zugänge unterscheiden, die zur Analyse des Nutzens von Lesestrategien gewählt wurden. Zum einen werden aus einer eher grundlagentheoretischen Perspektive Bedingungsmodelle untersucht, bei denen das Zusammenspiel und das jeweilige Gewicht verschiedener Prädiktoren zur Erklärung von Leseverständnisleistungen herangezogen wird. Zum anderen wird in der Interventionsforschung der direktere Weg zur Prüfung des Effekts von Lesestrategien beschritten. Hier wird im Rahmen von Trainingsstudien geprüft, ob die Vermittlung von Lesestrategien tatsächlich zu einer Verbesserung von Leseverständnisleistungen führt.

Bedingungsmodelle haben den großen Vorteil, dass sie eine relative Abschätzung des Einflusses unterschiedlicher Faktoren wie z.B. Wortschatz, Lesemotivation, metakognitive Kompetenzen, Lesestrategiewissen, Lesegeschwindigkeit, inhaltliches Vorwissen, allgemeine kognitive Fähigkeiten oder Schlussfolgern erlauben. Hier kommen vorliegende Bedingungsmodelle weitgehend übereinstimmend zu dem Resultat, dass Lesestrategiewissen und metakognitive Fähigkeiten bedeutende Prädiktoren des Leseverständnisses sind (Artelt, Stanat, Schneider & Schiefele 2001; Cromley & Azevedo 2007; Schaffner 2009; van Kraayenoord & Schneider 1999). Mitunter zeigt sich in diesen Modellen, dass der Einfluss von Lesestrategien etwas geringer ausfällt als beispielsweise der direkte Einfluss des Vorwissens, andere Analysen zeigen, dass Lesestrategien vermittelnd über das Schlussfolgernde Denken wirken können (wie bei der Illustration zum Leseverständnis anhand des Textes von der Homepage der DGLS gezeigt wurde). Insgesamt resultiert so aber ein erster empirischer Beleg dafür, dass die Förderung von Lesestrategien ein aussichtsreicher Ansatz zur Verbesserung des Leseverständnisses sein könnte. Im Hinblick auf Förderungsmöglichkeiten ist diese Befundlage attraktiv, da Lesestrategien sehr gut vermittelt werden können - die Förderung inhaltlichen Vorwissens wäre weitaus aufwändiger, eine Förderung der Intelligenz weniger realistisch. Dennoch gilt für die Bedingungsmodelle, dass sie typischerweise anhand von querschnittlich (d.h. zu einem einzigen Zeitpunkt) erhobenen Daten erstellt werden. Die Feststellung, dass Leser mit höheren Leseverständnisleistungen auch über ein höheres Lesestrategiewissen verfügen impliziert daher noch nicht zwingend die Antwort auf die Frage, was nun passiert, wenn man bei diesen Lesern das Lesestrategiewissen noch weiter verbessert. Ist ein Zuwachs an Lesestrategiewissen also tatsächlich mit einer Verbesserung des Leseverständnisses assoziiert?

Antwort auf diese Frage geben Interventions- oder Trainingsstudien. Hier wird unmittelbar und im Vergleich mit Kontrollgruppen geprüft, ob strategieorientierter Unterricht zu einer Verbesserung von Leseverständnisleistungen führt. Grundsätzlich weist hier der eingangs erwähnte Befund einer mittleren Effektstärke von d = .60 aus 20 Metaanalysen (Hattie 2009) darauf hin, dass die Vermittlung von Lesestrategien ein hohes Potenzial aufweist. Spannender ist allerdings der Blick in konkrete Einzelstudien. Hier zeigt sich beispielsweise, dass die Förderung von Lesestrategien mitunter bestimmte Rahmenbedingungen benötigt, um hohe Effekte zu erzielen:

- So zeigte sich in einer Studie von Seuring und Spörer (2010), dass die Methode reziproken Lehrens, bei der typischerweise vier Lesestrategien vermittelt werden, dann wirksamer war, wenn die Strategie des Zusammenfassens weggelassen wurde. Und das, obwohl sich in einer Metaanalyse die Strategie des Zusammenfassens als die wirksamste Einzelstrategie erwiesen hatte (Souvignier & Antoniou 2007). *Weniger* scheint bei der Strategievermittlung mitunter also *mehr* zu sein - entscheidend ist wohl insbesondere, dass die Schülerinnen und Schüler die konkret vermittelten Strategien auch sicher beherrschen.
- In einer Untersuchung von Souvignier und Mokhlesgerami (2005) erwies sich der Einfluss einzelner Lehrkräfte als sehr bedeutsam: Lehrkräfte, die eher eine konstruktivistische Haltung (Schüler sollen selbständig aus Texten lernen) als eine direktiv-transmissive Einstellung (Schüler lernen dann am besten, wenn sie meinen Anweisungen folgen) hatten, bewirkten höhere Lernzuwächse im strategieorientierten Unterricht.
- Schünemann, Spörer und Brunstein (2013) fanden, dass eine Kombination aus strategieorientiertem Unterricht und die Vermittlung selbstregulativer Kompetenzen zu nachhaltigeren Verbesserungen des Leseverständnisses führten.

- Souvignier und Trenk-Hinterberger (2010) konnten zeigen, dass ein Auffrischungsbaustein mehrere Monate nach einem Strategietraining die Effekte noch einmal deutlich anheben kann.
- Es gibt allerdings auch Studien, bei denen strategieorientierter Unterricht zwar eine Verbesserung des Lesestrategiewissens, aber keine Effekte auf das Leseverständnis bewirkte (De Corte, Verschaffel & van de Ven 2001).

Aus der Vielzahl der Befunde lässt sich ableiten, dass die Vermittlung von Lesestrategien grundsätzlich zu einer Verbesserung des Leseverständnisses führt. Gleichzeitig wird deutlich, dass Lesestrategiewissen nicht unmittelbar in Leseverständnis umgesetzt wird. Es stellt vielmehr eine Option zur Verbesserung des Leseverständnisses dar. Dazu müssen Schülerinnen und Schüler erkennen, in welchen Situationen der Einsatz welcher Strategien hilfreich ist.

3 Wie sollen Lesestrategien vermittelt werden

Vor dem Hintergrund dieser Befundlage erscheint es überraschend, dass Unterrichtsbeobachtungen über die vergangenen mehr als 30 Jahre hinweg unverändert zu dem Resultat kommen, dass die Vermittlung von Lesestrategien im herkömmlichen Unterricht nur eine zu vernachlässigende Rolle spielt (Durkin 1978-79; Hamman, Berthelot, Saia & Crowley 2000; Moely et al. 1992; Ness 2008; vgl. auch die ausführliche Aufarbeitung dieser Thematik in dem Beitrag von M. Philipp in diesem Band). Während Lehrkräfte ihre Schülerinnen und Schüler vereinzelt dazu auffordern, Strategien wie »Wichtiges Unterstreichen« oder »Zusammenfassen« anzuwenden, wird fast nie thematisiert, wozu solche Strategien gut sind, bei welchen Lesezielen sie helfen und wie sie konkret angewandt werden sollen (Unterstreichen beispielsweise so, dass wirklich nur ausgewählte Stellen markiert sind und nicht so, dass der Text nachher schön bunt ist).

Eine zentrale Herausforderung bei der Vermittlung von Lesestrategien liegt darin, in Abhängigkeit a) von den jeweiligen Lesezielen und b) von den individuellen Fähigkeiten aus der Vielzahl an Lesestrategien adaptiv auszuwählen, welche Strategien gerade passend sind. An eine solche Herausforderung müssen Schülerinnen und Schüler sukzessive herangeführt werden, denn nur eine sichere Kenntnis von Strategien und die Gewissheit, eine Strategie nutzbringend einsetzen zu können, kann dazu führen, dass in einer konkreten Lesesituation auch gezielt auf Lesestrategien zurückgegriffen wird. Wenn Williams (2003) betont, dass *»most strategy instruction involves a strong emphasis on metacognition«* (S. 293) deutet das darauf hin, dass sowohl prozedurales (wie setze ich eine Strategie ein) als auch konditionales (wozu ist die Strategie gut) Strategiewissen vermittelt werden muss. Ohne ein solches Strategiewissen kann nicht über den Einsatz von Strategien reflektiert werden und ohne Reflexion findet keine adaptive Strategienutzung statt. Strategienutzung, die bei kompetenten Lesern weitgehend automatisiert (aber bewusstseinsfähig) abläuft, muss bei Leseanfängern sehr kleinschrittig und explizit erklärend aufgebaut werden. In einem Modell zur Vermittlung von Lesestrategien von Duke und Pearson (2002) wird deutlich gemacht, dass die Anleitung von Schülerinnen und Schülern hin zur selbständigen Nutzung von Lesestrategien ein Prozess mit mehreren definierten Stufen ist (vgl. Abb. 2).

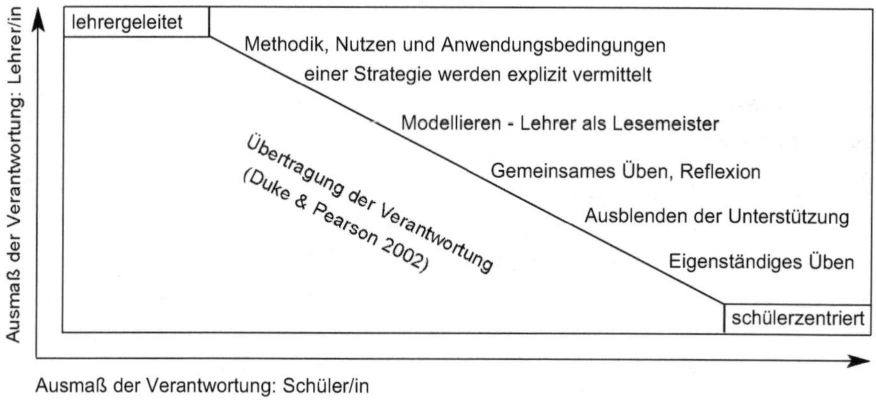

Abb. 2: Stufenmodell einer Vermittlung von Lesestrategien (nach Duke & Pearson 2002)

Allgemein lässt sich das Modell von Duke und Pearson so beschreiben, dass es um eine Übertragung der Verantwortung für die Anwendung von Lesestrategien von der Lehrkraft auf die Schüler geht. Damit es überhaupt möglich ist, die Schülerinnen und Schüler aufzufordern, Strategien zu nutzen, müssen diese explizit erklärend und modellierend eingeführt werden. Dazu wird erklärt, wie, wann und warum eine bestimmte Strategie (Klären schwieriger Wörter) eingesetzt wird. Dabei demonstriert die Lehrkraft, wie sie selbst in einer bestimmten Lesesituation vorgeht und kommentiert, wie sie vom Einsatz einer Strategie profitiert. Anschließend wird der Einsatz der Strategie gemeinsam geübt und reflektiert, bevor die Schüler über ein Ausblenden der Unterstützung schließlich zum eigenständigen Üben kommen. Das Ziel einer Vermittlung von Lesestrategien ist dabei erst dann erreicht, wenn Schüler in einer neuen Lesesituation selbständig erkennen, dass der Einsatz von Lesestrategien sinnvoll ist, und wenn sie adaptiv die Auswahl und die Anwendung passender Lesestrategien beherrschen. Unterrichtsziel bei der Vermittlung von Lesestrategien ist es mithin, Schülerinnen und Schüler zu einem reflektierten Lesen anzuleiten, dessen Verlauf sie aktiv durch den Einsatz von Lesestrategien beeinflussen.

In Einklang mit diesem Modell zeigte sich in einer aktuellen Studie (Behrmann & Souvignier 2013), dass Lehrkräfte, deren Einstellungen zum Leseunterricht sich in Übereinstimmung mit diesem Prozess der Verantwortungsübertragung befinden, höhere Lernzuwächse bei einer Leseförderung bewirkten. Konkret nahmen die Leseverständnisleistungen bei Schülern solcher Lehrkräfte am deutlichsten zu, die zu Beginn einer Vermittlung von Lesestrategien mit dem Programm »Wir werden Textdetektive« (Gold, Mokhlesgerami, Rühl, Schreblowski & Souvignier 2006) eine Veränderung ihrer Einstellungen hin zu einer direkt-transmissiven Haltung angaben und nach Abschluss des Programms wieder eine Veränderung hin zu einer kognitiv-konstruktivistischen Haltung berichteten. Im Hinblick auf eine Unterstützung der Schülerinnen und Schüler spiegelt sich in einer solchen Veränderung der Einstellungen genau der Prozess wieder, der auch in dem Modell von Duke und Pearson (2002) zum Ausdruck kommt: Zuerst ganz kleinschrittig und genau erklären und vormachen, dann langsam und sukzessive den selbständigen Einsatz der Strategien einfordern und die Schülerinnen und Schüler zur adaptiven Nutzung der Strategien anleiten.

4 Diagnosebasierte individualisierte Förderung

Zu Beginn dieses Kapitels wurde dahingehend argumentiert, dass Leseverständnis das Resultat eines Wechselspiels aus Leseanforderung, individuellen Fähigkeiten und einer darauf abgestimmten Auswahl an Lesestrategien ist - weitere Bedingungen ließen sich noch ergänzen. Darüber hinausgehend wurde dargestellt, dass es unterschiedliche Ansatzpunkte für eine Leseförderung gibt: Es kann an eher basalen Voraussetzungen wie dem Wortschatz oder der Leseflüssigkeit angesetzt werden, oder es können Maßnahmen zur Förderung von Lesestrategien durchgeführt werden, die sich auf den Prozess der Bedeutungskonstruktion beziehen. Dabei ist es natürlich nicht beliebig, welche Art der Leseförderung ausgewählt wird. Für Kinder mit einem Förderbedarf bei den basalen Voraussetzungen ist es nahe liegend, beispielsweise zuerst bei einer Förderung der Lesegeschwindigkeit anzusetzen, um so die kognitiven Ressourcen frei zu bekommen, die für Verstehensprozesse und den adaptiven Einsatz von Lesestrategien nötig sind. Da Kinder hinsichtlich der Entwicklung ihrer Lesefähigkeiten deutliche Unterschiede aufweisen, münden diese Überlegungen unmittelbar in einen Ansatz individualisierter Leseförderung. Ein solcher Ansatz soll in diesem Abschnitt vorgestellt werden.

In der Grundschule liegen typische Schwerpunkte der Leseförderung - nachdem Prinzipien des synthetisierenden Lesens beherrscht werden - a) bei der Förderung der Leseflüssigkeit und b) bei der Verbesserung von Leseverständnisleistungen. Vor allem in den Klassenstufen 3 und 4 erfordern es die Leseleistungen der Kinder, dass diese beiden Unterrichtsziele adressiert werden. Dass eine solche Individualisierung erfolgversprechend ist, weisen Befunde von Connor, Morrison, Fishman, Schatschneider und Underwood (2007) nach: Anhand von Testverfahren zum Wortschatz, zur Buchstabenkenntnis und zum Wortlesen ermittelten sie individuell passende Unterrichtsschwerpunkte und Unterrichtsmethoden (z.B. lehrergeleitet vs. eigenständig; Dekodieren vs. Verständnis) für jeden einzelnen Schüler. In anschließenden Unterrichtsbeobachtungen wurde ermittelt, wie eng sich die Lehrkräfte an diesen Empfehlungen orientierten. Die Ergebnisse der Studie von Connor et al. (2007) zeigen, dass die Leseleistungen sich umso besser entwickelten, je geringer die Abweichungen zwischen dem tatsächlichem Unterrichtsangebot und den diagnosebasierten Empfehlungen ausfielen. Mit anderen Worten: Die Kinder profitierten von einer individualisierten Leseförderung, bei der die Förderempfehlungen auf der Basis objektiver Testverfahren aufgestellt wurden. Diese Forderung nach einer diagnosebasierten individualisierten Förderung klingt unmittelbar überzeugend, sie klingt allerdings auch nach viel Arbeit. Aus diesem Grunde wurde in einem eigenen Forschungsprojekt geprüft, ob ein solcher Ansatz sich tatsächlich unter alltäglichen Unterrichtsbedingungen in die schulische Praxis implementieren lässt.

4.1 Lernverlaufsdiagnostik und das Förderprogramm »Lese-Sportler«

Unser Ansatz einer diagnosebasierten individualisierten Leseförderung ruht auf zwei Säulen: Zum einen einer Lernverlaufsdiagnostik, die eine objektive Einschätzung des Leistungsniveaus und des Lernfortschritts erlaubt. Zum anderen auf einem Förderprogramm, das zwei unterschiedliche Fördermethoden mit jeweils drei Schwierigkeitsstufen anbietet und damit eine unterrichtliche Differenzierung erlaubt.

Lernverlaufsdiagnostik wird mit einem internetbasierten System (»quop«) durchgeführt, bei dem die Schülerinnen und Schüler im Abstand von drei Wochen jeweils einen 10 bis 15 minütigen Test bearbeiten (Souvignier, Förster & Salaschek, in Druck). Dieser Test wird automatisch ausgewertet, so dass unmittelbar eine für Schüler und Lehrkräfte einsehbare Rückmeldung zur Verfügung steht. Die Auswertung umfasst die vier Aspekte der Lesegeschwindigkeit, Lesegenauigkeit, Leseverständnis im Sinne eines einfachen Erkennens von Informationen im Text und tieferes Leseverständnis. Anhand von Tests mit identischen Anforderungen wird über acht Messzeitpunkte (Oktober bis Mai) dokumentiert, ob jedes Kind Leistungsverbesserungen in den genannten vier Kriterien erzielt. Auf diese Weise erhalten Lehrkräfte eine sehr dichte diagnostische Information darüber, ob der Unterricht jedes Kind erreicht oder ob Anpassungen von Fördermaßnahmen für einzelne Kinder vorgenommen werden sollten. Zusätzlich werden zu Beginn des Schuljahres mit dem Salzburger Lesescreening (SLS 1-4) und dem Hamburger Lesetest (HAMLET 3-4) zwei standardisierte Testverfahren eingesetzt, die weitere diagnostische Informationen zur Lernausgangslage der Kinder geben.

Das Förderprogramm »Lese-Sportler« (Schulte & Souvignier 2013) umfasst zwei Fördermethoden: Als »Lese-Sprinter« wird die Methode des *Repeated Reading* (Samuels 1979) bezeichnet, da das wiederholte laute Lesen ein wirksamer Ansatz zur Förderung der Lesegeschwindigkeit ist. Hier lesen vergleichbar starke Leser in Paaren einen Text im Wechsel für eine Minute laut vor und versuchen dabei, so weit wie möglich zu kommen. Da jeder Leser den gleichen Text zweimal liest, machen die Kinder typischerweise bei dieser Methode die Erfahrung, dass das Erlesen schwieriger Wörter beim wiederholten Lesen leichter fällt. Dekodierleistungen werden besser und sie stellen unmittelbar Erfolge fest, was zusätzlich motivierend wirkt. Bei der Methode des »Lese-Tandems«, das sich an das reziproke Lehren nach Palincsar und Brown (1984) anlehnt, wird über eine Vermittlung von Lesestrategien eine Förderung des Leseverständnisses angezielt. Hier wenden die Kinder die drei Lesestrategien »Wörter klären«, »Zusammenfassen« und »Vorhersagen treffen« an. Auch bei dieser Methode arbeiten die Kinder in Paaren. Abschnittsweise übernimmt ein Schüler die Rolle, den Einsatz dieser Strategien einzufordern (Analogie: Vordermann beim Tandem, der lenkt), während der andere Schüler den Text unter Anwendung der Strategien bearbeitet (Hintermann beim Tandem, der in die Pedale tritt, der also arbeitet). Indem die Rollen nach jedem Abschnitt getauscht werden, machen beide Partner die Erfahrung mit der Anwendung der Strategien und der eher metakognitiv ausgerichteten Rolle, die Nutzung der Strategien einzufordern und deren adäquaten Einsatz zu überwachen. Diese beiden Lesemethoden werden lehrergeleitet in dem Zeitraum zwischen Herbst- und Weihnachtsferien eingeübt, um so sicher zu stellen, dass alle Schülerinnen und Schüler die Methoden sicher genug beherrschen, um sie ab Januar eigenständig in Partnerarbeit einzusetzen. Für jede Methode liegt vorbereitetes Übungsmaterial auf drei Schwierigkeitsstufen vor, so dass insgesamt eine Differenzierung auf sechs Niveaustufen (2 Methoden x 3 Stufen) erfolgt. In individuellen Trainingsgesprächen wird nun auf der Grundlage der diagnostischen Information gemeinsam mit den Schülern entschieden, mit welcher Methode, auf welchem Niveau und mit welchem Trainingspartner sie arbeiten werden. Pro Woche wird eine Unterrichtsstunde für die Arbeit mit dem »Lese-Sportler« eingesetzt und im Abstand von sechs Wochen finden neue Trainingsgespräche statt, in denen gemeinsam reflektiert wird, ob die Leseförderung erfolgreich ist und ob gegebenenfalls ein Wechsel der Schwierigkeitsstufe oder der Fördermethode ansteht. Dabei wird immer unmittelbar Bezug auf die Information aus der Lernverlaufsdiagnostik genommen, die sich sowohl auf die Lesegeschwindigkeit als auch auf das Leseverständnis bezieht und so eine differenzierte Rückmeldung über Fortschritte hinsichtlich beider Fähigkeiten erlaubt.

4.2 Evaluation der diagnosebasierten Leseförderung

In 44 Schulklassen der 3. und 4. Jahrgangsstufe wurde erprobt, ob das Konzept einer diagnosebasierten Leseförderung sich in den alltäglichen Regelunterricht implementieren lässt. Als Evaluationsinstrumente wurden Lehrerbefragungen zur Nutzung der Lernverlaufsdiagnostik und Unterrichtsbeobachtungen zur Dokumentation des Lese-Sportler Unterrichts eingesetzt.

Die Lehrerbefragung ergab, dass die Praktikabilität der internetbasierten Lernverlaufsdiagnostik als sehr gut eingestuft wurde. So sahen die Lehrkräfte es als unproblematisch an, die Computertests in einem dreiwöchigen Rhythmus durchzuführen. Die diagnostische Information wurde nach Angaben der Lehrkräfte vor allem dazu genutzt, um leistungsschwächere Schüler identifizieren zu können, aber auch, um sie als zusätzliche objektive Information in die Gespräche mit Eltern einzubeziehen.

Von den 44 Klassen gaben 39 Klassen ihre Einwilligung zur Beobachtung des Unterrichts. Diese Klassen wurden von jeweils zwei geschulten Beobachterinnen für eine Unterrichtsstunde besucht. Da beim Lese-Sportler Unterricht die Schülerinnen und Schüler in Paaren arbeiten, wurden Zeitintervalle von zwei Minuten festgelegt, in denen jeweils ein Paar beobachtet wurde. Auf diese Weise wurde ein vollständiges Bild des Unterrichtsgeschehens in der gesamten Klasse erfasst. Insgesamt wurden so 242 Lese-Sprinterintervalle und 128 Lese-Tandemintervalle beobachtet. Die Beobachterübereinstimmung erwies sich als gut (Cohens Kappa: $.75 < \kappa < .83$). Für jede der beiden Lesemethoden lag den Beobachterinnen eine Liste mit Aspekten vor, die bei einer korrekten Umsetzung der Methoden von den Schülerinnen und Schülern eingehalten werden sollten. Dabei zeigte sich, dass die selbständige Durchführung der beiden Methoden weitgehend vorgabengerecht gelang. Beim Lese-Sprinter gab es alleine bei dem Aspekt »Sprinter liest nicht zum zweiten Mal denselben Text« Abweichungen in fünf der 39 Klassen. Beim Lese-Tandem waren bei drei Methodenaspekten Abweichungen zu beobachten: Bei »Schwierige Wörter ansprechen« sowie »Vorder- und Hintermann-Rollen werden vermischt« waren in fünf Klassen Abweichungen von den Vorgaben zu beobachten, »Hintermann fasst den Textabschnitt nicht zusammen« wurde in sechs Klassen festgestellt. Eine Auswertung danach, in wie vielen Klassen alle Methodenaspekte korrekt durchgeführt wurden und in wie vielen Klassen einer, zwei oder mehr Aspekte nicht vorgabengetreu umgesetzt wurden, ergab das folgende Bild: In nahezu der Hälfte (46%) der Klassen wurden beide Lesemethoden komplett vorgabengetreu umgesetzt. In einem weiteren Drittel der Klassen wurde beobachtet, dass ein Methodenaspekt abweichend realisiert wurde und in 13 Prozent der Klassen wurden zwei Aspekte nicht beachtet. In nur 8 Prozent der Klassen wurden mehr als zwei Methodenaspekte nicht beachtet und in diesen Klassen war es tatsächlich so, dass jeweils mehr als fünf Aspekte nicht den Vorgaben entsprachen.

Damit lässt sich festhalten, dass die Lehrkräfte eine gute Praktikabilität und eine hohe Akzeptanz für den Ansatz der Lernverlaufsdiagnostik zurückmeldeten, dass Lehrkräfte und Schüler die diagnostischen Informationen über Lernverläufe zur Planung der Förderung in den Trainingsgesprächen (Zusammensetzung der Paare und Auswahl des Fördermaterials) nutzten, und dass die eigenständige Umsetzung der individualisierten Förderung in mehr als 90 Prozent der Klassen unter adäquater Anwendung der beiden Lesemethoden im alltäglichen Unterricht gelang.

5 Fazit

Wenn eine Förderung des Leseverständnisses Ziel des Unterrichts ist, stellt strategieorientierter Unterricht sicherlich die aussichtsreichste Methode zur Förderung dar. Bedingungsmodelle des Leseverständnisses, vor allem aber eine Vielzahl an Interventionsstudien zeigen, dass eine Vermittlung von Lesestrategien zu nachhaltigen Verbesserungen des Leseverständnisses beitragen kann. Im Hinblick auf die Instruktion von Lesestrategien scheint es dabei wichtig zu sein, dass Kinder schrittweise an eine selbständige Nutzung der Strategien herangeführt werden (vgl. den Beitrag von Philipp in diesem Band). Dazu gehören sowohl der Aufbau eines sicher verfügbaren Strategierepertoires als auch eine metakognitive Haltung beim Verstehensprozess - Schülerinnen und Schüler müssen wissen, dass sie den Leseerfolg durch einen gezielten Einsatz von Lesestrategien selbst beeinflussen können.

Aufgrund der großen Leistungsheterogenität hinsichtlich der Lesekompetenzen in Grundschulklassen ist es nahe liegend, dass Maßnahmen zur Leseförderung und eine Anleitung zur selbstgesteuerten Lesestrategienutzung individualisiert erfolgen sollten. Entscheidungen darüber, welches Kind mit welchem spezifischen Ansatz optimal gefördert werden kann, sollten dabei auf der Grundlage objektiver diagnostischer Information erfolgen. Wünschenswert ist, dass der Prozess der Leseförderung wie hier vorgestellt anhand einer Lernverlaufsdiagnostik geprüft wird. In unserer Studie zur diagnosebasierten individualisierten Leseförderung wurden Schülerpaare gebildet, die entweder mit einer Methode zur Förderung der Leseflüssigkeit oder mit einem strategieorientierten Ansatz arbeiteten. Unterrichtsbeobachtungen zeigten dabei, dass eine solche Differenzierung, bei der gleichzeitig ein hohes Maß an Schüleraktivität erzielt wird, sich im regulären Unterricht umsetzen lässt.

Literatur

Afflerbach, P., Pearson, P.D. & Paris, S.G. (2008). Clarifying Differences between Reading Skills and Reading Strategies. Reading Teacher, 61, 364-373.

Artelt, C., Stanat, P., Schneider, W. & Schiefele, U. (2001). Lesekompetenz: Testkonzeption und Ergebnisse. In J. Baumert, E. Klieme, M. Neubrand, M. Prenzel, U. Schiefele, W. Schneider, P. Stanat, K.-J. Tillmann & M. Weiß (Hg.). PISA 2000. Basiskompetenzen von Schülerinnen und Schülern im internationalen Vergleich. Opladen: Leske + Budrich, 69-137.

Behrmann, L. & Souvignier, E. (2013). When changes in teachers' pedagogical content beliefs correspond to instructional principles of strategy-based reading instruction, effectiveness is best. (Manuskript zur Begutachtung eingereicht).

Connor, C.M., Morrison, F.J., Fishman, B.J., Schatschneider, C. & Underwood, P. (2007). The early years. Algorithm-guided individualized reading instruction. Science, 315, 464-465.

Cromley, J.G. & Azevedo, R. (2007). Testing and refining the direct and inferential mediation model of reading comprehension. Journal of Educational Psychology, 99, 311-325.

De Corte, E., Verschaffel, L. & van de Ven, A. (2001). Improving text comprehension strategies in upper primary school children: A design experiment. British Journal of Educational Psychology, 71, 531-559.

Duke, N.K. & Pearson, P.D. (2002). Effective practices for developing reading comprehension. In A.E. Farstup & S.J. Samuels (Eds.). What research has to say about reading instruction. Newark, DE: International Reading Association, 205-242.

Durkin, D. (1978-1979). What classroom observations reveal about reading comprehension Instruction. Reading Research Quarterly, 14, 481-533.

Gold, A., Mokhlesgerami, J., Rühl, K., Schreblowski, S. & Souvignier, E. (2006). Wir werden Textdetektive. Göttingen: Vandenhoeck & Ruprecht.

Hamman, D., Berthelot, J., Saia, J., & Crowley, E. (2000). Teachers' coaching of learning and its relation to students' strategic learning. Journal of Educational Psychology, 92, 342-348.

Hattie, J. (2009). Visible Learning: A Synthesis of over 800 Meta-Analyses Relating to Achievement. London: Routledge.

Moely, B.E., Hart, S.S., Leal, L., Santulli, K.A., Rao, N., Johnson, T., & Hamilton, L.B. (1992). The teacher's role in facilitating memory and study strategy development in the elementary school classroom. Child Development, 63, 653-672.

Ness, M.K. (2008). Supporting secondary readers: When teachers provide the »what«, not the »how«. American Secondary Education, 37, 80-95.

Palinscar, A. & Brown, A. (1984). Reciprocal teaching of comprehension-fostering and comprehension-monitoring activities. Cognition and Instruction, 1, 117-175.

Philipp, M. (2012). Einige theoretische und begriffliche Grundlagen. In M. Philipp & A. Schilcher (Hg.). Selbstreguliertes Lesen. Ein Überblick über wirksame Leseförderansätze. Seelze-Velber: Friedrich, 38-58.

Samuels, S.J. (1979). The method of repeated readings. The Reading Teacher, 32, 403-408.

Schaffner, E. (2009). Determinanten des Leseverstehens. In W. Lenhardt & W. Schneider (Hg.). Diagnostik und Förderung des Leseverständnisses. (Tests und Trends N.F. Band 7). Göttingen: Hogrefe, 19-44.

Schulte, E. & Souvignier, E. (2013). Der Lese-Sportler. Ein Programm für individuelle Leseförderung. Die Grundschulzeitschrift, 27 (7/2013), 58-61.

Schünemann, N., Spörer, N. & Brunstein, J.C. (2013). Integrating self-regulation in whole-class reciprocal teaching: A moderator-mediator analysis of incremental effects on fifth graders' reading comprehension. Contemporary Educational Psychology, 38, 289-305.

Souvignier, E. & Antoniou, F. (2007). Förderung des Leseverständnisses bei Schülerinnen und Schülern mit Lernschwierigkeiten - eine Metaanalyse. Vierteljahresschrift für Heilpädagogik und ihre Nachbargebiete, 76, 46-62.

Souvignier, E., Förster, N. & Salaschek, M. (in Druck). quop: Ein Ansatz internetbasierter Lernverlaufsdiagnostik mit Testkonzepten für Lesen und Mathematik. In M. Hasselhorn, W. Schneider & U. Trautwein (Hg.). Formative Leistungsdiagnostik. (Tests und Trends N.F. Band 12). Göttingen: Hogrefe.

Souvignier, E. & Mokhlesgerami, J. (2005). Implementation eines Programms zur Vermittlung von Lesestrategien im Deutschunterricht. Die Rolle der Lehrenden. Zeitschrift für Pädagogische Psychologie, 19, 249-261.

Souvignier, E., & Trenk-Hinterberger, I. (2010). Implementation eines Programms zur Förderung selbstregulierten Lesens. Zeitschrift für Pädagogische Psychologie, 24, 207-220.

van Kraayenoord, C.E. & Schneider, W. (1999). Reading achievement, metacognition, reading self-concept and interest: A study of German students in grades 3 and 4. European Journal of Psychology of Education, 14, 305-324.

Williams, J. (2003). Teaching text structure to improve reading comprehension. In H.L. Swanson & K.R. Harris (Eds.). Handbook of learning disabilities. New York, NY: Guilford Press, 293-305.

Leseunterricht der Grundschule und der Sekundarstufe I: Zwischen Kompetenzorientierung und der Förderung nachhaltiger Lesemotivationen

Andrea Bertschi-Kaufmann

In der Diskussion über eine ausreichende und effektive Sprachförderung hat sich »PISA« weit über die periodischen Aussagen zu den Leseleistungen am Ende der obligatorischen Schulzeit hinaus als Stichwort für ganz verschiedene Probleme und Herausforderungen etabliert: für die unzureichende Ausbildung der Schlüsselkompetenz Lesen und sozusagen als Antwort darauf für die Bedeutung eines Gesamtsprachenkonzepts (EDK 2004), für die Notwendigkeit der sprachlichen Integration von immigrierten Erwachsenen und deren Kindern, für allfällige schulsystematische Anpassungen nach dem Vorbild anderer Länder (Baumert et al. 2003), für eine gewünschte Qualitätsentwicklung des Unterrichts (Helmke 2009, Oelkers & Reusser 2008) und in diesem Zusammenhang für die Bereitstellung hilfreicher Lehrmittel. Unterricht ist also nur eine der Ebenen, auf welcher die Frage nach der Verbesserung und Stabilisierung der Lesekompetenz behandelt wird. Diese ist allerdings deshalb zentral, weil hier ganz verschiedene Größen zusammenspielen: die bildungsplanerischen Maßnahmen (u.a. die Festlegung von Sprachlektionen in der Stundentafel), die Lehrpläne, Lehrmaterialien, das Handeln der Lehrerinnen und Lehrer, die Aktivitäten der Schülerinnen und Schüler, letztere beeinflusst von Motivationen und Aspirationen im engen Kontext der unterschiedlichen sozialen Ausgangslagen. Im angelsächsischen und im deutschsprachigen Raum hat man die Unterrichtsqualität im Hinblick auf ihre Wirkung für den Bereich Lesen mit der Evaluation von Förderprogrammen (National Institute of Child Health and Human Development [NICHD] 2000) und mit Studien wie DESI (DESI-Konsortium 2008) und PIRLS (Mullis, Martin, Kennedy & Foy 2007) fokussiert, Brennpunkt ist jeweils der messbare Zuwachs der Leseleistung.

Im Zuge von PISA interessiert »Lesen« im Zusammenhang mit Unterrichtsqualität und Unterrichtspraxis aber auch unter weiteren Gesichtspunkten:

Es muss danach gefragt werden, welche Bildungskonzeption zum einen den Leistungsvergleichsstudien zugrunde liegt und zum anderen für die Ausrichtung des Unterrichts bestimmend sein soll. Daran anschließend erklären sich der jeweils wegleitende Lesebegriff bzw. die Modellierung der Lesekompetenz, und schließlich interessiert die für Beobachtung und Einschätzung der Praxis entscheidende Frage, welche Art der Konzeptualisierung von Lesen und Lesekompetenz dort wegleitend ist: für die Lehrerinnen und Lehrer, sichtbar in der Wahl von Unterrichtsmethoden und in der textbezogenen Kommunikation mit den Schülerinnen und Schüler und für diese selber, sichtbar in der Art ihrer Verwertung von unterrichtlichen Angeboten und in Lektüreergebnissen.

Mit Bezug zur Grundschule und zur Sekundarstufe I der deutschsprachigen Schweiz geben einzelne Studien Auskunft u.a. über die Wirkungen von Unterrichtsmethoden auf die Lesekompetenz (vgl. Bertschi-Kaufmann & Schneider 2006), über die Kommunikation in den Erst-Zweitsprachen Deutsch und Französisch (Pekarek 2009) sowie über die Entwicklung der Lesekompetenz bei Jugendlichen mit ungünstigen Voraussetzungen (Schneider 2011). Einen weiteren Aspekt eröffnet der Blick auf die bildungspolitischen und fachdidaktischen Vorgaben für den Leseunterricht, konkret in den zur Zeit gültigen Lehrplänen, den Standardformulierungen, die im Rahmen des Schulreform - und Standardprojekts HarmoS für »Lesen« vorgeschlagen werden (EDK 2010) sowie in den Lehrmitteln, die mit ihren Unterrichtsvorschlägen meist explizit auf PISA und die in der Studie ausgemachten bzw. ihr zugesprochenen didaktischen Defizite hinweisen und für sich in Anspruch nehmen, effektive Verfahren vorzuschlagen.

Soweit die Bemerkungen zu verschiedenen Bezugspunkten der aktuellen Diskussion in der Schweiz. Ausgangspunkt der nachfolgenden Überlegungen ist PISA bzw. sind die Orientierungen, welche der internationale Leistungstest für den Bereich Lesen vorgibt (1), wobei dem für PISA relevanten *literacy*-Konzept anschließend jenes einer traditionell ausgerichteten Lesebildung gegenübergestellt wird (2). In diesem Spannungsfeld werden die im Rahmen des Schweizer HarmoS-Projekts neu ausgearbeiteten Kompetenzbeschreibungen und die Standards verortet (3). Die wesentlichen Aufgaben des Leseunterrichts lassen sich aus den genannten Grundlagen ableiten, wobei hier auch die Frage nach der Wirksamkeit der Unterrichtsmethoden gestellt wird (4). Und schließlich bleibt die wohl anspruchsvollste Aufgabe der

Lehrerinnen und Lehrer, Lerndiagnosen zu stellen, Lernentwicklungen im Zusammenhang eines kontinuierlichen Prozesses und ausgerichtet auf ein Lesen als kulturelle Praxis zu verstehen und entsprechend anzuregen (5).

1 Im Zuge von PISA: Orientierung hin zur messbaren Leseleistung

Die Ergebnisse in Bezug auf den Stand der Leseleistung in der Schweiz sind bekannt: Er liegt im Durchschnitt aller beteiligten Länder, ist also leidlich und entspricht in keiner Weise den zunehmend hohen Anforderungen, welche die weiterführenden Schulen auf der Sekundarstufe II, die Berufsausbildungen und die Betriebe sowie die betriebliche und die freiwillige Weiterbildung stellen (Sturm, Hollenstein & Hilbe 2009). Die fraglichen Anschlussmöglichkeiten jugendlicher Schulabgängerinnen und Schulabgänger wird denn auch als eines der virulenten gesellschaftspolitischen Probleme wahrgenommen (UNESCO 2009). Die Schlüsselfunktion der Lesekompetenz ist aber über die Laufbahnchancen innerhalb des Bildungssystems und die berufliche Beschäftigung hinaus generell für die soziale Mitgliedschaft wichtig. Allerdings steht die Bearbeitung dieses Problems, die Ausrichtung literaler Bildung auf Partizipation, noch aus: Die Bedeutung des kulturellen Anschlusses ist im Kontext von PISA in Kommentaren zwar hin und wieder erwähnt (z.B. Hurrelmann 2004), findet aber selten Berücksichtigung in jener Diskussion, die auf schulsystematische Fragen oder auf mehr oder weniger isolierte schulische Maßnahmen fokussiert. Die Leselern- und Sozialisationsprozesse von Heranwachsenden hin zur Teilhabe an literalen Kulturen sind von schulischen Bedingungen mitgestaltet, das trifft selbstverständlich zu. Sie vollziehen sich allerdings unbestreitbar immer schon in Medienkontexten. Die Entwicklung von diesbezüglichen Praktiken, die insbesondere im anglo-amerikanischen Raum als »partizipatorische Kultur« (Jenkins 2006) beobachtet und als zukunftweisend gewürdigt werden, nimmt die Institution Schule allerdings nur zum Teil auf (Bertschi-Kaufmann & Wiesner 2009). Damit ist eines der zentralen Passungsprobleme der Vermittlung von Lesekompetenz angesprochen, jenes zwischen der schulischen, auf einzelne Textformate bezogenen Bildungsnorm und der literalen, medienbezogenen Praxis von Heranwachsenden, von denen die Leistungsschwächeren offensichtlich nicht in der Lage sind, die außerschulischen Lese- und Medienerfahrungen für den Aufbau schulisch geförderter

Lesekompetenz zu nutzen (Bertschi-Kaufmann & Rosebrock 2009, S. 13 ff.). In engem Zusammenhang damit steht ein weiteres, noch grundlegenderes Passungsproblem, jenes zwischen dem bei der schulischen Beschäftigung mit Texten in aller Regel vorausgesetzten Sprach- und Weltwissen (Grzesik 2005) und den Spracherfahrungen, auf denen Kinder und Jugendliche tatsächlich aufbauen können. Sprachwissen und Spracherfahrung sind beide sozial gebunden. Der starke Zusammenhang zwischen sozialem Hintergrund und Schulerfolg ist bekannt. In der Schweiz ist er im internationalen Vergleich gar besonders stark (Holzer, McClusky & Tabue 2009) und somit eine verbesserte, sozial integrierende Sprachförderung ein dringliches Desiderat. Dass ein solche nur auf der Grundlage eines umfassenden Konzepts angegangen werden kann und auf schulischer Seite sowohl schulsystematische als auch unterrichtliche Fragen aufgreifen muss, liegt auf der Hand. Die Bildungspolitik, konkret die Schweizerische Konferenz der kantonalen Erziehungsdirektorinnen und -direktoren (EDK), hat denn auch mit einem strukturierten Maßnahmenkatalog reagiert, dem »Aktionsplan PISA 2000« (EDK 2003), der auf der Grundlage mehrerer Vertiefungsstudien im Anschluss an die Ergebnisse aus PISA 2000 erarbeitet wurde und Bereiche definiert, für welche ein Handlungsbedarf ausgemacht worden war.

Zu diesen gehören u.a. die »Sprachförderung für alle«, die »Sprachförderung für Kinder und Jugendliche mit ungünstigen Voraussetzungen«, die »Schulführung, Förderung der Schulqualität« - Handlungsfelder also, die in der Volksschule situiert werden. Die betreffenden Maßnahmen sollten sich nicht auf den Bereich Lesen beschränken, sondern zur Verbesserung der Sprachkompetenz insgesamt beitragen. Die Integration von Lesefähigkeit in eine Gesamtsicht der sprachlichen Förderung überzeugt in theoretischer und empirischer Hinsicht: Lesefähigkeit ist eng an sprachliche Kompetenzen wie Wortschatz (Schnotz & Dutke 2004), an syntaktisches Wissen und an den Sinn für die Spezifität von Textarten, an ein sog. Genrebewusstsein gebunden (Giasson 1990). Aus der Erkenntnis solcher Bezüge von allgemeiner Sprachfähigkeit und der Lesekompetenz lässt sich allerdings noch keine Fördertätigkeit zwingend ableiten. Wenn der »Aktionsplan PISA 2000« - im Rahmen der Aufzählung konkret zu ergreifender Maßnahmen - die Verwendung der Standardsprache im Unterricht (EDK 2003, S. 7) oder die Verbesserung der Diagnosefähigkeit von Lehrpersonen (EDK 2003, S. 13) vorschlägt, dann spricht dafür eine gewisse Plausibilität; es fehlt aber ein Nachweis dafür, wie stark und unter welchen Voraussetzungen entsprechende Interventionen wirken, es fehlt die Evidenz. Diese aber brauchen die Schulen dringend, wenn sie darauf verpflichtet werden sollen, Schüler und Schülerinnen zu besseren (Lese-) Leistungen zu führen. Bei aller Wahlfreiheit der Unterrichtsmethoden, auf die als positive Kehrseite der Verantwortung für den so genannten *outcome* immer wieder hingewiesen wird (z.B. Oelkers & Reusser 2008), ist doch entscheidend, ob den Schulen und den Lehrerinnen und Lehrern ein Wissen über deren Effektivität zur Verfügung stehen oder ob sie auf mehr oder weniger verlässliche Erfahrungen aus einer als gut eingeschätzten Praxis angewiesen sind. Beim jetzigen Stand der Unterrichtsforschung hingegen ist der Anspruch, sich innerhalb des Ratings von Lesekompetenz im Ländervergleich zu verbessern, weitaus höher als das Wissen in Bezug auf die Wirksamkeit verschiedener Maßnahmen der Leseförderung.

Vergegenwärtigen wir uns die Vorgaben, die aus den Schweizer Ergebnissen aus PISA 2000 bezogen auf die sprachlichen Fähigkeiten abgeleitet wurden, so fällt die Orientierung an quantifizierbaren Zielen auf. Dreierlei sollte erreicht werden, nämlich

- die Steigerung der durchschnittlichen Lesekompetenz,
- die Reduktion der Unterschiede in der Lesefähigkeit und
- die Reduktion des Anteils der Jugendlichen, die massive Lernschwierigkeiten haben.

Von den Schweizer Schülerinnen und Schülern wird also erwartet, dass sie sich insgesamt verbessern, wobei Spitzenergebnisse vermehrt und die Leistungen am unteren Ende der Skala ihrerseits verbessert werden sollen.

So verständlich diese skalenbezogenen Zielformulierungen im Kontext der Evaluation von Bildungssystemen im Ländervergleich sind, so problematisch sind sie auch. Es geraten nämlich jene Bereiche der Leseentwicklung in der auf PISA gerichteten Diskussion aus dem Blick, die zwar entscheidend für das Gelingen von Lesenentwicklung sind, deren Beitrag zum Gelingen aber nicht in messbaren Kategorien aufgeht und die deshalb als blinde Flecken untergehen: Dabei handelt es sich zum einen um das Vorwissen, angesammelt im Verlauf von Prozessen der Welt- und Spracherfahrung (Bruner 1990), und zum anderen um die Lesemotivation der Leserinnen und Leser, die sie auf der Erfahrung mit literalen Praktiken aufbauen und die mit der Leseleistung zwar korrespondieren, aber sich darin nicht einfach abbilden.

In den Kreisen der Bildungsadministration, der Leseforschung und der Lesedidaktik hat PISA denn auch Kontroversen bezüglich der Reichweite, der Gewichtung und der Qualität von Leistungsüberprüfung in Form von Tests und so genannten Checks ausgelöst. In Bezug auf den Kompetenzbereich Lesen besteht insbesondere ein Spannungsfeld zwischen einer Orientierung am *outcome* messbarer Leseleistung nach Maßgabe psychometrischer Methodik (z.B. Beck & Klieme 2007) und der Aufmerksamkeit für die Genese von Lesekompetenz, mithin für die Verlaufsentwicklungen des Lesenlernens. Die Lesesozialisationsforschung (Groeben & Hurrelmann 2004) macht mit einschlägigen Arbeiten deutlich darauf aufmerksam, dass mit der Erwerbsperspektive weitere Facetten der Lesekompetenz in den Blick geraten, wobei neben kognitiven und reflexiven Dimensionen der Lesekompetenz auch die Lesemotivation und die emotionale Beteiligung am Gelesenen eine zentrale Rolle spielen. Diese auszublenden ist weder theoretisch richtig noch pädagogisch sinnvoll, weil Lernprozesse im kognitiven Bereich bekanntlich nicht isoliert verlaufen, sondern Teil eines Bedingungsgefüges sind. Die Sprach- und Lesedidaktik darf deshalb ihren Bereich - folgt man der überzeugenden Argumentation der Lesesozialisationsforschung - »nicht vorab um zentrale Dimensionen verkürzen« (Hurrelmann 2009), weil sie es mit einem komplexen Gefüge gesellschaftlicher Bildungsnormen, bildungsökonomischer Interessen, sozialer Einflussgrößen, individueller Ausgangslagen und für das Lesen relevanter individueller Merkmale zu tun hat.

2 Lesekompetenz: *Literacy* vs. tradierte Lesebildung

PISA hat die Schule getroffen, und dies nicht einfach nur deshalb, weil ihr mit den periodischen Ergebnissen Defizite vorgehalten wurden - solche waren bereits mit früheren Studien wie IALS (Notter, Bonerad & Stoll 1999) zutage getreten -, sondern weil die Maßstäbe, anhand derer die fehlenden Kompetenzen festgehalten wurden, nicht im Einklang standen mit den Curricula, denen das Schulfach *Sprache* (in der deutschsprachigen Schweiz: das Fach *Deutsch)* bislang gefolgt war.

Inzwischen ist *reading literacy* im Sinne von PISA als Begriff populär geworden und hat starke Wirkung entfaltet. Gemeint ist damit die Fähigkeit »geschriebene Texte zu verstehen, zu nutzen und über sie zu reflektieren, um eigene Ziele zu erreichen, das eigene Wissen und Potenzial weiterzuentwickeln und am gesellschaftlichen Leben teilzunehmen« (Deutsches PISA-Konsortium 2001, S. 23). In der englischen Literatur zu PISA wird *reading literacy* als *reading to learn* konzeptualisiert. Damit wird über die kognitive Fähigkeit hinaus, die in der Praxis oft als »Leseverstehen« bezeichnet wird, Lesen als eine soziale Handlungsfähigkeit noch deutlicher als in der deutschen Version akzentuiert: der im Hinblick auf die eigenen Handlungsziele effektive Umgang mit Texten. Gemeint ist also ein auf alltägliche Anwendungssituationen bezogener Begriff von Lesekompetenz. Dieser orientiert sich, wie die meisten zur Zeit aufmerksam diskutierten lesebezogenen Konzepte, an einem kognitionstheoretischen Modell des Leseprozesses, wie es von Kintsch (1998) vorgeschlagen und anschließend weiter geführt wurde (Christmann, Groeben 1999; Grzesik 2005). Lesen gilt auf diesen Grundlagen als ein kognitiv konstruktiver Vorgang, der die aktive Konstitution von Bedeutungen verlangt.

Anhand dieses kognitionstheoretischen Lesemodells der Lesepsychologie lassen sich die Aktivitäten der Lesenden aufschlüsseln in verschiedene Anforderungen, die im Vorgang des Lesens parallel vollzogen werden: die Wort- und Satzidentifikation, die Bildung von Kohärenz zum einen auf lokaler Ebene durch das Verknüpfen von Satzfolgen und zum anderen die globale Kohärenzherstellung, in deren Verlauf Kohärenzen in reduzierenden Organisationsvorgängen verdichtet und miteinander verknüpft werden, so dass ein »Lesefluss« entsteht. In seinem Verlauf bilden Lesende globale textgestützte Hypothesen, die auf das als wichtig Beurteilte gerichtet sind, eine innere Repräsentation des gerade Gelesenen, ein sogenanntes mentales Modell, in welches neue Textmomente ständig Eingang finden, so dass es korrigiert und differenziert wird.

Soweit eine sehr knappe Darstellung des an der Kognitionspsychologie orientierten Modells, dem PISA folgt und auf dessen Grundlage fünf Arten der Verstehensleistung auf zunehmend anspruchsvolleren Ebenen unterschieden und mit Testaufgaben operationalisiert werden: ein allgemeines Verständnis des Textes entwickeln (1), Informationen ermitteln (2), eine textbezogene Interpretation entwickeln (3), über den Inhalt des Textes reflektieren (4), über die Form des Textes reflektieren (5) (Artelt et al. 2004, S. 143).

Für das Messen von Leseleistung ist das im Prinzip ein adäquates Schema, wobei sich seine Differenziertheit empirisch nicht belegen ließ und es zumindest in der Berichterstattung auf ein Dreierraster konzentriert wurde (Baumert et al. 2001, S. 89). Allerdings: Wäre der Vorgang des Lesens damit hinreichend beschrieben, ließe sich kaum erklären, warum Heranwachsende bereit sein sollten, sich seinen komplexen Anforderungen zu stellen. Es braucht Antriebe, um die vielschichtigen Denkakte des Lesens einzuüben, es braucht das Engagement des lesenden Individuums, welches sich von seinen Lektüren ausreichende Gratifikationen verspricht und deshalb bereit ist, auf die Schwierigkeiten einzugehen, die Texte einem schnellen Verstehen oft entgegenhalten. Die Lesemotivation - darunter wird die Fokussierung persönlicher Leseziele ebenso verstanden wie die Erfahrungen des Lesevergnügens - ist deshalb konstitutiv für die Leseentwicklung. Lesemotivation und die emotionale Beteiligung am Gelesenen sind denn auch in der Lesesozialisationsforschung als wesentliche Elemente der Lesekompetenz konzeptualisiert (Hurrelmann 2002). Motivationen und Emotionen im Umgang mit Texten können und sollen von der Schule stimuliert werden, auf ihre Bedeutung für die erfolgreichen Lesekarrieren wird auch nachdrücklich hingewiesen (z.B. Hurrelmann 2006). Sie sind aber nicht systematisch anleitbar und es gibt bislang auch nur erste methodologische Versuche, mit welchen motivationale und emotionale Leseleistung textbezogen gemessen werden (z.B. Bertschi-Kaufmann & Schneider 2007). Insbesondere in diesen Bereichen fallen Test- und Unterrichtstraditionen auseinander. Der Leseunterricht, der meist als wesentlicher Teil des Sprachunterrichts geführt wird, ist in dessen kulturelle Entwicklung eingebunden. Es lohnt sich daher, sich die herkömmliche Vorstellung von schulischem Lesen zu vergegenwärtigen - auch gerade in der Reflexion über PISA und seine Implikationen für die Unterrichtspraxis: Schriftlernen wird in dieser Perspektive traditionell zu einem wesentlichen Teil als ein Lernen im Umgang mit der »schönen« Literatur verstanden; in seinem Zentrum sollen die kulturell und individuell bedeutsamen Texte stehen. So verstanden ist Lesen ein Beitrag zur Persönlichkeitsbildung, und der Deutschunterricht folgt mit dieser Zielsetzung einem Bildungsbegriff in idealistischer Tradition, die auf das Humboldtsche Bildungsideal zurückgeht und der Sprache bzw. den ausgewählten

Texten eine die Sicht auf die Welt und auf die eigene Person formende Kraft zuspricht. Leseverstehen ist selbstverständlich die Voraussetzung und zugleich ein wichtiger Bestandteil einer sprachlich-literarischen Grundbildung; ein entsprechender Hinweis findet sich auch im Bericht des Deutschen PISA-Konsortiums (Baumert et al. 2001, S. 21). Mit der Ausrichtung auf literarische Qualität und textbezogene Erfahrung folgt der Deutschunterricht deutlich anderen Aufgaben als eine auf definierte *skills* fokussierte Schulung, welche PISA nahe legt.

3 Lehrpläne, Kompetenzbeschreibungen und Bildungsstandards: Gewichtungen und Präzisierungen für den Bereich Lesen

Eine Übersicht über die in den Schweizer Kantonen bzw. Regionen zur Zeit gültigen Lehrpläne fächert für den Bereich der Rezeption schriftlicher Texte einen Zielkatalog auf, der basale Lesefertigkeiten, alltagsbezogene Leseaktivitäten (z.B. das Lesen von Beschreibungen) und die Begegnung mit literarischen Formen (z.B. das Lesen von Erzählungen) umfasst. Während erstere, die Ausbildung von Lesefertigkeiten, für die Stufen der Primarstufe weit häufiger genannt werden als für die Sekundarstufe I, verhält es sich mit den auf bestimmte Texterfahrungen angelegten Nennungen gerade umgekehrt: Alltagsbezogene und literarische Lektüren sind - folgt man den Lehrplanangaben - zentral im Sprachunterricht der Sekundarstufe I. Selbstverständlich beschreiben diese Lehrplanvorgaben erst einmal die gewünschte und noch nicht die realisierte Unterrichtspraxis; immerhin dokumentieren Lehrplaninhalte das Ergebnis von Aushandlungsprozessen, in welche die Sichtweisen der Fachdidaktik, der Praktikerinnen und Praktiker und jene der Bildungsadministration eingeflossen sind.

Die Gesamtsicht auf die bestehenden und also längst ausgehandelten Lehrplanvorgaben ist damit Bestandsaufnahme und zugleich einer der Ausgangspunkte für das auf die Harmonisierung der Schweizer Schule und auf die Qualitätsentwicklung des Unterrichts angelegte Nationale Projekt HarmoS. Die im Rahmen von Konsortien beauftragten Expertinnen und Experten hatten Befunde auf ganz verschiedenen Ebenen zu berücksichtigen: jene aus der Dokumentenanalyse bestehender Bildungsvorgaben; Grundlagen, auf welche der internationale Leistungsvergleich PISA aufbaut, und schließlich jene auf

Unterrichtstraditionen und Unterrichtserfahrungen gestützten Einschätzungen davon, was sich als bewährte Praxis etabliert hat und woran die weiteren Entwicklungen anschließen sollten.

HarmoS bzw. die Kompetenzbeschreibungen, die in seinem Rahmen u.a. für den Bereich erste Schulsprache erarbeitet wurden (Konsortium HarmoS Schulsprache 2010) und die als Grundlage für die Standardformulierungen dienen, sind also dieser Mehrperspektivität verpflichtet. Was den Bereich Lesen und die oben kurz wiedergegebenen Konzeptionen in kognitivistischer und in erfahrungsbezogener Sicht betrifft, so wird in der Tat beidem Rechnung getragen: Orientiert an einer Grundkonzeption des Sprachhandelns wird Sprachkompetenz zunächst allgemein verstanden als »Fähigkeit, mit Sprache situationsangemessen zu handeln« (Konsortium HarmoS Schulsprache 2010, S. 2) und Lesekompetenz umfasst sowohl die alltagsfunktionalen textbezogenen Handlungen als auch jene des involvierten Lesens von poetisch gestalteten Texten. Lesen gilt in dieser Konzeption mithin als kognitiver *und* als emotionaler Akt.

Das Konsortium, welches das Lesekompetenzmodell als Teil des Sprachkompetenzmodells, wie es für die künftige fachdidaktische Entwicklungsarbeit in der Schweiz wegleitend sein soll, verantwortet, hat dafür Formulierungen gesucht, die auf die Praxis des Leseunterrichts zielen (Konsortium HarmoS Schulsprache 2010, S. 5):

> »Lesen meint die Tätigkeit, Texte unterschiedlicher Textsorten (literarische Texte und Sachtexte, kontinuierliche und diskontinuierliche Texte etc.) sinngemäss auf verschiedenen Ebenen verstehen zu können (Fertigkeiten), Texte als Ausdruck einer Kultur wahrzunehmen und als ästhetisches Produkt geniessen zu können (Ästhetik/Kultur) sowie das Gelesene in der eigenen Vorstellung ausgestalten (Imagination), über das Lesen nachdenken (Reflexion) und sich mit anderen darüber austauschen zu können (Anschlusskommunikation).«

Damit setzt HarmoS einen bewusst weit konzipierten Lesebegriff. Kognitive Verstehensleistungen, die Fähigkeit zum literarästhetischen Genuss, die Vorstellungsbildung, Reflexionsfähigkeit und die textbezogene Kommunikation stehen nicht nur für verschiedene Dimensionen einer gegenüber PISA erweiterten Kompetenzdefinition, sondern auch für eine Konzeptualisierung, deren Komponenten nur zum Teil mit quantitativen Verfahren bemessen werden können.

Standards hingegen, die ihrer Definition nach als maßgebliche Normen anzulegen sind, lassen sich selbstredend nur für jene Bereiche der Lesekompetenz festlegen, in denen sichtbare Leistungen gemessen und die Maße als Indikatoren von jeweiligen Entwicklungsständen gelten können. Dies trifft für die kognitiven Lesefähigkeiten durchaus zu, aber nur mit Einschränkungen für die emotionalen und die motivationalen Lesefähigkeiten.

Die Standardformulierungen, die für den Bereich Lesen und jeweils bezogen auf die verschiedenen Phasen der neunjährigen Volksschule vorgeschlagen werden, sind deshalb zwangsläufig enger bzw. beschränkt auf die Ausbildung bzw. die Überprüfung weitgehend kognitiver Leseleistung. Augenfällig ist dies in den Standardformulierungen, welche die EDK auf der Grundlage der erarbeiteten Kompetenzbeschreibungen vorschlägt, zum Beispiel beim Standard »Lesen für das vierte Schuljahr« (EDK 2010, S. 11), der sich auf die basalen kognitiven Lesefähigkeiten konzentriert. Sichtbar bleibt die Fokussierung auf kognitive Leistungen aber auch in der Standardformulierung, welche für den Bereich Lesen im 11. Schuljahr vorliegt:

> Basisstandard Lesen für die 11. Klasse (EDK 2010, S. 59):
> »Die Schülerinnen und Schüler können Texte mit vertrautem Thema und schulnahem Wortschatz verstehen, wenn sie mithilfe von passenden Fragen zum Textverstehen angeleitet werden. Sie können die Informationen im Text finden - vorausgesetzt, sie werden zu einem Teil ausdrücklich im Text genannt. Sie können Beziehungen zwischen Abschnitten eines Textes aufgrund eines globalen Textverstehens herstellen. Sie können dabei die Organisation eines strukturierten Textes nachvollziehen, das Genre und die Textfunktion erkennen. Sie können den Zusammenhang von Text, Bild, Grafik und Tabelle erkennen. Sie können dadurch einen strukturierten Text und sein Thema im Wesentlichen als Ganzes verstehen und mit ihrer Lebenswelt in Verbindung bringen.«

Die vergleichsweise enge Formulierung mag erstaunen, dies insbesondere vor dem Hintergrund des oben diskutierten, erweiterten Lesebegriffs und dem dringenden Desiderat, im Hinblick auf die Förderung der Lesekompetenz entscheidende Faktoren wie die Lesemotivation und die ästhetische Erfahrung miteinzubeziehen. Auf der anderen Seite ist die Präzisierung im Hinblick auf operationalisierbare Lesefähigkeiten gerade schlüssig, weil diese zu den Regeln der Standardisierung gehört. Die Standardvorschläge für Lesen sind - wie alle anderen - eingepasst in das Grundkonzept von so genannten Basisstandards, für die man sich von Seiten der EDK sinnvollerweise entschieden hat (HarmoS-Konkordat, EDK 2007). Als Standard wird das für den Bildungserfolg jeweils Notwendige vorgegeben - und die kognitiven Leseleistungen gehören dazu - nicht aber vollständig alles Hinreichende bzw. die Kompetenz mit allen Aspekten. Für die Praxis zeigen Basisstandards also Niveaus in Kompetenzbereichen an, die als Voraussetzung für weitere Lernschritte mithin als anschlussfähig gelten und für die auf empirischer Basis überhaupt Niveaus beschreibbar sind und festgelegt werden können. Die weiteren Anforderungen im Bereich Lesen und insbesondere die Anforderungen an einen effektiven, die Lesetätigkeiten und die Lesefähigkeiten stärkenden Unterricht sind damit nicht definiert. Sie ergeben sich zum einen auf der Grundlage der Ergebnisse der Leseforschung und zum anderen aus den Erfahrungen ausgewiesener Praxis.

4 Der »gute Leseunterricht« und seine Aufgaben: Auf der Suche nach Evidenz

Kombiniert man die verschiedenen Perspektiven der auf den Nachweis kognitiver Leseleistung fokussierten Diskussion über Unterrichtsqualität einerseits mit einer Orientierung an den heranwachsenden Leserinnen und Lesern und ihren text- und medienbezogenen Interessen andererseits und schließlich mit literarästhetischen Bildungszielen, so sind es vor allem drei Aufgaben, die dem Sprachunterricht, speziell dem Lesunterricht, übertragen werden:

Das *Lesetraining,* mit welchem Teilprozesse des Lesens eingeübt und automatisiert werden und für welche nach dem Vorbild angloamerikanischer Trainingsprogramme Lehrmittel mit systematisch aufgebauten Übungen mittlerweile auch im deutschsprachigen Raum und auch für die oberen Klassen der Primarschule sowie für die Sekundarstufe I entwickelt wurden (z.B. Bertschi-Kaufmann, Hagendorf, Kruse, Rank, Riss & Sommer 2007; Trenk-Hinterberger, Nix, Rieckmann, Rosebrock & Gold 2007). Letzteres ist für die deutschsprachige Schweiz insofern neu, als man lange Zeit davon ausgegangen war, dass basale Lesefähigkeiten bei den Schülerinnen und Schülern spätestens am Ende ihrer Primarschulzeit gesichert und Leseübungen anschließend nicht mehr angezeigt seien. Die Ergebnisse der internationalen Leistungsvergleiche haben dieser Annahme deutlich widersprochen, und viele Lehrmittelverlage haben sich mit einer Fülle von neuen Übungsmaterialien in der Folge insbesondere auf PISA berufen. Die Materialien enthalten mehrheitlich Übungen zum Erwerb von mechanisierbaren Lesefertigkeiten und von planbaren Lesestrategien. In der angloamerikanischen Leseforschung hingegen hat sich ein Forschungszweig etabliert, der unter dem Begriff der *»fluency«* jenen Leseprozessen nachspürt, welche über die Dechiffrierfähigkeit hinaus zu hierarchiehöheren Leistungen führt (Rosebrock & Nix 2006). Unter *»fluency«* wird ein auf der Wort- und Satzebene automatisierter, müheloser und ausdrucksstarker Lesefluss verstanden. Lesegeläufigkeit gilt als wesentliche Voraussetzung für das Textverstehen und sie gilt als sukzessive trainierbar.

Die *allgemeine Leseförderung,* mit welcher - in einem weiten Verständnis - die Stimulierung jeglicher Leseaktivität gemeint ist und deren Ziel in erster Linie das Wecken von Leseinteressen und die Stabilisierung des Leseverhaltens ist. Konzeptionelle Überlegungen und empirische Befunde sprechen also dafür, Leseförderung in erster Linie motivationsorientiert zu gestalten und damit das Interesse am Lesen und am Lernen überhaupt zu stärken. Angesichts der komplexen Anforderungen, welche Texte an die Lesenden stellen, also mit Rücksicht auf den anspruchsvollen Kompetenzerwerb im Bereich Lesen, stellt sich allerdings die Frage, ob eine Orientierung an den Motivationen und Interessen der Lernenden ausreichend ist oder ob nicht bestimmte basale Fähigkeiten ausgebildet werden müssen, damit die Erfahrung einer Gratifikation beim Lesen erst möglich ist. Nach der Sichtung des aktuellen Forschungsstands und insbesondere mit Blick auf die Wirksamkeit von Förderprogrammen kommen Schneider et al. (2013) zum Schluss, dass die Förderung von Lesemotivationen und die Rücksichtnahme auf individuelle Leseinteressen mit dem Aufbau basaler Lesefähigkeiten verbunden werden sollte, vorzugsweise auch mit dem Einüben von sogenannten Lesestrategien, also von zielgerichteten Verfahren im Umgang mit Texten (s. dazu den Beitrag von Souvignier in diesem Band). Mit Konzepten der Leseanimation, der Verstärkung von Leseroutinen bzw. der Habitualisierung von Lesen im Rahmen des Unterrichtsalltags werden Leseumgebungen so eingerichtet, dass den heranwachsenden Leserinnen und Lesern Raum für individuelle Entscheide bleibt, sie dabei aber auch auf Hinführungen zu ihren Lektüren zählen können (Bertschi-Kaufmann 2006). Entsprechende Förderkonzepte rücken motivationale Aspekte in den Vordergrund. Sie setzen in der Regel aber nicht nur auf die zu weckende »Leselust«, sondern auch auf die wechselseitigen Animationen und Verständigungen über Leseerfahrungen und Leseerkenntnisse im Rahmen eines textbezogenen Austauschs, der Anschlusskommunikation, die von der Lesesozialisationsforschung (Hurrelmann 2002) als besonders wirksam für den Aufbau von Leseentwicklungen eingestuft wird. Mit dem Ziel der Leseförderung richten Schulen und Bibliotheken Leseecken mit vielerlei Leseangeboten ein, wobei elektronische Medien mittlerweile zum selbstverständlichen Inventar gehören, weil ihr Anregungspotenzial für das Lesen, auch für das Lesen gedruckter Texte, ausgewiesen ist (zum Beispiel Bertschi-Kaufmann et al. 2004).

Das *literarische Lernen,* welches sich im Umgang mit poetisch gestalteten Texten vollzieht und je nachdem andere Voraussetzungen hat als die allgemeine Lesekompetenz. Während Lesefähigkeit nämlich zeichengebunden ist, gilt dies für die literarische Kompetenz nicht zwingend. Die Rezeption des gesprochenen Kinderverses, der Theaterbesuch, das Hören und Verstehen von Raptexten u.a. sind Elemente des literarischen Lernens; insofern ist dieses zunächst weniger voraussetzungsreich als jegliches rein schriftbezogene Lernen. Der Literaturunterricht, und insbesondere jener der Sekundarstufen I und des Gymnasiums, rückt allerdings die anspruchsvolle literarische Lektüre ins Zentrum, und dies mit dem Lernziel, literarische Texte angemessen bzw. »formbewusst« (Eggert 2002) und traditionsbewusst (Abraham & Kepser 2009) zu rezipieren. Texte sollen in ihrer medialen Gestaltung und in ihrem kulturellen Kontext verstanden werden. Während Konzepte der literarischen Erfahrung auf ein unmittelbares Spracherleben im Umgang mit dem Kunstvollen setzen (Härle & Rank 2008), meint man mit literarischem Lernen in der Regel eine mehr oder weniger starke Orientierung an Texten, die unter poetologischen und/oder normativen Aspekten ausgewählten wurden, also eine Orientierung am literarischen Kanon. Anders als in Konzepten der Leseförderung gelten hier mehr oder weniger explizite Regeln für die Aufschlüsselung der Texte. Die Rezeptionsprozesse der heranwachsenden Leserinnen und Leser sind in jene Formen des Verstehens und Deutens eingebunden, die kulturell überliefert und von kanonpflegenden Instanzen wie der Schule als Wissensbestand verlangt werden (Rosebrock 2006, S. 58). Der Erwerb poetischer Kenntnisse ist allerdings nicht Selbstzweck, sondern gilt als Voraussetzung einer vertieften Erfahrung jener Welt- und Sprachvermittlung, die literarische Texte bieten (Paefgen 2006, S. 158). In diesem Sinne wird der Kinder- und Jugendliteratur als Fundus poetischer Texte mit vergleichsweise leicht zugänglichen Gestaltungen als Übergangsliteratur eine große - animierende und didaktische - Bedeutung zugemessen.

Wenn Lehrerinnen und Lehrer eine Gewichtung der hier kurz skizzierten lese- und literaturdidaktischen Aufgaben vornehmen, so entscheiden sie in aller Regel nach Plausibilitäten, die sich aus den Traditionen des Schultyps ergeben (der Anteil literarischen Lernens wird in der Sekundarstufe I mit geringem Anspruch bzw. der Sek C[1] kleiner sein als in progymnasial konzipierten Typen) und von Lehrmitteln oder der eigenen Erfahrung gestützt sind.

Im Nachklang von PISA ist die Frage nach dem nachweislichen Erfolg von Unterrichtskonzepten und -verfahren aber virulent. Die Antworten fallen allerdings aus verschiedenen Gründen spärlich aus, denn zum einen sind die genannten Didaktiken in ganz unterschiedlichem Maße geeignet für eine Überprüfung ihrer Produktivität (jene PISA-Aufgaben, welche sich auf literarische Texte beziehen, sind diesbezüglich auch nicht wegweisend, weil sie wohl auf inhaltliche und formale Merkmale der Texte gerichtet sind, nicht aber nach dem spezifisch literarischen Verstehen als ein Deuten und Einordnen in die bereits angesammelte literarische Erfahrung fragen). Zum anderen macht die Leseforschung bislang nur wenige eindeutige Aussagen bezüglich der Wirkung von Unterrichtsmethoden im Bereich Lesen. Immerhin verweisen Studien aus ganz unterschiedlichen Kontexten darauf, dass eine Kombination von Unterrichtsverfahren angezeigt ist und dass Interventionen zur Schulung von kognitiven Verstehensprozessen wirksam unterstützt werden durch solche, welche eine freie, aber extensive Lesepraxis anregen. Entsprechende Schlüsse wer den zum einen in jenen Kommentaren gezogen, welche sich auf die Metaanalysen zu den amerikanischen Lesetrainingsprogrammen im Rahmen des »National Reading Panels« (NICHD 2000) beziehen. So deutet Allington (2009) dessen Ergebnisse dahingehend, dass insbesondere schwache Lese-

1 Die Sekundarstufe I (Schuljahre 6-9) führt in der Regel drei Niveaustufen: A entspricht Progymnasium bzw. Gymnasium, B entspricht Realschule und C entspricht Hauptschule.

rinnen und Leser mit Sequenzen eines offen gehaltenen, interessegeleiteten Lesens besser gefördert werden als mit einem ausschließlich angeordneten Lesetraining. Mit Bezug auf die Lesemotivationsforschung (z.B. Wigfield & Guthrie 1997) kommt man in den auf die verschiedenen Interventionsstudien im amerikanischen Raum gezogenen Schlussfolgerungen also auf sehr ähnliche Befunde wie deutsche Forschungsarbeiten, z.B. jene von Retelsdorf und Möller (2008), deren Ergebnisse sich so zusammenfassen lassen: Lesemenge und intrinsische Lesemotivation hängen eng zusammen, beide unterliegen eher außerschulischen Faktoren, weil freizeitliches Lesen mehr Selbstbestimmung zulässt. Eine erhöhte Lesemenge wiederum bewirkt ein gesteigertes Leseverständnis.

Für den Leseunterricht ist also eine Aktivierung der Lesetätigkeit, und diese möglichst mit Wirkung auf das freiwillige Lesen außerhalb der Schule, deutlich angezeigt. Denn Lesenlernen gelingt nie ausschließlich mit dem Nachvollzug angeleiteter Schritte, sondern ist Ergebnis eines umfassenden Enkulturationsprozesses. Aus der von uns ausgetragenen Studien »Lese- und Schreibkompetenzen fördern« (Bertschi-Kaufmann & Schneider 2007) wissen wir zudem, dass sich Aktivierungen des freien Lesens auch hinsichtlich kognitiver Leseentwicklungen bewähren bzw. dass ein Lesetraining auf der Sekundarstufe I (untersucht für den Typus C bzw. für die Hauptschule) mehr und bessere Wirkung zeigt, wenn es mit Sequenzen des freien, interessegeleiteten Lesens kombiniert wird und wenn Lehrerinnen und Lehrer auf die Lernschritte und Förderbedürfnisse ihrer Schülerinnen und Schüler aufmerksam sind.

5 Diagnosefähigkeit und Lernerfolg: Vom Zusammenspiel der Kompetenzen von Lehrenden und Lernenden im Leseunterricht

Diagnostische Kompetenz von Lehrerinnen und Lehrern wird als eine Schlüsselkompetenz in Lehr- und Lernkontexten angesehen; PISA hat diese Beurteilung insofern noch verstärkt, als man auf die Kluft zwischen der Einschätzung von Leseleistungen durch die Lehrerinnen und Lehrer und den in Testergebnissen zutage tretenden Defiziten aufmerksam wurde (Kultusministerkonferenz 2001. Wie Valtin, Tarelli und Wendt in diesem Band zeigen, trifft dies auch für IGLU zu). Unter »diagnostischer Kompetenz« wird allgemein die Kompetenz von Lehrerinnen und Lehrern verstanden, Merkmale ihrer Schülerinnen und

Schüler angemessen zu beurteilen, Lern- und Aufgabenanforderungen adäquat einzuschätzen. Diagnosefähigkeit der Lehrenden ist die Voraussetzung dafür, dass Förderung bei den tatsächlich gegebenen Voraussetzungen der Lernenden ansetzt und von diesen deshalb verwertet werden kann; sie gilt in diesem Sinne als Angelpunkt der Qualitätsentwicklung von Unterricht. Dem Desiderat verlässlicher diagnostischer Urteile steht allerdings ein wissenschaftlicher Forschungsstand gegenüber, der hinsichtlich der Entstehung, der Förderbarkeit und der Auswirkungen von Diagnosekompetenz bei den Lehrerinnen und Lehrern noch unbefriedigend und für die Praxis wenig hilfreich ist (Artelt & Gräsel 2009).

Testaufgaben in Formaten, wie sie für groß angelegte Leistungsstudien angezeigt sind, eignen sich gerade nicht dazu, die für die Entwicklung entscheidenden Aspekte der Lesekompetenz derart zu erfassen, dass daraus direkte Hinweise für eine probate Förderung abzuleiten wären. Die Rückmeldung, die Lehrerinnen und Lehrer mit Testergebnissen erhalten, sind erst einmal nur Hinweise darauf, ob und in welchem Ausmaß Schülerinnen und Schüler die gegebenen Aufgaben zum gegebenen Zeitpunkt bewältigt haben (Husfeldt & Lindauer 2009). Die Leistungsmöglichkeiten der Lernenden, ihre Dispositionen zum weiteren Leseerwerb und die Ursachen allfälliger Stagnationen sind mit der Testaufgabe nicht zu ermitteln.

Die Sache ist komplexer: Eine geringe Lesekompetenz (in der Definition von PISA) ist unter Umständen Ausdruck allgemeiner Lernschwierigkeiten, ein solcher Zusammenhang ist aber nicht zwingend. Schwierigkeiten, die jemand beim Lesen hat, können unterschiedlicher Natur sein; sie können in fehlendem Vorwissen hinsichtlich des jeweiligen Inhalts oder der spezifischen Textkonventionen und den darauf auszurichtenden Lesestrategien liegen; sie können aber auch basale Fertigkeiten im Umgang mit Prinzipien des Schriftsystems und das Konstruieren von Textbedeutungen betreffen. Ergebnisse schlechter Leseleistung verweisen also noch nicht auf die spezifischen Schwachstellen. Um diese zu erkennen, sind Analyseinstrumente für die Förderpraxis erforderlich, wobei einerseits die Voraussetzungen der Schülerinnen und Schüler eingeschätzt werden müssen und andererseits die Anforderungen der jeweiligen Aufgaben, welche ihnen gestellt werden. Im Falle von Leseaufgaben betrifft eine solche Einschätzung zweierlei. Zum einen ist sie auf die Texte bezogen, welche zum Verstehen aufgegeben sind. Diese sind aufgrund ihrer Struktur, der Explizitheit der Leserführung, ihres Wortgebrauchs und ihrer lebensweltlichen Bezüge mehr oder weniger einfach oder schwierig. Und zum anderen sind auch die Aufgaben einzuschätzen, die bezogen auf die Texte gestellt werden: Je nachdem, ob sie Lesewege strukturieren helfen oder direkt nach Endergebnissen von Verstehensprozessen fragen, und je nach der Anzahl und der Auswahl von Textsignalen, welche für richtige Antworten berücksichtigt werden müssen, sind sie ihrerseits mehr oder weniger anspruchsvoll.

Während Lehrerinnen und Lehrer der Sekundarstufe I aufgrund ihrer Ausbildung tendenziell auf die Unterscheidung und Einordnung von Textarten gut vorbereitet sind, sind die Voraussetzungen zum Erkennen individueller Leseschwierigkeiten nicht unbedingt gegeben. Lange Zeit herrschte nämlich sowohl in der Lehrerinnen- und Lehrerbildung als auch in der Praxis die irrtümliche Meinung, Lesefähigkeiten seien bereits in der Primarschule hinreichend ausgebildet worden und könnten also auf den weiterführenden Schulstufen als selbstverständlich vorausgesetzt werden.

Ein großes Problem des Leseunterrichts auf der Sekundarstufe I und insbesondere auf der Sekundarstufe C mag darauf zurückzuführen sein; es besteht gerade darin, dass sich Lehrerinnen und Lehrer mit der Anpassung von textseitigen Anforderungen und den Leistungsmöglichkeiten der heranwachsenden Leserinnen und Leser schwer tun bzw. dass der Leseunterricht an den Interessen und den Aufnahmemöglichkeiten der Schülerinnen und Schüler vorbeizielt (Pieper, Rosebrock, Volz & Wirthwein 2004). Hier wäre von anderen Ländern und insbesondere von Neuseeland zu lernen, wo Unterrichtsformate und Lehrmittel für eine systematisch angelegte Individualisierung zur Verfügung stehen. Ein Teil des Unterrichts findet in homogenen Lerngruppen statt, wobei Schülerinnen und Schüler aufgrund ihrer jeweiligen Leistungen eingeteilt werden und im Schwierigkeitsgrad angepasste Unterrichtsmaterialien erhalten. Maßgeblich für die Zuordnung in die Gruppen sind nicht ausschließlich Testergebnisse; es werden die Berichte der Lehrerinnen und Lehrer bzw. deren Beobachtungen in den ersten Schulwochen einbezogen. Aufgrund der weiteren Beobachtungen im Verlauf des Schuljahres sind auch immer Umteilungen möglich.

In der Praxis von Deutschschweizer Schulen hat sich zudem eine Praxis der kontinuierlichen Beobachtung mit Hilfe zweier Instrumente bewährt:

dem Beobachtungsraster, mit dessen Hilfe einzelne Teilfähigkeiten des Lesens unterschieden und in den Blick genommen werden können (Bertschi-Kaufmann et al. 2007), und dem Lesetagebuch, welches die Schülerinnen und Schüler begleitend zu den freien Lektüren führen und persönlich gestalten (Bertschi-Kaufmann 2007). Hier reproduzieren sie ihre Leseerfahrungen in eigenen Texten, verbinden also Lesen mit Schreiben, was den Vorteil hat, dass die beiden literalen Tätigkeiten wechselseitig angeregt und ihrer Verbindung beobachtet werden können.

Ein weiteres Problem besteht in der Tendenz, den Sprach- und Leseerwerb als mehr oder weniger isolierte schulische Aufgabe, statt in seinen lernbiographischen Zusammenhängen zu sehen. Diese auszuleuchten kann nicht Aufgabe der einzelnen Lehrerinnen und Lehrer sein. Hingegen sollte deren Unterricht Lesepraktiken so anregen, dass diese innerhalb und außerhalb der Schule weitergeführt und dass Anregungen in beiden Richtungen - vom schulischen Lesen hin zur freizeitlichen Lektüre und umgekehrt - genutzt werden. Denn Leseentwicklungen sind Ausdifferenzierungen der Lesefähigkeiten unter den jeweiligen Bedingungen lebenslanger Literalisierungsprozesse (Holle 2004, S. 13) und der Leseunterricht leistet günstigerweise einen gewichtigen Beitrag mit anschlussfähigen Teilen im Gefüge sprachlicher und literaler Enkulturation.

Literatur

Abraham, U. & Kepser, M. (2006). Literaturdidaktik Deutsch. Eine Einführung (2. Auflage). Berlin: Erich Schmidt.

Allington, R.L. (2009). If they don't read much ... 30 years later. In E. Hiebert (Ed.). Reading more, reading better. New York: The Gilford Press, 30-54.

Artelt, C., Stanat, P., Schneider, W., Schiefele, U. & Lehmann, R. (2004). Die PISA-Studie zur Lesekompetenz: Überblick und weiterführende Analysen. In U. Schiefele, C. Artelt, W. Schneider & P. Stanat (Hg.). Struktur, Entwicklung und Förderung von Lesekompetenz. Vertiefende Analysen im Rahmen von PISA 2000. Wiesbaden: VS Verlag für Sozialwissenschaften, 139-168.

Artelt, C. & Gräsel, C. (2009). Diagnostische Kompetenz von Lehrkräften. Zeitschrift für Pädagogische Psychologie, 23 (3-4), 157-160.

Baumert, J., Klieme, E., Neubrand, M., Prenzel, M., Schiefele, U., Schneider, P., Stanat, P., Tillmann, K-J., Weiß, M. (Hg.) (2001). PISA 2000: Basiskompetenzen von Schülerinnen und Schülern im internationalen Vergleich. Opladen: Leske + Budrich.

Baumert, J., Artelt, C., Klieme, E., Neubrand, M., Prenzel, M., Schiefele, U., Schneider, W., Tillmann, K.J. & Weiß, M. (Hg.) (2003). PISA 2000. Ein differenzierter Blick auf die Länder der Bundesrepublik Deutschland. Opladen: Leske + Budrich.

Beck, B. & Klieme, E. (Hg.) (2007). Sprachliche Kompetenzen. Konzepte und Messung. DESI-Studie (Deutsch Englisch Schülerleistungen International). Weinheim, Basel: Beltz.

Bertschi-Kaufmann, A., Kassis, W. & Sieber, P. (Hg.) (2004). Mediennutzung und Schriftlernen. Analysen und Ergebnisse zur literalen und medialen Sozialisation. Weinheim und München: Juventa.

Bertschi-Kaufmann, A. (2006). Das Lesen anregen, fördern, begleiten. Velber: Kallmeyer/Friedrich.

Bertschi-Kaufmann, A. & Schneider, H. (2006). Entwicklung von Lesefähigkeit: Massnahmen - Messungen - Effekte. Ergebnisse und Konsequenzen aus dem Forschungsprojekt »Lese- und Schreibkompetenzen fördern«. Schweizerische Zeitschrift für Bildungswissenschaften, 28 (3), 393-421.

Bertschi-Kaufmann, A., Hagendorf, P., Kruse, G., Rank, K., Riss, M. & Sommer, T. (2007). Lesen. Das Training. Ausgaben für das 4-6. und das 7.-9. Schuljahr. Seelze-Velber: Lernbuch Verlag bei Friedrich.

Bertschi-Kaufmann, A. & Wiesner, E. (2009). Lesealltag und Leseglück in den Selbstaussagen von Jugendlichen. In A. Bertschi-Kaufmann & C. Rosebrock (Hg.). Literalität. Forschungsfeld und Bildungsaufgabe. Weinheim und München: Juventa, 217-232.

Bertschi-Kaufmann, A. (2011). Leseunterricht und seine Orientierungen nach der PISA-Studie. Konzeptionen und Praktiken im Spannungsfeld von alltagsbezogener Kompetenzorientierung und Enkulturation In Schweizerische Zeitschrift für Bildungswissenschaften. 32 (3) 2010, 445-466.

Bildungsmonitoring Schweiz (2004). PISA 2003: Kompetenzen für die Zukunft. Erster nationaler Bericht. Neuchâtel: BfS/EDK.

Bruner, J. (1990). Acts of meaning. Cambridge, MA: Harvard University Press.

Christmann, U. & Groeben, N. (1999). Psychologie des Lesens. In B. Franzmann, K. Hasemann, D. Löffler & E. Schön (Hg.). Handbuch Lesen. München: Saur, 145-223.

DESI-Konsortium (Hg.) (2008). Unterricht und Kompetenzerwerb in Deutsch und Englisch. Ergebnisse der DESI-Studie. Weinheim: Beltz Pädagogik.

EDK (2003). Aktionsplan »PISA 2000« - Folgemassnahmen. http://edudoc.ch/record/33241/files/pisa2000_aktplan_d.pdf. (Datum des Zugriffs: 1.3.2010).

EDK (2004). Sprachenunterricht in der obligatorischen Schule: Strategie der EDK und Arbeitsplan für die gesamtschweizerische Koordination. 25. März 2004. http://edudoc.ch/record/30008/files/Sprachen_d.pdf. (Datum des Zugriffs: 1.3.2010).

EDK (2007). Interkantonale Vereinbarung über die Harmonisierung der obligatorischen Schule (HarmoS). Biel: Ediprim AG. 14. Juni 2007. http://edudoc.ch/record/24711/files/HarmoS_d.pdf?ln=deversion=1. (Datum des Zugriffs: 1.3.2010).

EDK (2010). Basisstandards für die Schulsprache. Unterlagen für den Anhörungsprozess. 25. Januar 2010. http://edudoc.ch/record/36475/files/Standards_L1_d.pdf. (Datum des Zugriffs: 1.3.2010).

Eggert, H. (2002). Literarische Bildung und ihre Anforderungen an die Lesekompetenz. In N. Groeben & B. Hurrelmann (Hg.). Lesekompetenz. Bedingungen, Dimensionen, Funktionen. Weinheim: Juventa, 186-194.

Giasson, J. (1990). La comprehension en lecture. Boucherville: Gaëtan Morin Editeur.

Groeben, N. & Hurrelmann, B. (2004) (Hg.). Lesesozialisation in der Mediengesellschaft. Ein Forschungsüberblick. Weinheim und München: Juventa.

Grzesik, J. (2005). Texte verstehen lernen. Neurobiologie und Psychologie der Entwicklung von Lesekompetenz durch den Erwerb von textverstehenden Operationen. Münster: Waxmann.

Härle, G. & Rank, B. (Hg.) (2008). »Sich bilden ist nichts anders, als frei werden.« Sprachliche und literarische Bildung als Herausforderung für den Deutschunterricht. Baltmannsweiler: Schneider Hohengehren.

Helmke, A. (2009). Unterrichtsqualität und Lehrerprofessionalität. Diagnose, Evaluation und Verbesserung des Unterrichts. Seelze: Klett-Kallmeyer.

Holle, K. (2004). Prävention von Leseschwierigkeiten oder wieso das Lesen lernen nicht nur ein grundschuldidaktisches Problem ist. In M. Kämper-van den Boogaart (Hg.). Deutschunterricht nach der PISA-Studie. Frankfurt/M.: Peter Lang, 13-35.

Hurrelmann, B. (2002). Prototypische Merkmale der Lesekompetenz. In N. Groben & B. Hurrelmann (Hg.). Lesekompetenz. Bedingungen, Dimensionen, Funktionen. Weinheim und München: Juventa, 275-286.

Hurrelmann. B. (2004). Sozialisation der Lesekompetenz. In U. Schiefele, C. Artelt, W. Schneider & P. Stanat (Hg.). Struktur, Entwicklung und Förderung von Lesekompetenz. Vertiefende Analysen im Rahmen von PISA 2000. Wiesbaden: VS Verl. f. Sozialwissensch., 37-60.

Hurrelmann, B. (2006). Ein erweitertes Konzept von Lesekompetenz und Konsequenzen für die Leseförderung. In G. Auernheimer (Hg.). Schieflagen im Bildungssystem. Die Benachteiligung der Migrantenkinder. Wiesbaden: Verlag für Sozialwissenschaften, 2. Aufl., 161-176.

Hurrelmann, B. (2009). Literalität und Bildung. In A. Bertschi-Kaufmann & C. Rosebrock (2009) (Hg.). Literalität. Bildungsaufgabe und Forschungsfeld. Weinheim und München: Juventa, 21-42.

Husfeldt, V. & Lindauer, T. (2009). Kompetenzen beschreiben und messen. Eine Problematisierung selbstverständlicher Begriffe. In A. Bertschi-Kaufmann & C. Rosebrock (Hg.). Literalität. Bildungsaufgabe und Forschungsfeld. Weinheim und München: Juventa, 137-150.

Kintsch, W. (1998): Comprehension: a paradigm for cognition. Cambridge: Cambridge Univ. Press.

Konsortium HarmoS Schulsprache (2010). Schulsprache. Wissenschaftlicher Kurzbericht und Kompetenzmodell. Provisorische Fassung (vor Verabschiedung der Standards). Stand: 17. Januar 2010. http://www.edudoc.ch/static/web/arbeiten/harmos/L1_wissB_25_1_10_d.pdf. (Datum des Zugriffs: 1.3.2010).

Kultusministerkonferenz (2001). Erste Konsequenzen aus den Ergebnissen der PISA-Studie. Beschluss auf der 296. Plenarsitzung am 5. und 6. Dezember 2001. www.kmk.org. (Datum des Zugriffs: 1.3.2010).

Lindauer, T. & Schneider H. (2007). Lesekompetenz ermitteln: Aufgaben im Unterricht. In A. Bertschi-Kaufmann (Hg.). Lesekompetenz - Leseleistung - Leseförderung. Grundl., Modelle u. Materialien. Seelze-Velber/Zug: Kallmeyer in Verb. m. Klett/Klett & Balmer, 109-125.

National Institute of Child Health and Human Development (NICHD) (2000). Report of the National Reading Panel. Teaching children to read: An evidence-based assessment of the scientific research literature on reading and its implications for reading instruction (NIH Publication No. 00-4769). Washington, DC: U.S. Government Printing Office.

Mullis, I.V.S., Martin, M.O., Kennedy, A.M. & Foy, P. (2007). PIRLS 2006 International Report. IEA's Progress in International Reading Literacy Study in Primary School in 40 Countries. Chestnut Hill, MA: TIMSS & PIRLS International Study Center, Boston College.

Notter, P., Bonerad, E-M. & Stoll, F. (Hg.) (1999). Lesen - eine Selbstverständlichkeit? Schweizer »Bericht zum International Adult Literacy Survey«. Chur: Rüegger.

Pekarek Doehler, S. (2009). Rapport final. L'organisation du discours dans l'interaction en langue première et seconde: acquisition, enseignement, évaluation. Diversité des langues et compétences linguistiqes en Suisse, NFP 56. http://www.nfp56.ch/d_portraet_resultate.cfm?Projects.Command=resultate&pid=6. (Datum des Zugriffs: 1.3.2010).

Pieper, I., Rosebrock, C., Volz, S. & Wirthwein, H. (2004). Lesesozialisation in schriftfernen Lebenswelten. Lektüre und Mediengebrauch von HauptschülerInnen. Weinheim: Juventa.

Oelkers, J. & Reusser, K. (2008). Qualität entwickeln, Standards sichern, mit Differenz umgehen. Eine Expertise in Auftrag von vier Ländern. Unter Mitarbeit von E. Berner, U. Halbheer, S. Stolz. Berlin: Bundesministerium für Bildung und Forschung.

Paefgen, E. (2006). Einführung in die Literaturdidaktik (2. Auflage). Stuttgart: Metzler.

Retelsdorf, J. & Möller, J. (2008). Entwicklungen von Lesekompetenz und Lesemotivation: Schereneffekte in der Sekundarstufe? Zeitschrift für Entwicklungspsychologie und Pädagogische Psychologie, 40, 179-188.

Rosebrock, C. (2006). Zum Verhältnis von Lesesozialisation und literarischem Lernen. Didaktik Deutsch 6/2006, 57-68.

Rosebrock, C. & Nix, D. (2006). Forschungsüberblick: Leseflüssigkeit (Fluency) in der amerikanischen Leseforschung und -didaktik. Didaktik Deutsch 12 (20), 90-112.

Schneider, H., Bertschi-Kaufmann, A., Häcki Buhofer, A., Kassis, W., Kronig, W., Beckert, C., Stalder, U.M. & Wiesner, W. (2009). Die erfolgreiche literale Entwicklung von risikobehafteten Jugendlichen - motivationale Aspekte. Bulletin suisse de linguistique appliqué, 89, 65-97.

Schneider, H. (Hg.) (2011). Wenn Schriftaneignung (trotzdem) gelingt. Literale Sozialisation und Sinnerfahrung. Weinheim, München: Juventa.

Schneider, H., Becker-Mrotzek, M. et al. (Hg.) (2013). Expertise Wirksamkeit von Sprachförderung. Köln: Mercator-Institut für Deutsch als Zweitsprache.

Schnotz, W. & Dutke, S. (2004). Kognitionspsychologische Grundlagen der Lesekompetenz. Mehrebenenverarbeitung anhand multipler Informationsquellen. In U. Schiefele, C. Artelt, W. Schneider & P. Stanat (Hg.). Struktur, Entwicklung und Förderung von Lesekompetenz. Vertiefende Analysen im Rahmen von PISA 2000. VS Verlag für Sozialwissenschaften: Wiesbaden, 61-99.

Sturm, A., Hollenstein, A. & Hilbe, R. (2009). Literale Grundkompetenzen und Medien in der Erwachsenenbildung. Ergebnisse des Projekts Illettrismus und neue Technologien. In A. Bertschi-Kaufmann & C. Rosebrock (Hg.). Literalität. Bildungsaufgabe und Forschungsfeld. Weinheim und München: Juventa, 233-246.

Trenk-Hinterberger, I., Nix, D., Rieckmann, C., Rosebrock, C. & Gold, A. (2008). Förderung der Leseflüssigkeit bei schwachen Leser(inne)n in der sechsten Jahrgangsstufe: Erste Ergebnisse einer Interventionsstudie. In B. Hofmann & R. Valtin (Hg.). Checkpoint Literacy. Tagungsbd.1 zum 15. Europäischen Lesekongress 2007 in Berlin. Berlin: DGLS, 183-19.

UNESCO (2009). Global Report on Adult Learning and Education. Hamburg: UNESCO Institute for Lifelong Learning.

Vygotsky, L.S. (1978). Mind and society: The development of higher psychological processes. Cambridge: Harvard University Press.

Wigfield, A. & Guthrie, J.T. (1997). Relations of children's motivation for reading to the amount and breadth of their reading. Journal of Educational Psychology 89, 420-432.

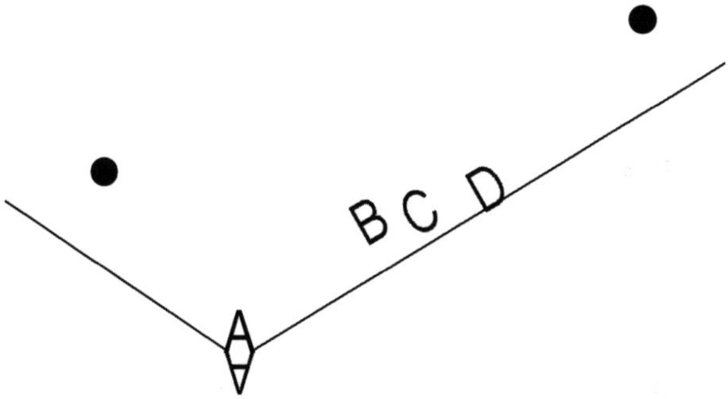
A
B C D

Förderung von Teilfertigkeiten der Lesekompetenz bei Kindern mit Zuwanderungshintergrund

Alexandra Marx / Katrin M. Wolf / Jennifer Paetsch
Annkathrin Darsow / Anja Felbrich

1 Einleitung

Eine der wichtigsten Fähigkeiten in modernen Gesellschaften ist die Fähigkeit, geschriebene Texte zu lesen und zu verstehen. Lesekompetenz ist eine zentrale Voraussetzung für lebenslanges Lernen und Partizipation in allen Bereichen der Gesellschaft. Befunde aus groß angelegten Schulstudien wie PISA und IGLU belegen jedoch, dass es Schülerinnen und Schülern in Deutschland oftmals nicht gelingt, adäquate Lesekompetenzen zu entwickeln. So erreichten in der IGLU-Erhebung 2011 15 Prozent der teilnehmenden Grundschülerinnen und -schüler der vierten Klassenstufe nicht die Kompetenzstufe III und verfügten somit nicht über ausreichende Lesekompetenzen (Bos, Bremerich-Vos, Tarelli & Valtin 2012). Für diese Kinder ist davon auszugehen, dass sie ohne eine weitere Förderung mit erheblichen Schwierigkeiten beim Lernen in allen Fächern konfrontiert sein werden.

Kinder mit Zuwanderungshintergrund sind in dieser Gruppe von Schülerinnen und Schülern mit schwachen Lesekompetenzen deutlich überrepräsentiert. Obwohl sich der Anteil besonders leseschwacher Kinder seit der IGLU-Studie 2001 deutlich verringert hat, liegt er in IGLU 2011 für Kinder mit Zuwanderungshintergrund bei ca. 27 Prozent. Im Vergleich beträgt der entsprechende Anteil von Schülerinnen und Schülern mit schwachen Lesekompetenzen bei Kindern ohne Zuwanderungshintergrund lediglich 10 Prozent (Schwippert, Wendt & Tarelli 2012). Schülerinnen und Schüler, deren Eltern nach Deutschland zugewandert sind, schneiden im Lesekompetenztest im Mittel um 42 Leistungspunkte schwächer ab als Kinder ohne Zuwanderungshintergrund (Schwippert et al. 2012). Dieser Unterschied in den Leistungen entspricht dem Lernfortschritt von etwas mehr als einem Schuljahr (Schwippert et al. 2012).

Ein Teil dieser Leistungsdifferenzen in der Lesekompetenz von Kindern mit resp. ohne Zuwanderungshintergrund lässt sich auf den sozioökonomischen und kulturellen Status der Schülerinnen und Schüler zurückführen. Kinder aus Familien mit einem niedrigen sozioökonomischen Status weisen häufig geringere Kompetenzen auf als Kinder, die aus Familien mit einem hohen sozioökonomischen Status stammen. Darüber hinaus zeigte sich in den Leistungsvergleichen wiederholt, dass auch die zuhause gesprochene Sprache einen bedeutsamen Prädiktor der Lesekompetenz darstellt (Schwippert et al. 2012). So beträgt die Leistungsdifferenz zwischen Kindern, die zuhause Deutsch sprechen und jenen, die zuhause eine andere Sprache sprechen, in der IGLU-Studie 2011 32 Leistungspunkte und entspricht damit in etwa dem Leistungszuwachs, der innerhalb eines Schuljahrs erreicht wird (Schwippert et al. 2012). Auch die Befunde des IQB-Ländervergleichs 2011 belegen, dass Grundschülerinnen und -schüler mit Zuwanderungshintergrund in den untersuchten Kompetenzbereichen schwächer abschneiden als Kinder ohne Zuwanderungshintergrund. Zwar reduzieren sich diese Disparitäten, sobald der Bildungshintergrund der Eltern sowie der sozio-ökonomische Hintergrund der Familien kontrolliert werden, es bleiben jedoch auch unter Berücksichtigung dieser sozialen Variablen Leistungsdifferenzen bestehen, die sich zum Teil auf die in der Familie gesprochen Sprache zurückführen lassen (Haag, Böhme & Stanat 2012).

Der stabile Effekt, den die zuhause gesprochene Sprache auf die Lesekompetenz von Schülerinnen und Schülern mit Zuwanderungshintergrund zu haben scheint, weist darauf hin, dass ein Mangel an Gelegenheiten, Deutsch zu sprechen und Deutsch als Zweitsprache zu erwerben, die Leseentwicklung von Kindern mit Zuwanderungshintergrund behindert. Durch welche Prozesse und Teilfertigkeiten dieser Zusammenhang von sprachlichen Kompetenzen und Lesekompetenz vermittelt wird, ist bislang nicht abschließend geklärt. Es ist daher notwendig zu bestimmen, welche sprachlichen Teilprozesse des Lesens für Schülerinnen und Schüler in einer Zweitsprache potentielle Hürden darstellen und wie diese gefördert werden können. Im Folgenden werden zunächst die für das Lesen in einer Erst- (L1) und einer Zweitsprache (L2) relevanten Teilprozesse und -fertigkeiten dargestellt. Anschließend werden verschiedene Ansätze zur Förderung dieser Teilfertigkeiten und -prozesse diskutiert.

2 Teilfertigkeiten und -prozesse der Lesekompetenz in einer Zweitsprache

Es existieren unterschiedliche Ansichten darüber, welche Teilprozesse und -fertigkeiten dem Leseprozess zugrunde liegen und wie sich diese entwickeln. Dem *Simple View of Reading*-Ansatz zufolge wird das Leseverstehen von Schülerinnen und Schülern lediglich von ihrer Fähigkeit zum Dekodieren, d.h. einer effizienten Worterkennung, sowie dem Hörverstehen determiniert (Hoover & Gough 1990). Im Zuge des Leseerwerbs bildet dabei zunächst das Dekodieren den begrenzenden Faktor des Leseverstehens. Sobald die Fähigkeit zur effizienten Worterkennung automatisiert ist, steigt dann die Bedeutung des Hörverstehens für die Lesekompetenz (Hoover & Gough 1990). Das differenziertere Modell des Leseverstehens von Lundberg (2002) baut auf diesem Ansatz auf und spezifiziert weitere Prädiktoren des Leseverstehens (vgl. Abb. 1). Demnach sind für die Entwicklung des Leseverstehens ein *phonologischer* und ein *syntaktisch/semantischer* Verarbeitungsweg bedeutsam. Der phonologische Verarbeitungsweg umfasst das phonologische Dekodieren oder die phonologische Bewusstheit, d.h. das Wissen über die lautliche Struktur der Sprache. Die Entwicklung dieser Teilfertigkeiten sowie die Fähigkeit zur automatisierten Verarbeitung sprachlicher Informationen beeinflussen den Erwerb der Dekodierfähigkeit (Lundberg 2002). Der syntaktisch/semantische Verarbeitungsweg des Lundberg-Modells umfasst das Textverstehen, d.h. die Fähigkeit, einen Satz syntaktisch zu analysieren, dessen Bedeutung zu erfassen und ihn mit den umgebenden Sätzen inhaltlich in Beziehung zu setzen. Der Wortschatz, aber auch die grammatikalische Kompetenz von Schülerinnen und Schülern stellen bedeutsame Teilfertigkeiten für das Textverstehen dar, welches in der Regel als Hörverstehen operationalisiert wird, da Hörverstehen das Verstehen von Texten unabhängig von der Fähigkeit zu lesen erfasst (Lundberg 2002).

Ob sich das Lesen in der Zweitsprache (L2) ebenso wie das Lesen in einer Erstsprache (L1) nach diesen Modellvorstellungen charakterisieren lassen, ist nicht abschließend geklärt. Für den *Simple View of Reading*-Ansatz haben verschiedene Studien bereits belegt, dass sich anhand dieses Modells L1- und L2-Leseprozesse gleichermaßen erklären lassen (z.B. Verhoeven & van Leeuwe 2012; Yaghoub Zadeh, Farnia & Geva 2012). Neueren Studien

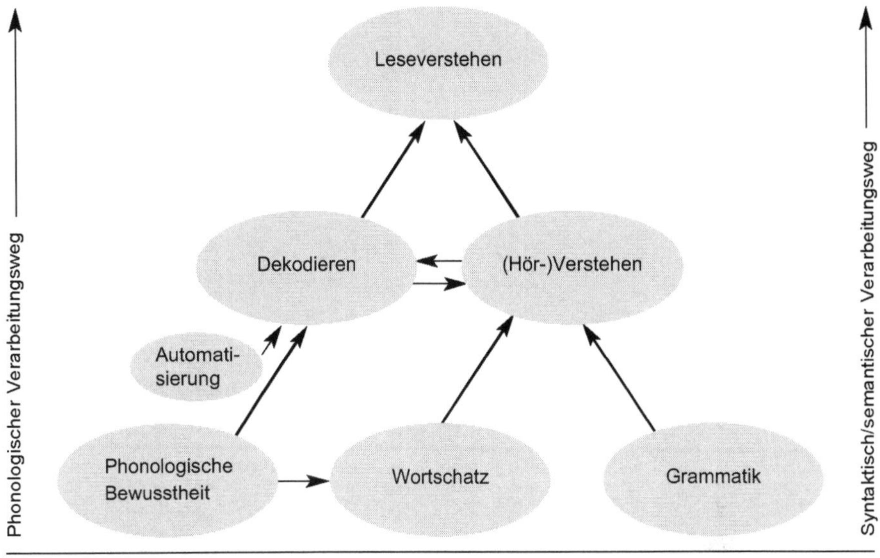

Abb. 1: Vereinfachte Darstellung des Lesemodells nach Lundberg (2002)

zufolge scheinen auch die Zusammenhänge der verschiedenen im Lundberg-Modell genannten Teilfertigkeiten mit der Lesekompetenz bei Schülerinnen und Schülern in einer Erst- resp. in einer Zweitsprache ähnlich eng zu sein (z.B. Geva & Massey-Garrison 2012; Lesaux & Kieffer 2010). Es kann demnach davon ausgegangen werden kann, dass auch das spezifischere Lundberg-Modell (2002) gleichermaßen für L1- und L2-Lernende gültig ist.

Während die Effekte von Teilfertigkeiten des Lesens auf die Lesekompetenz unabhängig vom Sprachhintergrund zu sein scheinen, existieren im Hinblick auf die Ausprägung dieser Teilfertigkeiten Unterschiede zwischen L1- und L2-Schülerinnen und -Schülern. Hinsichtlich der Ausprägung von Teilfertigkeiten, die mit dem phonologischen Verarbeitungsweg assoziiert sind, zeigt sich, dass zweisprachig aufwachsende Kinder häufig über eine stärker ausgeprägte phonologische Bewusstheit verfügen, die aus dem Kontakt mit mehreren Sprachsystemen resultiert und beim Erwerb des Dekodierens hilfreich sein kann (vgl. Bialystok 2001). Tatsächlich weisen L2-Schülerinnen und -Schüler in der phonologischen Bewusstheit und dem Dekodieren vergleichbare oder zum Teil sogar bessere Kompetenzen auf als L1-Schülerinnen und Schüler (Verhoeven & van Leeuwe 2012).

Im Hinblick auf die Teilfertigkeiten des Lesens, die dem syntaktisch/semantischen Verarbeitungsweg zuzuordnen sind, erzielen L2-Schülerinnen und -Schüler hingegen häufig geringere Kompetenzen als Kinder, die in ihrer Muttersprache lesen lernen. Betrachtet man jeweils den erst- bzw. den zweitsprachlichen Wortschatz von L2-Lernenden, so sind diese zumeist geringer ausgeprägt als der Wortschatz einsprachig aufwachsender Kinder (Lesaux & Kieffer 2010). Diese Einschränkungen im Vokabular zweisprachiger Schülerinnen und Schüler finden sich auch bei geübten L2-Lernenden, die die Zweitsprache häufig sprechen (Bialystok, Luk, Peets & Yang 2010) und auch bei Schülerinnen und Schülern aus Familien mit einem hohen sozioökonomischen Status (Umbel, Pearson, Fernández & Oller 1992). Auch für die grammatikalischen Kompetenzen und das Hörverstehen in einer Zweitsprache konnte nachgewiesen werden, dass zweisprachige Schülerinnen und Schüler im Vergleich zu ihren einsprachigen Peers schwächere Leistungen erzielen. Für den Bereich der Grammatik zeigten Lesaux, Lipka und Siegel (2006) beispielsweise, dass für L2-Grundschülerinnen und -schüler fünf Jahre Kita-Besuch bzw. Schulunterricht in der Zweitsprache nicht ausreichend sind, um grammatikalische Kompetenzen zu entwickeln, die denen von L1-Kindern entsprechen. Für das Hörverstehen wurde wiederholt belegt, dass L2-Schülerinnen und -Schüler häufig auf basale Verarbeitungsstrategien zurückgreifen und versuchen, die Bedeutung eines Hörtextes anhand isolierter Einheiten wie etwa einzelner Wörter zu entschlüsseln, anstatt beispielsweise Hintergrundwissen zum Verständnis eines Textes heranzuziehen (Vandergrift 2007). Diese Fokussierung auf basale Verarbeitungsstrategien behindert häufig das Hörverstehen (Verhoeven & van Leeuwe 2012).

Wie diese Befunde belegen, sind semantisch/syntaktische Fertigkeiten bei L2-Kindern häufig geringer ausgeprägt als bei L1-Kindern. Diese Nachteile im Bereich grundlegender Teilfertigkeiten des Lesens führen dazu, dass L2-Kinder im Vergleich zu L1-Kindern schlechtere Voraussetzungen haben, erfolgreich und sinnentnehmend lesen zu lernen. Grundsätzlich bestimmen somit dieselben Teilprozesse und -fertigkeiten das Lesen in der Erst- bzw. der Zweitsprache. Schwächere Leseleistungen bei L2-Kindern im Vergleich zu einsprachig aufwachsenden Kindern scheinen aus ihren oftmals schwächer ausgeprägten syntaktisch/semantischen Fertigkeiten, d.h. geringeren Kompetenzen in den Bereichen Wortschatz, Grammatik und Hörverstehen, zu resultieren. Um den Erwerb von Lesekompetenz zu unterstützen, scheint daher neben einer spezifischen Leseförderung auch die Förderung dieser sprachlichen Teilkompetenzen zentral.

Aus empirischer Sicht ist bislang jedoch nicht geklärt, welche Ansätze der Zweitsprachförderung in den verschiedenen Altersbereichen von der Kita bis in die Sekundarschule erfolgreich sind. Der nächste Abschnitt gibt einen Überblick über verschiedene Ansätze der Sprachförderung und deren Wirksamkeit. Der Fokus liegt dabei auf einsprachigen Ansätzen. Befunde aus dem englischsprachigen Raum belegen, dass für L2-Schülerinnen und -Schüler auch eine mehrsprachige Förderung die zweitsprachlichen Kompetenzen erhöhen kann. Eine flächendeckende Umsetzung bilingualer Programme für alle Herkunftssprachen zweisprachig aufwachsender Kinder scheint jedoch kaum realistisch, so dass es notwendig ist, sich verstärkt mit der Wirksamkeit von einsprachigen Fördermaßnahmen für L2-Kinder zu beschäftigen (Limbird & Stanat 2006).

3 Sprachförderung für Kinder mit Zuwanderungshintergrund: Ansätze und ihre Wirksamkeit

Bereits für die Kindertageseinrichtungen wird die Unterstützung der Sprachentwicklung als zentrale Aufgabe von Erzieherinnen und Erziehern formuliert (Ehlich, Valtin & Lütke 2012; Schneider et al. 2012). Dementsprechend finden sich in allen Bildungsplänen der Bundesländer Hinweise zur Gestaltung einer sprachförderlichen Umgebung in den Kindertageseinrichtungen (Lisker 2011). Darüber hinaus existieren in vielen Bundesländern spezifische Förderprogramme zur Sprachförderung von Kindern mit einer anderen Familiensprache als Deutsch oder Kindern mit deutscher Familiensprache, die in bestimmten Sprachbereichen Defizite aufweisen (Schneider et al. 2012). Die Angebote der Länder unterscheiden sich dabei stark, so dass im Elementarbereich eine Vielzahl unterschiedlicher Sprachförderansätzen vorliegt (vgl. Wolf, Felbrich, Stanat & Wendt 2011). Die Mehrzahl der Maßnahmen in Kindertageseinrichtungen zielt dabei darauf ab, die sprachlichen Interaktionen zwischen den Kindern und den Erziehenden zu erhöhen und möglichst sprachförderlich zu gestalten und so die sprachlichen Kompetenzen von L2-Kindern zu verbessern.

Im Primarbereich wird häufig eine integrative Sprachförderung im Regelunterricht angestrebt (Redder et al. 2011). Zusätzlich werden in den meisten Bundesländern additive Sprachförderangebote für Schülerinnen und Schüler mit sprachlichem Förderbedarf angeboten, die sehr unterschiedlich organisiert sind, wie z.B. Deutschförderkurse, Sprachförderklassen, Vorbereitungsklassen, Intensivklassen für Neuankömmlinge oder Eingliederungslehrgänge. Die Sprachförderung erfolgt dabei mit einer Vielzahl von Ansätzen, die oft nicht gut beschrieben sind und in der Regel nur anhand von Oberflächenmerkmalen klassifiziert werden können. Um die Wirksamkeit von Sprachförderansätzen zu untersuchen, ist es jedoch notwendig, diese in ihrem Kern zu erfassen und anhand von zugrunde liegenden Merkmalen zu beschreiben.

Eine wesentliche Unterscheidung in Bezug auf sprachliche Fördermaßnahmen betrifft die Art der Strategien, die zur Sprachvermittlung eingesetzt werden. Diese können entweder *implizit* oder *explizit* sein. Bei *expliziten* Vermittlungsstrategien liegt der Fokus auf formalen Aspekten von Sprache, d.h. auf Sprachstrukturen und der Vermittlung von Regelwissen (DeKeyser 1995). Diese Vermittlung des sprachlichen Regelwissens kann dabei sowohl über die direkte Instruktion der sprachlichen Regel erfolgen (Deduktion) als auch über die Aufforderung an die Lernenden, ihre Aufmerksamkeit auf eine bestimmte sprachliche Form zu lenken und die dahinter stehende sprachliche Regel abzuleiten (Induktion) (DeKeyser 2003). Explizite Strategien zielen darauf ab, beim Lernenden ein Bewusstsein für die Regelhaftigkeit der Sprache zu entwickeln und eine so genannte Sprachbewusstheit auszubilden.

Im Gegensatz zu expliziten Vermittlungsstrategien steht bei *impliziten* Strategien der Bedeutungsaspekt von Sprache im Vordergrund. Es wird versucht, durch die Schaffung vielfältiger Kommunikationssituationen implizite Lernprozesse auszulösen und auf diese Weise den Zweitspracherwerb zu fördern. Bei impliziten Ansätzen findet der Spracherwerb ohne explizite Regelvermittlung statt; das Lernen erfolgt *»without awareness of what is being learned«* (DeKeyser 2003, S. 314). Es findet demnach weder eine Vermittlung sprachlicher Regeln statt, noch werden die Lernenden instruiert, einer sprachlichen Form besondere Aufmerksamkeit zukommen zu lassen (Norris & Ortega 2000).

Während der L2-Erwerb in der frühen Kindheit weitgehend implizit und automatisch erfolgt, wird er für ältere Lernende zunehmend auch durch analytisches Denken und explizite Strategien gesteuert (DeKeyser 2003). Entsprechend wird angenommen, dass für L2-Lernende unterschiedlicher Altersgruppen implizite und explizite Vermittlungsstrategien unterschiedlich gut geeignet sind, um deren Kompetenzen in der Zweitsprache zu fördern. So argumentiert DeKeyser (2000), dass die Fähigkeit zum rein impliziten Erwerb einer Zweitsprache zwischen der frühen Kindheit und der Pubertät abnimmt. Während Kinder im Spracherwerb meist von impliziten Strategien profitierten, wären daher für erwachsene Zweitsprachlernende zunehmend auch explizitere Formen der Regelvermittlung geeignet, um deren Kompetenzen in der Zweitsprache zu fördern (DeKeyser 2003). Ansätze zur Förderung der zweitsprachlichen Kompetenzen im Elementarbereich beinhalten daher häufig vorwiegend implizite Vermittlungsstrategien (Sachse, Budde, Rinker & Groth 2010). Im schulischen Bereich gewinnen mit zunehmendem Alter dann auch explizite Formen des Zweisprachlernens an Bedeutung.

Inwieweit explizite Kenntnisse über die zu erwerbende Sprache eine Voraussetzung für den erfolgreichen Erwerb und Gebrauch der L2 darstellen, wird in der Forschung zum Lehren und Lernen von Sprache kontrovers diskutiert. Darüber hinaus ist nicht geklärt, bis zu welchem Alter eine vorwiegend implizite Förderung von L2-Kompetenzen wirksam ist (Sachse et al. 2010). Im Folgenden werden implizite und explizite Ansätze zur Sprachförderung im Hinblick auf die für das Lesen relevanten Teilfertigkeiten sowie Befunde zu deren Wirksamkeit dargestellt.

3.1 Implizite Sprachförderansätze

Sprachfördermaßnahmen, die vorwiegend implizite Vermittlungsstrategien beinhalten, lassen sich u.a. danach unterscheiden, ob die Förderung unspezifisch sprachanregend gestaltet ist oder eine spezifische Förderung bestimmter sprachlicher Kompetenzbereiche, wie etwa dem Wortschatz, erfolgt (Wolf et al. 2011). *Unspezifisch sprachanregende Förderprogramme* beziehen dabei alle sprachlichen Determinanten der Lesekompetenz ein, fördern also sowohl Aspekte der phonologischen als auch der syntaktisch/semantischen Verarbeitung. In der Regel ist eine solche Förderung in den kommunikativen Alltag der Einrichtung eingebettet und richtet sich somit an alle Kinder. Es wird angenommen, dass die Kinder neue Wörter und sprachliche Regeln implizit aus den alltäglichen sozialen Interaktionen erschließen. Die Sprachförderkräfte werden daher darin geschult, sprachliche Äußerungen der Kinder zu korrigieren und zu erweitern, eigene Handlungen sprachlich zu begleiten und vorzulesen. Unspezifisch sprachanregende Fördermaßnahmen finden sich häufig im Elementarbereich, werden aber im Sinne einer durchgängigen Sprachbildung zunehmend für alle Klassenstufen schulischer Bildung gefordert und implementiert (Lange & Gogolin 2010).

Zur Wirksamkeit unspezifisch sprachanregender Fördermaßnahmen existieren bislang nur wenige empirische Befunde. Für die unmittelbare Wirksamkeit liegen einige Studien vor, die darauf hindeuten, dass eine unspezifisch sprachanregende Förderung die sprachliche Kompetenzen von ein- bis vierjährigen Kindern zumindest kurzfristig verbessern kann (z.B. Buschmann, Simon, Jooss & Sachse 2011). Aufgrund der dünnen Befundlage zur Wirksamkeit dieser Förderansätze sind jedoch keine Aussagen darüber möglich, ob die Sprachförderung kompensatorisch wirkt bzw. ob die L2-Kinder ihren Leistungsrückstand in den sprachlichen Kompetenzen gegenüber muttersprachlichen Kindern aufholen können. Zudem ist über die langfristigen Effekte solcher Ansätze auf die sprachlichen Kompetenzen von Kindern derzeit nichts bekannt.

Im Gegensatz zu unspezifisch sprachanregenden Förderansätzen fokussieren *spezifische Sprachförderansätze* im Elementarbereich auf Wortschatz- und Grammatikübungen, die das Sprachverstehen sowie das Ausdrucksvermögen der Kinder verbessern sollen (Reich 2008). Sie setzen damit eher an den semantischen/syntaktischen Determinanten der Lesekompetenz an. Die Kinder sollen durch die Förderung dazu angeregt werden, sich die Regularitäten der deutschen Sprache intuitiv zu erschließen. Zu diesem Zweck benötigen sie ein strukturiertes und sich wiederholendes Sprachangebot. Aufgabe der Sprachförderkräfte ist es somit, mit Hilfe von geeigneten Materialien, die durch die Programme zur Verfügung gestellt werden, die Kinder für sprachliche Regelmäßigkeiten zu sensibilisieren (Polotzek, Hofmann, Roos & Schöler 2008). Spezifische Förderansätze sind in der Regel kompensatorisch ausgerichtet, d.h. sie wenden sich nicht an alle Kinder der Einrichtung, sondern lediglich an Kinder mit einem identifizierten Sprachförderbedarf (Wolf et al. 2011). In ihrer Dauer sind sie meist auf wenige Wochen oder Monate begrenzt.

Für Sprachfördermaßnahmen mit spezifischen Programmen konnten bislang nicht die erhofften Wirkungen nachgewiesen werden (z.B. Wolf et al. 2011, Ehlich, Valtin & Lütke 2012). Es finden sich weder substantielle Effekte auf die sprachliche Entwicklung direkt nach der Förderung noch Effekte auf den Schriftspracherwerb in den ersten beiden Grundschuljahren. Das Ausbleiben von positiven Effekten betrifft dabei gleichermaßen L1- wie auch L2-Kinder. Ergebnisse einer Evaluation des Programms »Fit in Deutsch« belegen, dass für L2-Kinder lediglich eine Stabilisierung der sprachlichen Leistungen auf einem niedrigen Niveau möglich ist (Koch 2009, S. 54). Kompensatorische Effekte einer spezifischen Förderung mit einem hoch strukturierten Programm auf sprachliche Prädiktoren der Lesekompetenz von L2-Kindern wären demnach nicht zu erwarten.

Auch im Grundschulbereich existieren implizite Konzepte zur sprachlichen Förderung von L2-Schülerinnen und Schülern. Dabei wird häufig die Auseinandersetzung mit fachlichen Lerninhalten genutzt, um reichhaltige sprachliche Interaktionssituationen zu schaffen, in denen implizite Lernprozesse angestoßen werden können. Beispiele für solche Förderkonzepte mit einer impliziten Vermittlung stellen die Lernszenarien (Hölscher 2004, 2007) oder die im Rahmen des Forschungsprojekts »Sprachförderung von Migrantenkindern im Kontext frühen naturwissenschaftlich-technischen Lernens« (Röhner, Blümer, Hopf, Li & Hövelbrinks 2009) umgesetzte Förderung dar. Leider wurden die Effekte dieser Maßnahmen bislang nicht einer belastbaren Prüfung unterzogen, so dass unklar ist, inwiefern diese Förderkonzepte tatsächlich geeignet sind, die Sprachproduktionen und die für das Leseverstehen relevanten Teilfertigkeiten zu verbessern.

3.2 Explizite Sprachförderansätze

Während die Sprachaneignung in der frühen Kindheit vorwiegend implizit und automatisiert erfolgt, entwickelt sich in der Schulzeit zunehmend die Fähigkeit, Sprache explizit und gesteuert zu lernen. Entsprechend beinhalten viele schulische Sprachförderansätze explizite Vermittlungsstrategien, da davon ausgegangen wird, dass insbesondere ältere Zweitsprachlernende die Orientierung an einem sprachlichen Regelsystem benötigen, um eigene sprachliche Fehler selbst entdecken und korrigieren zu können.

Auch für den Elementarbereich existieren Hinweise darauf, dass auch stärker explizit orientierte Vermittlungsstrategien die zweitsprachlichen Kompetenzen von L2-Kindern positiv beeinflussen können. Roberts und Neal (2004) beispielsweise beschreiben eine viermonatige Intervention zur expliziten Sprachförderung von L2-Schülerinnen und -Schülern im Kindergarten. Die teilnehmenden Kinder erhielten entweder explizite Instruktionen zur Verbesserung ihres Wortschatzes oder explizite Instruktionen zum Schreiben und Benennen von Buchstaben sowie dem Generieren und Erkennen von Reimen. Die Intervention setzte somit sowohl am phonologischen als auch am syntaktisch/semantischen Verarbeitungsweg des Lesemodells nach Lundberg (2002) an. Die Ergebnisse der Studie belegen, dass beide Interventionen die geförderten Kompetenzbereiche von L2-Kindern verbessern konnten (Roberts & Neal 2004). Obwohl die Autoren der Studie beide Förderbedingungen als explizit bezeichnen, ist jedoch unklar, inwieweit dies für die phonologische Förderung, die v.a. über Reim- und Lauschspiele erfolgte, tatsächlich zutrifft oder ob diese nicht eher einer impliziten Förderstrategie zuzuordnen wäre.

Für den schulischen Bereich liegen zahlreiche Befunde zur Effektivität expliziter Sprachförderstrategien vor. In Hinblick auf die grammatikalischen Kompetenzen zeigt sich dabei, dass L2-Schülerinnen und -Schüler von Ansätzen, die explizite Instruktionen beinhalten, profitieren können (Dixon et al. 2012). Für erwachsene L2-Lernende konnte DeKeyser (1995) nachweisen, dass eine explizite Instruktion, die über eine traditionelle Vermittlung grammatikalischer Strukturen erfolgte, effektiv war, um grundlegende Regeln der L2-Grammatik zu erwerben und anzuwenden. Auch für den Erwerb des L2-Wortschatzes scheinen explizite Ansätze zur L2-Wortschatzvermittlung erfolgversprechend zu sein. So beschreiben Appel und Vermeer (1998) beispielsweise einen expliziten Förderansatz zur Verbesserung des zweitsprachlichen Wortschatzes bei L2-Grundschülerinnen und -schülern in den Niederlanden. Im Fokus des Programms standen Lesetexte, die von Illustrationen begleitet wurden. Beim Lesen wurden die Kinder u.a. angehalten, ihr Vorwissen zum Verständnis der Texte zu nutzen sowie die begleitenden Illustrationen zu beschreiben. Zentrale Wörter des Textes wurden erläutert und ggf. diskutiert. Appel und Vermeer (1998) konnten nachweisen, dass mittels der expliziten Förderung nicht nur der Wortschatz, sondern auch die Lesekompetenzen der teilnehmenden L2-Kinder gegenüber einer nicht geförderten Kontrollgruppe signifikant verbessert wurden. Explizite Wortschatzvermittlung im Rahmen themenfokussierten Unterrichts scheint somit gut geeignet zu sein, um zweitsprachliche Wortschatzkenntnisse zu verbessern. Die Wortschatzvermittlung kann dabei sowohl über direkte Instruktionen zur Wortbedeutung wie auch explizite Vermittlung von geeigneten Vorgehensweisen bzw. Strategien zum eigenständigen Erschließen von Wortbedeutungen erfolgen (Kamil et al. 2008).

Unabhängig davon, ob explizite oder implizite Förderstrategien betrachtet werden, existieren nur wenige Studien zur Effektivität von verschiedenen sprachlichen Fördermaßnahmen bei Kindern mit Zuwanderungshintergrund. Bisherige Studien stammen überwiegend aus dem englischsprachigen Raum. Empirisch belastbare Belege für die Wirkung von Sprachfördermaßnahmen in Deutschland finden sich nur vereinzelt. Es ist daher bislang kaum möglich zu bestimmen, ob und in welcher Altersgruppe implizite und explizite Fördermaßnahmen jeweils geeignet sind, um sprachliche Teilfertigkeiten der Lesekompetenz bei L2-Lernenden zu fördern. Insbesondere eine vergleichende Betrachtung impliziter und expliziter Ansätze liegt bislang überwiegend für erwachsene Zweitsprachlernende, nicht jedoch für jüngere Lerner vor.

4 Vergleichende Evaluation von impliziten und expliziten Sprachfördermaßnahmen

Aus dem englischsprachigen Raum existiert eine Reihe von Studien, welche die Wirksamkeit expliziter und impliziter Vermittlungsstrategien auf das Lernen einer Fremd- oder Zweitsprache untersuchen. Sowohl eine Metaanalyse von Norris und Ortega (2000) als auch eine neure Metaanalyse von Spada & Tomita (2010) kommen dabei zu dem Schluss, dass explizite Vermittlungsstrategien impliziten Strategien überlegen sind. Allerdings ist die Generalisierbarkeit dieser beiden Metaanalysen stark eingeschränkt, da in den einbezogenen Studien vorwiegend ältere L2-Lerner an Universitäten untersucht wurden. Es ist daher unklar, ob die Ergebnisse auf den Zweitspracherwerb von Grundschulkindern übertragen werden können (Schneider et al. 2012). Darüber hinaus wird in den vorliegenden Studien v.a. der Erwerb von sprachlichen Kompetenzen im schulischen Fremdsprachenunterricht untersucht, so dass die Ergebnisse nicht ohne weiteres auf den Zweitspracherwerb übertragen werden können. Dies liegt daran, dass sich der Fremd- und Zweitsprachenerwerb sowohl im Hinblick auf den Lernort als auch in Hinblick auf Qualität und Quantität des zielsprachlichen Inputs deutlich unterscheiden (Riemer 2009). Im Vergleich zum Erwerb einer Fremdsprache, die in der Regel ausschließlich im schulischen oder institutionellen Kontext erfolgt, bieten sich L2-Kindern durch das soziale Umfeld in der Regel vielfältigere Möglichkeiten des ungesteuerten, impliziten Spracherwerbs. Es erscheint daher naheliegend anzunehmen, dass es für diese Kinder sinnvoll sein könnte, den impliziten Spracherwerb durch explizite Vermittlungsstrategien zu unterstützen (Darsow, Paetsch, Stanat & Felbrich 2012). Allerdings liegen im deutschsprachigen Raum kaum belastbare empirische Untersuchungen vor, die Aufschluss über die Wirksamkeit von impliziten resp. expliziten Fördermaßnahmen für L2-Kinder im schulischen Bereich liefern könnten.

Eine der wenigen Studien, die an dieser Fragestellung ansetzen, ist das »Jacobs-Sommercamp-Projekt«. Im Rahmen des Projekts wurde untersucht, inwieweit sich durch eine implizite Sprachförderung sprachliche Kompetenzen erweitern lassen und welche zusätzlichen Effekte mit einer expliziten Sprachförderung verbunden sind (Stanat, Becker, Baumert, Lüdtke & Eckhardt 2012). Das »Jacobs-Sommercamp Projekt« wurde als dreiwöchiges Feriencamp konzipiert, an dem ca. 150 Drittklässler mit Zuwanderungshintergrund teilnahmen und eine sprachliche Förderung erhielten, die entweder rein implizit oder über eine Kombination aus impliziten und expliziten Vermittlungsstrategien erfolgte. Der implizite Förderansatz wurde über ein theaterpädagogisches Programm operationalisiert, bei dem die Kinder durch eine Vielzahl von sprachintensiven Aktivitäten zu aktiver, bedeutungsfokussierter Kommunikation angeregt wurden. Kinder, die dem kombinierten Förderansatz zugeordnet wurden, erhielten zusätzlich zu dieser impliziten Förderung noch eine explizite Förderung der deutschsprachigen Grammatik. Zur Überprüfung der Effektivität der Fördermaßnahmen wurden die Leistungen der Kinder in den Bereichen Wortschatz, Grammatik und Leseverstehen vor Beginn des Projekts, unmittelbar nach dessen Abschluss sowie drei Monate nach Beendigung des Projekts erhoben.

Die Ergebnisse des Jacobs-Sommercamps belegen, dass Kinder mit Zuwanderungshintergrund insbesondere von einer Kombination aus expliziter und impliziter Förderung profitieren. Die implizite Förderung allein führte nicht zu besseren Leistungen der teilnehmenden Kinder gegenüber einer Kontrollgruppe, die nicht am Camp teilgenommen hatte. Kinder, die an der kombinierten impliziten und expliziten Förderung teilgenommen hatten, erzielten hingegen unmittelbar nach Abschluss des Projekts signifikant höhere Leistungen im Leseverständnis und in einem Grammatiktest als Kinder der Kontrollgruppe. In der *Follow-Up*-Erhebung nach drei Monaten war der Effekt der kombinierten impliziten/expliziten Förderung allerdings nur noch für das Leseverstehen nachweisbar (Stanat et al. 2012).

Anknüpfend an das Jacobs-Sommercamp wurden im Projekt BeFo (»Bedeutung und Form: Fachbezogene und sprachsystematische Förderung in der Zweitsprache«) zwei Ansätze der Sprachförderung für Grundschülerinnen und -schüler mit Zuwanderungshintergrund untersucht (Rösch & Stanat 2011). An 15 Berliner Grundschulen wurde über den Zeitraum eines gesamten Schuljahres eine explizite Sprachförderung, operationalisiert durch sprachsystematischen Unterricht in Deutsch als Zweitsprache, und eine implizite Sprachförderung durch fachbezogenen Sprachunterricht in den Fächern Mathematik und Sachunterricht durchgeführt (Rösch, Rotter & Darsow 2012). Die sprachlichen Leistungen der Kinder (Leserverständnis, Wortschatz, Grammatik, mündliche Sprachproduktion) wurden zu insgesamt 4 Messzeitpunkten (direkt vor bzw. nach der Förderung, nach einem halben Jahr Förderung sowie fünf Monate nach der Förderung) erfasst. Erste Ergebnisse zeigen, dass sich direkt nach Abschluss der Förderung Kinder beider Interventionsgruppen im Bereich Wortschatz eine größere Leistungssteigerung erzielen als die Kontrollkinder, während für die Kompetenzen in Grammatik kein Unterschied in den Lernzuwächsen feststellbar war. Zudem zeigte sich, dass sich die Lesekompetenz der geförderten Kinder in beiden Interventionen zwar ebenfalls deutlich verbessert, der Leistungszuwachs sich jedoch nicht von dem der Kontrollkinder unterscheidet. Allerdings weisen die Ergebnisse wie auch die Ergebnisse des Jacobs-Sommercamps darauf hin, dass die Effekte wenige Monate nach Abschluss der Förderung deutlich geringer ausfallen. Dies deutet darauf hin, dass eine kontinuierliche Förderung in der Zweitsprache notwendig ist, um nachhaltige Fördererfolge zu erzielen.

5 Fazit

Schülerinnen und Schüler mit Zuwanderungshintergrund sind im deutschen Bildungssystem deutlich weniger erfolgreich als Kinder und Jugendliche ohne Zuwanderungshintergrund. Auch in Bezug auf die erreichten Lesekompetenzen bestehen erhebliche Disparitäten. Vor diesem Hintergrund wurden in Deutschland zahlreiche Maßnahmen zur Förderung benachteiligter Kinder, insbesondere für Kinder und Jugendliche, die Deutsch als Zweitsprache sprechen, implementiert. Derzeit liegen allerdings nur wenige aussagekräftige Studien vor, die den Erfolg dieser Maßnahmen wissenschaftlich untersuchen.

Befunde aus empirischen Studien zu Leseprozessen belegen, dass Lesemodelle wie der *Simple View of Reading* oder das Modell der Lesekompetenz nach Lundberg (2002) sowohl für das Lesen der Erstsprache als auch in einer Zweitsprache eine Beschreibung der Leseprozesse erlauben. Demnach beeinflussen dieselben sprachlichen Teilfertigkeiten, wie das Dekodieren, der Wortschatz oder die Grammatikkompetenzen, das Lesen in einer Erst- resp. Zweitsprache. Schülerinnen und Schüler, die in ihrer Zweitsprache lesen, weisen im Vergleich zu Muttersprachlern häufig Schwächen in für das Lesen zentralen syntaktisch/semantischen Fähigkeiten, d.h. dem Wortschatz, der Grammatik sowie dem Hör- und Textverstehen, auf. Für Kinder mit Deutsch als Zweitsprache könnte daher eine allgemeine sprachliche Förderung erfolgversprechend sein, um Schwächen in den einzelnen Teilfertigkeiten des Lesens auszugleichen und den Erwerb ausreichender Lesekompetenzen zu verbessern.

Im Elementarbereich erfolgt eine solche sprachliche Förderung häufig über eine implizite strukturierte Förderung einzelner sprachlicher Determinanten oder durch eine implizite unspezifisch sprachanregende Förderung. Obwohl nur wenige dieser Fördermaßnahmen empirisch untersucht wurden, deuten die bislang vorliegenden Befunde darauf hin, dass eine erfolgreiche Sprachförderung von Kindern mit Zuwanderungshintergrund im Elementarbereich durch implizite, unspezifisch sprachanregende Förderansätze teilweise möglich ist. Die Effekte dieser Maßnahmen scheinen allerdings eher moderat ausgeprägt zu sein, zudem steht der Nachweis langfristiger Wirksamkeit noch aus. Zur Effektivität sprachlicher Förderung von L2-Kindern im schulischen Bereich fehlen überwiegend kontrollierte Interventionsstudien, so dass derzeit kaum Befunde zur Wirksamkeit verschiedener Förderansätze vorliegen. Befunde aus dem englischsprachigen Raum sowie Ergebnisse des Jacobs-Sommercamps deuten darauf hin, dass mit einer zeitlich intensiven expliziten Förderung kurzfristig Leistungsverbesserungen auch in den Lesekompetenzen erzielt werden können, während dieser Nachweis für implizite Fördermaßnahmen noch aussteht.

Das Fehlen aussagekräftiger Studien zu geeigneten Ansätzen der sprachlichen Förderung von L2-Kindern lässt es derzeit nicht zu, verlässliche Aussagen über *»best practice«*-Beispiele bei der Sprachförderung von Kindern mit Zuwanderungshintergrund zu machen. Es ist daher dringend notwendig, Sprachförderansätze für Schülerinnen und Schülern, die in einer Zweitsprache lernen, mit Hilfe von kontrollierten Evaluationsstudien auf ihre Wirksamkeit zu überprüfen.

Literatur

Appel, R. & Vermeer, A. (1998). Speeding up second language vocabulary acquisition of minority children. Language and Education, 12, 159-173.

Bialystok, E. (2001). Bilingualism in development. Language, literacy & cognition. Cambridge: Cambridge University Press.

Bialystok, E., Luk, G., Peets, K.F. & Yang, S. (2010). Receptive vocabulary differences in monolingual and bilingual children. Bilingualism: Language and Cognition, 13, 525-531.

Bos, W., Bremerich-Vos, A., Tarelli, I. & Valtin, R. (2012). Lesekompetenzen im internationalen Vergleich. In W. Bos, I. Tarelli, A. Bremerich-Vos & K. Schwippert (Hg.). IGLU 2011. Lesekompetenzen von Grundschulkindern in Deutschland im internationalen Vergleich Münster: Waxmann, 91-136.

Buschmann, A., Simon, S., Jooss, B. & Sachse, S. (2011). Ein sprachbasiertes Interaktionstraining für ErzieherInnen (»Heidelberger Trainingsprogramm«) zur alltagsintegrierten Sprachförderung in Krippe und Kindergarten - Konzept und Evaluation. In K. Fröhlich-Gildhoff, I. Nentwig-Gesemann & P. Strehmel (Hg.). Forschung in der Frühpädagogik. Freiburg: FEL.

Darsow, A., Paetsch, J., Stanat, P. & Felbrich, A. (2012). Ansätze der Zweitsprachförderung: Eine Systematisierung. Unterrichtswissenschaft, 40, 64-82.

DeKeyser, R. (1995). Learning second language grammar rules: An experiment with a miniature linguistic system. Studies in Second Language Acquisition, 17, 379-410.

DeKeyser, R. (2000). The robustness of critical period effects in second language acquistion. Studies in Second Language Acquistion, 22, 499-533.

DeKeyser, R. (2003). Implicit and explicit learning. In C. Doughty & M. Long (Hg.). Handbook of second language acquisition. Malden, MA: Blackwell Publishing, 313-349.

Dixon, L.Q., Zhao, J., Shin, J.-Y., Wu, S., Su, J.-H., Burgess-Brigham, R. et al. (2012). What we know about second language acquisition: A synthesis from four perspectives. Review of Educational Research, 82, 5-60.

Ehlich, K., Valtin, R. & Lütke, B. (2012). Erfolgreiche Sprachförderung unter Berücksichtigung der besonderen Situation Berlins. Expertise im Auftrag des Senats, verfügbar unter: http://www.berlin.de/sen/bildung/schulqualitaet/index.html.

Geva, E. & Massey-Garrison, A. (2012). A comparison of the language skills of ELLs and monolinguals who are poor decoders, poor comprehenders, or normal readers. Journal of Learning Disabilities, 20, 1-15.

Haag, N., Böhme, K. & Stanat, P. (2012). Zuwanderungsbezogene Disparitäten. In P. Stanat, H.A. Pant, K. Böhme & D. Richter (Hg.). Kompetenzen von Schülerinnen und Schülern am Ende der vierten Jahrgangsstufe in den Fächern Deutsch und Mathematik. Ergebnisse des IQB-Ländervergleichs 2011. Münster: Waxmann, 209-235.

Hölscher, P. (2004). Lernszenarien: Ein neuer Weg, der Lust auf Schule macht (Vol. 2). Oberursel: Finken.

Hölscher, P. (2007). Lernszenarien: Sprache kann nicht gelehrt, sondern nur gelernt werden. In B. Ahrenholz (Hg.). Deutsch als Zweitsprache. Voraussetzungen und Konzepte für die Förderung von Kindern und Jugendlichen mit Migrationshintergrund. Freiburg: Fillibach, 151-171.

Hoover, W.A. & Gough, P.B. (1990). The simple view of reading. Reading and Writing: An Interdisciplinary Journal, 2, 127-160.

Kamil, M.L., Borman, G.D., Dole, J., Kral, C.C., Salinger, T. & Torgesen, J. (2008). Improving adolescent literacy: Effective classroom and intervention practices: A Practice Guide. Washington, DC: National Center for Education Evaluation and Regional Assistance, Institute of Education Sciences, U.S. Department of Education.

Koch, K. (2009). Was bringt die schulische Sprachförderung? Zur Entwicklung zweitsprachlicher Kompetenzen am Übergang von Kindergarten in die Grundschule. Zeitschrift für Grundschulforschung, 2, 42-55.

Lange, I. & Gogolin, I. (2010). Durchgängige Sprachbildung. Eine Handreichung. Münster: Waxmann.

Lesaux, N.K. & Kieffer, M.J. (2010). Exploring sources of reading comprehension difficulties among language minority learners and their classmates in early adolescence. American Educational Research Journal, 47, 596-632.

Lesaux, N.K., Lipka, O. & Siegel, L.S. (2006). Investigating cognitive and linguistic abilities that influence the reading comprehension skills of children from diverse linguistic backgrounds. Reading and Writing: An Interdisciplinary Journal, 19, 99-131.

Limbird, C. & Stanat, P. (2006). Sprachförderung bei Schülerinnen und Schülern mit Migrationshintergrund: Ansätze und ihre Wirksamkeit. In J. Baumert, P. Stanat & R. Watermann (Hg.). Herkunftsbedingte Disparitäten im Bildungwesen: Vertiefende Analysen im Rahmen von PISA 2000. Wiesbaden: VS Verlag für Sozialwissenschaften, 257-307.

Lisker, A. (2011). Additive Maßnahmen zur vorschulischen Sprachförderung in den Bundesländern. Expertise im Auftrag des Deutschen Jugendinstituts. München: Deutsches Jugendinstitut e.V.

Lundberg, I. (2002). The child's route into reading and what can go wrong. Dyslexia, 8, 1-13.

Norris, J. M. & Ortega, L. (2000). Effectiveness of L2 instruction: A research synthesis and quantitative meta-analysis. Language Learning, 50, 417-528.

Polotzek, S., Hofmann, N., Roos, J. & Schöler, H. (2008). Sprachliche Förderung im Elementarbereich - Beschreibung dreier Sprachförderprogramme und ihre Beurteilung durch Anwenderinnen. Verfügbar unter: http://www.kindergartenpaedagogik.de/1726.html (Datum des Zugriffs: 20.6.2013).

Redder, A., Schwippert, K., Hasselhorn, M., Forschner, S., Fickermann, D. & Ehlich, K. (2011). Bilanz und Konzeptualisierung von strukturierter Forschung zu »Sprachdiagnostik und Sprachförderung«. Hamburg: Hamburger Zentrum für Unterstützung der wissenschaftlichen Begleitung und Erforschung schulischer Entwicklungsprozesse (ZUSE).

Reich, H.H. (2008). Sprachförderung im Kindergarten: Grundlagen, Konzepte und Materialien. Weimar: Verlag das Netz.

Riemer, C. (2009). DaF und DaZ: Gemeinsamkeiten und Unterschiede - lerntheoretisch betrachtet. In M. Clalüna & B. Etterich (Hg.). Deutsch unterrichten zwischen DaF, DaZ und DaM. Bern: Akten der Gesamtschweizerischen Tagung für Deutschlehrerinnen und Deutschlehrer 2008 an der Universität Bern, 25-39.

Roberts, T.A. & Neal, H. (2004). Relationships among preschool English language learner's oral proficiency in English, instructional experience and literacy development. Contemporary Educational Psychology, 29, 281-311.

Röhner, C., Blümer, H., Hopf, M., Li, M. & Hövelbrinks, B. (2009). Abschlussbericht zum Projekt »Sprachförderung von Migrantenkindern im Kontext frühen naturwissenschaftlich-technischen Lernens«. Bergische Universität Wuppertal: Fachbereich Bildungs- und Sozialwissenschaften.

Rösch, H. & Rotter, D. (2010). Formfokussierte Förderung in der Zweitsprache als Grundlage der BeFo-Interventionsstudie. In M. Rost-Roth (Hg.). DaZ - Spracherwerb und Sprachförderung Deutsch als Zweitsprache. Beiträge aus dem 5. Workshop »Kinder mit Migrationshintergrund«. Freiburg: Fillibach, 193-212.

Rösch, H., Rotter, D. & Darsow, A. (2012). FoF und FoM: Konzeption der sprachsystematischen und fachbezogenen Zweitsprachförderung im BeFo-Projekt. In B. Ahrenholz (Hg.). Sprachstand erheben - Spracherwerb erforschen. Freiburg: Fillibach, 173-186.

Rösch, H. & Stanat, P. (2011). Bedeutung und Form (BeFo): Formfokussierte und bedeutungsfokussierte Förderung in Deutsch als Zweitsprache. In N. Hahn & T. Roelcke (Hg.). Grenzen überwinden mit Deutsch. Beiträge der 37. Jahrestagung DaF an der PH Freiburg (MatDaF Bd. 85, 149-161). Göttingen: Universitätsverlag.

Sachse, S., Budde, N., Rinker, T. & Groth, K. (2010). Mehrsprachige Kinder in vorschulischen Sprachfördermaßnahmen: Soziodemografischer Hintergrund und Sprachleistungen. Logos interdisziplinär, 18, 337-345.

Schneider, W., Baumert, J., Becker-Mrotzek, M., Hasselhorn, M., Kammermeyer, G., Rauschenbach, T. et al. (2012). Expertise »Bildung durch Sprache und Schrift (BISS)«. Verfügbar unter: www.bmbf.de/pubRD/BISS_Expertise.pdf (Datum des Zugriffs: 18.6.2013).

Schwippert, K., Wendt, H. & Tarelli, I. (2012). Lesekompetenzen von Schülerinnen und Schülern mit Migrationshintergrund. In W. Bos, I. Tarelli, A. Bremerich-Vos & K. Schwippert (Hg.). IGLU 2011. Lesekompetenzen von Grundschulkindern in Deutschland im internationalen Vergleich. Münster: Waxmann, 191-208.

Spada, N. & Tomita, Y. (2010). Interactions between type of instruction and type of language feature: A meta-analysis. Language Learning, 60, 263-308.

Stanat, P., Becker, M., Baumert, J., Lüdtke, O. & Eckhardt, A.G. (2012). Improving second language skills of immigrant students: A field trial study evaluating the effects of a summer learning program. Learning and Instruction, 22, 159-170.

Umbel, V.M., Pearson, B.Z., Fernández, M.C. & Oller, D.K. (1992). Measuring bilingual children's receptive vocabularies. Child Development, 63, 1012-1120.

Vandergrift, L. (2007). Recent developments in second and foreign language listening comprehension research. Language Teaching 40, 191-210.

Verhoeven, L. & van Leeuwe, J. (2012). The simple view of second language reading throughout the primary grades. Reading and Writing: An Interdisciplinary Journal, 25, 1805-1818.

Wolf, K.M., Felbrich, A., Stanat, P. & Wendt, W. (2011). Evaluation der kompensorischen Sprachförderung in Brandenburger Kindertagesstätten. Empirische Pädagogik, 25, 423-438.

Yaghoub Zadeh, Z., Farnia, F. & Geva, E. (2012). Toward modeling reading comprehension and reading fluency in English language learners. Reading and Writing: An Interdisciplinary Journal, 25, 163-187.

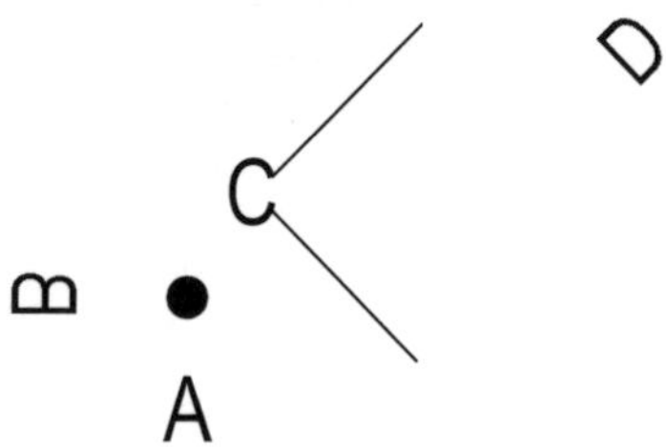

Monitoring des Hamburger Sprachförderkonzepts

Peter May / Carina Berger

1 Bildungspolitische Grundlagen des Hamburger Sprachförderkonzepts

Sprachförderunterricht gibt es in Hamburg schon lange. Von 1983 bis 2003 galt: Unabhängig von den individuellen Lernvoraussetzungen der Kinder und Jugendlichen, hauptsächlich mit ausländischer Staatsangehörigkeit, die diesen Unterricht besuchten, bekam jede Schule zusätzliche Stunden zugewiesen, abhängig von der »Zahl der Kinder ohne deutsche ›Staatsangehörigkeit‹ und mit einer ›Aufenthaltsdauer in einer deutschen Schule unter vier Jahren‹« (Büchel 2011). Es wurde also von einem zeitlich befristeten Förderbedarf ausgegangen. Doch schon bald zeigte sich, dass dieses System für eine erfolgversprechende Sprachförderung nicht genügen würde, denn in den Schulen gab es immer mehr mehrsprachig aufwachsende Kinder (die jedoch formal betrachtet nicht zwangsläufig in die Berechnung der Sprachförderstunden einbezogen wurden und für die demnach keine Mittel zur Verfügung standen). Auch die Befristung der Förderung auf vier Jahre ist nicht sinnvoll, da vor allem für Kinder aus sozial benachteiligten Familien Sprachförderung eine Langzeitaufgabe darstellt. Hinzu kommt, dass die sprachlichen Anforderungen der Schule jährlich steigen. Es zeigte sich außerdem, dass die den Schulen bereitgestellten Ressourcen nicht immer zielgerichtet eingesetzt wurden. Ein neues Sprachförderkonzept sollte die Schwächen des alten Systems überwinden. Auch eine Neuerung im Hamburgischen Schulgesetz beeinflusst die Sprachförderarbeit in den Schulen: So wurde durch die Einführung des Paragraphs 28a (HmbSG) im Jahr 2006 die Teilnahme an sprachförderlichen Maßnahmen auch gesetzlich verbindlich: »Schülerinnen und Schüler, deren Sprachkenntnisse nicht ausreichen, um erfolgreich am Unterricht teilzunehmen, sind verpflichtet, an zusätzlichem Unterricht zum Erwerb der deutschen

Sprache oder zur Verbesserung ihrer Sprachkenntnisse teilzunehmen« (Freie und Hansestadt Hamburg 2009, S. 26).

1.1 Untersuchung der Viereinhalbjährigen

Ein wichtiges Kriterium für einen erfolgreichen Bildungsverlauf ist die Früherkennung und Förderung von Kindern mit geringen oder keinen Kenntnissen der deutschen Sprache. 2004 wurde daher verbindlich die Vorstellung aller viereinhalbjährigen Kinder in einer wohnortnahen Grundschule eingeführt. Im Rahmen dieses Vorstellungsverfahrens wird neben dem geistigen, seelischen und körperlichen Entwicklungsstand regelmäßig ermittelt, wie viele Kinder eineinhalb Jahre vor Eintritt in die Schule einen ausgeprägten Sprachförderbedarf aufweisen (s. May & Heckt 2013). Während in den Jahren 2007 bis 2010 der Anteil der Kinder mit ausgeprägtem Sprachförderbedarf leicht absank, stiegen die Anteile in den letzten beiden Jahren wieder deutlich an (s. Tab. 1).

Schuljahr	2012/13	2011/12	2010/11	2009/10	2008/09	2007/08
alle Kinder	13,0	11,3	9,3	9,6	10,3	10,7
einsprachig deutsche Kinder	2,3	2,5	2,4	2,6	3,1	3,7
mehrsprachige Kinder	23,5	20,8	17,3	17,9	20,6	22,0

Tab. 1: Prozentanteil der Kinder mit ausgeprägtem Sprachförderbedarf seit 2007

Bei allen Kindern mit Auffälligkeiten in der Sprachentwicklung werden in der Elternberatung Maßnahmen zur Förderung der Sprachentwicklung besprochen. Bei Kindern mit »ausgeprägtem Förderbedarf« kommt zusätzlich der § 28a (HmbSG) zum Tragen, wonach diese Kinder ein Jahr früher als üblich schulpflichtig werden und zusätzlich zu ihrer sonstigen Betreuung in Kitas und Vorschulklassen verbindlich gefördert werden müssen. Diese additive Sprachförderung nach § 28a (HmbSG) findet in ausgewählten Standorten statt und wird durch dafür eigens qualifizierte Sprachförderpädagogen durchgeführt.

1.2 Bedeutung der Sprachförderung für den Bildungserfolg

Wird die deutsche Sprache nicht ausreichend beherrscht, hat dies negative Auswirkungen auf alle Fächer und führt somit zu einem mangelnden Bildungserfolg. Dies zeigt sich auch bei vielen Kindern und Jugendlichen mit Migrationshintergrund, die im Vergleich zu deutschen Jugendlichen häufig einen niedrigeren Schulabschluss erreichen. Kinder, in deren Elternhäuser nicht (nur) Deutsch gesprochen wird, haben nicht nur vor Eintritt in die Schule einen erheblich höheren Sprachförderbedarf als einsprachig deutsch aufwachsende Kinder (s. Tab. 1), sondern haben auch am Ende der Schulzeit erhebliche Nachteile.

So zeigt die Auswertung der Schulabschlüsse in Hamburg des Jahres 2010, dass den Jugendlichen ohne Migrationshintergrund 60.8 Prozent Abitur machen, während dieser Anteil unter den Jugendlichen mit Migrationshintergrund mit lediglich 30.6 Prozent etwa halb so groß ist. Auf der anderen Seite beträgt der Anteil der Jugendlichen, die einen Hauptschulabschluss oder gar keinen Abschluss machen, nach Angaben des Hamburger Bildungsberichts 2011 unter den Jugendlichen mit Migrationshintergrund 12.8 Prozent im Gegensatz zu 3.6 Prozent unter den Jugendlichen ohne Migrationshintergrund (Behörde für Schule und Berufsbildung 2011, S. 213, Abb. C7.1.2). Zwar hat nicht jeder Schüler mit Migrationshintergrund automatisch Sprachschwierigkeiten, jedoch ist der entsprechende Anteil der Kinder und Jugendlichen mit Sprachförderbedarf besonders hoch, wie Tabelle 1 zeigt. Neben sozialen und ökonomischen Faktoren spielt die mangelnde Kompetenz in der deutschen Sprache eine bedeutende Rolle für die deutlich schlechteren Schulabschlüsse. Demnach hat die Sprachförderung insbesondere für Kinder und Jugendliche mit Migrationshintergrund eine maßgebliche Funktion für den Schulerfolg.

1.3 Kernpunkte des Hamburger Sprachförderkonzepts

Verschiedene Schulleistungsuntersuchungen - sowohl auf internationaler (z.B. PISA) als auch auf nationaler (z.B. IGLU) und regionaler Ebene (z.B. KESS) - hatten übereinstimmend ergeben, dass viele Kinder und Jugendliche erhebliche sprachliche Defizite aufweisen. Vor diesem Hintergrund wurde vor ca. acht Jahren in Hamburg von der Behörde für Bildung und Sport (heute Behörde für Schule und Berufsbildung) das Hamburger Sprachförderkonzept für den vorschulischen Bereich und die allgemein bildenden Schulen entwickelt und zum Schuljahr 2005/06 in den Einrichtungen eingeführt (siehe Freie und Hansestadt Hamburg 2005). Dieses Konzept bündelt verschiedene Maßnahmen, um die zuvor relativ vereinzelt durchgeführten Maßnahmen zur

Sprachförderung von Kindern und Jugendlichen mit Sprachentwicklungsschwierigkeiten (z.B. DaZ-Unterricht, LRS-Einzelhilfe) zu bündeln, weiterzuentwickeln und auszubauen. Es verfolgt das Ziel, die Lese-, Schreib- und Sprachkompetenz aller Kinder und Jugendlichen zu verbessern, damit sie sowohl in der Schule als auch beim Übertritt in die Ausbildung erfolgreich sein können und nicht aufgrund von sprachlichen Defiziten scheitern.

Mit der Förderung vom Vorschulalter bis zum Ende der Sekundarstufe I ist ein wirksamer und zweckgebundener Mitteleinsatz verbunden, den die Schulen selbst verantworten können. Im Gegensatz zu vorher werden die Mittel nun bedarfsorientierter zugewiesen, das heißt, die Zuweisung orientiert sich nun zum einen am Sozialindex (sog. KESS-Faktor, mit dem die soziale Lage einer Schule unter Berücksichtigung der sozialen, kulturellen, ökonomischen und ethnischen Hintergründe der jeweiligen Schülerschaft beschrieben wird), zum zweiten an der gesamten Schülerzahl einer Schule. Die Schulen sind verpflichtet, jährlich über den Einsatz der zugewiesenen Förderressourcen zu berichten. Sie wurden außerdem damit beauftragt, ein schulinternes Konzept für die Sprachförderung zu entwickeln, in Fallkonferenzen individuelle Förderpläne zu erstellen sowie bei allen zu fördernden Kindern die Lernausgangslage zu diagnostizieren und die Lernentwicklung weiter zu beobachten.

In allen Schulen werden Sprachlernkoordinatorinnen und -koordinatoren (SLK) eingesetzt, die für die Erstellung, Implementierung und Auswertung der schulischen Förderkonzeption verantwortlich sind und die dafür eine besondere Qualifizierung in Form eines vorbereitenden Jahreskurses sowie einer praxisbegleitenden Supervision vonseiten des Landesinstituts für Lehrerbildung und Schulentwicklung erhalten. Die Aufgaben der SLK sind vielfältig: Neben der Entwicklung eines schulischen Sprachförderkonzepts beraten und unterstützen sie die Lehrkräfte, indem sie Diagnoseinstrumente für die Ermittlung des Sprachförderbedarfs auswählen und bereitstellen, bei der Erstellung der individuellen Förderpläne helfen u.v.m. (vgl. Freie und Hansestadt Hamburg 2005, S. 6). Ebenso sollen sie die Schulleitung in Bezug auf den Personal- und Ressourceneinsatz zur optimalen Umsetzung der schulischen Sprachförderung beraten und auch im außerschulischen Umfeld kooperieren.

Zur Unterstützung der Konzeptimplementierung und zur Kontrolle der konzeptgetreuen Durchführung der Fördermaßnahmen wurde ein *Systemmonitoring* eingeführt.

Im Rahmen des Hamburger Sprachförderkonzepts wird Sprachförderung in Form von *durchgängiger Sprachbildung* als Regelaufgabe jedes Unterrichts betrachtet. Alle Schüler sollen in allen Fächern ausgehend von ihren sprachlichen Voraussetzungen durch einen sprachaktivierenden (Fach-) Unterricht an die besonderen Anforderungen der Unterrichtskommunikation herangeführt werden (z.B. durch Entlastung der Aufgabenstellung, Einübung fachspezifischer Textsorten, Entwicklung von Sprachbewusstheit).

Eine andere Form der Sprachförderung stellt nach dem Konzept die sog. *integrative Sprachförderung* im Regelunterricht dar. Integrative Förderung ist ebenfalls Aufgabe jeder (Fach-)Lehrkraft und meint eine gezielte ergänzende Unterstützung für Kinder und Jugendliche mit verzögerter sprachlicher Entwicklung oder nicht ausreichenden Deutschkenntnissen, die Schwierigkeiten haben, den sprachlichen Anforderungen des jeweiligen Unterrichts zu genügen. Diese Unterstützung geschieht in Form von binnendifferenzierten sprachförderlichen Maßnahmen, die auf die individuellen Sprachlernvoraussetzungen abgestimmt sind. Abbildung 1 fasst die Elemente des Hamburger Sprachförderkonzepts zusammen.

Abb. 1: Elemente des Hamburger Sprachförderkonzepts

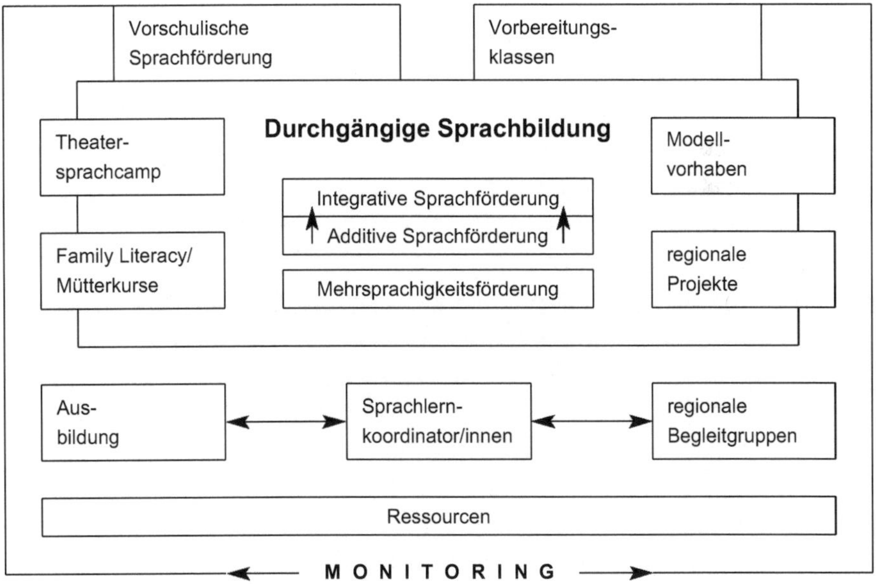

Nach den Ergebnissen des Vorläuferprojekts PLUS (Projekt Lesen und Schreiben für alle, das von 1993 bis 1999 die Förderung für Kinder mit Lese- und Rechtschreibschwierigkeiten reformierte) sollte eine effektive Unterstützung des Lernens - unabhängig von äußeren Bedingungen der Förderung - v.a. zusätzliche Lernzeit für Kinder mit Lernschwierigkeiten zur Verfügung stellen (vgl. May 2001). Daher soll die verbindliche *additive Förderung* für Kinder mit ausgeprägtem Sprachförderbedarf grundsätzlich in zusätzlicher Lernzeit stattfinden, also außerhalb des Regelunterrichts. Qualifizierte Förderlehrkräfte sollen die Schüler beim Aufbau der sprachlichen und schriftsprachlichen Fähigkeiten unterstützen, die sie für eine erfolgreiche Teilnahme am Unterricht benötigen. Dazu bedarf es neben einem diagnosegestützten individuellen Förderplan auch einer engen Koordination mit dem Fach- und Deutschunterricht.

1.4 Monitoring und Evaluation

Mit Einführung des Hamburger Sprachförderkonzepts in den Schulen wurde das Referat »Testentwicklung und Diagnostik« des Instituts für Bildungsmonitoring und Qualitätsentwicklung (bis Herbst 2012 ein Referat des Landesinstituts für Lehrerbildung und Schulentwicklung) von der zuständigen Behörde beauftragt, die Umsetzung des neuen Konzepts durch ein Systemmonitoring zu unterstützen. Zu den Aufgaben gehören

- die Entwicklung von Konzepten zur Evaluation von Fördermaßnahmen sowie statistischen Analysen der Untersuchungsdaten;
- die Entwicklung und Bereitstellung der Erfassungs- und Protokollbögen für die Diagnose, die individuelle Förderplanung, das Förderkonzept der Schule und die Verwendung der schulischen Förderressourcen;
- die Erprobung, Standardisierung und (Weiter-)Entwicklung von Beobachtungsinstrumenten und Tests zur Erfassung von Lernständen und Lernfortschritten im Sprachförderunterricht;
- die statistische Auswertung der anfallenden Daten beim Monitoring auf verschiedenen Ebenen des Schulsystems (Individuum, Lerngruppe, Schule, Schulform);
- die Erstellung von Rückmeldungen zum Lernfortschritt und zur Wirkung lernförderlicher Bedingungen auf der Basis der statistischen Analysen;

- der Aufbau eines web-basierten Monitoringsystems zur Erfassung schulischer Daten und zur Weiterleitung der Rückmeldedaten an die Schulen;
- die Abfassung von Ergebnisberichten auf Basis der empirischen Untersuchungsergebnisse.

Darüber hinaus werden vom Referat »Testentwicklung und Diagnostik« laufende Maßnahmen (z.B. TheaterSprachCamp [www.schulenfoerdern.de/schulportal/index.php?page=39]) und neue Projekte (z.B. »Sprachförderung mit Kultur« [www.kiku-hh.de/sprachfoerderung.html]) zur Sprachförderung evaluiert. Die jährlichen Berichte über die Ergebnisse des Monitorings (u.a. May et al. 2012) analysieren sowohl den Stand der Implementierung und Realisierung des Sprachförderkonzepts als auch Bedingungen für die möglichst lernförderliche Gestaltung der Fördermaßnahmen, die zur Optimierung des Konzepts dienen.

2 Stellenwert der Sprachdiagnostik für die Förderung

Am Anfang jeder Förderung steht die Sprachstandsdiagnostik. Diese eigentlich selbstverständlich erscheinende Forderung war vor Einführung des Hamburger Sprachförderkonzepts keinesfalls in allen Schulen realisiert, wie die Ausgangserhebung zur Diagnosepraxis in den Schulen zu Beginn des Monitorings zeigte. So gaben z.B. im Schuljahr 2005/06 lediglich 38 Prozent der Förderlehrkräfte in Grundschulen und nur 8.5 Prozent in der Sekundarstufe an, dass sie für die Bestimmung des Sprachentwicklungsstands ein spezifisches diagnostisches Instrument einsetzten (May & Büchner 2007, S. 27). Zum Teil lag dies auch daran, dass es für die Erfassung des Sprachstands keine geeigneten bzw. ökonomisch anwendbaren Testinstrumente gab. Insbesondere für die Sekundarstufe standen kaum Sprachtests zur Verfügung. Daher bestand eine wichtige Voraussetzung für die Durchführung von Diagnosen für die Förderplanung und für die Erfassung des Lernerfolgs in der Bereitstellung geeigneter Testinstrumente.

Der Auftrag für die Durchführung des Monitorings umfasste auch die Entwicklung und Bereitstellung der für die Diagnosen erforderlichen Sprachtests. Mittlerweile stehen im Rahmen des Testsystems KEKS (May & Bennöhr 2013) für alle Klassenstufen geeignete Tests für die Bestimmung des Lernstands im Sprachverständnis (Hörverstehen, Wortschatz, Grammatik), in der

Phonologischen Bewusstheit, im Lesen und in der Rechtschreibung zur Verfügung. Dieses Testsystem dient der einheitlichen Erfassung sprachlicher (und mathematischer) Kompetenzen von der Vorschulzeit bis zur achten Jahrgangsstufe (siehe Abschnitt 3).

2.1 Bestimmung der Lernausgangslage und Auswahl der förderbedürftigen Kinder

Das Referat »Testentwicklung und Diagnostik« empfiehlt zur Bestimmung eines Sprachförderbedarfs eine Reihe von Tests, mit denen sprachliche Kompetenzstände standardisiert erfasst werden können. (Eine Übersicht der empfohlenen Tests ist auf der Online-Plattform für das Monitoring verfügbar: www.schulenfoerdern.de/schulportal/index.php?page=25.) Zur besseren Verwaltung der Ergebnisse wurde ein Diagnosebogen entwickelt, in den die individuellen Testergebnisse der Schüler für die verschiedenen Sprachlernbereiche in pseudonymisierter Form eingetragen werden. Es werden auch schülerbezogene Daten wie Mehrsprachigkeit, Alter und Geschlecht erfasst. Für jedes Kind, das aus den Ressourcen der additiven Sprachförderung in zusätzlicher Lernzeit gefördert wird, soll ein solcher Bogen mindestens einmal jährlich angelegt werden, um die Lernstände und den Lernverlauf dokumentieren zu können. Durch den Eintrag des Testergebnisses wird ein Kind bzw. seine Leistung einer Referenzniveaustufe von 1 »sehr schwach« bis 5 »sehr stark« zugeordnet.

Niveaustufe	Referenzniveau	Prozentrang-Bereich	Einordnung der Leistung
1	sehr schwach	PR ≤ 10 schwächer als 90% der Kinder	viel schwächer ausgeprägt als beim Durchschnitt
2	schwach	PR 11-25 schwächer als 75% der Kinder	schwächer ausgeprägt als beim Durchschnitt
3	mittel	PR 26-75	ähnlich stark ausgeprägt wie beim Durchschnitt
4	stark	PR 76-89 stärker als 75% der Kinder	stärker ausgeprägt als beim Durchschnitt
5	sehr stark	PR 90-100 stärker als 90% der Kinder	viel stärker ausgeprägt als beim Durchschnitt

Tab. 2: Referenzniveaus zur Einordnung der Kompetenzen. Quelle: May & Bennöhr 2013, S. 19

Eine Zuordnung auf Stufe 1 bedeutet somit eine sehr schwache Leistung. Der Schüler gehört im Vergleich zur Referenzgruppe zu den schwächsten 10 Prozent. Dieses Kriterium weist damit eine additive Förderbedürftigkeit aus. Für Kinder und Jugendliche auf Niveaustufe 2 sind in der Regal integrative und binnendifferenzierende Fördermaßnahmen ausreichend.

2.2 Grundlage für die Förderplanung

Das Hamburger Sprachförderkonzept sieht vor, dass für jedes Kind, das an einer additiven Sprachförderung teilnimmt, im Rahmen einer Fallkonferenz ein individueller Förderplan erstellt wird. Als Grundlage für die Überlegungen zur Förderplanungen dienen vor allem die Ergebnisse der Sprachstandsdiagnose.

Als Vorlage für den Förderplan wurde vom Referat »Testentwicklung und Diagnostik« ein Planungsbogen entwickelt, in dem alle wesentlichen Entscheidungen dokumentiert werden können. So gibt dieser Bogen Auskunft über die Art der Förderung (z.B. Einzelförderung oder Gruppenförderung), die Förderschwerpunkte (z.B. allgemeine Sprache, Lesen oder Rechtschreibung), die wöchentliche Förderzeit/-frequenz, den Zeitpunkt der Förderung und die Förderdauer. Die Förderlehrkräfte sollen die Ergebnisse regelmäßig gemeinsam auswerten, dokumentieren und den Förderplan ggf. revidieren.

2.3 Ermittlung des Fördererfolgs

Bei der Messung des individuellen Lernerfolgs im Rahmen des Monitorings des Hamburger Sprachförderkonzepts lassen sich direkte Erfolge und indirekte Wirkungen des Sprachförderkonzepts nur zum Teil erfassen. Dies gilt insbesondere für Wirkungen, die durch Maßnahmen zur durchgängigen Sprachbildung sowie zur integrativen Sprachförderung erzielt werden. Der Hauptgrund dafür ist, dass im Monitoring nur additiv geförderte Schüler erfasst werden und die Datenlage trotz vieler Bemühungen nicht vollständig ist, da nicht selten nur Eingangsdiagnosen der zu fördernden Schülerschaft ins System eingetragen werden und somit Längsschnittdaten fehlen. Ein zusätzliches Problem bei der Evaluation eines flächendeckenden Förderprojekts stellt außerdem die - notwendigerweise - fehlende Kontrollgruppe dar.

Eine positive Entwicklung zur differenzierteren Erfassung der Fördererfolge der Schulen ergibt sich durch die wachsende Zahl der angebotenen standardisierten Tests vonseiten des Instituts für Bildungsmonitoring und Qualitätsentwicklung und die deutlich angestiegene Nutzung dieses Angebots vonseiten der Schulen seit dem Schuljahr 2007/08. Zuvor wurde zur Feststellung des Förderbedarfs noch häufiger auf informelle Verfahren (z.B. »eigene Einschätzung«) zurückgegriffen. Die Aussagekraft dieser Verfahren bezüglich des Lernerfolgs der Schüler ist im Monitoring lediglich auf das Kriterium des Verlassens des additiven Förderbereichs beschränkt. Normierte Verfahren erlauben hingegen nicht nur eine präzisere Messung des Lernzuwachses, sondern können ihn auch dann erfassen, wenn Schüler weiterhin in der additiven Förderung verbleiben.

Diese standardisierten Diagnoseinstrumente sind durch die einheitliche Normierung auf der Basis sog. »T-Werte« vergleichbar. Der T-Wert wird für alle Tests auf einer einheitlichen Skala (MW = 50; SD = 10) berechnet, wodurch Veränderungen der Kompetenzen quantitativ darstellbar werden. Durch die Eingabe der im Test erreichten Punktzahlen in den Online-Diagnosebogen und die seit dem Schuljahr 2007/08 im Monitoringsystem automatisch erstellten T-Werte liegt auch für jedes Schuljahr ein Längsschnittdatensatz für einen Vergleich der T-Werte vor, die am Anfang und am Ende eines Schuljahres ermittelt wurden. Dieser T-Wert-Vergleich bildet dann das Maß für die Bestimmung des Lernzuwachses.

Der Fördererfolg kann somit auf zwei unterschiedliche Arten beschrieben werden: Zum einen kann die Anzahl derjenigen Schüler bestimmt werden, die am Anfang eines Schuljahres einen additiven Förderbedarf aufwiesen und am Ende des gleichen Schuljahres nicht mehr additiv förderbedürftig waren. Für diese Zuordnung werden sowohl die Ergebnisse der standardisierten Tests als auch die Einschätzungen der Pädagogen berücksichtigt. (Anmerkung: Gemindert wird der auf diese Weise bestimmte Fördererfolg durch den sog. Drehtüreffekt, der die Tatsache bezeichnet, dass Schüler erneut in die additive Förderung aufgenommen werden (müssen), die zuvor schon einmal additiv gefördert und dann nach einem Anstieg der Leistungen aus der Förderung entlassen worden waren, jedoch in der Folgezeit erneut die Kriterien der additiven Förderbedürftigkeit erfüllten. Zur Vermeidung dieses »Drehtüreffekts«, der auch in früheren Förderprojekten beobachtet wurde [vgl. May 2001], wurden vom Monitoring Maßnahmen zur Sicherung der Nachhaltigkeit der Fördereffekte vorgeschlagen, die z.B. ein weiteres Beobachten und eine integrative Förderung der aus der additiven Förderung entlassenen Schüler umfassen.)

Ein zweiter Wert für den Fördererfolg lässt sich durch die oben beschriebene T-Wert-Differenz bei denjenigen Schüler bestimmen, die nach Ablauf eines Schuljahres in einem vergleichbaren Test ein deutlich besseres Ergebnis (T-Wert) erzielt haben als zu Beginn des Schuljahres. Wenn sich die Leistung im Vergleich zur Gesamtkohorte um mehr als eine halbe Standardabweichung verbessert hat, gilt der Lernzuwachs als »überdurchschnittlich« und die Schülerin bzw. der Schüler als erfolgreich gefördert.

3 Testentwicklung als Serviceleistung für Schulen

Da im Referat »Testentwicklung und Diagnostik« schon zuvor im Zusammenhang mit früheren Projekten (z.B. HAVAS 5, KESS 4, KomPro & Lernen, HaReT, HEBEL) Tests und Fragebögen zur Erfassung schulischer Leistungen und Einstellungen entwickelt bzw. angepasst worden waren, lag es nahe, dass das Referat den Auftrag erhielt, auch für das Sprachförderkonzept die erforderlichen diagnostischen Instrumente bereitzustellen und ggf. neu zu entwickeln.

Das Ziel bestand darin, für alle relevanten Sprachförderbereiche empirisch geprüfte Tests oder Einschätzungsverfahren bereitzustellen, damit die Bestimmung der Förderbedürftigkeit, die Förderplanung sowie die Überprüfung des Fördererfolgs mit objektiven Methoden möglich ist.

3.1 Ausgangslage zu Beginn des Förderkonzepts

Zunächst wurde eine Aufstellung der bei Einführung des Sprachförderkonzepts (Schuljahr 2005/06) verfügbaren Tests und Einschätzungsbögen und ihre Verbreitung in den Schulen erstellt. Dabei stellte sich heraus, dass es Tests für die Diagnosestellung in der Grundschule zwar für die Bereiche Phonologische Bewusstheit (z.B. Bielefelder Screening), Lesen (z.B. Stolperwörterlesetest und Hamburger Leseprobe) und Rechtschreibung (z.B. Hamburger Schreibprobe) gab, für die Erfassung des allgemeinen Sprachverständnisses (v.a. Wortschatz und Grammatik) und für das Hörverstehen jedoch keine Tests zur Verfügung standen. Lediglich für die Diagnose des Sprachstands bei Kindern im Vorschuljahr stand mit HAVAS 5 ein standardisiertes diagnostisches Verfahren zur Verfügung. Noch schwieriger war die Lage für die Sekundarstufe, in der außer für die Rechtschreibdiagnose kaum Tests vorhanden waren.

Die Entwicklung neuer bzw. die Anpassung vorhandener Tests konzentrierte sich im Wesentlichen auf zwei Entwicklungslinien: auf den Ausbau der Verfahren zur Feststellung des Sprachstands im Elementar- und Primarbereich (siehe Abschnitt 3.2) sowie auf die Entwicklung eines ineinandergreifenden Testsystems zur Erfassung verschiedener Sprachkompetenzen (siehe Abschnitt 3.3).

3.2 Entwicklung der Verfahren zur mündlichen Sprachproduktion (Bildimpulse)

Mit der Entwicklung des Hamburger Verfahrens zur Analyse des Sprachstands Fünfjähriger (HAVAS 5) wurde ein neuartiges Instrument zur Beschreibung des aktiven Sprachverhaltens von Kindern im Jahr vor der Einschulung geschaffen (Reich & Roth o.J.). Bei diesem auch »Bildimpuls« genannten Verfahren wird den Kindern eine kleine Bildergeschichte (bei HAVAS 5: »Katze und Vogel«) vorgelegt, zu der die Kinder sich sprachlich äußern sollen. Ausgewertet wird zum einen die allgemeine Aufgabenbewältigung, d.h., es wird eingeschätzt, inwieweit das Kind die Bildfolge nachvollziehbar erzählen kann. Darüber hinaus werden die Stufe der Verbstellung (von der Infinitivform bis zur invertierten Verbstellung) sowie die Anzahl der verschiedenen Verben bestimmt und es werden Aspekte des Gesprächsverhaltens (z.B. Eigenständigkeit, Flüssigkeit) beschrieben.

Auf der Grundlage dieser Sprachstandsbestimmung kann einerseits die Förderbedürftigkeit eines Kindes eingeschätzt werden, und es können Gesichtspunkte für die Förderplanung abgeleitet werden (s. dazu Müller-Krätzschmar et al. 2007).

Zwei Fragestellungen machten es erforderlich, dieses bewährte Instrument sowohl für jüngere als auch für etwas ältere Kinder weiterzuentwickeln und auszubauen: Erstens wurde mit der Einführung des Vorstellungsverfahrens für Viereinhalbjährige ein diagnostisches Instrument zur Bestimmung des Sprachstands von jüngeren Kindern benötigt. Zweitens wurde zur Bestimmung des Lernerfolgs von Kindern, die im Vorschulalter sprachlich gefördert worden waren, ein zusätzliches Instrument benötigt. Daher wurden im Referat »Testentwicklung und Diagnostik« nach dem Grundkonzept von HAVAS 5 weitere Bildimpulse für das Alter von 4 bis 8 Jahren entwickelt, die in dem Verfahren zur Analyse der Sprachentwicklung vier- bis achtjähriger Kinder (VASE) zu einem Gesamtkonzept zur Bestimmung des Sprachstands und zur Analyse der Sprachentwicklung zusammengeführt wurden (Büchner et al. 2013).

3.3 Entwicklung eines integrierten Verfahrens für die Hand der Lehrkräfte (KEKS)

Um für alle relevanten Förderbereiche für die Schulen diagnostische Instrumente bereitstellen zu können, wurden in rascher Folge Tests zur Erfassung von Wortschatz und Grammatik und Lesetests für die Grundschule sowie für die Sekundarstufe entwickelt und für das Monitoring zur Verfügung gestellt. Bis zum Schuljahr 2008/09 standen für die wichtigsten Förderbereiche Tests für die objektive Bestimmung der Förderbedürftigkeit und zur Kontrolle des Fördererfolgs zur Verfügung

Bei der Auswertung der Testergebnisse im Rahmen des Monitorings zeigte sich, dass die verschiedenen Tests für die einzelnen Teilkompetenzen nicht optimal aufeinander abgestimmt und die Einzeltestergebnisse nicht gut vergleichbar waren, da die Tests in unterschiedlichen Populationen normiert waren, ihnen unterschiedliche Aneignungstheorien zugrunde lagen und die Durchführungsart (Speedtest vs. Powertest, Einzeltest vs. Gruppentest, kurze oder lange Testdauer usw.) ganz unterschiedliche Anforderungen darstellte. Daher wurde das Ziel gesetzt, ein einheitliches Testsystem zu entwickeln, das die einzelnen Kompetenzbereiche in vergleichbaren Formaten erfasst und damit Längsschnittbetrachtungen über eine längere Entwicklung ermöglicht. Das Ergebnis ist die Testserie KEKS (»Kompetenzerfassung in Kindergarten und Schule«), die sich durch folgende Merkmale auszeichnet:

- Die Tests beziehen sich auf die *Kompetenzbereiche* Deutsch, Mathematik, Englisch und Herkunftssprachen. Folgende Sprachen stehen zur Verfügung: Türkisch, Russisch, Polnisch, Portugiesisch, Französisch, Spanisch, Italienisch, Englisch (nur Vorschulbereich und Klasse 1) und Farsi (zurzeit nur Vorschulbereich und Klasse 1). Ein Ausbau der Testserie für weitere Jahrgangsstufen ist beabsichtigt.

- Die KEKS-*Sprachtests* erfassen jeweils die gleichen Kompetenzbereiche (Hörverstehen, Phonologische Bewusstheit/Lesen, Grammatik, Wortschatz, Rechtschreibung), sodass vergleichbare Kompetenzprofile in unterschiedlichen Sprachen erstellt werden können.
- In *Mathematik* werden sowohl Aufgaben gestellt, die eher technisch-formale Fertigkeiten prüfen als auch solche, bei denen ein problemlösendes Modellieren erforderlich ist.
- Es werden sog. *Kernkompetenzen* erfasst, d.h. alltagsrelevante Fähigkeiten, über die jeder Einzelne nicht nur in Schule und Ausbildung, sondern in nahezu allen Lebensbereichen verfügen sollte, um den gesellschaftlichen Anforderungen gewachsen zu sein.
- Ergänzt werden die Tests durch *Einschätzungsskalen* zur Erfassung fachlicher und überfachlicher Kompetenzen: Bei Kindern im Elementarbereich, bei denen Tests noch nicht angebracht sind, können sowohl fachliche als auch überfachliche Kompetenzen eingeschätzt werden, bei älteren Kindern und Jugendlichen die überfachlichen Kompetenzen.
- Alle Tests bestehen aus relativ einfachen *Aufgabenformaten,* die für die Kinder und Jugendlichen leicht zu handhaben sind. Die Tests können von Lehrkräften ohne Spezialkenntnisse durchgeführt und ausgewertet werden.
- Die Testergebnisse können elektronisch in eine *Online-Eingabemaske* eingegeben werden, die auf der Basis von Datenbanken eine sofortige Auswertung der Tests und die Erzeugung einer grafisch aufbereiteten Ergebnisrückmeldung (bei Testwiederholung auch im Längsschnitt) ermöglicht. Die Tests können jedoch auch »klassisch« per Hand ausgewertet werden.
- Die Ergebnisse aller KEKS-Tests werden mit einheitlichen Skalen erfasst, die die Einordnung der jeweiligen Kompetenz der einzelnen Schüler in die Verteilung der Kompetenzen der Alters- bzw. Jahrgangsstufe ermöglicht. Es gibt sowohl *Normen* (Prozentränge, T-Werte) für *Deutschland* als auch für *großstädtische Ballungsgebiete.*
- Zur raschen Einordnung der Kompetenzen werden *Referenzniveaus* angegeben, die die Testleistungen in fünf Stufen übersichtlich einteilen (siehe Tabelle 2).
- Für die Teilkompetenzen in den Sprachtests (Hörverstehen, Grammatik und Wortschatz, Phonologische Bewusstheit und Lesen, Rechtschreibung) werden erstmals *klassenstufenübergreifende Kompetenzstufen* ausgewiesen,

die den Lernstand unabhängig von der Referenzgruppe beschreibt, sodass Fördermaßnahmen individuell geplant werden können.

- Eine weitere Besonderheit besteht in der Angabe des *Lernentwicklungsalters* für die Testdomänen Deutsch, Mathematik und Englisch, mit dessen Hilfe die Bandbreite der Lernstände in einer Lerngruppe anschaulich beschrieben werden kann und individuelle Fördermaßnahmen unabhängig von der Klassenstufe angesetzt werden können.

Die KEKS-Tests für die Klassenstufen 0 bis 5 (Vorschuljahr bis Anfang Klasse 5) werden in Zusammenarbeit mit dem Verlag Cornelsen zur Verfügung gestellt (siehe: www.cornelsen.de/keks/). Die KEKS-Tests für höhere Klassenstufen sowie die Einschätzungsbögen sind über das Institut für Bildungsmonitoring erhältlich (siehe: www.keks-test.de). Seit Sommer 2013 sind die KEKS-Tests auch teilweise als Online-Versionen verfügbar. In Vorbereitung ist der Ausbau der Testserie zu einem adaptiven Testsystem.

4 Ausgewählte Ergebnisse des Monitorings des Hamburger Sprachförderkonzepts

Seit der Einführung des Hamburger Monitoringsystems im Schuljahr 2005/06 stieg *der Anteil der additiv förderbedürftigen Kinder und Jugendlichen* in den Schulen immer weiter an, im Schuljahr 2010/11 lag der Anteil bei etwa 16 Prozent (vgl. May, Bach & Berger 2012). In dieser Schülergruppe sprechen mehr als die Hälfte (auch) *eine andere Sprache als Deutsch,* besonders häufig Türkisch oder eine der persischen Sprachen. Das Verhältnis von additiv geförderten Jungen zu Mädchen beträgt ca. 58:42.

Die meist verbreitete *Form der additiven Förderung* in den Schulen ist mit 79.8 Prozent die Förderung in der Gruppe. Konzeptgetreu findet die Förderung in fast zwei Drittel der Fälle am Nachmittag statt, in 11.0 Prozent vor dem Unterricht. Durchschnittlich werden die Schüler einmal oder zweimal wöchentlich additiv gefördert und verbleiben in der Regel etwas mehr als eineinhalb Schuljahre in der additiven Förderung. Die inhaltlichen Förderschwerpunkte verändern sich über die Jahrgangsstufen hinweg. Sie liegen in der Vorschulklasse und in den ersten beiden Schuljahren vorwiegend im Bereich allgemeines Sprachverständnis, in den höheren Klassenstufen dagegen vor allem in den Bereichen Lesen und Rechtschreibung (Abb. 2).

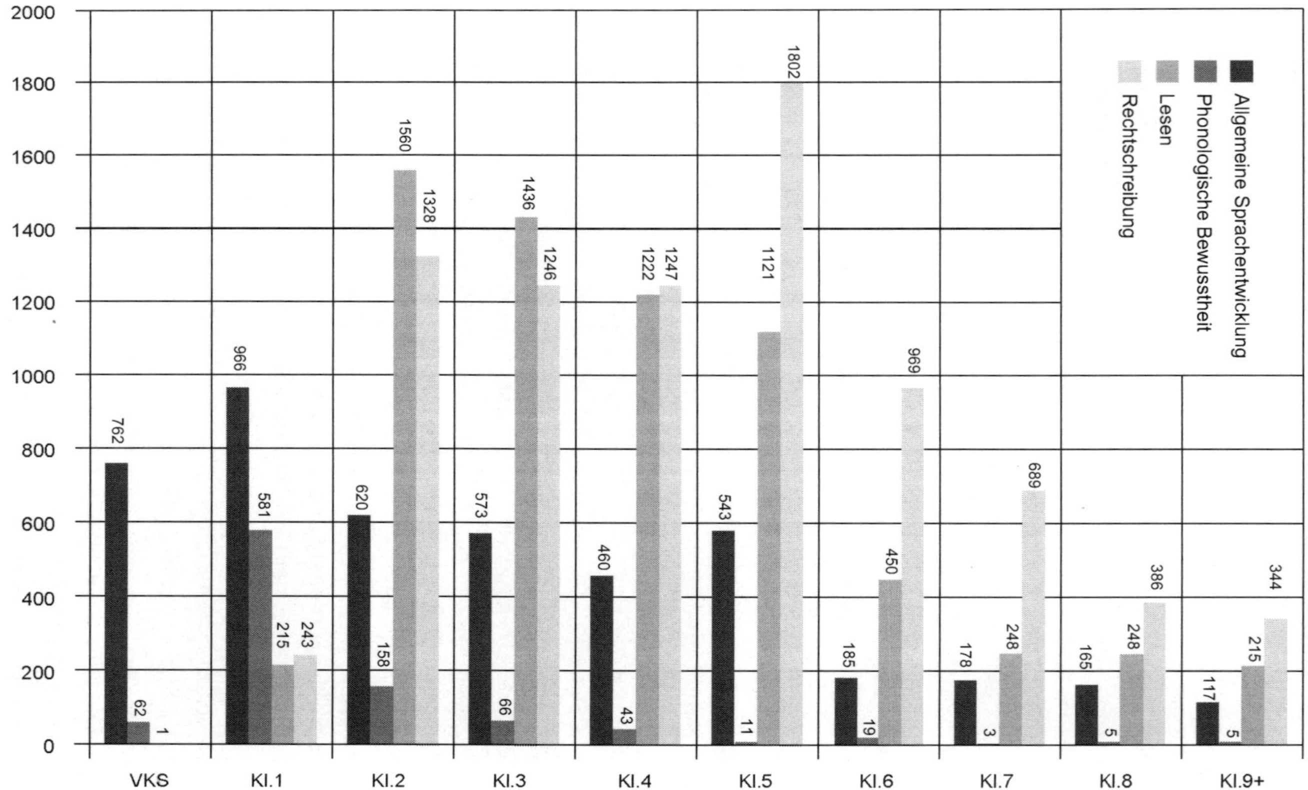

Abb. 2: Additive Förderbedarfe nach Klassenstufen und Sprachlernbereichen (Anzahl der geförderten Schüler; aus: May et al. 2012, S. 17)

Im Berichtsbogen machen die Sprachlernkoordinatorinnen und -koordinatoren (SLK) Angaben zur *Umsetzung des Förderkonzepts* in ihren Schulen. So sind die konzeptionellen Ziele der additiven Sprachförderung (diagnosegestützte Förderplanung, verbindliche Teilnahme und regelmäßige Förderung, Ermittlung des Fördererfolgs) in den meisten Schulen weitgehend umgesetzt - eine Ausnahme bildet nach wie vor die herkunftssprachige Diagnose bei mehrsprachigen Kindern und Jugendlichen. Im Vergleich zum hohen Grad der Implementierung der additiven Sprachförderung besteht in den Schulen bei der Umsetzung der Sprachförderung im Regelunterricht (integrative Förderung) jedoch noch Handlungsbedarf, denn nur in gut der Hälfte der Schulen ist diese Form der Förderung fester Bestandteil. Ähnliches gilt für den Stand der Implementierung der Sprachbildung in allen Fächern (durchgängige Sprachförderung).

Zu einer erfolgreichen Umsetzung des Konzepts gehört auch, innerhalb der Schule zu kooperieren, um die Sprachförderung mit den übrigen Fördermaßnahmen sowie mit dem Regelunterricht zu verbinden. Dies gelingt nach Einschätzung der SLK in den meisten Schulen gut, wobei gegenseitige Hospitationen von Förder- und Regellehrkräften noch immer selten sind und auch schulinterne Fortbildungen zum Thema »Durchgängige Sprachbildung« sind in vielen Schulen noch nicht ausreichend verankert.

Maßnahmen zur *schulinternen Evaluation der Sprachförderung* werden in den meisten Schulen konzeptgemäß durchgeführt, indem förderliche bzw. hemmende Faktoren identifiziert werden, die Fördermaßnahmen regelmäßig mit der Schulleitung thematisiert werden und Erfahrungen mit Nachbarschulen und anderen Institutionen ausgetauscht werden.

Zur Unterstützung dieser schulinternen Evaluation erhält jede Schule aus dem Monitoring jährlich eine Rückmeldung über die Sprachförderung in der betreffenden Schule mit Angaben über die Anzahl der geförderten Schüler, über das Ausmaß der Fördererfolge und weitere Ergebnisse zur schulischen Sprachförderung aus dem Monitoring.

Erfreulicherweise ist in den allermeisten Schulen die *Schulleitung* in den regelmäßigen Austausch über die Fördermaßnahmen einbezogen. Ein *Erfahrungsaustausch mit anderen Schulen* findet bisher nur in gut der Hälfte der Schulen statt.

Positiv zu vermerken ist die Entwicklung der *Einbeziehung der Eltern* in die Sprachförderung. So werden die Eltern in der Regel über individuelle

Fördermaßnahmen informiert, zur Unterstützung der sprachlichen Entwicklung ihrer Kinder beraten und knapp jede fünfte Schule verfügt über spezielle Eltern-Kooperations-Projekte (wie zum Beispiel FLY). Der Einbezug der Eltern in die Fördermaßnahmen zählt zu den maßgeblichen Gelingensbedingungen der schulischen Sprachförderung. Das Projekt *Family Literacy* (FLY) verfolgt als Ziel die Anbahnung von Sprach- und Schriftkultur durch niedrigschwellige, persönlichkeits- und handlungsorientierte Angebote. FLY strebt die Öffnung der Schulen für die Eltern von Kindern im Vorschul- und Schulanfangsalter an, um so die Kooperation zwischen Schule und Familien bei der Sprachförderung zu verbessern. Die Eltern werden dabei als Partner verstanden und aktiv in die Unterstützung der Kinder einbezogen. (Weitere Informationen siehe: http://li.hamburg.de/family-literacy.)

Eine wichtige Frage an das Monitoring bezieht sich auf den *Fördererfolg,* also auf die Effektivität der Sprachfördermaßnahmen. Daher wird seit Beginn des Monitorings versucht, den Fördererfolg empirisch zu erfassen und auf der Grundlage der Erfolgsrate Gelingensbedingungen für die Sprachförderung auszuweisen. Der Anteil der additiv geförderten Schülerschaft, die bei der Nachtestung nach einem Schuljahr nicht mehr additiv förderbedürftig ist, liegt über die letzten beiden Schuljahre gesehen durchschnittlich bei 33.7 Prozent. Das bedeutet, dass ca. ein Drittel der Kinder und Jugendlichen nach einem Jahr Förderdauer keinen ausgeprägten Sprachförderbedarf mehr aufweisen.

Wie weiter oben beschrieben, kann neben dem Verlassen des additiven Förderbereichs auch mithilfe des T-Wert-Vergleichs die Anzahl derjenigen Schüler ermittelt werden, die zwar einen überdurchschnittlichen *Lernzuwachs* erzielt haben, jedoch evtl. nach wie vor additiv gefördert werden müssen. Dieser Anteil liegt im Schuljahr 2010/11 bei 46.3 Prozent. Es zeigt sich, dass der Anteil der geförderten Schülerschaft, die einen überdurchschnittlichen Lernzuwachs verzeichnen kann, in den verschiedenen Schulformen differiert. In den Gymnasien erzielen 88.6 Prozent einen - in Bezug auf die Kohorte - überdurchschnittlichen Lernzuwachs. In den Stadtteilschulen liegt dieser Wert bei 46.4 Prozent, in den Grundschulen bei 42.8 Prozent, im vorschulischen Bereich 66.3 Prozent.

Betrachtet man den Lernzuwachs in den einzelnen Sprachlernbereichen, so ist der Anteil im Bereich der *allgemeinen Sprachentwicklung* mit

63.5 Prozent am höchsten. Im *Lesen* erzielen 48.8 Prozent eine überdurchschnittliche Lernentwicklung und im Bereich *Rechtschreibung* fällt der Anteil der additiven geförderten Schüler mit überdurchschnittlichem Lernverlauf mit 37.3 Prozent am niedrigsten aus. Der Grund für die relativ hohen Erfolge im Bereich der allgemeine Sprachentwicklung liegt mit großer Wahrscheinlichkeit darin, dass Lernfortschritte im Bereich der (isolierbaren und überschaubaren) Sprachmittel Wortschatz und Grammatik schneller erzielbar sind als in den komplex eingebetteten und von vielen Faktoren abhängigen Kompetenzbereichen Lesen oder Rechtschreibung.

Beim *Vergleich der Schulen* mit hoher bzw. niedriger Erfolgsquote zeigt sich, dass Schulen mit geringerem Fördererfolg insgesamt belasteter sind als Schulen mit höherer Erfolgsquote. (Schulvergleiche werden vom Monitoring nur in aggregierter Form veröffentlicht. Über die Ergebnisse der einzelnen Schule wird nur die Schule selbst sowie die Schulaufsicht informiert.)

Dennoch gibt die mögliche Erfassung des Lernerfolgs auf Basis der individuellen Testwerte auch Schulen in hoch belasteten Einzugsgebieten eine faire Chance, ihren Fördererfolg auszuweisen. Allerdings ist aufgrund der unterschiedlichen sozialen Bedingungen ein Vergleich der beiden Teilgruppen nur bedingt aussagekräftig. Beim Vergleich der beiden Gruppen zeigt sich, dass Schulen, die einen höheren Fördererfolg aufweisen, im Durchschnitt auch über mehr für die Förderarbeit qualifizierte Lehrkräfte verfügen als Schulen, in denen die Förderung nicht so große Erfolge zeigt.

Ebenso bestätigt sich die tatsächliche Bereitstellung von zusätzlicher Lernzeit im Anschluss an den Regelunterricht als Erfolgskriterium. Es gibt allerdings in der Auswertung des Schuljahres 2010/11 erstmals Hinweise darauf, dass die zusätzliche Lernzeit, die in der offenen Eingangsphase - also morgens vor dem Unterricht - stattfindet, nicht gleichermaßen effektiv ist wie die additive Förderung am Nachmittag im Anschluss an den Regelunterricht.

5 Ausblick

Das Hamburger Sprachförderkonzept kann nach den empirischen Ergebnissen unzweifelhaft als erfolgreiche Maßnahme zur Verbesserung der Bildungschancen von Kindern und Jugendlichen mit Migrationshintergrund und aus eher bildungsfernen Familien gewertet werden. Durch die diagnosegestützte Auswahl der Kinder mit ausgeprägtem Förderbedarf werden die Ressourcen für die Sprachförderung gezielt eingesetzt und ihre Zweckentfremdung weitgehend verhindert. Die Diagnosen als Grundlage für die Förderplanung können eine fachlich angemessene Ausrichtung der Förderschwerpunkte gewährleisten und die testbasierte Überprüfung des Fördererfolgs gibt eine zuverlässige Rückmeldung zur Effektivität der Maßnahmen.

Durch die zentrale Erfassung der Diagnosen und der Berichte über den Stand der Implementierung des Förderkonzepts in den Schulen durch das Monitoring wird eine systembezogene Auswertung der Fördererfolge und die Analyse von lernförderlichen Bedingungen ermöglicht und die Schulen erhalten durch die Rückmeldung über ihre eigenen Ergebnisse und den Vergleich mit anderen Schulen die Möglichkeit, das Förderkonzept zu reflektieren und ggf. zu optimieren.

Bei der Analyse lernförderlicher Faktoren hat sich als eine entscheidende Gelingensbedingung die Bereitstellung zusätzlicher Lernzeit für die sprachförderbedürftigen Kinder und Jugendlichen herausgestellt. Der Realisierung dieser Bedingung standen in der Vergangenheit manche »geliebten Gewohnheiten« der Halbtagsschule im Wege, die durch intensive Überzeugungsarbeit und mit dem Engagement der beteiligten Lehrkräfte und Eltern überwunden. Mit der Einführung der Ganztagsschule stellt sich die Frage nach der Förderung in zusätzlicher Lernzeit auf ganz neue Weise. Einerseits wird es sowohl für die Lehrkräfte als auch für die Kinder und Jugendlichen selbstverständlich, dass auch nachmittags gelehrt und gelernt wird. Andererseits gerät die nachmittägliche Sprachförderung nun in Konkurrenz mit anderen Lernangeboten, die attraktiv und wichtig für die sprachlich zu Fördernden sind. Hier werden neue Lösungen gefunden werden müssen, die das Prinzip der zusätzlichen Lernzeit mit dem Gebot des Nicht-Ausschlusses von anderen Lernangeboten vereinen.

Eine weitere neue Herausforderung für das Sprachförderkonzept stellt die Inklusion dar, die vorsieht, dass alle Kinder und Jugendlichen mit Lerneinschränkungen, die früher in Sonderschulen untergebracht waren, auf Wunsch der Eltern in den Regelschulen betreut werden. Viele dieser Schüler weisen auch einen ausgeprägten Sprachförderbedarf auf und es wird notwendig, die verschiedenen Förderbereiche und die entsprechenden Maßnahmen im

Rahmen eines integrierten Förderkonzepts abzustimmen und zu koordinieren. Für diese Aufgabe werden die Schulen mit Förderkoordinatoren ausgestattet, deren Arbeit sich mit der der bisherigen Sprachlernkoordinatoren (die jetzt zu Sprachlernberatern umbenannt werden) teilweise deckt. Um die Einführung des neuen integrierten Förderkonzepts in den Schulen zu beobachten und die erforderlichen Instrumente zur Dokumentation und Auswertung der Förderarbeit bereitzustellen, wurde ein Konzept entwickelt, die Aufgabenstellungen des bisher nur auf die Sprachförderung ausgerichteten Monitorings entsprechend zu erweitern.

Literatur

Behörde für Schule und Berufsbildung (2011). Bildungsbericht Hamburg 2011. Hamburg: Institut für Bildungsmonitoring.

Büchel, H. (2011). Sprachförderung in Hamburg. Das Hamburger Sprachförderkonzept. In U. Neumann & J. Schneider (Hg.). Schule mit Migrationshintergrund. Münster: Waxmann, 60-69.

Büchner, I., May, P. & Kinze, J. (2013). Verfahren zu Analyse der Sprachentwicklung vier- bis achtjähriger Kinder (VASE). Hamburg: Institut für Bildungsmonitoring und Qualitätsentwicklung.

Freie und Hansestadt Hamburg, Behörde für Bildung und Sport (2005). Sprachförderung in den allgemein bildenden Schulen, Anlage 4 der Senatsdrucksache Nr. 2005/0706 vom 15.6.2005. (Zugriff am 22. Januar 2013) http://www.hamburg.de/contentblob/73092/data/einfuehrung-bildungsstandards-vsk.pdf

Freie und Hansestadt Hamburg, Behörde für Schule und Berufsbildung (Hg.) (2009). Hamburgisches Schulgesetz (HmbSG). Hamburg. (Zugriff am 22. Januar 2013) http://www.hamburg.de/contentblob/64474/data/bbs-gs-neues-schulgesetz.pdf.

May, P. (2001). Lernförderlicher Unterricht. Teil 1: Untersuchung zur Wirksamkeit von Unterricht und Förderunterricht für den schriftsprachlichen Lernerfolg. Ergebnisse der Evaluation des Projekts Lesen und Schreiben für alle (PLUS). Hamburg: Peter Lang.

May, P., Bach, S. & Berger, C. (2012). Hamburger Sprachförderkonzept. Bericht über die Ergebnisse des Monitorings der schulischen Fördermaßnahmen und der Evaluation von Sprachförderprojekten im Schuljahr 2010/11. Hamburg: Landesinstitut für Lehrerbildung und Schulentwicklung.

May, P. & Bennöhr, J. (2013). KEKS - Kompetenzerfassung in Kindergarten und Schule. Handbuch. Konzept, theoretische Grundlagen und Normierung. Berlin: Cornelsen Schulverlage (www.keks-test.de).

May, P. & Büchner, I. (2007). Sprachförderkonzept - Ergebnisse des Monitoring: Bericht über die Implementierung des Konzepts in den Schulen im Schuljahr 2005/06. Hamburg: Landesinstitut für Lehrerbildung und Schulentwicklung (http://www.schulenfoerdern.de/schulportal/index.php?page=16).

May, P. & Heckt, M. (2013). Vorstellungsverfahren Viereinhalbjähriger: Bericht über die Auswertung der Ergebnisse im Schuljahr 2012/13. Hamburg: Institut für Bildungsmonitoring und Qualitätsentwicklung.

Müller-Krätzschmar, M., Grell, M., Heitmann, M. & Yörenc, B. (2007). Ausführungen zur diagnosegestützten Sprachförderung. Hamburg: Landesinstitut für Lehrerbildung und Schulentwicklung.

Reich, H.H. & Roth, H.-J. (o.J.). Hamburger Verfahren zur Analyse des Sprachstandes bei 5-Jährigen (HAVAS 5). Auswertungsbogen Katze und Vogel. Hamburg: Landesinstitut für Lehrerbildung und Schulentwicklung.

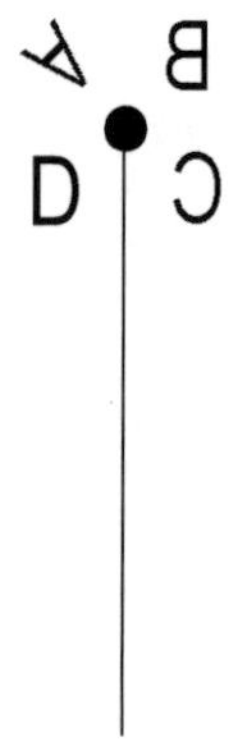

BaCuLit - Ein europäisches Kerncurriculum zur Vermittlung fachspezifischer Lese- und Schreibkompetenzen

Christine Garbe

1 Einleitung: Schlussfolgerungen aus IGLU 2011 für die Verbesserung der Lehrerbildung

Die Internationale Grundschul-Lese-Untersuchung IGLU (international PIRLS) testet in Fünfjahres-Zyklen die Leseleistungen von Viertklässler/innen und erfasst Bedingungen in Elternhaus und Schule, die gute oder weniger gute Leseleistungen der getesteten Kinder erklären können. Die Aus- und Fortbildung der Lehrkräfte, die Grundschüler/innen das Lesen und Schreiben beibringen, ist eine dieser Bedingungen, die ebenfalls erhoben und in die Diskussion der bildungspolitischen Schlussfolgerungen aus den IGLU-Ergebnissen einbezogen wird. Die englischsprachige Publikation der PIRLS-Studie 2011 hat der Frage der Lehrer(aus- und fort-)bildung ein ganzes Kapitel gewidmet (vgl. Mullis et al. 2012, Kap. 7), für das es in der deutschsprachigen Publikation der IGLU-Ergebnisse bisher keine Entsprechung gibt (vgl. Bos et al. 2012); dennoch diskutiert auch die deutsche Studie im Abschnitt zu den »Bildungspolitischen und didaktischen Konsequenzen« die Herausforderungen, die die IGLU-Ergebnisse für Lehrkräfte bereithalten. Diese sind im Beitrag von Valtin, Tarelli & Wendt im vorliegenden Band noch einmal prägnant zusammengefasst worden; ich rekapituliere darum hier nur die Befunde, die für das in diesem Beitrag vorgestellte europäische Programm zur Lehrerfortbildung grundlegend sind:

»Der Anteil der Schülerinnen und Schüler, die vermutlich in der Sekundarstufe I noch basalen Leseunterricht benötigen (unter Kompetenzstufe III), ist als zu hoch einzuschätzen. Eine entsprechende Förderung setzt allerdings voraus, dass diese im Curriculum der weiterführenden Schulen verankert ist und in der Aus- und Fortbildung der Lehrkräfte der Sekundarstufe I einen festen Platz einnimmt« (Valtin, Tarelli & Wendt in diesem Band). Der Anteil der erwähnten explizit *leseschwachen* Schüler/innen beträgt 15.4 Prozent in IGLU 2011; aber auch ein großer Teil der Schüler/innen, die über die basalen Lesekompetenzen verfügen, benötigt in der Sekundarstufe einen umfassenden weiteren Leseunterricht. Nach Einschätzung der IGLU-Expert/innen werden die Fähigkeiten, die in IGLU mit den Kompetenzstufen IV und V verbunden sind (und die nur von 46% der deutschen Schüler/innen erreicht werden), zum fachlichen Lernen mit Hilfe des Lesens unbedingt benötigt. Das bedeutet also: 54 Prozent der Schüler/innen, die die Grundschule durchlaufen haben, brauchen in der Sekundarstufe I weiterhin eine gezielte Unterstützung im Lesen und (mündlichen wie schriftlichen) Verarbeiten der fachlich zunehmend anspruchsvollen Texte. Die Autorinnen des o.a. Beitrages fordern darum zu Recht »für die *Sekundarstufe I,* und zwar sowohl für die Curriculum-Entwicklung als auch für die Lehreraus- und -fortbildung, (...) dass eine konsequente Leseförderung als durchgängiges Prinzip in allen Fächern und Schulstufen umgesetzt wird« (Valtin, Tarelli & Wendt in diesem Band).

Dass eine Veränderung des Wissens und Könnens von *Grundschul*-Lehrkräften im Hinblick auf eine Verbesserung des Lese- und Schreibunterrichts ebenso dringend geboten ist, zeigen die Ergebnisse der Lehrer-Befragungen im Rahmen von IGLU 2001 und IGLU 2006, die von Lankes (2004) und Lankes und Carstensen (2007) ausgewertet wurden. Die daraus gewonnenen Erkenntnisse sind beunruhigend: Für IGLU 2006 konstatieren Lankes und Carstensen, dass mehr als 80 Prozent der befragten Grundschullehrkräfte einen traditionellen, anregungsarmen und kaum differenziert fördernden Leseunterricht praktizieren. »Für Deutschland zeigen die Befunde, verglichen mit dem, was heute über einen qualitätsvollen Leseunterricht bekannt ist, einen erheblichen Entwicklungsbedarf« (Lankes & Carstensen 2007, S. 189; vgl. dazu vertiefend den Beitrag von Philipp in diesem Band).

Der 2012 veröffentlichte *Literacy Report* der von der EU-Kommission eingesetzten *High Level Group of Experts on Literacy* hat diese und viele weitere Befunde (für Europa insgesamt) ausgewertet und eine Reihe von Empfehlungen für eine umfassende Förderung der Schriftsprachkompetenz in Europa entwickelt (vgl. den Beitrag von Valtin in diesem Band). Der Bericht entwirft - anders als IGLU - ein alle Altersgruppen und gesellschaftlichen Einrichtungen adressierendes Aktionsprogramm zur Sicherstellung schriftsprachlicher Basiskompetenzen für *alle* Bürger/innen Europas. Unter den drei großen Bereichen, die eine umfassende *Literacy*-Politik adressieren sollte - nämlich die Bereitstellung einer schriftreichen Umgebung *(»literate environment«),* die Steigerung der »Qualität von Lehren und Lernen« und die Förderung von »Partizipation und Inklusion« - nimmt die *»Qualität des Lehrens und Lernens«* einen zentralen Stellenwert ein. Die *High Level Expert Group on Literacy* empfiehlt insbesondere:

- ▶ 1. »Learning to read and write does not just happen - people need to be motivated to learn. Similarly, *high quality teaching does not just happen - it requires high quality teachers and instructors.«* (p. 42).
- ▶ 2. Für die *primary school years* fordert der Bericht speziell: *»Establish specialist reading teachers and higher qualifications for all primary teachers!* Early intervention! Inspire the motivation to read!« (p. 91).
- ▶ 3. Für die *Jugendlichen* wird gefordert: *»Make every teacher a teacher of literacy!* Provide the right material to motivate all readers, especially boys! Stimulate school - business cooperation!« (p. 92).

Anknüpfend an die skizzierte Problemlage und die daraus erwachsenden Forderungen nach Veränderungen in der Lehrerbildung will der folgende Beitrag *einen* Lösungsansatz vorstellen, der in den letzten drei Jahren im Rahmen eines europäischen Comenius-Projektes erarbeitet wurde. In Abschnitt 2 wird das »BaCuLit-Projekt« - ein europäisches Programm zur Lehrerfortbildung in der Vermittlung fachbezogener Schriftsprachkompetenzen - zunächst in seinen Grundzügen vorgestellt. In den nachfolgenden Abschnitten 3 bis 5 werden die theoretischen und empirischen Grundlagen dieses Programms sowie seine praktische Umsetzung dargelegt: Welches Konzept von »gutem Unterricht« liegt dem BaCuLit-Programm zugrunde? (Abschnitt 2). Welche Herausforderungen sind mit dem BaCuLit-Unterrichtsmodell für Lehrkräfte aller Unterrichtsfächer verbunden? (Abschnitt 3). Wie unterstützt BaCuLit die Lehrkräfte darin, diese Herausforderungen zu meistern? (Abschnitt 4). Im abschließenden Ausblick wird die Frage diskutiert: Wie kann eine längerfristige praktische Implementierung dieses Programms in die Lehrerfortbildung erfolgen? Dazu wird ein jüngst bewilligtes weiteres Comenius-Projekt (ISIT) vorgestellt, das unter anderem die Ausbildung von BaCuLit-Trainer/innen in drei Teilnehmerländern vorsieht.

2 Das BaCuLit-Projekt - Ein europäisches Programm zur Lehrerfortbildung in der Vermittlung fachbezogener Schriftsprachkompetenzen

Die immense Kluft zwischen dem theoretisch und empirisch gesicherten *Wissen* über »guten Leseunterricht« und der alltäglichen Unterrichtspraxis der allermeisten Lehrkräfte ist eine der größten Herausforderungen für die Bildungspolitik (vgl. den Beitrag von Philipp in diesem Band). Eine der größten Hürden bei der Umsetzung der einleitend skizzierten Anforderungen an Lehrkräfte besteht darin, dass diese jenseits des Faches Deutsch sich für diese Aufgabe weder zuständig noch qualifiziert fühlen. Und mit dem Verweis auf die mangelnde Qualifikation für die Vermittlung von Lese- und Schreibkompetenzen im eigenen Fachunterricht hat die Chemielehrerin oder der Geschichtslehrer erst einmal Recht: Denn ein Konzept wie *content area literacy* - also etwa: fachbezogene Schriftsprachkompetenzen - hat es bisher in der Lehrerbildung im deutschen Sprachraum nicht gegeben; folglich fühlen sich Fachlehrkräfte *zu Recht* nicht angemessen auf diese Aufgaben vorbereitet und tendieren dazu, die Deutschlehrkräfte für diese Aufgaben zuständig zu erklären.

Leider trifft dies aber nur begrenzt zu: Deutschlehrkräfte können und sollen sehr wohl die basalen Fähigkeiten des Lesens und Schreibens im Schriftspracherwerb unterrichten und auch Schüler/innen darin unterstützen, eine angemessene Leseflüssigkeit zu erwerben (vgl. Rosebrock et al. 2011) und elementare Textsorten im Schreibunterricht zu beherrschen. Die *fachbezogene Schriftsprachkompetenz* in der Auseinandersetzung mit Fachtexten zu vermitteln ist jedoch Aufgabe des Fachunterrichts: Das Verstehen einer historischen Quelle muss im Geschichtsunterricht, das Schreiben eines Versuchsprotokolls im Chemieunterricht gelehrt werden.

Da dies jedoch bislang in der grundständigen Lehrerausbildung noch kaum gelehrt wird, hat sich ein europäisches Projekt zum Ziel gesetzt, ein internationales Fortbildungsprogramm für Lehrkräfte aller Unterrichtsfächer (in den Sekundarstufen) zu entwickeln, um diese dazu zu befähigen, der Vermittlung schriftbezogener Lernkompetenzen im Unterricht den angemessenen Stellenwert zu geben. Dieses in den Jahren 2011 bis 2013 durchgeführte Projekt trug den recht komplizierten Titel: *»Basic Curriculum in Teachers' In-Service Training in Content Area Literacy in Secondary Schools«*, für den sich das Akronym *BaCuLit* eingebürgert hat. Bevor in den nachfolgenden Abschnitten genauer auf konzeptionelle Aspekte dieses Programms eingegangen wird, soll zunächst das zugrunde liegende Projekt kurz vorgestellt werden.

Das BaCuLit-Curriculum wurde im Rahmen eines *Comenius*-Projektes von einem internationalen Konsortium entwickelt, in dem ausgewiesene Expert/innen aus Leseforschung und Lehrerbildung ihr Wissen und ihre Erfahrungen zusammentrugen. Das Projekt wurde von der Verfasserin dieses Beitrages (an der Universität Köln) geleitet und getragen von zehn Einrichtungen aus sieben Ländern, die die geographische, soziale und kulturelle Diversität Europas angemessen repräsentieren: Beteiligt waren Universitäten und Lehrerbildungseinrichtungen aus Deutschland, Holland, Norwegen, Portugal, Rumänien, Schweden, Ungarn sowie zwei Expert/innen aus den USA. Das Curriculum wurde in Pilot-Kursen in sieben Lehrerfortbildungseinrichtungen in sechs europäischen Ländern mit der Zielgruppe erprobt, evaluiert und anschließend optimiert; es liegt nun in der beträchtlich überarbeiteten Endversion vor.

Das BaCuLit-Kerncurriculum wurde mit dem Ziel entwickelt, die Mindestkenntnisse zu definieren, über die jede/r Fachlehrer/in in Sekundarschulen in der EU zum Thema »Förderung von Lese-, Schreib- und Lernkompetenzen im Fachunterricht« verfügen sollte. Das Projekt sieht sein zentrales Anliegen in der Verbesserung von *Lern*kompetenzen von Schüler/innen, konzentriert sich aber auf Lesekompetenzen (kombiniert mit *Schreib*kompetenzen): Es möchte Lehrkräfte befähigen, Lerner/innen darin zu fördern, effektiver zu lesen, ihre Lesegewohnheiten zu verändern, in allen Fächern Textverständnisstrategien aufzubauen und ein stabiles Selbstkonzept als Leser zu entwickeln. Besonders wichtig ist dafür die »fachbezogene Lesekompetenz« *(disciplinary literacy)* oder das »Lesen in allen Fächern« *(content area literacy).* Der Begriff der fachbezogenen Lesekompetenz bezieht sich dabei auf die Kompetenz von Lehrer/innen, im Unterricht in allen Fächern und Schulstufen/Schulformen die notwendigen *fachspezifischen* Lese-, Schreib- und Lernkompetenzen zu vermitteln, nicht nur die generellen Basiskompetenzen im muttersprachlichen Unterricht.

Zu diesem Zweck wurden sechs Module entwickelt, die in jeweils durchschnittlich sechs Zeitstunden unterrichtet werden können, das heißt entweder in einer Ganztagesveranstaltung oder zwei Halbtagesveranstaltungen;

beides hat in der Pilotphase stattgefunden, wobei sich das Format von zwei Halbtagesveranstaltungen besser bewährt hat. Wir empfehlen, dass pro Monat ein Modul unterrichtet werden sollte (also z.B. alle 14 Tage ein 3-stündiger Kurs), so dass der gesamte Kurs sich über ein halbes Jahr erstreckt. Da die Bedingungen der Lehrerfortbildung nicht nur in den einzelnen Bundesländern in Deutschland, sondern erst Recht im gesamteuropäischen Raum sehr unterschiedlich sind, wurde die jetzt vorliegende Endfassung (nach der Auswertung der Pilotkurse in sechs Ländern) noch einmal gründlich überarbeitet und stärker zeitlich flexibilisiert: Nicht alle Module umfassen strikt sechs Stunden (wie in der Pilotversion); manche können in drei Stunden vermittelt werden, andere dauern dagegen acht oder neun Stunden - dies hängt auch ab von den Vorkenntnissen der jeweils zu unterrichtenden Zielgruppe. Ferner können manche Inhalte abhängig von den nationalen Gegebenheiten optional behandelt werden. So können durchaus einzelne Module separat unterrichtet werden, falls andere Themen in der Zielgruppe bereits bekannt sind. Wir empfehlen dennoch als Regel, dass der gesamte Kurs angeboten wird, da er einer sequenziellen Logik folgt und insbesondere durch die Module 1 und 6 gerahmt ist.

Das BaCuLit Curriculum stellt alle Materialien für die Fortbildungsveranstaltungen zur Verfügung: PPT-Folien (mit Kommentaren für die Trainer/-innen), ein Arbeitsbuch für die Kursteilnehmer/innen mit allen Materialien und Aufgaben, ein Handbuch für die Trainer/innen mit Vorschlägen für genaue Ablaufpläne der einzelnen Module und dem notwendigen wissenschaftlichen Hintergrund. Jedes Modul knüpft an die alltäglichen Unterrichtserfahrungen der Teilnehmer/innen an, bietet neben knappen Sachinformationen vor allem neue Materialien und Lehrverfahren, die direkt im eigenen Unterricht erprobt, im Portfolio oder auf der Lernplattform dokumentiert und in den Kursen reflektiert werden können (vgl. die vertiefenden Ausführungen in Abschnitt 5).

3 Welches Konzept von *gutem Unterricht* liegt dem BaCuLit-Programm zugrunde?

Das Konzept von BaCuLit stützt sich auf Ergebnisse der internationalen Lehr-Lernforschung, die in den letzten Jahrzehnten viele Erkenntnisse darüber gewonnen hat, wie das Lernen von Schüler/innen durch »guten Unterricht« wirkungsvoll unterstützt werden kann (vgl. dazu auch den Beitrag von Philipp in diesem Band). Zwei Arten von Daten sind dafür besonders aufschlussreich: zum einen die (qualitative) *Beobachtung* von Unterricht (und ggf. ergänzende Befragung) von »guten« (und weniger guten) Lehrkräften, zum anderen die *Messung von Effekten* in sogenannten »Interventionsstudien«, in denen neue Unterrichtsverfahren erprobt und die Lernfortschritte der Schüler/innen im Vergleich zu einer »normal« arbeitenden Kontrollgruppe gemessen werden. In den USA hat beispielsweise M. Pressley mit seinem Team mehrere Schulen untersucht, deren Schüler/innen im Vergleich zu ähnlichen Schulen überraschend gute Leistungen erzielten, und aus den ausgewerteten Beobachtungen die Merkmale »guter« Schulen bzw. »guten« Unterrichts abstrahiert (vgl. u.a. Pressley et al. 2004, 2006, 2007). Die Ergebnisse dieser Studien decken sich in vielen Punkten mit den (quantitativen) Meta-Analysen, die die Ergebnisse zahlloser Interventionsstudien übersichtlich zu bündeln versuchen. Die bekannteste dieser Studien stammt von dem neuseeländischen Bildungsforscher John Hattie und wurde 2009 unter dem Titel *»Visible Learning«* veröffentlicht (deutsche Übersetzung: »Lernen sichtbar machen«); sie gilt bereits heute als Meilenstein der internationalen empirischen Bildungsforschung, der die zentralen Einflussgrößen auf den Lernerfolg von Schüler/innen umfassend bilanziert. Hattie hat mit seinem Team für *»Visible Learning«* die Ergebnisse von 800 Meta-Analysen der letzten Jahrzehnte zu über 50.000 englischsprachigen Einzelstudien mit 83 Mio. Schüler/innen ausgewertet; er identifizierte 138 verschiedene Einflussfaktoren auf schulische Leistungen von Schüler/innen und klassifizierte sie nach deren Effektstärke. So bildet die Studie die größte Datenbasis zur Unterrichtsforschung, die je zur Verfügung stand.

Hatties Erkenntnisse werden in den nächsten Jahren sicher auch in Deutschland dazu beitragen, den Unterricht sowie die Aus- und Fortbildung von Lehrkräften zu verändern. Aus der Hattie-Studie ergeben sich nämlich weitreichende Schlussfolgerungen für guten Unterricht in der Schule: Zum einen zeigt sich, dass Lehrkräfte und deren Unterricht die zentralen Einflussfaktoren für erfolgreiches schulisches Lernen sind. Zum anderen sind laut Hattie Reformen eher im Bereich der Unterrichtsentwicklung als im Bereich der Strukturreformen lohnenswert. Auch die Faktoren, die sich im Einzelnen als besonders wirkungsvoll erwiesen haben, weisen eine hohe Übereinstimmung zu den Erkenntnissen aus der Beobachtung »guter« Lehrkräfte auf; Hattie fasst sie zusammen zu der Erkenntnis, dass Lehrer/innen als *activators* und *change agents* wirken müssen und nicht bloß als *facilitators.* Das Konzept der Lehrkraft als *activator* ist eng verknüpft mit dem Konzept des *»Visible Learning«:* Lehren und Lernen muss für beide Seiten *sichtbar* werden; der Lehrer muss gewissermaßen zum Schüler und der Schüler zum Lehrer werden. Ein *change agent* aktiviert, lenkt und begleitet aktiv das Lernen der Schüler/innen. Ein *facilitator* arbeitet hingegen eher nach einem konstruktivistischen Konzept: Er stellt das Material und entsprechende Lernarrangements zur Verfügung, bietet aber keine Aktivierung oder Führung der Schüler/innen. Die durchschnittlichen Effektstärken dieser verschiedenen Lehrerstile für den Lernerfolg der Schüler/innen unterscheiden sich deutlich, wie die in Abbildung 1 ausgewählten Beispiele zeigen können. (Für die Interpretation der Daten ist wichtig zu wissen, was die Zahlen bedeuten. Hattie selbst gibt dazu an: Die Effektstärke *d* = .0 bis .20 bedeutet, dass es keinen oder kaum einen Effekt gibt, *d* = .20 bis .40 bedeutet einen moderaten Effekt, *d* = .40 bis .60 einen großen und *d* = über .60 einen sehr großen Effekt).

Lehrer als »activator«	*d*	Lehrer als »facilitator«	*d*
Qualität des Lehrens	.77	Klassen verkleinern	.23
Reziprokes Lehren	.74	Simulationen und Spiele	.32
Feedback geben	.72	Forschendes Lernen	.31
Lehrer-Schüler-Verhältnis	.72	Individualisiertes Lernen	.20
Metakognitive Strategien	.67	Problemorientiertes Lernen	.15
Direkte Instruktion	.59	Homogene Lerngruppen	.11
Hohe Ziele	.56	Induktives Lehren	.06

Abb. 1: Effektstärken unterschiedlichen Lehrerverhaltens (Quelle: Hattie 2009, S. 237 ff. und 297 ff.)

Das Bild der »idealen« Lehrkraft, das sich aus Hatties und vielen anderen Studien ableiten lässt, könnte man in der Mitte ansiedeln zwischen dem traditionellen *»sage on the stage«,* der sich vor allem als Wissensvermittler sieht und einen stark lehrerzentrierten Unterricht praktiziert, und dem konstruktivistischen *»guide on your side«,* der sich als Lernarrangeur begreift und seinen Schüler/innen ein (zu) hohes Maß an Eigenaktivität abverlangt (oder sie aus

Bequemlichkeit weitgehend sich selbst und vorgefertigten Lernaufgaben überlässt). Der Mittelweg des *»teacher as activator«* und *»change agent«* beschreibt eine Lehrkraft, die ihren Schüler/innen anspruchsvolle Aufgaben stellt, sie also auf hohem Niveau herausfordert und ihnen maximale Unterstützung bei der Bewältigung dieser Aufgaben zukommen lässt.

Philipp und Scherf (2012) referieren in einem Beitrag zur »zentrale(n) Bedeutung der Lehrkraft für die Vermittlung selbstregulierten Lesens« die Ergebnisse verschiedener qualitativer Studien zu gutem Lese- und Schreibunterricht und abstrahieren daraus (mit Bezug auf Mohan, Lundeberg & Reffitt 2008) zwölf Merkmale eines solchen Unterrichts, die im nachfolgenden Kasten vollständig wiedergegeben werden, da sie sehr treffend die Vorstellung von *gutem Unterricht* zusammenfassen, die dem Unterrichtsmodell von BaCuLit zugrunde liegt.

Merkmale guten Lese- und Schreibunterrichts (nach Mohan et al. 2008)

▶ 1. *Fertigkeiten und Strategien gleichermaßen vermitteln:*
Effektive Lehrkräfte vermitteln sowohl basale Fertigkeiten als auch Strategien mit dem Ziel, erstere zu automatisieren und letztere bewusst und aktiv einzusetzen.

▶ 2. *Viel Zeit für Lesen und Schreiben:*
Der Großteil des Schultags wird mit Lernen, insbesondere dem des Lesens und Schreibens verbracht. Kinder haben häufig die Gelegenheit, für sich oder mit anderen zu lesen. Ebenfalls war das Schreiben eine selbstverständliche, häufige Tätigkeit.

▶ 3. *Vielfältige soziale Lehrarrangements:*
Die Klassenmitglieder erleben vielfältige soziale Lernformen bei Schreib- und Leseaufgaben, zum Beispiel in Paaren, Gruppen oder der gesamten Klasse.

▶ 4. *Modellieren des zu Lernenden:*
Effektive Lehrkräfte demonstrieren das, was gelernt werden soll, modellhaft vor der ganzen Klasse und meist für einzelne Lerngruppen mit spezifischen Schwierigkeiten nochmals bzw. gesondert in Form von Mini-Lektionen.

▶ 5. *Überwachung der Anwendung:*
Die Lehrpersonen überwachen die richtige Anwendung und wiederholen die Instruktion, wenn es notwendig erscheint.

- 6. *Individualisierung:*

Je nach Bedürfnissen des Lerners erhält er - oft in 1-zu-1-Situationen - individualisierte Instruktionen oder Förderunterricht.

- 7. *Einbettung der Instruktion:*

Die Vermittlung von Fertigkeiten und Strategien erfolgt zum einen in authentischen Lese- und Schreibsituationen und zum anderen in einer reichhaltigen Leseumgebung (Klassenzimmer mit Bibliotheken und Leseecken).

- 8. *Selbst- und Fremdeinschätzung der Schülertexte:*

Schülern wurden Kategorien zur Verfügung gestellt, mit denen sie ihre Texte beurteilen können. Diese Kategorien wurden immer differenzierter, um so eine Entwicklung zu stimulieren, und wurden zusätzlich für Rückmeldungen von anderen eingesetzt, die häufig zum Einsatz kamen.

- 9. *Unterstützung:*

Die Lehrpersonen lieferten gerade so viel Unterstützung, dass eine Steigerung aus eigener Kraft möglich war, sie formulierten angemessen hohe und erreichbare Erwartungen und sie ermutigten die Schüler, zu herausfordernden Texten zu greifen.

- 10. *Klassenmanagement:*

Die Lehrkräfte schufen vom ersten Tag an ein positives Klassenklima, in dem sie klare Erwartungen an das Verhalten formulierten, Regeln und Routinen etablierten und Verhaltensabweichungen freundlich, aber bestimmt korrigierten.

- 11. *Betonung selbstregulierten Lernens:*

Die Lehrkräfte legten großen Wert darauf, dass die Schüler zu unabhängigen und aktiven Denkern werden, d.h. ihr Lernen planten, steuerten und überwachten. Sie modellierten ihre Metakognitionen mit lautem Denken und ließen die Schüler ihre eigenen bewerten.

- 12. *Motivierende Lernumgebung:*

Gute Lehrkräfte wendeten bis zu 50 unterschiedliche Mechanismen bzw. Verhaltensweisen an, um ihre Schüler zu motivieren, wobei es eine deutliche Überlappung zu den vorherigen elf Kategorien gibt.

Quelle: Philipp & Scherf 2012, S. 228f.

Philipp und Scherf fassen die referierten Befunde wie folgt zusammen: »Auf einen allgemeinen Nenner gebracht, ist guter Unterricht ein unterstützender Unterricht, in dem in verschiedenen Sozialformen in einer sicheren, regelgeleiteten Lernumgebung Lese- und Schreibfähigkeiten in gut situierten Anlässen und mit dem Ziel der Selbstregulation vermittelt werden. Damit deutet sich schon an, dass die Förderung von »warmer« Motivation und »kalter« Kognition integrativ erfolgt.« (Philipp & Scherf 2012, S. 240; vertiefend dazu auch der Beitrag von Philipp in diesem Band).

3.1 Sieben Bausteine eines guten Leseunterrichts - Ergebnisse der europäischen ADORE-Studie

Die aus der angelsächsischen Forschung referierten Befunde konnten in der von der Verfasserin geleiteten europäischen ADORE-Studie zu »gutem« Unterricht für leseschwache Jugendliche *(adolescent struggling readers,* abgekürzt ASR) bestätigt werden. Ein Konsortium von Expert/innen aus elf sehr unterschiedlichen europäischen Ländern untersuchte rund 30 Schulen in allen beteiligten Ländern, in denen vorbildliche Programme und Praktiken zur Förderung leseschwacher Jugendlicher etabliert waren, und entwickelte aus deren Analyse den sogenannten »ADORE *Reading Instruction Cycle*«, ein Modell guten Leseunterrichts (in den Sekundarstufen).

Darüber hinaus wurden die wichtigsten Erkenntnisse der transnationalen ADORE-Teams zusammengefasst in 13 sogenannten »Schlüsselelementen guter Praxis« *(key elements of good practice),* von denen sieben auf der Ebene des Unterrichts und sechs auf übergeordneten Ebenen (der Schule, der Kommune, des Bildungssystems insgesamt) verortet sind. Sie alle dienen einem übergeordneten Ziel, nämlich der Veränderung des Lerner- und Leser-Selbstkonzeptes von *»struggling readers«.* Denn Jugendliche, die durch Leseprobleme beeinträchtigt sind, haben in der Regel langjährige schulische Misserfolgserlebnisse hinter sich. Mangelnde Motivation und ein gering entwickeltes Vertrauen in die eigenen Fähigkeiten prägen die Persönlichkeit von schwachen Leser/innen. Derartigen Lernblockaden lässt sich nicht mit isolierten Maßnahmen beikommen (wie Animationsprogrammen oder Strategietrainings); hier ist eine ganzheitliche Adressierung der Schülerpersönlichkeit geboten. Die *Veränderung des Selbstkonzeptes* der schwachen Leser/innen ist darum das übergeordnete Ziel aller Interventionsmaßnahmen, die das ADORE-Konsortium mit seinen *key elements of good practice* empfiehlt; sie steht auch im Zentrum des ADORE *Reading Instruction Cycle.*

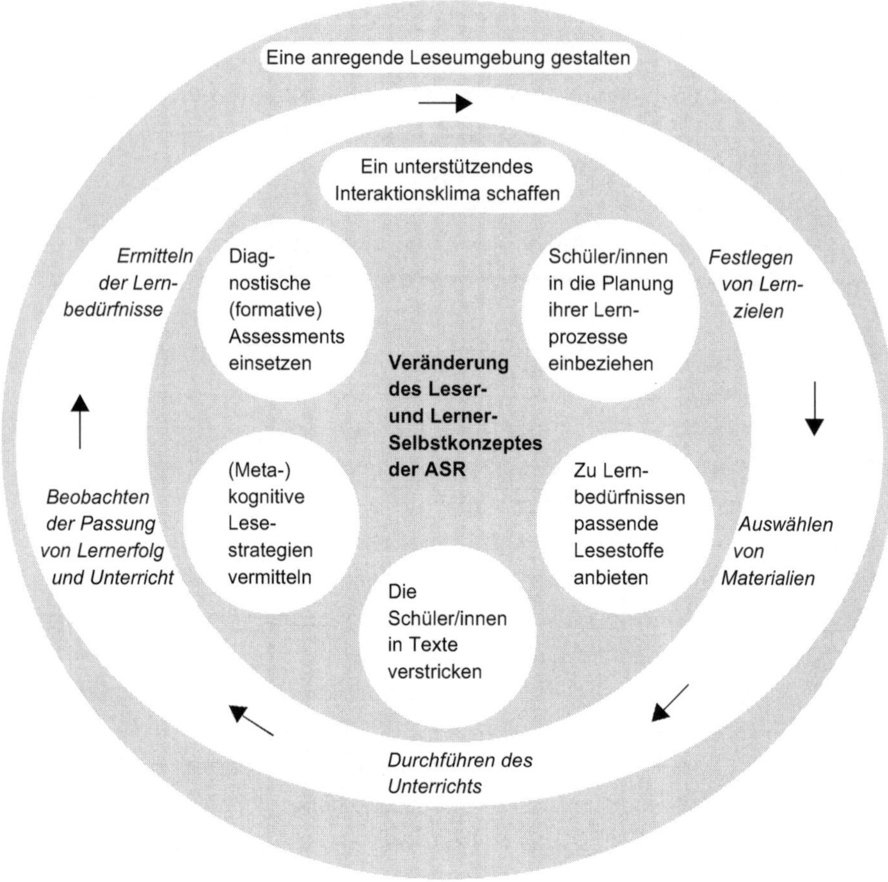

Abb. 2: ADORE *Reading Instruction Cycle* (ASR steht für *Adolescent Struggling Readers)*

Die sieben Schlüsselelemente guten Unterrichts, die in diesem Modell aufgeführt sind, sollen im Folgenden kurz vorgestellt werden, da sie grundlegend waren für die Konzeption des BaCuLit-Curriculums. Die sechs Elemente auf den übergeordneten Ebenen, die im *Flower Model of Good Practice* gebündelt sind, werden dagegen hier vernachlässigt; sie können nachgelesen werden in den aufgeführten Publikationen zu ADORE oder in der Zusammenfassung der Projektergebnisse *(Executive Summary)* in deutscher und englischer Sprache auf der Webseite www.adore-project.eu.

Baustein 1:

Ein unterstützendes Interaktionsklima schaffen

Zahlreiche wissenschaftlich fundierte Konzepte unterstreichen die Notwendigkeit, die *soziale Dimension des Lernens* im Klassenzimmer aktiv zu gestalten. Dies hat zwei Aspekte, einen (sozial-)psychologischen und einen kognitiven:

(1) Die *soziale Interaktion* zwischen Lehrenden und Lernenden sowie diejenige zwischen den Schüler/innen ist so zu gestalten, dass gerade die leseschwachen Jugendlichen ohne Angst vor Beschämung ihre Lese-Probleme äußern und bearbeiten können.

(2) Besonders effektiv für den *kognitiven Fortschritt* der Lernenden sind nach wissenschaftlichen Erkenntnissen Lehrer-Schüler-Dialoge im Sinne des *»cognitive apprenticeship approach«,* der sogenannten »kognitiven Meisterlehre«, die bereits in den 1980er Jahren als Konzept effektiven Lehrens von amerikanischen Wissenschaftlern entwickelt wurde (Collins et al. 1989): Die Lehrkraft (als der/die kompetente Andere) modelliert das Textverstehen, indem sie bestimmte Strategien vorführt und erläutert *(»modelling«);* sie unterstützt anschließend das Üben der »Lehrlinge« aktiv durch *»scaffolding«* (Gerüste bauen) und übergibt dabei schrittweise immer mehr Verantwortung an die Lernenden *(»fading«).* Schließlich üben die Schüler/innen selbstständig die neu erworbenen Strategien in Gruppen- oder Partnerarbeit und verinnerlichen diese auf lange Sicht als ihre eigenen Routinen. Im begleitenden »metakognitiven Diskurs« werden die Lernprozesse kontinuierlich bewusst gemacht und hinsichtlich der Effektivität der verwendeten Strategien reflektiert (vgl. Abschnitt 3 im Beitrag von Souvignier in diesem Band). Dieses Konzept, das wir in seiner Weiterentwicklung zum *»Reading Apprenticeship Approach«* durch die *»Strategic Literacy Initiative«* des WestEd-Institutes in Oakland (Kalifornien) zur Grundlage des BaCuLit-Unterrichtsmodells gemacht haben, basiert unter anderem auf den Ansätzen des russischen Psychologen Lev Vygotski: Er hat die grundlegende Erkenntnis entwickelt, dass wirksames Lernen in der »Zone der nächst höheren Entwicklung« stattfindet. Diese »Zone« beschreibt das Anforderungsniveau jenseits des aktuellen Fähigkeitsniveaus eines Lerners, aber nicht so weit jenseits, dass es unmöglich zu erreichen wäre. Lernaufgaben, die *unterhalb* dieser Zone angesiedelt sind, würden den Lerner nicht herausfordern, also keine Lerneffekte haben oder sogar langweilig sein.

Lernaufgaben, die weit *oberhalb* dieser Zone liegen, würden den Lerner überfordern und zu Frustration oder Resignation führen. Die »Zone der nächst höheren Entwicklung« ist also ein Lernraum, in dem der Lerner - angeleitet durch einen Lehrer oder unterstützt durch einen sonstigen »kompetenten Anderen« - sein Wissen und seine Fähigkeiten tatsächlich weiterentwickeln kann (vgl. Vygotsky 1978; zu *Reading Apprenticeship* vgl. Schoenbach et al. 2012).

Baustein 2:

Diagnostische (formative) Assessments einsetzen

Innerhalb des ADORE-*Modells eines guten Leseunterrichts* spielt die Lernstandsfeststellung durch ein kontinuierliches sogenanntes *formatives Assessment* eine zentrale Rolle. Diese Art der Diagnostik hat aber gänzlich andere Funktionen als die im traditionellen Unterricht übliche *nachträgliche* Überprüfung der Lernleistungen der Schüler/innen:

(1) Sie ist das entscheidende Instrument zur Abstimmung aller Unterrichtsplanungen auf die Lernbedürfnisse der einzelnen Schüler/innen und

(2) sie bildet die Basis für eine kontinuierliche Kommunikation mit den Lernenden über ihre Lernfortschritte.

Baustein 3:

Die Schüler/innen in die Planung ihrer Lernprozesse einbeziehen

Ob den Schüler/innen die Möglichkeit gegeben wird, ihren Lernprozess mitzubestimmen und ihn selbst zu kontrollieren, ist insbesondere für leistungsschwache Leser/innen und Lerner/innen entscheidend. Ihre eher skeptische Einstellung zum Unterricht kann durch die Erfahrung geändert werden, dass Zielsetzungen des Unterrichts nicht nur von außen an sie herangetragen, sondern mit ihnen gemeinsam definiert werden. Dies ist eine wichtige motivationale Komponente, die zur Stärkung ihres Selbstvertrauens als Lernende beiträgt.

Baustein 4:

Zu Lernbedürfnissen passende Lesestoffe anbieten

Schülerzentrierte Unterrichtspraktiken hängen eng mit Lesematerialien zusammen. Besonders *struggling readers* profitieren von *authentischen Texten,* die für sie thematisch interessant und subjektiv bedeutungsvoll sind: Da ihre Motivation und Selbstzuversicht hinsichtlich der Auseinandersetzung mit Texten besonders fragil sind, kommt es gerade für sie darauf an, eine solche Anstrengung durch das Angebot subjektiv bedeutsamer Texte »lohnenswert« zu machen. Da die Interessen von einzelnen Schüler/innen sehr unterschiedlich sein können, ist es sinnvoll, die Lernenden nach Möglichkeit in die Auswahl von Lesematerialien und Texten einzubeziehen und ihnen dafür eine Vielfalt von Texten zur Verfügung zu stellen. Hinsichtlich der Unterrichtsmethoden kann das Interesse am Lesen durch Aufgabenstellungen gefördert werden, die in realitätsbezogene Projekte und authentische Untersuchungszusammenhänge eingebettet sind.

Baustein 5:
Die Schüler/innen in Texte verstricken

Für die Entwicklung des Textverstehens und der Freude am Lesen ist es notwendig, dass sich die Lernenden für die Texte, die sie lesen, auch engagieren. Diese »Verstrickung« in Texte (involvement) hat zwei Aspekte:

(1) Involviertsein in das Lesen bezieht sich auf Emotionen, wie z.B. Freude und Interesse, die als positive Folgen des Lesens betrachtet werden können. Diese positiven Gefühle stellen sich ein, wenn ein/e Leser/in vollkommen in die Leseaktivität vertieft ist und dabei sich selbst und das Zeitgefühl vergisst.

(2) Involviert sein kann der/die Lesende außerdem hinsichtlich des Textinhaltes. Hierbei geht es um den Verstehensprozess beim Lesen, der es ermöglicht, die Aussage des Textes nicht nur angemessen zu erfassen, sondern auch auf eigene Erfahrungen und Gefühle zu beziehen.

Diese Verstrickung in Texte geschieht, wenn Schüler/innen in Zusammenarbeit mit ihren peers und Lehrkräften eigene Reaktionen und Meinungen entwickeln dürfen. Wie auch immer diese individuellen Formen der Auseinandersetzung mit einem Text aussehen mögen (Poster, Zeichnungen, szenische oder mediale Gestaltungen ...) - diese Praktiken haben einen positiven Einfluss auf die Lesemotivation, da sie die Lernenden in die Lage versetzen, ihre eigenen Handlungs- und Denkspielräume auszuprobieren. Bezüglich der kognitiven Aspekte von Involviertsein ist zu ergänzen, dass Gespräche über Texte, Bücher oder Theaterstücke das Textverständnis der Leser/innen und ihre interpretativen Fähigkeiten fördern.

Baustein 6:
Kognitive und metakognitive Lesestrategien vermitteln

Ein auffälliges Kennzeichen von leseschwachen Jugendlichen ist, dass sie selber ihre Leseschwierigkeiten meist nicht erkennen. Sie lesen in der Regel wenig und haben ein geringes Selbstvertrauen in ihre Lesefähigkeiten. Sie sind nicht oder kaum in der Lage, sogenannte metakognitive Kontrollstrategien zur Überprüfung des eigenen Textverständnisses anzuwenden. Stattdessen nutzen sie lediglich oberflächliche Lesestrategien und überschätzen häufig ihre eigenen Fähigkeiten des Textverständnisses. Die Vermittlung kognitiver und metakognitiver Lesestrategien sowie die Förderung von selbstregulierenden Fähigkeiten ist darum ein zentrales Element im ADORE-*Reading Instruction Cycle.*

Baustein 7:
Eine anregende Leseumgebung gestalten

Die von den ADORE-Expert/innen besuchten Schulen unterschieden sich deutlich unter dem Gesichtspunkt, ob ihre Räume als spezifische Lese- und Arbeitsorte gestaltet waren. Insbesondere für leseferne Schüler/innen ist eine das Lesen stimulierende Lernumgebung von Bedeutung. Eine solche sollte folgende Komponenten berücksichtigen:

- eine Vielfalt an Print- und Nonprint-Texten und Büchern, die die unterschiedlichen Lesebedürfnisse von Jungen und Mädchen berücksichtigen,
- ein Angebot an Hilfsmitteln wie Lexika, Computerarbeitsplätzen und alternativer Literatur zum jeweiligen Sachthema, die das Lehrbuch ergänzt,
- verschiedene Lernorte außerhalb des Klassenraumes oder der Schulbibliothek, in denen zu unterschiedlichen Zeiten allein oder in Gruppen gearbeitet werden kann, sowie
- diverse Präsentationsmöglichkeiten für Leseangebote und Arbeitsergebnisse wie Vitrinen, Pinnwände usw.

Das BaCuLit-Projekt baut auf diesen Erkenntnissen der ADORE-Studie auf, insbesondere auf dem im ADORE-*Reading Instruction Cycle* gebündelten Modell guten Unterrichts, das den Erkenntnissen der internationalen qualitativen Unterrichtsforschung und quantitativen Bildungsforschung entspricht. Auf dieser Basis wurde in dem Projekt selbst von allen Partnern gemeinsam das nachfolgend dargestellte Unterrichtsmodell entwickelt.

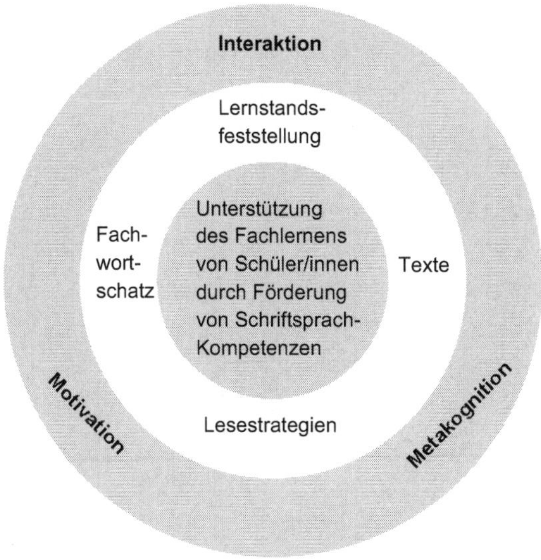

Abb. 3: Das Unterrichtsmodell von BaCuLit

3.2 Das Unterrichtsmodell von BaCuLit

Das Unterrichtsmodell von BaCuLit *(»BaCuLit Lesson Planning Framework«)* ist ebenfalls als Kreis gestaltet, um die zyklische Dynamik von Unterricht zu unterstreichen und die Kontinuität zum ADORE-*Reading Instruction Cycle* zu betonen. Analog zu den sieben Schlüsselelementen guter Praxis im ADORE-Modell enthält auch das BaCuLit-Modell sieben Elemente und ein übergeordnetes Ziel in der Mitte, das in diesem Falle lautet: »Unterstützung des fachlichen Lernens der Schüler/innen durch Förderung ihrer Schriftsprachkompetenzen«. Dies beschreibt das Ziel, das die Lehrkräfte immer im Blick behalten sollen, wenn sie sich selbst in *content area literacy* im Rahmen des BaCuLit-Kurses fortbilden. Die weiteren sieben Elemente sind in zwei Kreisen um den mittleren Kreis angeordnet, um auf eine qualitative Differenz aufmerksam zu machen: Im inneren Kreis finden sich vier Elemente, die jeweils den Inhalt eines Fortbildungs-Moduls bezeichnen, während im äußeren Kreis drei modulübergreifende Prinzipien der Unterrichtsplanung abgebildet sind, die *jeden* guten Unterricht fundieren müssen, was immer sein Inhalt oder Schwerpunkt im Einzelnen sein mag.

Diese drei übergreifenden Prinzipien sollen zunächst vorgestellt werden; es sind Metakognition, Interaktion und Motivation *(engagement).* Das Prinzip der *Metakognition* fokussiert beim Kompetenzerwerb - zum Beispiel der Vermittlung von »Lesestrategien« (Modul Nr. 4) - auf die gemeinsame Reflexion und fortlaufende Überwachung der eigenen Lernprozesse, so dass die Schüler/innen zu metakognitiven und selbstregulierten Lerner/innen werden können. Das Prinzip der *Interaktion* beschreibt zunächst eine positive, lernförderliche Lehrer-Schüler-Beziehung, die ein Klima der Akzeptanz und Sicherheit im Klassenzimmer herstellt, in dem Lernprozesse gedeihen können. Auf einer zweiten Ebene beschreibt es jedoch auch die Merkmale eines lernförderlichen Unterrichtsstils, der dem Modell des *»cognitive apprenticeship«* bzw. des davon abgeleiteten *»reading apprenticeship«* (Meisterlehre im Lesen) folgt (s.o.). Das Prinzip der *Motivation* verweist hingegen darauf, dass ohne eine aktive Involvierung der Schüler/innen kein Unterricht gelingen wird. Einige grundlegende Aspekte hier sind: Interesse am Gegenstand, die Bereitschaft, sich herausfordernden, aber subjektiv bedeutungsvollen, »authentischen« Aufgaben zu stellen, und die wachsende Überzeugung von der eigenen Fähigkeit, diese Aufgaben erfolgreich meistern zu können (die Psychologen nennen dies »Selbstwirksamkeitsüberzeugung«). Ebenso gehört jedoch zu diesem Prinzip auch die Motivation der Lehrkräfte selbst, sich für die Lernfortschritte ihrer Schüler/innen zu engagieren. Die Erwartungen der Lehrkräfte wirken dabei oft als *»self-fulfilling prophecy«:* Wenn Schüler/innen innerlich »abgeschrieben« werden, lernen sie meistens tatsächlich nichts, und umgekehrt: Wenn Lehrer/innen es als ihre Aufgabe sehen, gerade schwächere Lerner/innen aktiv und positiv zu unterstützen, werden diese oftmals zu erstaunlichen Leistungen angespornt (vgl. Timperley 2008).

Die Perspektive der Lehrer/innen zu ändern - weg von einer ausschließlichen Orientierung am Lernstoff hin zu einer Orientierung an den Schüler/innen und der Unterstützung ihres *Kompetenzerwerbs* - ist eine der großen Herausforderungen, denen sich der BaCuLit-Kurs widmet. Darum findet sich im Zentrum des zyklisch angelegten BaCuLit-Curriculums als übergeordnetes Ziel: »Förderung des Selbstkonzeptes von Lehrkräften als Vermittler fachspezifischer Schriftsprachkompetenzen« (vgl. Abb. 4). Denn eine wesentliche Implikation der *Kompetenz-Orientierung* anstelle einer *Stoff-Orientierung* ist das Umdenken der Lehrkräfte selbst und in letzter Instanz eine Erweiterung oder Veränderung ihres professionellen Selbstverständnisses (was im BaCuLit-Modell in dem Begriff *Selbstkonzept* gefasst wird). Ihr eigenes professionelles Weiterlernen muss sich an Fragen orientieren wie: A) Was können meine Schüler/innen schon? B) Was sollen/müssen sie können, um den Anforderungen einer befriedigenden Lebensgestaltung gewachsen zu sein? C) Wie kann ich sie unterstützen, von A nach B zu kommen, und welche Kompetenzen benötige ich selbst dafür? Darum ist es eine zentrale Bedingung einer erfolgreichen Lehrerfortbildung, dass im Mittelpunkt die Frage steht: *»What knowledge and skills do we as teachers need to enable our students to bridge the gap between current understandings and valued outcomes?«* (Timperley 2008, S. 28; dt.: Welches Wissen und welche Fähigkeiten brauchen wir als Lehrer/innen *um* unsere Schüler/innen *zu befähigen,* die Kluft zwischen ihren aktuellen und ihren erwünschten Kompetenzen zu überbrücken?)

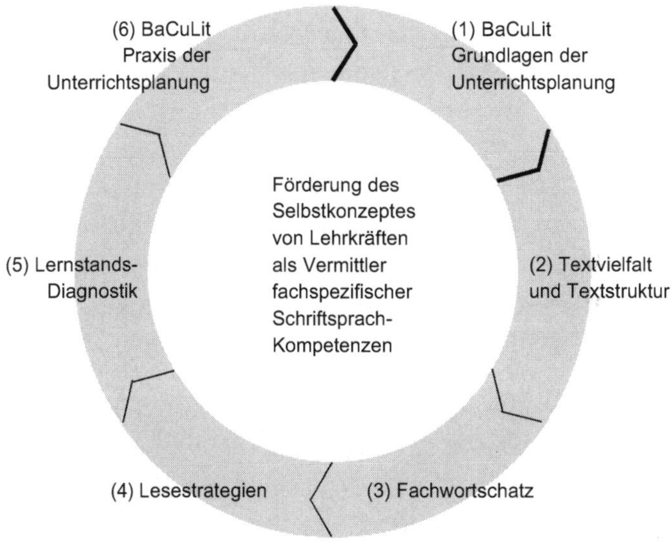

Abb. 4: Das BaCuLit-Curriculum

Was Lehrer/innen wissen und können sollten, um ihre Schüler/innen aktiv bei der Meisterung anspruchsvoller Lese-, Schreib- und Lernaufgaben im Fachunterricht zu unterstützen, ist Gegenstand der vier Module, die im inneren Kreis des Modells zur Unterrichtsplanung zu finden sind: Modul 2 beschäftigt sich mit Texten (Textstrukturen und Textvielfalt), Modul 3 mit dem Unterrichten von Fachvokabular, Modul 4 mit der Vermittlung von (kognitiven, metakognitiven und selbstregulativen) Lesestrategien und Modul 5 mit formativer Lernstandsfeststellung *(formative assessment).* Diese vier Module werden gerahmt von den Modulen 1 und 6, in denen das gesamte BaCuLit-Konzept und speziell die drei übergreifenden Prinzipien des Modells zur Unterrichtsplanung zunächst vorgestellt (Modul 1) und am Ende des Kurses in einer eigenen Unterrichtsplanung jedes Teilnehmers/jeder Teilnehmerin umgesetzt werden (Modul 6).

4 Welche Herausforderungen sind mit dem BaCuLit-Unterrichtsmodell für Lehrer/innen aller Unterrichtsfächer verbunden?

Wir wissen nicht erst seit John Hattie (2009), dass den Lehrer/innen eine zentrale Schlüsselrolle bei der Veränderung von Schule und Unterricht zukommt; auch das ADORE-Projekt hat unterstrichen, dass *teacher expertise* eine herausragende Bedeutung für »gute« Förderpraxis leseschwacher Jugendlicher hat (vgl. Gaile in Garbe et al. 2010, S. 189 ff.), und die angelsächsische Forschung weiß dies längst (vgl. den Überblick von Philipp in diesem Band). Die erforderliche *Professionalität* durch entsprechendes Wissen, Können und Handeln bei den Lehrkräften sicherzustellen ist allerdings sowohl für diese selbst als auch (und erst Recht!) für die Bildungspolitik eine der größten aktuellen Herausforderungen. Denn eine wirksame und nachhaltige Steigerung der Lese- und Schreibkompetenzen von Schüler(inne)n wird man nur durch eine Veränderung von Unterricht erreichen, die nicht »hinter dem Rücken« der Lehrkräfte geschehen wird, sondern intentional und motivational von ihnen getragen werden muss. Ihre *professionelle Weiterqualifizierung* in Hinblick auf das entsprechende Wissen und Können, aber auch die Motivation und Bereitschaft zur Umsetzung muss darum der vorrangige Inhalt von bildungspolitischen Reformprogrammen sein, nicht die Verbreitung von »Materialien und Konzepten«, wie es etwa das bundesweite KMK-Programm *ProLesen - Auf dem Weg zur Leseschule. Materialien und Konzepte zur Leseförderung in allen Unterrichtsfächern* vorsah oder wie es im schleswig-holsteinischen Programm *Lesen macht stark* im Zentrum steht. Natürlich sind auch Materialien, Konzepte und Lesestrategieprogramme wichtig, aber sie werden nur im Unterricht wirksam werden, wenn sie aktiv und kompetent von Lehrkräften umgesetzt werden.

Der Handlungsbedarf im Bereich der Lehreraus- und -fortbildung ist demzufolge evident, aber die Größe der Herausforderung wird erst richtig klar, wenn man Studien darüber hinzuzieht, welche Veränderungen von den Lehrkräften vollzogen werden müssen, bevor sich erkennbar etwas in ihrem alltäglichen Unterricht ändert. Philipp referiert einschlägige qualitative Studien aus dem angelsächsischen Raum, die eindrucksvoll veranschaulichen, welche Hürden Lehrkräfte »auf dem Weg zum strategieorientierten Unterrichten« nehmen müssen (Phillipp 2012, S. 71-89, vgl. auch seinen Beitrag in diesem Band). Hier soll zur Veranschaulichung eine dieser Studien knapp skizziert werden:

Die Forscherin Valerie Anderson (1992) arbeitete mit Lehrkräften von Sechst- bis Elftklässlern mit besonderen Lernschwierigkeiten; es sollten Lesestrategien in Kleingruppen implementiert werden. Eine Gruppe von Lehrkräften (die Experimentalgruppe) bekam dabei Unterstützung, die andere (Kontrollgruppe) nicht - oder genauer: letztere erhielten nur die Texte, an denen die Lesestrategien erarbeitet werden sollten, also das *Material.* Die *personale* Unterstützung der Lehrkräfte in der Experimentalgruppe bestand darin, dass sie von einer erfahrenen Lehrkraft begleitet wurden, die die zu unterrichtenden Methoden bereits kannte; ferner erhielten sie mehrere Fortbildungen, bei denen ihnen u.a. Listen mit hinderlichen und förderlichen Verhaltensweisen auf Seiten der Schüler/innen und auf Seiten der Lehrer/innen vorgestellt und gemeinsam erarbeitet wurden. Aus der Liste mit den bei den Lehrkräften angestrebten Veränderungen wird nachstehend ein kleiner Auszug dokumentiert (die vollständig übersetzte Listen für Schüler und Lehrer finden sich bei Philipp 2012, S. 72f.). Den Lehrer/innen wurde zudem in den Fortbildungen demonstriert, wie sie die erwünschte Strategie-Instruktion in ihrem Unterricht umsetzen sollten, z.B. durch lautes Denken, kooperative Lernformen und zunehmende Übertragung der Verantwortung auf die Schüler/innen. Zugleich wurde ihnen aber freigestellt, welche der in den Fortbildungen erlernten Methoden sie in welcher Form in ihren Unterricht einfügen wollten. Diese Umsetzung in die Praxis des Unterrichts wurde allerdings selbst wieder von dem Forscherteam in Form von Videografien dokumentiert und den Lehrkräften als Feedback zur Verfügung gestellt: Jede Lehrkraft der Experimentalgruppe bekam drei (gelungene) eigene Unterrichtsbeispiele auf Video vorgeführt, um die gewünschten Verhaltensänderungen der Lehrkräfte zu verstärken. Wohlgemerkt: Die Kontrollgruppe erhielt alle diese Unterstützungen nicht! Am Ende der Intervention zeigte sich, dass in der Experimentalgruppe große Veränderungen bei den Lehrer/innen und Schüler/innen stattgefunden hatten (Zuwächse zwischen 26 und 80%), während in der Kontrollgruppe (trotz vorgegebener Materialien für die Strategie-Instruktion) nur Zuwächse von 12 Prozent zu verzeichnen waren.

Verhaltensveränderungen der Lehrkraft von	Verhaltensveränderungen der Lehrkraft hin zu
▪ Ist auf »richtige« Antworten bedacht und gibt solche Antworten	▪ Fokussiert auf die Art, wie Probleme gelöst werden
▪ Fokussiert darauf, was Schüler wissen	▪ Fokussiert auf Lernen von Neuem
▪ Stellt inhaltsbasierte Fragen, die nur zum vorliegenden Text passen	▪ Stellt übergeordnete Fragen, die auf viele Texte passen
▪ Modelliert Antworten	▪ Modelliert Denken und ermutigt Schüler, ihr Denken zu demonstrieren
▪ Vermeidet Instruktion beim Lesen	▪ Unterrichtet bei Leseaktivitäten, um Verständnis zu erzielen
▪ Informiert Schüler nicht über Absichten	▪ Erklärt Schülern, was sie lernen und wozu dies gut ist
▪ Behält allein Kontrolle darüber, was gelernt wird	▪ Lässt Schüler Kontrolle über das übernehmen, was sie lernen sollen
▪ Entscheidet, welche Wörter und Inhalte in einem Text schwer sind	▪ Unterrichtet Schüler, schwierige Wörter und Ideen zu erkennen
▪ Präsentiert nur einfaches Material	▪ Präsentiert moderat herausforderndes Material
▪ Beginnt Leseunterricht mit Fragen oder Informationen zum Text	▪ Beginnt Leseunterricht damit, dass Schüler den Text überfliegen und ihre eigenen Eindrücke und Ziele formulieren
▪ Beginnt Leseunterricht mit Motivatoren und beendet ihn mit Fragen	▪ Beginnt Leseunterricht mit Zielen bzw. Vorhersagen und kommt am Ende darauf zurück
▪ Bekräftigt Homogenität, so dass alle die gleichen Leistungen erreichen	▪ Ermutigt verschiedene individuelle Fähigkeiten, damit Schüler ihre Ideen miteinander teilen können

Tab. 1: Verhaltensänderungen bei der Lehrkraft, um aktives Lesen und absichtsvolles Lernen zu fördern (Quelle: Anderson 1992, übersetzt und leicht modifiziert durch Philipp 2012, S. 73; Auszug)

Die von Philipp referierten Studien sind zu unterschiedlichen Zeiten in unterschiedlichen Ländern und mit Lehrern verschiedener Klassenstufen und Unterrichtsfächer entstanden, weisen aber bei allen Unterschieden einige bemerkenswerte Gemeinsamkeiten auf:

- 1. Veränderungen benötigen *Zeit,* sie erfolgen langsam, diskontinuierlich, werden von Rückschritten begleitet und halten viele Hürden bereit, die die Lehrkräfte nehmen müssen.
- 2. Veränderungen benötigen *Interaktion und Unterstützung:* In allen Fällen befanden sich die Lehrkräfte in intensivem Austausch mit den Forschern oder Lehrerfortbildern, die sie unterstützten und berieten.
- 3. Veränderungen benötigen *Anleitungen und »Rezepte«, aber auch Spielraum und Autonomie:* Die Lehrkräfte erhielten in unterschiedlichem Ausmaß Input und Fortbildungen durch ihre Trainer bzw. die Forscher, konnten aber selbst entscheiden, welche Elemente aus Fortbildungen, Trainings oder Anleitungen sie in welcher Weise in ihrem alltäglichen Unterricht anwendeten; es wurden also keine festgelegten Programme von oben vorgegeben. (Dies deckt sich übrigens mit einem Schlüsselelement guter Praxis auf Schulebene, das wir im ADORE-Projekt *»teacher participation«* genannt haben, also die Möglichkeit zu aktiver Mitgestaltung von Schulreformen durch die Lehrkräfte, vgl. Pelin in Garbe et al. 2010, S. 143-151.)

Philipp resümiert diese Erkenntnisse wie folgt: »Mit Unterstützung und ausreichend Zeit können Lehrpersonen ihren Unterricht sukzessive verändern, wodurch sie ihren Schülerinnen und Schülern helfen, sich im Schreiben und Lesen substanziell zu verbessern. Das hat freilich seinen Preis: Es sind keine sofortigen Effekte zu erwarten, und Lehrkräfte, die Lese- und Schreibstrategien vermitteln wollen, müssen jene selbst beherrschen. Man kann auch sagen: Den Lernprozess, der bei den Schülerinnen und Schülern erwünscht ist, durchlaufen die Lehrkräfte zuvor selbst.« (Philipp 2012, S. 89).

Ergänzt werden können die vor allem in der angelsächsischen Forschung erarbeiteten Erkenntnisse zu den Bedingungen *wirksamer* Lehrerfortbildungen durch die Dissertation von Daniel Scherf (2011; ersch. 2013), der in einer qualitativ-empirischen Studie mit 21 Lehrkräften verschiedener Gesamtschulen rekonstruierte, unter welchen Bedingungen Lehrerfortbildungen zu Leseförderung tatsächlich Veränderungen des Denkens und Handelns der

Lehrkräfte nach sich zogen bzw. unter welchen Bedingungen sie folgenlos blieben. Drei wichtige Erkenntnisse sind aus dieser Studie zu gewinnen, die Philipp und Scherf (2012, S. 237 ff.) zu drei Thesen verdichtet haben:

- 1. »Die Professionalisierung schulischer Leseförderung gelingt, wenn die Implementation von Leseförderverfahren als kooperative Schulentwicklung gilt.« Dies heißt umgekehrt: »Einzelkämpfer« in Sachen Leseförderung - ohne Unterstützung von Kollegen und Schulleitung - bewirken im Regelfalle nicht viel und geben bald wieder auf.
- 2. »Die Professionalisierung schulischer Leseförderung gelingt, wenn die Implementation von Leseförderverfahren als Vorhaben gilt, das an altbekannte und gekonnte Handlungsweisen anknüpft, gleichzeitig aber neuartiges Handeln beinhaltet.« Dies heißt kurz gesagt: Es ist sehr wichtig, dass bereits vorhandenes Wissen und Können von Lehrkräften genutzt wird, um darauf aufbauend neues Wissen und neue Methoden einzuführen.
- 3. »Die Professionalisierung schulischer Leseförderung gelingt, wenn sie als sequenzieller Prozess verstanden wird. Deren erster Schritt stellt die Handlungsbefähigung der Lehrer für den Unterricht dar. Unbedingter Bestandteil ist zudem die Vermittlung elaborierter lesedidaktischer Kenntnisse.«

Die letzte Erkenntnis halte ich für besonders wichtig, denn sie beinhaltet, dass *zunächst* dem Bedürfnis der Lehrkräfte nach unmittelbar im Unterricht umsetzbaren »Rezepten« Rechnung getragen werden sollte. Wenn diese erfolgreich eingesetzt werden können, das heißt wenn die Lehrkräfte positive Wirkungen neuer Verfahren in ihrem Unterricht erleben, wächst auch die Neugierde und Bereitschaft, sich mit den dahinter stehenden lesedidaktischen Forschungsergebnissen gründlicher auseinander zu setzen - mit anderen Worten: Für effektive Lehrerfortbildungen ist die Reihenfolge »Erst die Praxis, dann die Theorie« ratsam. Klar ist andererseits aber auch, dass eine Fortbildung, die sich *nur* auf »Rezepte« beschränkt, den Anforderungen einer *professionellen Lehrerfortbildung* nicht gewachsen ist, denn: *»Professionelles* lesedidaktisches Wissen geht (...) über Rezeptwissen hinaus und zeigt sich im relationalen Planungs- und Reflexionshandeln, in dem der Lehrende mithilfe lesedidaktischen Theoriewissens den Bedürfnissen seiner Leseschüler angemessenen Unterricht entwirft und beständig optimiert« (Philipp & Scherf 2012, S. 239).

5 Wie unterstützt BaCuLit die Lehrer/innen darin, diese Herausforderungen zu meistern? Die BaCuLit-Prinzipien einer professionellen Lehrerfortbildung

Das BaCuLit-Projekt verlässt sich nicht allein auf die Vermittlung von Wissen, sondern sieht als einen wesentlichen Aspekt von Fortbildung die Veränderung des professionellen Selbstverständnisses (»Selbstkonzepts«) von Lehrer/innen. Oberstes Ziel ist somit, die Vorstellung davon zu verändern, was ein wirksamer Fachlehrer ist: Nach dem Verständnis von BaCuLit sollen Fachlehrer/innen nicht nur Expert/innen in ihrem Fachgebiet sein, sondern auch Expert/innen für die Vermittlung von Lese-, Schreib- und Lernkompetenzen innerhalb des Fachunterrichts. Wenn Schüler/innen wissen, wie sie Lesen und Schreiben für das Lernen des Inhalts nutzen können, werden sie zu erfolgreichen Lernern, was zu einem Erfolgserlebnis für Lehrer/innen *und* Schüler/innen führt. Aufbauend auf diesem Verständnis von wirksamer Lehrerfortbildung werden die BaCuLit-Workshops an folgenden Prinzipien ausgerichtet:

- Sie geben Lehrer/innen ausführlich Gelegenheit, über ihre Unterrichtserfahrung und ihre Konzepte von Unterricht in ihrem Fach zu reflektieren.
- Sie ermöglichen es Lehrkräften, neue Methoden des Lernens und der Leseförderung zunächst während des Kurses selbst auszuprobieren, bevor sie sie im Klassenzimmer mit ihren Schüler/innen erproben.
- Sie bieten den Lehrkräften zahlreiche Möglichkeiten, (neue) kooperative Lernformen (z.B. in Partner- und Gruppenarbeit) während der Workshops zu erproben.
- Sie stellen während der Kurse grundlegendes lesedidaktisches Wissen in knapper, gut aufbereiteter Form vor (kurze PPT-gestützte Dozenten-Vorträge) und geben Hinweise auf vertiefende Lektüren.
- Sie vermitteln Beispiele gelungener Praxis und bieten Gelegenheiten, diese mit der eigenen Unterrichtspraxis zu verknüpfen.
- Sie stellen Instrumente, Methoden und Unterrichtsstrategien für die Leseförderung vor und modellieren für die Kursteilnehmer/innen, wie diese im Unterricht eingesetzt werden können.

- Sie bieten Übungen und Anleitungen zur Analyse des eigenen Unterrichts, zur Erhebung von Schülerinteressen und zur Lernstandsermittlung von Schülerleistungen.
- Sie stimulieren die wechselseitige Unterstützung der Teilnehmer/innen bei der Veränderung ihres Unterrichts während der Workshops und ggf. über eine Lernplattform; Ziel ist es, produktive Lerngemeinschaften zu bilden.
- Sie bieten individuelles Feedback durch die Fortbilder während der Workshops und begleitende Unterstützung bei der Unterrichtsentwicklung im Bereich Lesen im eigenen Fach an.

Das Lehrer-Arbeitsbuch spielt bei der Umsetzung des BaCuLit-Curriculums eine wichtige Rolle. Es ist gleichzeitig ein Handbuch und ein Portfolio, das die nachhaltige Veränderung des Unterrichts unterstützen soll. Deshalb enthält es zahlreiche Anleitungen, Methoden und Arbeitsmaterialien, die die Lehrer/innen sofort in ihrem Unterrichtsalltag einsetzen können - ganz im Sinne der oben zitierten »Rezepte«, die ein legitimes Anliegen von Lehrer/innen in Lehrerfortbildungen sind. Zugleich jedoch enthält das Lehrer-Arbeitsbuch auch Hintergrund-Informationen und neuen Wissens-Input, der im Rahmen der Kurseinheiten vor allem durch Trainer-Vorträge (und entsprechend aufbereitete PPT-Folien) gegeben werden. Schließlich enthält es Aufgaben und Vorschläge für die praktische Implementierung des Gelernten in die eigene Unterrichtspraxis sowie Materialien zur Evaluation und Reflexion des Kurses.

6 Wie geht es weiter? Das ISIT-Projekt und die Ausbildung von BaCuLit-Trainer/innen

Eine der großen Herausforderungen für zeitlich befristet finanzierte Forschungs- und Entwicklungsprojekte im Bildungssektor besteht darin, nach Auslaufen der Förderung - und somit ohne weitere finanzielle und personelle Ressourcen - die Projektergebnisse öffentlich bekannt zu machen und vor allem ihre Umsetzung in der Schul- und Unterrichtspraxis sicherzustellen. Das ist bei einem Forschungsprojekt (wie ADORE) bei weitem keine so große

Herausforderung wie bei einem praxisorientierten Entwicklungsprojekt (wie BaCuLit): In ersterem Falle geht es darum, ein Buch, eine Webseite oder einige Artikel zu publizieren sowie die Projektergebnisse auf Konferenzen zu präsentieren, während es mit einer Publikation im Falle von BaCuLit nicht getan wäre. Denn dieses Projekt hat ein Produkt erarbeitet - das Konzept und die praktische Ausgestaltung eines Curriculums - das nun darauf wartet, in die Praxis implementiert zu werden, umso mehr, als dieses Produkt nicht nur in der englischen *Masterversion,* sondern auch in sechs Nationalsprachen vorliegt (deutsch, holländisch, portugiesisch, rumänisch, schwedisch und ungarisch) - und in beliebig viele weitere Nationalsprachen übersetzt werden kann (Anfragen aus Belgien und Russland liegen bereits vor).

Das deutsche Leitungsteam war sich dieser Herausforderung von Anfang an bewusst und hat deshalb noch während der Projektlaufzeit eine Struktur etabliert, die ein Fortbestehen und eine Weiterentwicklung von BaCuLit über das Projektende hinaus gewährleisten: Auf dem letzten Projekt-Workshop wurde ein internationaler Verein nach deutschem Recht gegründet *(BaCuLit Association e.V.),* dem die Eigentumsrechte an dem erarbeiteten Produkt und die Entscheidungsbefugnisse über dessen Weiterentwicklung und die Sicherung von Qualitätsstandards übertragen wurden.

Parallel dazu wurde ein neues Projekt im *Comenius*-Programm beantragt, das die Implementierung von Innovationen in die Lehrer(fort)bildung selbst zum Inhalt und Untersuchungsgegenstand macht: Das Akronym ISIT in diesem Comenius-Projekt steht für*»Implementation Strategies for Innovations in Teachers' Professional Development«* (Implementierungsstrategien für Innovationen in der Lehrerfortbildung). Dieses Projekt hat einen allgemeinen und einen spezifischen Fokus: Als *spezifisches* Beispiel für Innovationen in der Lehrerbildung dient das BaCuLit-Curriculum; als *allgemeine* (also übergeordnete) Fragestellung soll mit den Methoden der Handlungsforschung *(action research)* untersucht werden, welche Chancen und Risiken bei der Implementierung von Innovationen in die Institutionen der Lehrerfortbildung in verschiedenen europäischen Ländern bestehen. Beteiligt sind an diesem Projekt die drei BaCuLit-Länder Deutschland, Rumänien und Ungarn; fünf weitere Länder (Belgien, Finnland, Griechenland, Portugal und Zypern) nehmen als interessierte Beobachter teil. In der ersten Phase des Projektes werden Dozent/innen aus der Lehrerfortbildung in einem halbjährigen *Blended-Learning-*

Kurs zu BaCuLit-Trainer/innen qualifiziert; in der zweiten Phase sollen diese neuen BaCuLit-Trainer/innen dann erkunden, ob und wie BaCuLit-Kurse als regelmäßiges Angebot in ihren Einrichtungen etabliert werden können. Im Ergebnis sollen mindestens 30 zertifizierte BaCuLit-Trainer/innen in drei Ländern ausgebildet worden sein, die nach dem Multiplikatoren-Prinzip weitere Trainer/innen ausbilden und das BaCuLit-Curriculum in der Lehrerfortbildung etablieren. Das ISIT-Projekt wurde mittlerweile von der Europäischen Kommission bewilligt und wird im Dezember 2013 seine Arbeit aufnehmen; weitere Informationen zu diesem Projekt sind zu finden auf der Projekt-Homepage www.isit-project.eu (unter www.alinet.eu).

Klar ist den Mitgliedern der BaCuLit-Assoziation allerdings auch, dass damit der Entwicklungsprozess eines solchen komplexen Projektes nicht abgeschlossen ist: Der nächste Schritt wird sein, die *Wirksamkeit* dieser Maßnahme der Lehrerfortbildung empirisch zu überprüfen, indem in einem Interventions-Kontrollgruppen-Design mit quantitativen und qualitativen Methoden untersucht wird, ob Lehrkräfte, die mit BaCuLit fortgebildet wurden, tatsächlich bessere Lese- und Lernergebnisse in ihrem Unterricht erzielen als solche, denen diese Fortbildung nicht offeriert wurde. Vorbereitungen für solche Studien sind bereits im Gange.

Literatur

Anderson, V. (1992). A Teacher Development Project in Transactional Strategy Instruction for Teachers of Severely Reading-Disabled Adolescents. In Teaching and Teacher Education, 8 (4), 391-403.

Bos, W., Tarelli, I., Bremerich-Vos, A., Schwippert, K. (Hg.) (2012). IGLU 2011 - Lesekompetenzen von Grundschulkindern in Deutschland im internationalen Vergleich. Münster: Waxmann.

Collins, A., Brown, J.S. & Newman, S.E. (1989). Cognitive Apprenticeship: Teaching the Craft of Reading, Writing, and Mathematics. In L.B. Resnick (Ed.). Knowing, Learning and Instruction: Essays in Honour of Robert Glaser. Hillsdale: Erlbaum, 453-494.

Duke, N. & Pearson, P.D. (2002). Effective practices for developing reading comprehension. In A. Farstrup & J. Samuels (Eds.). What Research has to say about reading instruction. Newark, DE: International Reading Association, 205-242.

Garbe, C., Holle, K. & Weinhold S. (Eds.) (2010a). ADORE - Teaching Struggling Adolescent Readers in European Countries. Key Elements of Good Practice. Frankfurt/Main: Peter Lang.

Garbe, C., Holle, K. & Weinhold S. (2010b). ADORE - Teaching Adolescent Struggling Readers. Ein europäisches Forschungsprojekt über gute (Unterrichts-)Praxis zur Förderung leseschwacher Jugendlicher. In Didaktik Deutsch, 28, 75-97.

Garbe, C., Gross, M., Holle, K. & Weinhold, S. (2010). Blick über den Zaun: Leseförderung in Europa. Ergebnisse und Einsichten aus dem EU-Projekt ADORE. In Bayerisches Staatsministerium für Unterricht und Kultus/Staatsinstitut für Schulqualität und Bildungsforschung (Hg.). ProLesen. Auf dem Weg zur Leseschule. Leseförderung in den gesellschaftswissenschaftlichen Fächern. Aufsätze u. Materialien aus dem KMK-Projekt »ProLesen«. Donauwörth: Auer, 142-156 (auf der Webseite www.leseforum-bayern.de kostenlos zugänglich).

Hattie, J.A.C. (2009). Visible Learning: A Synthesis of over 800 Meta-Analyses Relating to Achievement. London & New York: Routledge.

Lankes, E.-M. & Carstensen, C.H. (2007). Der Leseunterricht aus der Sicht der Lehrkräfte. In W. Bos, S. Hornberg, K.-H. Arnold, G. Faust, L. Fried, E.-M. Lankes, K. Schwippert, & R. Valtin (Hg.). IGLU 2006 - Lesekompetenzen von Grundschulkindern in Deutschland im internationalen Vergleich. Münster: Waxmann, 161-193.

Lankes, E.-M. (2004). Leseunterricht in der Grundschule. Unterschiede zwischen Lehrkräften im internationalen Vergleich. Zeitschrift für Erziehungswissenschaft, 7 (4), 551-568.

Mohan, L., Lundeberg, M.A. & Reffitt, K. (2008). Studying Teachers and Schools: Michael Pressley's Legacy and Directions for Future Research. Educational Psychologist, 2, 107-118.

Mullis, I.V.S., Martin, M.O., Foy, P. & Drucker, K.T. (2012). PIRLS 2011 International Results in Reading. Chestnut Hill, MA: TIMSS & PIRLS International Study Center, Boston College.

Philipp, M. (2012). Besser lesen und schreiben. Wie Schüler effektiver mit Sachtexten umgehen lernen. Stuttgart: Kohlhammer.

Philipp, M. & Scherf, D. (2012). Die zentrale Bedeutung der Lehrkraft für die Vermittlung selbstregulierten Lesens. In M. Philipp & A. Schilcher (Hg.). Selbstreguliertes Lesen. Ein Überblick über wirksame Leseförderansätze. Seelze: Kallmeyer/Klett, 226-242.

Pressley, M., Raphael, L., Gallagher, J.D. & DiBella, J. (2004). Providence-St. Mel School: How a School That Works for African American Students Works. Journal of Educational Psychology, 96 (2), 216-235.

Pressley, M., Gaskins, I., Solic, K. & Collins, S. (2006). A Portrait of Benchmark School: How a School Produces High Achievement in Students Who Previously Failed. Journal of Educational Psychology, 98 (2), 282-306.

Pressley, M., Mohan, L., Raphael, L.M. & Fingeret, L. (2007). How Does Bennett Woods Elementary School Produce Such High Reading and Writing Achievement? Journal of Educational Psychology, 99 (2), 221-240.

Report der High Level Group of Experts on Literacy, verfügbar unter: http://ec.europa.eu/education/literacy/index_en.htm

Rosebrock, C., Gold, A., Nix, D. & Rieckmann, C. (2011). Leseflüssigkeit fördern. Lautleseverfahren für die Primar- und Sekundarstufe. Seelze: Klett/Kallmeyer.

Scherf, D. (2013). Leseförderung aus Lehrersicht. Eine qualitativ-empirische Untersuchung professionellen Wissens. Wiesbaden: Springer VS.

Schoenbach, R., Greenleaf, C. & Murphy, L. (2012). Reading for Understanding: How Reading Apprenticeship Improves Disciplinary Learning in Secondary and College Classrooms, 2nd edition. San Francisco: Jossey-Bass.

Timperley, H.S. (2008). A Distributed Perspective on Leadership and Enhancing Valued Outcomes for Students. Journal of Curriculum Studies 40 (6). 821-833.

Vygotsky, L.S. (1978). Thought and Language. Revised Edition. Cambridge: MIT PRESS.

Autorinnen und Autoren

Carina Berger. Institut für Bildungsmonitoring und Qualitätsentwicklung (IfBQ) Referat Testentwicklung und Diagnostik (BQ-21) in Hamburg.

Prof. Dr. phil. Andrea Bertschi-Kaufmann. Leiterin des Instituts Forschung & Entwicklung der Pädagogischen Hochschule der Fachhochschule Nordwestschweiz und Privatdozentin für Deutsche Philologie an der Universität Basel.

Prof. Dr. Wilfried Bos. Professor für Bildungsforschung und Qualitätssicherung an der TU Dortmund, Direktor des Instituts für Schulentwicklungsforschung.

Annkathrin Darsow. Wissenschaftliche Mitarbeiterin am Institut zur Qualitätsentwicklung im Bildungswesen (IQB) in Berlin.

Dr. Simone C. Ehmig. Leiterin des Instituts für Lese- und Medienforschung der Stiftung Lesen in Mainz.

Anja Felbrich. Wissenschaftliche Mitarbeiterin am Institut zur Qualitätsentwicklung im Bildungswesen (IQB) in Berlin.

Prof. Dr. Christine Garbe. Institut für Deutsche Sprache und Literatur, Universität zu Köln, Philosophische Fakultät.

Dr. Aline Lenel. Entwicklungspsychologin und Therapeutin in der Lernberatung am Mainkai in Frankfurt am Main.

Dr. Jörg F. Maas. Hauptgeschäftsführer der Stiftung Lesen in Mainz.

Alexandra Marx. Wissenschaftliche Mitarbeiterin am Institut zur Qualitätsentwicklung im Bildungswesen (IQB) in Berlin.

Dr. Peter May. Institut für Bildungsmonitoring und Qualitätsentwicklung (IfBQ). Leitung Referat Testentwicklung und Diagnostik in Hamburg.

Prof. Dr. Sven Nickel. Sprach- und Literaturdidaktik im Elementar- und Primarbereich Universität Bremen.

Jennifer Paetsch. Wissenschaftliche Mitarbeiterin am Institut zur Qualitätsentwicklung im Bildungswesen (IQB) in Berlin.

Dr. Maik Philipp. Wissenschaftlicher Mitarbeiter, Zentrum Lesen, Windisch-Brugg bzw. Vertretungsprof., Bergische Universität Wuppertal.

Prof. Gerheid Scheerer-Neumann, Ph. D. war Professorin für den Lernbereich Deutsch am Institut für Grundschulpädagogik der Universität Potsdam und ist jetzt im Ruhestand.

Prof. Dr. Elmar Souvignier. Lehrstuhl: Diagnostik und Evaluation im schulischen Kontext, Westfälische Wilhelms-Universität Münster.

Dipl.-Päd. Irmela Tarelli. Wissenschaftliche Mitarbeiterin am Institut für Schulentwicklungsforschung, TU Dortmund.

Prof. Dr. Renate Valtin war Professorin für Grundschulpädagogik an der Humboldt-Universität zu Berlin und ist jetzt im Ruhestand.

Dr. Heike Wendt. Wissenschaftliche Mitarbeiterin am Institut für Schulentwicklungsforschung, TU Dortmund.

Katrin M. Wolf. Wissenschaftliche Mitarbeiterin am Institut zur Qualitätsentwicklung im Bildungswesen (IQB) in Berlin.

L ə s

Ǝ

k M

O

p e N z

t ə

Lesekompetenz

n a C H

h A L T

i g

S T

Ä R K e N

nachhaltig stärken

Lesen hängt mit dem Erkennen von Formen und Proportionen zusammen: mit Geraden, Schrägen, Rundungen, Größen, Fetten und Breiten. Durch diesen Band ziehen sich Typografiken, die von Helmuth Krieg gestaltet sind. Sie bestehen aus einer schmalen, serifenlosen Linear-Antiqua. Die Versalien A-B-C-D wurden mit fetten Punkten und feinen Linien kombiniert. Sie zeigen, dass Lesenlernen mit Lust und Phantasie verbunden ist. Diese einzelnen Gestaltungselemente münden am Ende auf einer Doppelseite zum Titel des Buches.